Die unsichtbare Hand

Ökonomisches Denken gestern und heute

Springer
*Berlin
Heidelberg
New York
Barcelona
Hongkong
London
Mailand
Paris
Singapur
Tokio*

Ulrich van Suntum

Die unsichtbare Hand

Ökonomisches Denken gestern und heute

Mit 46 Abbildungen

Springer

Professor Dr. Ulrich van Suntum
Westfälische Wilhelms-Universität Münster
Institut für Siedlungs- und Wohnungswesen
Am Stadtgraben 9
D-48143 Münster

ISBN 3-540-65678-2 Springer-Verlag Berlin Heidelberg New York

Die Deutsche Bibliothek - CIP-Einheitsaufnahme
Suntum, Ulrich van:
Die unsichtbare Hand : ökonomisches Denken gestern und heute Ulrich van Suntum. - Berlin ; Heidelberg ; New York ; Barcelona ; Hongkong ; London ; Mailand; Paris; Singapur; Tokio : Springer, 1999
ISBN 3-540-65678-2

Dieses Werk ist urheberrechtlich geschützt. Die dadurch begründeten Rechte, insbesondere die der Übersetzung, des Nachdruckes, des Vortrags, der Entnahme von Abbildungen und Tabellen, der Funksendungen, der Mikroverfilmung oder der Vervielfältigung auf anderen Wegen und der Speicherung in Datenverarbeitungsanlagen, bleiben auch bei nur auszugsweiser Verwertung, vorbehalten. Eine Vervielfältigung dieses Werkes oder von Teilen dieses Werkes ist auch im Einzelfall nur in den Grenzen der gesetzlichen Bestimmungen des Urheberrechtsgesetzes der Bundesrepublik Deutschland vom 9. September 1965 in der jeweils geltenden Fassung zulässig. Sie ist grundsätzlich vergütungspflichtig. Zuwiderhandlungen unterliegen den Strafbestimmungen des Urheberrechtsgesetzes.

© Springer-Verlag Berlin Heidelberg 1999
Printed in Germany

Die Wiedergabe von Gebrauchsnamen, Handelsnamen, Warenbezeichnungen usw. in diesem Werk berechtigt auch ohne besondere Kennzeichnung nicht zu der Annahme, daß solche Namen im Sinne der Warenzeichen- und Markenschutz-Gesetzgebung als frei zu betrachten wären und daher von jedermann benutzt werden dürfen.

Einbandgestaltung: design & production GmbH, Heidelberg
SPIN 10717879   42/2202-5 4 3 2 1 0 - Gedruckt auf säurefreiem Papier

Worum es in diesem Buch geht

Tagtäglich lesen wir in den Zeitungen von wirtschaftlichen Problemen wie hoher Arbeitslosigkeit oder steigender Staatsverschuldung. Im Fernsehen verfolgen wir Diskussionsrunden und Parlamentsdebatten, in denen es um die angemessene Lohnsteigerungsrate oder um die richtige Höhe und Verteilung der Steuerlasten geht. Aber obwohl diese Fragen uns alle unmittelbar angehen, ist die Kenntnis der grundlegenden ökonomischen Gesetzmäßigkeiten, welche letztlich dahinter stehen, nicht eben weit verbreitet. Das gilt auch für die Parlamentarier selbst, von denen die wenigsten eine ökonomische Ausbildung haben. Schon im 19. Jahrhundert beklagte der deutsche Ökonom Johann Heinrich von Thünen, daß über die wirtschaftlichen Geschicke des Landes oft von Menschen entschieden werde, die nicht im mindesten in die Probleme eingeweiht waren, um die es dabei ging. Dieses Problem ist heutzutage eher noch größer geworden, als es zu Thünens Zeit der Fall war.

Man sollte dazu wissen, daß früher Ökonomie und Rechtswissenschaften noch in gemeinsamen Fakultäten gelehrt wurden. Der erste rein ökonomische Lehrstuhl wurde erst 1805 installiert, und zwar am College der East India Company im englischen Haileybury. Der Engländer Robert Malthus, der ursprünglich Pfarrer gewesen war und zu den führenden Köpfen der klassischen Nationalökonomie gehörte, hatte ihn damals inne.

Später aber haben sich die juristischen und die volkswirtschaftlichen Fakultäten immer mehr auseinanderentwickelt. Das gleiche trifft auf andere verwandte Gebiete zu, beispielsweise auf die Politikwissenschaft und die Verwaltungslehre. Wahrscheinlich war das wegen der immer größeren Spezialisierung unvermeidbar. Aber die Ökonomie, die man gelegentlich auch als die Königin der Sozialwissenschaften bezeichnet, hat dadurch gleichsam mehr und mehr den Kontakt zu ihrem Volk verloren. Selbst studierte Ökonomen sind heute oft nicht mehr in der Lage, die hochmathematischen Abhandlungen in den einschlägigen Fachzeitschriften nachzuvollziehen. Viele wichtige Erkenntnisse, die früher zum Allgemeingut jedes Volkswirtes gehörten, sind dadurch sogar in Vergessenheit geraten.

Dieses Buch hat sich deshalb zum Ziel gesetzt, die wichtigsten ökonomischen Zusammenhänge in einer auch für den Nicht-Fachmann verständlichen Form dazustellen. Gleichzeitig möchte es auch dem Studenten der Volkswirtschaftslehre dabei helfen, den Überblick über sein Fachgebiet wiederzufinden, der ihm vielleicht über der Beschäftigung mit den vielen ökonomischen Einzelfragen abhanden gekommen sein mag. Anstelle mathematischer Formeln wird der Leser auf den folgenden Seiten ausschließlich einfache Grafiken und viele geschichtliche Beispiele finden, die ihm gleichzeitig verdeutlichen sollen, daß jede Theorie nur vor dem Hintergrund ihrer historischen Entstehungsgeschichte verstanden werden kann. Wir werden dabei auf viele Theoreme stoßen, die beinahe selbstverständlich klingen, aber auch auf scheinbar paradoxe Zusammenhänge, die dem gesunden Menschenverstand zunächst nicht einleuchten wollen. Umgekehrt werden wir auch Behauptungen kennenlernen, die ebenso einleuchtend wie falsch sind. Die Kunst der Ökonomie besteht letztlich vor allem darin, das eine von dem anderen zu unterscheiden.

Gibt es überhaupt so etwas wie ökonomische Gesetze? Über diese Frage ist schon im 19. Jahrhundert erbittert gestritten worden. Die Vertreter der sogenannten historischen Schule, allen voran ihr geistiger Führer Gustav von Schmoller, haben diesen Gedanken weit von sich gewiesen. Nach Schmollers Auffassung ist die Ökonomie eine Erfahrungswissenschaft, die anders als die Naturwissenschaften keine zeitlos gültigen Gesetze kennt.

Die Gegenposition nahm in diesem sogenannten Methodenstreit die neoklassische Schule der Ökonomie ein, damals angeführt von dem Wiener Ökonomen Carl Menger. Menger und seine Anhänger glaubten, daß es durchaus gewisse Gesetzmäßigkeiten des Marktes gebe, die sich gegenüber allen politischen Steuerungsversuchen stets durchsetzen würden. Seinen Höhepunkt erlebte dieser Streit in den Jahren 1883/84 mit verschiedenen, teilweise sehr polemischen Streitschriften der Kontrahenten. Schließlich neigte sich aber die Waagschale immer mehr der neoklassischen Position zu. Der österreichische Ökonom Eugen von Böhm-Bawerk veröffentlichte im Jahre 1914 - seinem Todesjahr - einen berühmten Aufsatz mit dem Titel "Macht oder ökonomisches Gesetz?", in dem er überzeugend argumentierte, daß selbst ein noch so mächtiger Staat an gewissen ökonomischen Gesetzmäßigkeiten letztlich nicht vorbei kommt. Die Wirtschaftsgeschichte, namentlich auch der Untergang der sozialistischen Volkswirtschaften Ende des 20. Jahrhunderts, hat seine These eindrucksvoll bestätigt.

Alfred Marshall, ein englischer Ökonom der Neoklassik, hat einmal gesagt, es sei nicht möglich, die Wahrheit für einen halben Penny zu erzählen. Aus diesem Grund ist auch dieses Buch etwas umfangreicher ausgefallen. Die ganze Wahrheit enthält es natürlich trotzdem nicht. Deshalb sind am Ende jedes Abschnittes Hinweise auf weiterführende Lektüre eingefügt, die sich besonders gut für ein vertieftes Selbststudium eignen. Die einzelnen Kapitel sind darüber hinaus so abgefaßt, daß sie auch unabhängig voneinander gelesen werden können. Ich habe sie neben einigen Kollegen und Mitarbeitern auch Freunden und Bekannten ohne ökonomische Vorbildung zum Probelesen gegeben. Ihnen allen sowie auch dem Verlag gilt mein Dank für viele Hinweise und kritische Anmerkungen. Natürlich gehen verbleibende Fehler und Mängel gleichwohl allein zu meinen Lasten.

Besonderen Dank schulde ich meinem akademischen Lehrer Hans Besters, inzwischen emeritierter Professor für Volkswirtschaftslehre an der Ruhr-Universität Bochum. Er hat mich stets davor gewarnt, allein der Mathematik zu trauen, wenn es um ökonomische Probleme geht. Letzten Endes ließ er immer nur das gelten, was man notfalls auch "Lieschen Müller" klarmachen konnte, und das war gut so. Er war es auch, der mein Interesse auf geschichtliche Hintergründe und Zusammenhänge lenkte. Ohne seinen Einfluß wäre dieses Buch wohl nie entstanden.

Münster, im Januar 1999   Ulrich van Suntum

Inhaltsverzeichnis

Kapitel 1 Menschen und Märkte (Mikroökonomie) 1

Die unsichtbare Hand des Marktes 3
    Vom Merkantilismus zur Marktwirtschaft 3
    Monopol und Cournotscher Punkt 7
    Hinweise zum Weiterlesen: 10
Wettbewerb in Theorie und Praxis 11
    Von "vollständiger Konkurrenz" zum dynamischen Wettbewerb 11
    Wettbewerbspolitik: Harvard gegen Chicago 13
    Natürliche Monopole und staatliche Marktzugangsschranken 16
    Hinweise zum Weiterlesen: 19
Preise, Kosten und Gewinne 19
    Alfred Marshalls Scherentheorem 19
    Das Gesetz der Massenproduktion und seine Grenzen 22
    Turgots Ertragsgesetz und Marshalls Produzentenrente 24
    Handelsspannen und Spekulation 25
    Gerechte Preise und staatliche Markteingriffe 28
    Hinweise zum Weiterlesen: 31
Nutzen und wahrer Wert der Güter 31
    Das Klassische Wertparadoxon und die Gossenschen Gesetze 31
    Pareto-Optimum und Einkommensverteilung 35
    Konsumentensouveränität und meritorische Güter 38
    Hinweise zum Weiterlesen: 40
Wenn der Markt versagt 40
    Der Staat als Nachtwächter? 40
    Natürliche Kollektivgüter 42
    Nicht-Anwendbarkeit des Ausschlußprinzips 44
    Externe Effekte und das Umweltproblem 45
    Sind Umweltabgaben ungerecht? 48
    Freiwillige Verhandlungen: Das Coase-Theorem 49
    Die Umwelt und die Politik 51
    Hinweise zum Weiterlesen: 53

Der gerechte Lohn und das Recht auf Arbeit 53
   Thünens Formel für den naturgemäßen Lohn 53
   Die Arbeitswertlehre von Karl Marx 55
   Probleme des Sozialismus 57
   Die Pareto-Kurve 59
   Mindestlöhne und Höchstverdienstgrenzen? 61
   Produktivität und Lohnsatz 63
   Hinweise zum Weiterlesen: 65
Das Mysterium von Kapital und Zinsen 66
   Zins und Zinsverbot 66
   Wem gehört der Kapitalertrag? 69
   Böhm-Bawerks dritter Grund 70
   Paradoxa der Kapitaltheorie 72
   Natürlicher Zinssatz und Geldpolitik 75
   Hinweise zum Weiterlesen: 78

Kapitel 2 Krisen der Marktwirtschaft (Makroökonomie) 81

Wie kommt das Geld in die Wirtschaft? 83
   Vom Muschelgeld zur Peelschen Bankakte 83
   Geldmenge und Preisniveau 88
   Hinweise zum Weiterlesen: 91
Wirtschaftskreislauf und Nachfragemangel 92
   Das Tableau Economique von Francois Quesnay 92
   Das Saysche Theorem 96
   Marxsche Krisentheorie und Kaufkrafttheorie der Löhne 98
   Die Keynessche Revolution 100
   Hinweise zum Weiterlesen: 104
Warum kommt es zu Konjunkturschwankungen? 105
   Wachstum auf des Messers Schneide 105
   Aftalions Feuer-Beispiel: Das Akzelerator-Prinzip 109
   Konjunkturpolitik: Kann man das Chaos beherrschen? 111
   Politische Konjunkturtheorie 113
   Politiker als Konjunkturverursacher 114
   Hinweise zum Weiterlesen: 117
Vernichtet der technische Fortschritt Arbeitsplätze? 117
   Freisetzungstheorie gegen Kompensationstheorie 117
   Der unbequeme Strukturwandel 121
   Hinweise zum Weiterlesen: 125
Inflation und Arbeitslosigkeit 126
   Die Quantitätstheorie 126
   Der Streit um die Phillipskurve 130
   Die Bullionistenkontroverse 134
   Hinweise zum Weiterlesen: 136

Wachstum und Wohlstand 137
   Lob des Sparens 137
   Kapitalmangel und Unterentwicklung 139
   Die Goldene Regel der Akkumulation 141
   Der Zusammenhang zwischen Zinssatz und Wachstumsrate 144
   Hinweise zum Weiterlesen: 146
Grenzen des Wirtschaftswachstums 147
   Die Ölpreisschocks der 70er Jahre 147
   Gehen uns die Rohstoffe aus? 150
   Räuber-Beute-Problem und Hotelling-Regel 152
   Gerechtigkeit für künftige Generationen? 154
   Hinweise zum Weiterlesen: 158

Kapitel 3 Handel und Wandel in der Weltwirtschaft (Außenwirtschaft) 159

Soll man sich vor billiger Auslandskonkurrenz schützen? 161
   Vom Merkantilismus zur Freihandelslehre 161
   Ricardos Theorem der komparativen Kostenvorteile 164
   Zollargumente 166
   Dumping und Protektionismus 170
   Hinweise zum Weiterlesen: 173
Gewinner und Verlierer im Welthandel 174
   Große Länder, große Vorteile? 174
   Ausbeutung der Rohstoffländer? 176
   Terms of Trade-Effekt und Optimalzoll 178
   Hinweise zum Weiterlesen: 180
Wenn Volkswirtschaften Schulden machen 180
   Was ist außenwirtschaftliches Gleichgewicht? 180
   Leistungsbilanzausgleich und J-Kurven-Effekt 182
   Sind Leistungsbilanzdefizite ein Zeichen von Schwäche? 185
   Hinweise zum Weiterlesen: 188
Führt der internationale Wettbewerb zu sinkenden Löhnen? 188
   Das Faktorproportionentheorem 188
   Ausgleich der Faktorpreise und Stolper-Samuelson-Theorem 190
   Außenhandel und dynamischer Wettbewerb 193
   Hinweise zum Weiterlesen: 195
Globalisierung und Standortwettbewerb 196
   Mobiles Kapital - sinkende Löhne? 196
   Standortwettbewerb als Nullsummenspiel? 197
   Migration der Arbeitskräfte? 199
   Hinweise zum Weiterlesen: 203

Die Geschichte des Währungssystems 204
   Die Goldwährung und ihr Ende 204
   Bretton Woods und das Triffin-Dilemma 208
   Feste Wechselkurse kann man nicht erzwingen 212
   Hinweise zum Weiterlesen: 213
Warum schwankt der Dollarkurs? 213
   Die Kaufkraftparitätentheorie und ihre Grenzen 213
   Die Rolle der internationalen Kapitalströme 216
   Währungsspekulation 219
   Kann eine Währungsunion helfen? 222
   Währungspolitik im Hotel-Foyer 225
   Hinweise zum Weiterlesen: 226

Kapitel 4 Der Staat und das Soziale (Finanzwissenschaft) 227

Der Staat und seine Rolle in der Wirtschaft 229
   Rechtsstaat oder Herrschaft der Elite? 229
   Kirche und Staat 232
   Merkantilismus und Sozialismus 234
   Ordoliberalismus 238
   Hinweise zum Weiterlesen: 240
Demokratie und Marktwirtschaft 240
   Gibt es einen "Dritten Weg"? 240
   Mitbestimmung der Arbeitnehmer 242
   Das Arrow-Paradoxon 244
   Föderalismus als Ausweg? 248
   Hinweise zum Weiterlesen: 249
Das Soziale in der Marktwirtschaft 249
   Vom Büchsenpfennig zum Sozialstaat 249
   Gibt es eine optimale Staatsquote? 253
   Das magische Dreieck der Sozialpolitik 257
   Hinweise zum Weiterlesen: 259
Steuern und Gerechtigkeit 259
   Wer soll wieviel Steuern zahlen? 259
   Grenzen der Gerechtigkeit 262
   Pro und Contra Kopfsteuer 266
   Hinweise zum Weiterlesen: 270
Familienpolitik und Altersvorsorge 270
   Geburtenrate und soziale Sicherung 270
   Umlageverfahren oder Kapitaldeckungsverfahren? 272
   Kinderreichtum als ökonomisches Gut 275
   Subsidiaritätsprinzip oder Sozialstaatsprinzip? 277
   Hinweise zum Weiterlesen: 279

    Ökonomische Gesetze und juristisches Denken 280
        Lassen sich Werte eindeutig ordnen? 280
        Gute Absichten und schlimme Folgen 283
        Sisyphos oder Herkules? 285
        Hinweise zum Weiterlesen: 286
    Wohlfahrtsstaat und Arbeitslosigkeit 286
        Ist Vollbeschäftigung überhaupt möglich? 286
        Natürliche Arbeitslosigkeit und Mismatch 287
        Armutsfalle und Tarifautonomie 290
        Kosten der sozialen Sicherung und negative Einkommensteuer 292
        Hinweise zum Weiterlesen: 296

Nachwort: Kommen Ökonomen in den Himmel? 297

Namensverzeichnis 301

Sachverzeichnis 305

Kapitel 1
Menschen und Märkte (Mikroökonomie)

Der schottische Moralphilosoph Adam Smith (1723 - 1790) war der Begründer der klassischen Volkswirtschaftslehre. Er verglich den Wettbewerb mit einer unsichtbaren Hand, die den Eigennutz letztlich zu einem für alle Menschen guten Ergebnis lenke.

Die unsichtbare Hand des Marktes

Vom Merkantilismus zur Marktwirtschaft

Wir halten es heute für selbstverständlich, fast alle Güter kaufen zu können, sofern wir in der Lage sind, sie zu bezahlen. Wenn wir zum Frühstück frische Brötchen essen wollen, finden wir an jeder Straßenecke eine Bäckerei, die Brot und Backwaren in allen erdenklichen Variationen anbietet. In den großen Kaufhäusern werden wir von der Vielfalt des Warenangebotes fast erschlagen. Vom Videorecorder bis hin zur giftigen Vogelspinne wird dort alles angeboten, was man sich nur vorstellen kann. Beim Autokauf haben wir die Wahl zwischen Fabrikaten aus aller Herren Länder und in allen Preisklassen, vom sparsamen Kleinwagen bis hin zur Luxuslimousine. Natürlich müssen wir dabei immer unseren Geldbeutel im Auge behalten. Aber in diesem Rahmen können wir davon ausgehen, jederzeit ein überaus reichhaltiges Angebot an Gütern vorzufinden.

Das ist nicht überall auf der Welt so, und es war auch in Europa nicht immer der Fall. In den kommunistischen Staaten Osteuropas fehlte es oft an den dringendsten Gütern des täglichen Bedarfs wie Nahrungsmitteln, Kleidung oder Heizmaterial. Wenn dort einmal Luxusgüter wie Fleisch oder hochwertige Importwaren auf den Markt kamen, bildeten sich meist lange Warteschlangen vor den Geschäften. Selbst wer bereit war, hohe Preise dafür zu bezahlen, ging vielfach leer aus, weil die Vorräte begrenzt waren. Die offiziellen Preise waren niedrig, aber sie standen meist nur auf dem Papier. In Wirklichkeit fand man viele Waren in den Läden gar nicht vor. Bestenfalls konnte man sie durch Beziehungen oder auf dem Schwarzmarkt erwerben.

Auch in Deutschland hat es solche Zeiten gegeben. Nach dem Zweiten Weltkrieg herrschte hier zunächst noch keine Marktwirtschaft, sondern ein staatlich kontrolliertes Bewirtschaftungssystem. Butter, Brot oder auch Schuhe kosteten offiziell zwar nicht viel, aber man konnte sie nur gegen Lebensmittelmarken und andere Bezugsscheine erwerben. Ihr Verkauf zu höheren als den staatlich festgesetzten Preisen galt als Wucher und wurde hart bestraft. Auf diese Weise sollte die knappe Nachkriegsproduktion möglichst gerecht auf die Bevölkerung verteilt werden.

Die niedrigen Preise führten aber dazu, daß niemand ein Interesse daran hatte, diese Güter zu produzieren. Und wer es trotzdem tat, der hortete oft seine Waren, um auf bessere Zeiten und höhere Preise zu warten. Die staatliche Zwangsbewirtschaftung verschlimmerte also das Problem der Güterknappheit, statt es zu lindern.

Unterdessen wurde ein schwunghafter Tauschhandel Ware gegen Ware betrieben. Fein heraus war, wer etwa Nylonstrümpfe oder amerikanische

Zigaretten anzubieten hatte, denn dafür ließ sich fast alles eintauschen. Auch die Bauern machten oft einen guten Schnitt. Die Stadtbevölkerung schleppte Teppiche und wertvolle Möbel auf die Höfe, um dafür beispielsweise einen Sack Kartoffeln zu erwerben. Das ganze System war ein Schulbeispiel dafür, zu welchen Folgen staatliche Preiskontrollen führen. Während die Produktion daniederlag und die Masse der Bevölkerung kaum genug zu essen hatte, verdienten sich Schwarzhändler eine goldene Nase.

Es war der spätere Wirtschaftsminister Ludwig Erhard (1897 - 1977), der schließlich dem Spuk ein Ende bereitete. Als Direktor der sogenannten Bizone setzte er am 24. Juni 1948, sechs Tage nach der Währungsreform, die Aufhebung der Preiskontrollen durch. Die politischen Widerstände dagegen waren groß, und die Gewerkschaften riefen gar den Generalstreik aus. Der Erfolg der Liberalisierung war aber derart durchschlagend, daß die Kritik schon bald verstummte. Von Stund an waren die Geschäfte voll mit Waren, von deren Existenz bis dahin niemand etwas geahnt hatte. Gleichzeitig stiegen die Produktion und damit die Einkommen, so daß die Waren auch verkauft werden konnten.

Vor der Freigabe der Preise im Juni 1948 waren die meisten Lebensmittel in Deutschland rationiert. Gütermangel und Schwarzmärkte waren die Folge
(Bildnachweis: BMWi (Hg), 40 Jahre soziale Marktwirtschaft, 1989, S. 17)

Trotz anfänglicher Probleme mit der Preisniveaustabilität, vor allem während der Korea-Krise Mitte 1950, hielt Erhard eisern an der Liberalisierung fest. Man hat den damals einsetzenden, beispiellosen Aufschwung in Westdeutschland oft als Wirtschaftswunder bezeichnet. In Wirklichkeit war es aber kein Wunder, sondern nur das logische Resultat der Gesetze des Marktes.

Die erste systematische Beschreibung dieser Gesetze verdanken wir dem schottischen Nationalökonomen Adam Smith (1723 - 1790). Sein Hauptwerk "Der Wohlstand der Nationen" erschien 1776, im Jahr der amerikanischen Unabhängigkeitserklärung. Smith war eigentlich Moralphilosoph und gilt als Begründer der klassischen Nationalökonomie, welche bis dahin als eigenständige Wissenschaft noch gar nicht existierte. Seine Persönlichkeit entsprach ziemlich genau dem Bild eines zerstreuten Professors. Er soll Zeit seines Lebens Selbstgespräche geführt haben und in Edinburgh sogar einmal auf offener Straße im Schlafanzug angetroffen worden sein. Kurz vor seinem Tode verbrannte er im Kreise seiner Freunde alle Notizen und Manuskripte, um der Nachwelt nichts Unfertiges zu hinterlassen.

Smiths "Wohlstand der Nationen" war in erster Linie eine Abrechnung mit dem merkantilistischen Wirtschaftssystem der damaligen Zeit. Dieses System beruhte ähnlich wie später der Sozialismus auf rigiden Preiskontrollen, Wettbewerbsbeschränkungen und unzähligen anderen Eingriffen des Staates in das Wirtschaftsleben. Adam Smith stellte ihm das Konzept des wirtschaftlichen Liberalismus entgegen, welches vorwiegend dem freien Spiel der Marktkräfte vertraute. Tatsächlich läutete sein Buch das historische Ende des Merkantilismus ein und wurde gewissermaßen zur Bibel marktwirtschaftlich orientierter Ökonomen. Auf den Treffen der neoliberalen Mont Pelerin-Gesellschaft ist es noch heute üblich, die Adam Smith-Krawatte zu tragen.

Als Moralphilosoph interessierte sich Smith für die Beweggründe der Menschen, zu arbeiten und Güter am Markt anzubieten. Er glaubte, durchaus ein gewisses Maß von Uneigennützigkeit dabei unterstellen zu können. Die Menschen sind soziale Wesen, die grundsätzlich Sympathie füreinander hegen, wie Smith es ausdrückte. Er war aber Realist genug um zu erkennen, daß dies nicht die ganze Wahrheit ist. Den meisten Menschen ist vielmehr auch ein gerüttelt Maß an Bequemlichkeit und Selbstinteresse zu eigen. Daher konnte man sich nicht darauf verlassen, daß die in einer Volkswirtschaft benötigten Güter einfach auf freiwilliger Basis erstellt würden. Vielmehr bedurfte es dazu starker wirtschaftlicher Anreize für den einzelnen. Das gilt vor allem, wenn der Produktionsprozeß nach dem Prinzip der Arbeitsteilung organisiert ist. Denn wer nicht für seinen eigenen Bedarf produziert, wird für seine Anstrengungen in aller Regel eben ein Entgelt erwarten.

Der wichtigste Anreiz für die Produktion von Gütern ist deshalb nach Smith das Einkommen, das man damit erzielen kann. Ein vielzitierter Satz aus seinem Werk von 1776 lautet: "Nicht vom Wohlwollen des Metzgers, Brauers oder Bäckers erwarten wir das, was wir zum Essen brauchen, sondern davon, daß sie ihre eigenen Interessen wahrnehmen." Gerade der Eigennutz ist demnach die wichtigste Triebfeder, um den Wohlstand der Nation und aller Menschen, die darin leben, zu erhöhen.

Etwas später in seinem Buch beschreibt Smith diesen Mechanismus mit der berühmten Metapher von der unsichtbaren Hand des Marktes. Nicht nur der Handwerker und Arbeiter, auch der Kapitalist werde bei seinen Entscheidungen "von einer unsichtbaren Hand geleitet, um einen Zweck zu fördern, den zu erfüllen er in keiner Weise beabsichtigt hat." Gerade dadurch, daß er das eigene Interesse verfolgt, fördere er das der Wohl der Gesellschaft. Skeptisch äußert sich Smith dagegen zur Idee des Gemeinnutzes: "Alle, die jemals vorgaben, ihre Geschäfte dienten dem Wohl der Allgemeinheit, haben meines Wissens niemals etwas Gutes getan."

Das war starker Tobak, und vielleicht hat Smith hier etwas übertrieben. Man darf nicht vergessen, daß diese Sätze sich vor allem gegen den Merkantilismus richteten, der ja das genaue Gegenteil von Markt und Wettbewerb gewesen war. Smith selber hat einmal geschrieben, falsche Ansichten glichen gewissermaßen einer schiefen Weidenrute. Man müsse sie erst kräftig zur anderen Seite hin verbiegen, um sie wieder gerade zu bekommen.

In der Tat hatte der Merkantilismus die wunderlichsten Blüten getrieben. Ein wesentlicher Stützpfeiler der Wettbewerbsbeschränkungen war damals das Zunftwesen, das eigentlich mehr ein Zunft-Unwesen war. Noch lange nicht jeder konnte zum Beispiel Bäcker werden, auch wenn er dafür noch so geeignet erschien. Die Handwerksordnungen legten ihm hohe Hürden dabei in den Weg. So betrug die vorgeschriebene Lehrzeit im Handwerk in Frankreich fünf Jahre, in England sogar sieben Jahre. Danach folgten noch fünf Gesellenjahre, bis man sich schließlich selbst als Meister selbständig machen durfte. Und damit nicht trotzdem noch zu viel Konkurrenz entstand, durfte beispielsweise im Hutmachergewerbe niemand mehr als zwei Lehrlinge einstellen. Bei Zuwiderhandlung mußte er fünf Pfund Strafe bezahlen, die eine Hälfte an den König, die andere Hälfte an den Denunzianten.

Damit aber nicht genug. Jedes Handwerk durfte nur ganz bestimmte Leistungen erbringen und dabei anderen Zünften nicht in die Quere kommen. Smith berichtet unter anderem, daß ein Wagenmacher keine Räder herstellen durfte, sondern sie bei einem Radmacher kaufen mußte. Vergleichbare Vorschriften gibt es selbst heute noch. Wer beispielsweise in Deutschland eine Küche installieren lassen möchte, muß dafür drei verschiedene Handwerker bemühen. Der Schreiner darf nämlich das Wasser nicht anschließen und der Klempner wiederum darf keine Elektroinstallationen vornehmen. Für ein paar Handgriffe werden so drei mal Anfahrtkosten und Stundenlohn fällig. Dadurch soll die Qualität der Arbeit und die Sicherheit des Kunden gewährleistet werden. In der Praxis läuft es aber oft darauf hinaus, daß dieser selbst Hand anlegt oder einen Schwarzarbeiter engagiert, was wohl kaum der Sinn der Sache sein kann.

Auch in anderen Wirtschaftszweigen und Gewerben ist das merkantilistische Denken bis heute noch nicht überwunden. Das deutsche Gesetz gegen Wettbewerbsbeschränkungen von 1957 proklamiert als Grundsatz zwar den Wettbewerb. Aber den meisten Raum nehmen darin die sogenannten Ausnahmebereiche ein, vor allem der Verkehrssektor, die Energiewirtschaft und das Versicherungswesen. Ausgenommen vom freien Spiel der Marktkräfte ist in vielen Staaten auch die Landwirtschaft; in Europa wird sie insbesondere vor der Konkurrenz aus anderen Ländern geschützt. Als Grund dafür wird vor allem die Sicherung der Nahrungsmittelversorgung in Krisenzeiten genannt. Bei den meisten der geschützten Produkte hat die Europäische Union aber einen Selbstversorgungsgrad von mehr als 100%, das heißt, sie exportiert sie sogar auf die Weltmärkte. Der eigentliche Grund für die Wettbewerbsbeschränkungen dürfte daher eher das Einkommensinteresse der Landwirte sein, die über eine politisch sehr einflußreiche Lobby verfügen.

Ein Schulbeispiel für unsinnige Wettbewerbsbeschränkungen war die Behandlung des gewerblichen Straßengüterfernverkehrs in Deutschland bis vor wenigen Jahren. Man benötigte dafür eine rote, blaue oder auch gelbe Konzession, je nachdem, welche Art von Gütern man transportieren wollte. Die Konzessionen waren mengenmäßig strikt beschränkt und sehr begehrt. Aus dem Umstand, daß sie auf dem Markt für 100.000 DM und mehr gehandelt wurden, kann man die Gewinne zu Lasten der Kunden ermessen, die der beschränkte Wettbewerb ermöglichte.

Die offizielle Begründung für das Konzessionssystem lautete, daß sonst ein ruinöser Wettbewerb zu befürchten sei. Interessanterweise war dergleichen aber keineswegs zu beobachten, als es 1992 endlich abgeschafft wurde. Noch immer aber gibt es in diesem Bereich Bestimmungen, die in ihrer ökonomischen Unsinnigkeit selbst einen Adam Smith in Erstaunen versetzt hätten. So darf z.B. ein Lastwagen, der Limonade von Hamburg nach München transportiert, auf der Rückfahrt kein bayerisches Bier für Norddeutschland mitnehmen, jedenfalls dann nicht, wenn er der Limonadenfabrik gehört. Notfalls muß er leer nach Hamburg zurückfahren! Diese Bestimmung soll den gewerblichen Güterkraftverkehr vor der Konkurrenz des reinen Werkverkehrs schützen. Einen tiefer gehenden Sinn hat sie nicht, und sie führt offenbar zu gänzlich unnötigen ökonomischen und ökologischen Kosten.

Monopol und Cournotscher Punkt

Die Wirtschaftsgeschichte hat gezeigt, daß der Staat oft ein schlechter Hüter des Wettbewerbs ist. Immer wieder läßt er sich von einflußreichen Interessengruppen dazu verleiten, in die Märkte einzugreifen, weil sie angeblich nicht richtig funktionieren oder unsoziale Folgen dabei herauskommen. Nun gibt es zwar durchaus Fälle, in denen tatsächlich gewisse Probleme bestehen. Niemand wird zum Beispiel einem freien Drogenhandel das Wort reden wollen, um ein extremes Beispiel zu nennen. Es gibt auch keinen ernstzunehmenden Ökonomen, der etwa das Problem der Umweltverschmutzung oder die Besonderheiten des Marktes für ärztliche Leistungen in Abrede stellen wollte.

Aber das sind spezielle Fragen, die jede für sich einer sorgsamen Analyse bedürfen. Wir werden sehen, daß in den meisten dieser Fälle nicht zu viel, sondern zu wenig Wettbewerb das eigentliche Problem ist, auch wenn sie durchaus ein gewisses Eingreifen des Staates erfordern. Zunächst aber gilt es erst einmal, den Wettbewerb überall dort zuzulassen und auf Dauer sicherzustellen, wo er offenkundig sinnvoll und funktionsfähig ist.

Smith sah die Gefahr für eine Einschränkung des Wettbewerbs hauptsächlich von den Politikern ausgehen, die er einmal als "hinterlistige und schlaue Geschöpfe" bezeichnete. Er erkannte aber bereits, daß der Wettbewerb auch stets eine Tendenz zur Selbstauflösung in sich trug. Es vergehe kaum ein Treffen der Kaufleute, so schrieb er, bei dem sie nicht versuchten, die Preise untereinander abzusprechen. Das war natürlich nicht im Sinne der unsichtbaren Hand. Sie konnte vielmehr nur dann funktionieren, wenn alle Anbieter in wirklicher Konkurrenz um die Gunst der Nachfrager standen und so stets gezwungen waren, gute Ware zu günstigen Preisen anzubieten.

Das genaue Gegenteil von Wettbewerb in diesem Sinne schien das Monopol zu sein. Hier tritt überhaupt nur ein Anbieter auf dem Markt auf, beispielsweise der Besitzer der einzigen Wasserquelle weit und breit. Man könnte meinen, ein solcher Monopolist werde stets den höchsten überhaupt erzielbaren Preis für seine Ware verlangen. Auch Smith scheint dieser Meinung gewesen zu sein, aber sie ist zumindest irreführend. Denn wenn der Monopolist seinen Gesamtgewinn maximieren will, dann muß er neben dem Preis seines Produktes auch die absetzbare Menge bedenken. Diese ist aber um so geringer, je höhere Preise er verlangt. Also muß es eine Art mittleren Preis geben, der den Gewinn des Monopolisten auf ein Maximum steigen läßt. Es ist das Verdienst des französischen Mathematikers und Ökonomen Augustin Cournot (1801 - 1877), dieses Problem im Jahre 1838 als erster exakt analysiert zu haben. Ihm zu Ehren bezeichnet man seine Lösung als den Cournotschen Punkt. Dieser Punkt gibt an, welchen Preis der Monopolist verlangen muß, wenn er den maximalen Profit erzielen will.

Im Falle unseres Quellenbesitzers wollen wir zunächst vereinfachend unterstellen, daß er das Wasser ohne nennenswerte eigene Kosten fördern kann. Dann wird sein Gewinn genau bei dem Preis am höchsten sein, bei dem das Produkt aus Preis und Absatzmenge maximal wird. Umsatzmaximum und Gewinnmaximum stimmen in diesem einfachen Fall miteinander überein. Beispielsweise möge der Quellenbesitzer bei einem Preis von 5 DM genau 5 Liter Wasser pro Tag absetzen können, was einen Ertrag von 25 DM ergibt. Eine Erhöhung des Preises auf 6 DM möge den Absatz auf 4 Liter senken, während bei einer Preissenkung auf 4 DM der Absatz auf 6 Liter steigt. In beiden Fällen ergibt sich dann ein Ertrag von lediglich 24 DM pro Tag! Also ist es offenbar am sinnvollsten, den Preis bei 5 DM zu belassen. Solange dem Monopolisten keine Förderkosten entstehen, erzielt er bei diesem Preis auch den höchstmöglichen Gewinn.

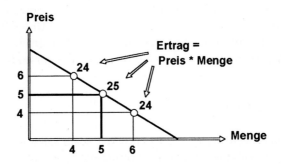

Der Monopolist kann als alleiniger Anbieter den Preis bestimmen. Den größten Ertrag erzielt er jedoch nicht bei dem höchstmöglichen, sondern bei einem mittleren Preis.

Etwas komplizierter wird es, wenn auch gewisse Förderkosten anfallen, sagen wir 2 DM pro Liter Wasser. Cournot konnte zeigen, daß dann der gewinnmaximale Preis stets höher als bei kostenloser Produktion liegen wird. Die Absatzmenge wird dementsprechend geringer sein, so daß Umsatzmaximum und Gewinnmaximum nicht mehr zusammenfallen.

Das kann man sich leicht klarmachen. In unserem Beispiel würde sich bei dem bisherigen Preis von 5 DM ein Gewinn von 15 DM ergeben, errechnet aus 25 DM Umsatz minus 10 DM Kosten. Eine Preiserhöhung auf 6 DM würde den Umsatz zwar auf 24 DM drücken, aber auch die Kosten würden auf 8 DM sinken. Also wäre der Gewinn mit 16 DM höher, als wenn der Monopolist fortfahren würde, seinen Umsatz zu maximieren. Wie hoch genau der neue gewinnmaximale Preis ist, hängt u.a. von der jeweiligen Nachfragereaktion ab und läßt sich in unserem einfachen Beispiel ohne weitere Annahmen nicht bestimmen.

Entscheidend ist aber, daß der Monopolist auf jeden Fall einen deutlich höheren Preis verlangen wird, als es seinen Stückkosten entspricht. Man muß dabei bedenken, daß in diesen Kosten auch schon eine normale Verzinsung seines Kapitals sowie auch ein Zuschlag für das unternehmerische Risiko enthalten ist. Ein gewisser Normalgewinn in diesem Sinne müßte ja auch unter Konkurrenzbedingungen gewährleistet sein, um überhaupt eine Produktion auf Dauer zu ermöglichen. Der Monopolgewinn geht aber im allgemeinen weit über diesen Normalgewinn hinaus.

Darin liegt das volkswirtschaftliche Problem. Der Gewinn des Monopolisten spiegelt ja offenbar kein gesamtwirtschaftliches Verdienst wider, sondern er entsteht schlicht auf Kosten der Konsumenten. Diese könnten bei freier Konkurrenz nämlich erwarten, eine höhere Gütermenge zu geringeren Preisen angeboten zu bekommen. Die Konkurrenz würde im Extremfall den Preis sogar so lange drücken, bis er schließlich nur noch die Kosten von 2 DM pro Liter Wasser in unserem Beispiel deckt. Jeder höhere Preis würde überdurchschnittliche Gewinne bedeuten und damit alsbald neue Anbieter anlocken. Nur weil der Monopolist eben keinen Wettbewerber zu fürchten hat, kann er den Cournotschen Punkt verwirklichen. Unter Wettbewerbsbedingungen werden die Konsumenten demgegenüber größere Gütermengen bei gleichzeitig niedrigeren Preisen auf den Märkten vorfinden.

Hinweise zum Weiterlesen:

Eine gute Beschreibung des Lebens und Werkes von Adam Smith ist der Beitrag "Adam Smith" von H.C. Recktenwald in dem Sammelband von J. Starbatty: "Klassiker des ökonomischen Denkens", Bd. I, München 1989, S. 134 - 155.

H. Lampert, "Die Wirtschafts- und Sozialordnung der Bundesrepublik Deutschland", München und Landsberg, 12. Aufl. 1995, geht neben ethischen und politischen Aspekten auch auf die konkreten gesetzlichen Grundlagen der Wettbewerbsordnung in Deutschland ein.

Einen knappen, aber sehr anschaulichen Überblick über Idee und Funktionsweise einer marktwirtschaftlichen Wirtschaftsordnung gibt H.J. Thieme, "Soziale Marktwirtschaft", München 1991.

Die Preisbildung im Monopol im Vergleich zu anderen Marktformen findet man in ebenso kurzgefaßter wie gut verständlicher Weise dargestellt in dem Standardwerk von A. Woll, "Allgemeine Volkswirtschaftslehre", 11. Aufl., München 1993, Kap. 7.

Wettbewerb in Theorie und Praxis

Von "vollständiger Konkurrenz" zum dynamischen Wettbewerb

Bis zum Beginn des 20. Jahrhunderts machte man die Intensität des Wettbewerbs vor allem an der Zahl der Marktteilnehmer fest. Es galt als unstreitig, daß Monopole stets von Übel sind und daß der Wettbewerb um so besser funktionieren würde, je mehr Anbieter sich auf den Märkten um die Gunst der Nachfrager streiten. Bald ging man auch daran, dieses Ergebnis in Form von mathematischen Modellen zu erhärten. Es entstand die Modellvorstellung der sogenannten vollständigen Konkurrenz. Dabei unterstellte man vollständig rational handelnde Individuen, die auf idealen Märkten Güter anboten und nachfragten. Insbesondere sollten sie mit unendlicher Reaktionsgeschwindigkeit auf jede Veränderung reagieren können, so daß auch nicht eine Sekunde lang ein höherer als der Normalgewinn entstehen konnte. Vor allem der Cambridger Ökonom Alfred Marshall (1842 - 1924) und sein Lausanner Kollege Leon Walras (1834 - 1910) haben sich um die mathematische Beschreibung des Marktgeschehens verdient gemacht. Das Ergebnis sollte man später als das neoklassische Modell bezeichnen.

Schon bald kamen jedoch Zweifel an der Sinnhaftigkeit dieses Modells auf. Sicher ermöglichte die Mathematisierung der Ökonomie manche Einsichten in Zusammenhänge, die den Klassikern mit ihrem hausbackenen Instrumentarium noch verborgen geblieben waren. So konnte Walras zeigen, daß sich unter bestimmten Umständen tatsächlich ein vollkommenes Gleichgewicht von Angebot und Nachfrage auf allen Märkten einstellen würde. Dieses sogenannte mikroökonomische Totalgleichgewicht hatte außerdem die angenehme Eigenschaft, daß dabei alle Produktionsfaktoren vollbeschäftigt sein würden und keinerlei Verschwendung knapper Güter mehr zu beobachten wäre. Damit war gewissermaßen der mathematische Beweis für Adam Smiths Theorem der unsichtbaren Hand des Marktes erbracht worden.

Aber der Preis dafür war hoch. Was hatte dieses Modell noch mit der Wirklichkeit zu tun? Beobachtete man nicht ständig, daß einzelne Märkte im Ungleichgewicht waren und daher mindestens zeitweise "anomale" Gewinne oder Verluste entstanden? Und war der rationale, nur auf Gewinn- und Nutzenmaximierung ausgerichtete homo oeconomicus nicht in Wirklichkeit ein Monstrum, das weder den simpelsten moralischen Ansprüchen noch der Realität gerecht wurde? Das neoklassische Modell schien also für die Erklärung der Wirklichkeit nicht viel zu taugen. Wo aber lag dann noch die Rechtfertigung für eine marktwirtschaftliche Wirtschaftsordnung?

Offensichtlich hatte die neoklassische Ökonomie ein Eigentor geschossen. An die Stelle von Adam Smiths differenziertem Menschenbild war plötzlich der sogenannte "homo oeconomicus" getreten, wie man später das Zerrbild eines vollkommen rationalen und rein egositisch agierenden Individuums bezeichnete. Und Smiths realistische Beschreibung unternehmerischen Verhaltens war einer blutleeren mathematischen Analyse gewichen, die zudem von keinem Politiker mehr verstanden wurde. Schlimmer noch: Wenn man die Maßstäbe des neoklassischen Modells anlegte, so war es ein Leichtes, an allen Ecken und Enden sogenanntes Marktversagen festzustellen. Denn das Modell war diente eben nur der mathematischen Beschreibung gewisser Grundzusammenhänge und konnte mit der Wirklichkeit gar nicht exakt übereinstimmen. Daraus wurden nun aber neue Gründe gerade für solche staatliche Interventionen abgeleitet, die Adam Smith so vehement bekämpft hatte.

Die ökonomische Theorie bemühte sich in der Folgezeit, wieder ein realistischeres Bild des Wettbewerbs zu zeichnen. Joan Robinson (1903 - 1983) und Edward Chamberlin (1899 - 1967) entwarfen 1933 unabhängig voneinander das Modell der sogenannten unvollständigen bzw. monopolistischen Konkurrenz. Es wurde jetzt berücksichtigt, daß jeder Anbieter in der Regel einen gewissen Preissetzungsspielraum hat, auch wenn es Konkurrenten gibt. Beispielsweise ist ein VW Polo zwar in der gleichen Fahrzeugkategorie angesiedelt wie etwa ein Nissan Micra, aber es handelt sich eben nicht um vollständig identische Produkte. Auch wird ein Kunde möglicherweise dem etwas teureren Handwerker den Auftrag geben, wenn er mit ihm schon einmal gute Erfahrungen gemacht hat. Er kann ja nicht sicher sein, ob der preiswertere Anbieter genauso gut und zuverlässig arbeitet. Daher ist es durchaus möglich und sogar wahrscheinlich, daß auch sehr ähnliche Produkte und Dienstleistungen auf dem Markt zu unterschiedlichen Preisen gehandelt werden.

Auch das Monopol wurde jetzt mit etwas anderen Augen angesehen. Der österreichische Ökonom Josef Schumpeter (1883 - 1950) wies in seiner "Theorie der wirtschaftlichen Entwicklung" 1911 darauf hin, daß im Grunde jeder Erfinder eines neuen Produktes zunächst einmal eine Monopolstellung gewinnt. Darin besteht nach Schumpeter gerade der wesentliche Anreiz, als sogenannter Pionierunternehmer überhaupt neue Güter und Verfahren auf den Markt zu bringen. Im Laufe der Zeit werden allerdings zunehmend Imitatoren auftreten, so daß die anfänglichen Vorsprungsgewinne im Konkurrenzkampf wieder abgeschmolzen werden. Diese dynamische Abfolge von Innovation und Imitation macht nach Schumpeter erst den eigentlichen Sinn des Wettbewerbs aus. Dazu gehört auch, daß immer wieder neue Unternehmen und Produkte die alten vom Markt verdrängen. Schumpeter bezeichnete den Wettbewerb daher auch anschaulich als einen Prozeß der schöpferischen Zerstörung.

Sein österreichischer Kollege Friedrich August von Hayek (1899 - 1992), Nobelpreisträger des Jahres 1974, ging noch einen Schritt weiter. Auch für ihn ist der Wettbewerb in erster Linie ein Entdeckungsverfahren, aber nicht nur in bezug auf die Entwicklung neuer Produkte und Produktionsverfahren. Nach Hayek ist nämlich schon die Vielfalt der bereits am Markt befindlichen Güter und Konsumwünsche viel zu komplex, als daß sie etwa von einer staatlichen Planungsbehörde überschaut werden könnte. Heute wollen die Konsumenten zum Beispiel Rindersteaks essen, morgen dagegen Pizza und übermorgen vielleicht Chinesische Küche oder Biokost. Bei anderen Gütern sind die Konsumwünsche nicht weniger vielfältig und wechselhaft, wie man beispielsweise in der Modebranche jede Saison beobachten kann.

Wie soll eine staatliche Planungsbehörde angesichts dieser Komplexität wissen können, welche Güter wann, in welcher Menge und an welchem Ort nachgefragt werden? Wie sollte sie die konkrete Befriedigung dieser Nachfragevielfalt bewerkstelligen? Nur das dezentralisierte Wissen Hunderttausender von Unternehmern, Kaufleuten und Managern, die alle ihren Vorteil suchen, kann dieses "Suchproblem" lösen. Wer jemals die Versorgungsengpässe und die Beschränktheit des Güterangebotes in planwirtschaftlich organisierten Wirtschaftsordnungen erlebt hat, wird diesem zentralen Gedanken Hayeks sicher zustimmen.

Wettbewerbspolitik: Harvard gegen Chicago

Für die praktische Wettbewerbspolitik ergaben sich aus dieser modernen Interpretation des Wettbewerbs einige Probleme. Offenbar kommt es für die Intensität des Wettbewerbs eben nicht nur darauf an, daß möglichst viele Anbieter am Markt sind. So wurde zum Beispiel argumentiert, daß der Wettbewerb gerade dann besonders intensiv sein kann, wenn nur wenige große Anbieter am Markt zu finden sind; man spricht in diesem Fall auch von einem Oligopol. Ein gutes Beispiel dafür ist der Benzinmarkt, auf dem ja nur wenige, große Ölkonzerne als Anbieter auftreten. Kaum senkt etwa Shell die Preise, folgen Esso, Aral und alle anderen auch schon nach, um nur ja keine Kunden zu verlieren.

Auch auf dem Automobilmarkt beobachten sich die Hersteller gegenseitig mit Argusaugen, um etwa Sondermodelle eines Konkurrenten sofort mit eigenen Sonderangeboten kontern zu können. Andererseits ist gerade bei Oligopolen auch die Gefahr wettbewerbsbeschränkender Kartelle besonders groß. Es kommt daher sehr auf den Einzelfall an, ob ein Oligopol den Wettbewerb wirklich gefährdet.

Die alleinige Betrachtung der Marktstruktur ist also wenig aussagekräftig, wenn es um die Beurteilung der Wettbewerbsintensität geht. Alternativ dazu wurde vorgeschlagen, die Marktergebnisse zum Kriterium der wettbewerbspolitischen Beurteilung eines Marktes zu machen. Dies ist das Konzept der sogenannten workable competition, des funktionsfähigen Wettbewerbs. Es wurde vor allem in den USA entwickelt, namentlich von John Maurice Clark (1884 - 1963). Nach Clark soll beispielsweise die Zulässigkeit eines Monopols vor allem daran gemessen werden, ob es seine Produkte zu angemessenen Preisen verkauft.

In der Praxis erwies es sich aber als äußerst schwierig zu bestimmen, wie hoch ein angemessener Preis zu sein hat. Da es an vergleichbaren Produkten anderer Anbieter naturgemäß mangelt, ist man dabei ganz auf die Analyse der Kosten des Monopolisten angewiesen. Diese Kosten wiederum kann der Monopolist aber leicht manipulieren, indem er beispielsweise den eigenen Angestellten hohe Gehälter oder luxuriöse Büroräume gewährt und dies als unvermeidbaren Aufwand hinstellt. Augenfällige Beispiele dafür sind in Deutschland die Steinkohleindustrie und die Elektrizitäts- und Wasserversorgungswerke, die über kommunale Gebietsmonopole verfügen. Unter den Managern und Aufsichtsräten dieser Unternehmen findet man übrigens viele ehemalige Politiker; oft sind es dieselben, die zuvor für die Genehmigung der Monopolpreise zuständig waren.

Aber auch die echten Kosten eines Monopols werden meist schon deswegen überhöht sein, weil es eben am heilsamen Druck des Wettbewerbs fehlt. Der amerikanische Ökonom Harvey Leibenstein (geb. 1922) führte für diesen Effekt den Begriff der sogenannten X-Ineffizienz ein. Sie kommt zu den überhöhten Gewinnen als weiterer Nachteil des Monopols noch hinzu. Wie soll man aber unter solchen Umständen noch so etwas wie einen angemessenen Marktpreis bestimmen können? Viele der sogenannten Anti-Trust-Verfahren in den USA, mit denen marktbeherrschende Unternehmen zur Entflechtung gezwungen werden sollten, sind denn auch an dem Problem des konkreten Nachweises schlechter Marktergebnisse gescheitert.

Die sogenannte Harvard-Schule der Wettbewerbspolitik hat deshalb vorgeschlagen, neben der Marktstruktur und den Marktergebnissen auch das Marktverhalten der Anbieter zu prüfen. Es gibt für marktbeherrschende Unternehmen ein beinahe unerschöpfliches Arsenal an diskriminierenden Verhaltensweisen gegenüber Kunden, Lieferanten oder Wettbewerbern. Beispielsweise kann ein marktbeherrschender Computerhersteller hingehen und seine Produkte nur an solche Kunden abgeben, die gleichzeitig auch seine miserable Software kaufen. Oder ein Getränkehersteller beliefert nur solche Kaufhäuser, die nicht gleichzeitig auch Konkurrenzprodukte anderer Getränkefirmen anbieten, selbst wenn diese den Kunden besser schmecken sollten. Und schließlich gibt es noch das weite Feld von gegenseitigen Preisabsprachen und anderen Kartellen, das vor allem im Falle von Oligopolen immer wieder zu beobachten ist.

Auch eine Marktverhaltenskontrolle durch die Kartellämter ist in der Praxis allerdings nicht einfach zu bewerkstelligen. Nehmen wir zum Beispiel den Fall der Benzinpreise an den Tankstellen. Wenn BP, Shell und Esso ihre Preise gleichzeitig erhöhen, so muß keineswegs eine Kartellabsprache dahinterstecken, wie das die Kunden meist vermuten. Tatsächlich sind die Kartellbehörden immer wieder mit dem Versuch gescheitert, den Ölmultis mißbräuchliche Preisabsprachen nachzuweisen. Genausogut kann nämlich auch ein steigender Ölpreis oder ein höherer Dollarkurs die Ursache für eine allgemeine Benzinpreiserhöhung sein. Wenn man den Benzinmarkt genau beobachtet, wird man auch wirklich feststellen, daß die Preise fallen, wenn der Dollarkurs sinkt.

Außerdem wäre gerade auch im Falle vollständiger Konkurrenz zu erwarten, daß die Preise homogener Güter bei allen Anbietern stets gleich hoch sind! Denn gerade dann könnte es sich kein Anbieter leisten, einen höheren Preis als seine Konkurrenz zu verlangen. Der Marktpreis würde sich vielmehr einheitlich so einstellen, daß er die normalen Kosten gerade deckt. Ein einheitlicher Preis aller Anbieter sagt für sich genommen daher noch gar nichts darüber aus, ob Wettbewerb herrscht oder nicht.

Die sogenannte Chicago-Schule der Wettbewerbstheorie hat aus all diesen Problemen einen radikalen Schluß gezogen. Wenn weder die Marktstruktur noch die Marktergebnisse oder das Marktverhalten letztlich brauchbare Kriterien für eine Wettbewerbskontrolle sind, dann sollte man am besten ganz die Finger davon lassen. Weder Anti-Trust-Gesetze noch eine Mißbrauchsaufsicht über marktbeherrschende Unternehmen können letztlich funktionieren. Stattdessen komme es allein darauf an, den jederzeitigen Marktzutritt neuer Konkurrenten zu ermöglichen. Denn jeder Mißbrauch von Marktmacht sei ja darauf ausgerichtet, übernormale Gewinne zu erzielen und werde daher von selbst andere Anbieter anlocken.

Sogar ein Monopol kann aus dieser Sicht zumindest zeitweise volkswirtschaftlich sinnvoll sein. Soweit es nämlich lediglich den natürlichen Vorsprungsgewinn eines besonders findigen Unternehmens widerspiegelt, geht sein Extragewinn durchaus in Ordnung. Er ist ja gerade der Anreiz, ständig nach neuen Produkten und besseren Produktionsverfahren zu suchen. Es muß nur gewährleistet sein, daß andere Unternehmen dabei nachziehen können und nicht etwa auf Dauer vom Markt ausgeschlossen bleiben. Das Monopol sollte deshalb im Prinzip jederzeit angreifbar sein, wie die Chicago-Ökonomen sagen. Ein solches, sogenanntes morphologisches Monopol sei wettbewerbspolitisch unproblematisch, weil es sich früher oder später von selbst erledige.

Ein schönes Beispiel dafür ist die Geschichte der elektrischen Orgeln. Sie wurden zuerst von der amerikanischen Firma Hammond auf den Markt gebracht, die dafür ein Patent innehatte. Noch heute spricht man allgemein von Hammond-Orgeln, selbst wenn sie schon seit langem auch von zahlreichen anderen Firmen wie Yamaha oder Hohner angeboten werden. Die ursprüngliche Monopolstellung brachte Hammond hohe Gewinne ein, begann aber schon vor Auslaufen des Patentschutzes zu wackeln. Inzwischen war nämlich das von Hammond verwendete elektromagnetische Tonerzeugungsverfahren technisch überholt, und es wurden stattdessen zunehmend rein elektronische Heimorgeln und Syntheziser gebaut. Man erkennt daran, daß die Monopolstellung eines Anbieters unter Umständen sogar den technischen Fortschritt beflügeln kann. Hammond selbst verschlief übrigens unter dem scheinbaren Schutz seines Patentes diese Entwicklung lange Zeit und wurde schließlich vom Markt verdrängt.

Natürliche Monopole und staatliche Marktzugangsschranken

In der Praxis würde das Chicago-Konzept bedeuten, daß man vor allem jede Art von gesetzlichen Marktzutrittsgrenzen abzubauen hätte. Das betrifft zum Beispiel die Gebietsmonopole für die kommunalen Versorgungsunternehmen, aber auch die noch bestehenden Zunftordnungen, soweit sie den Wettbewerb im Handwerk beschränken. Zudem wäre dafür zu sorgen, daß Konkurrenten aus dem Ausland nicht durch Zölle oder andere protektionistische Maßnahmen diskriminiert werden. Und natürlich sollte auch der Staat selbst möglichst nicht als Monopolanbieter auftreten, wie er dies beispielsweise im Falle von Post und Eisenbahn lange Zeit getan hat und in vielen Ländern noch heute tut.

Damit war die Wettbewerbstheorie wieder sehr nahe bei den Überlegungen angelangt, die schon Adam Smith angestellt hatte. Die Hauptvertreter der Chicago-Schule waren denn auch überzeugte Liberale, allen voran George Stigler (1911 - 1991), Nobelpreisträger des Jahres 1982. Tatsächlich gibt es viele Beispiele dafür, daß einst übermächtig erscheinende Monopole durch den Marktzutritt von Newcomern geknackt wurden. Eines dieser Beispiele war die erfolgreiche Herausforderung von IBM durch Firmen wie Apple und Microsoft, die ursprünglich nur die Größe einer Doppelgarage gehabt hatten. Aber auch andere Giganten wie General Motors, AEG oder Coca Cola mußten unter dem Druck neuer Konkurrenten schließlich ihre marktbeherrschende Stellung räumen oder sind gar ganz vom Markt verschwunden.

Beispiele für Monopole, die sich auf Dauer halten konnten, sind viel schwerer zu finden. Und wenn, dann handelt es sich meistens um Fälle, in denen der Staat selbst den Marktzutritt beschränkte. Zu nennen sind hier beispielsweise das Zündholzmonopol des Ivar Kreuger von 1926 oder auch das deutsche Postmonopol, welches ursprünglich die Fürsten von Thurn und Taxis innehatten und das bis 1989 praktisch unverändert galt. Noch heute hat die Post in Deutschland das alleinige Recht, normale Briefe zuzustellen.

Im Falle von Post und Eisenbahn wurde lange Zeit argumentiert, hier handele es sich um sogenannte natürliche Monopole, die einen sinnvollen Wettbewerb prinzipiell nicht zulassen. Von einem natürlichen Monopol spricht man, wenn der Gesamtmarkt am kostengünstigsten von einem einzigen Anbieter bedient werden kann. Man stelle sich etwa vor, mehrere Eisenbahnlinien würden auf einer Strecke - sagen wir zwischen San Franzisko und New York - miteinander konkurrieren. Vermutlich wären sie alle nicht voll ausgelastet, und so käme es offenbar zu einem verschwenderischen Angebot überflüssiger Kapazitäten. Unter dem Druck des Wettbewerbs könnte schließlich doch nur eine einzige Eisenbahnlinie übrigbleiben, während alle anderen vom Markt verschwinden müßten. Also, so schloß man aus dieser Überlegung, sollte der Staat in solchen Fällen lieber von vorneherein nur einem Anbieter erlauben, die Strecke zu bedienen. Meist lief dies darauf hinaus, daß er dies gleich selber übernahm, nicht zuletzt, um auch die Monopolgewinne einstreichen zu können. So hat etwa die Deutsche Reichsbahn bis in die 30er Jahre hinein dem Staat so hohe Gewinne erbracht, daß daraus ein Großteil der Reparationszahlungen aus dem Ersten Weltkrieg bezahlt werden konnte.

Aber dieser Weg erwies sich mit der Zeit als äußerst verhängnisvoll. Daran war wiederum nicht zuletzt der technische Fortschritt schuld. So wurden die Eisenbahnen schon bald durch das Automobil unter Konkurrenzdruck gesetzt, später auch durch das Flugzeug. Man spricht in diesem Fall von sogenannter Substitutionskonkurrenz, die auch einem natürlichen Monopol schwer zu schaffen machen kann. Letztlich ist es ja kaum ein Unterschied, ob die Eisenbahn Kunden an eine parallel verlaufende Konkurrenzlinie verliert oder dadurch, daß diese auf Substitutionsgüter wie Auto oder Flugzeug umsteigen.

Bereits die Deutsche Reichsbahn geriet dadurch zunehmend in die Verlustzone, und ihre Nachfolgerin, die Deutsche Bundesbahn, entwickelte sich gar zu einem Subventionsfaß ohne Boden mit zweistelligen Milliardenverlusten pro Jahr. Die Subventionen wiederum ließen trotz der Konkurrenz durch andere Verkehrsträger wenig Anreize zu effizientem und kundenfreundlichem Wirtschaften bei der Bahn aufkommen. Wettbewerb mit staatlicher Verlustausgleichsgarantie ist eben kein wirklicher Wettbewerb.

In den 80er Jahren setzte schließlich eine allgemeine Liberalisierungsdebatte ein, die auch vor den "natürlichen" Monopolen nicht mehr Halt machte. Man hielt zwar noch an der Überlegung fest, daß die Parallelverlegung mehrerer konkurrierender Schienenwege, Telefonnetze oder Gas- und Wasserleitungen wenig sinnvoll wäre. Aber warum sollten nicht mehrere Eisenbahngesellschaften auf dem gleichen Schienennetz miteinander in Wettbewerb treten? Warum sollte dasselbe nicht auch bei Telefongesellschaften und anderen netzgebundenen Versorgungsleistungen möglich sein? Im Zeitalter des Computers machte es keine Schwierigkeiten mehr, dies ohne größere technische Probleme zu organisieren und den Kunden dadurch mehr Wahlmöglichkeiten zu verschaffen. Außerdem waren beispielsweise mit den Funktelefonen inzwischen sowieso ganz neue Konkurrenzgüter aufgekommen. Und was die reinen Endgeräte wie Telefone, Anrufbantworter, Faxgeräte usw. betraf, so war ohnehin nicht einzusehen, warum sie den Kunden nicht von mehreren, miteinander konkurrierenden Anbietern angeboten werden sollten.

Als dann Ende der 8oer Jahre allmählich tatsächlich private Konkurrenz für die Post zugelassen wurde, konnten die deutschen Kunden endlich auch mobile Telefone, Handys und all die anderen technischen Neuerungen erwerben, die in den USA längst gang und gäbe waren. Bis dahin war ein blaues Tastentelefon mit Wahlwiederholungstaste der Gipfel des Komforts gewesen. Und auch bei der Brief- und Paketzustellung ging man vorsichtig daran, den Markt zu öffnen. Die Folge war zumindest, daß die staatlichen Monopole sich jetzt plötzlich anstrengen mußten, um nicht zu viele Kunden zu verlieren.

Trotz dieser positiven Erfahrungen hat die Liberalisierung der natürlichen Monopole vor allem in Europa noch mit politischen Widerständen zu kämpfen. Man muß auch einräumen, daß damit mancherlei technische und ökonomische Probleme im Detail verbunden sind, die wir hier nicht im einzelnen behandeln können. In Europa vertraut man dabei stärker auf Gesetze und staatliche Kontrollen als auf die Macht des Wettbewerbs. Den betroffenen Unternehmen ist das oft gar nicht so unrecht. Unter dem Schutz gesetzlich festgelegter Preise läßt es sich meist trefflich leben, vor allem dann, wenn dadurch der unbequeme Wettbewerb vermieden werden kann. Dreist werden mitunter sogar auch noch Subventionen gefordert, um angebliche Nachteile aus der gesetzlich regulierten Preisgestaltung auszugleichen. Leicht entsteht auf diese Weise ein regelrechter Sumpf aus Mißwirtschaft, Filz und Bürokratie, der offenbar nur durch eine radikale Marktöffnung für neue Wettbewerber ausgetrocknet werden kann.

Man muß zwar einräumen, daß dieses Chicagoer Rezept auch unter Ökonomen keineswegs unumstritten ist. Ein Restbestand von leitungsgebundenen Monopolen ist vielleicht nicht ganz zu vermeiden, und damit könnte auch eine entsprechende Mißbrauchsaufsicht über ihre Preisgestaltung notwendig bleiben. Viel wäre aber schon gewonnen, wenn die Kartellämter sich mit dem gleichen Eifer um staatliche Beschränkungen des Wettbewerbs kümmern würden, mit dem sie gegen tatsächliche oder vermeintliche Mißbräuche von Marktmacht im privaten Sektor vorgehen. Vor allem jedoch sollten sie sich der Grenzen ihrer Urteilskraft bewußt sein, wenn es um marktgerechte Preise geht. Wettbewerbspreise lassen sich weder simulieren noch errechnen, sondern letztlich eben nur im Wettbewerb bestimmen.

Hinweise zum Weiterlesen:

Eine umfassende Darstellung der Modelle vollständiger und unvollständiger Konkurrenz bietet das Standardwerk von J. Schumann, "Grundzüge der mikroökonomischen Theorie", 6. Aufl., Berlin u.a. 1992, Kap. III und IV.

"Die Entwicklung des neuklassischen Wettbewerbskonzepts", Bayreuth 1996, ist ein kleines, aber feines Buch von K. Heine zur neueren Geschichte der Wettbewerbstheorie.

J. Weimann, "Wirtschaftspolitik. Allokation und kollektive Entscheidung", Berlin u.a. 1996, beschreibt in den Kapiteln 6 und 7 mit einfachen formalen Mitteln den aktuellen Stand von Wettbewerbstheorie und Wettbewerbspolitik.

Einen kurzgefaßten und instruktiven Überblick gibt der Beitrag "Wettbewerbspolitik" von H. Berg in: D. Bender u.a. (Hg.), Vahlens Kompendium der Wirtschaftstheorie und Wirtschaftspolitik, 5. Aufl., München 1992, S. 239 - 300.

Preise, Kosten und Gewinne

Alfred Marshalls Scherentheorem

Warum ist Leder teuer und Kunststoff billig? Wieso steigen die Mieten ständig, während Computer immer preiswerter werden? Wonach richten sich die Preise für Gebrauchtwagen oder Grundstücke? Ist es unmoralisch, ein Gemälde für 2 Millionen Dollar zu verkaufen, für das man selbst nur 10.000 Dollar bezahlt hat?

Solche Fragen stellen sich die Menschen, seit es Tauschhandel und Märkte gibt. Sie stehen auch am Anfang jeder Beschäftigung mit der ökonomischen Wissenschaft. Es heißt, man könne selbst einen Papageien zu einem guten Ökonomen machen, wenn man ihm nur die Worte Angebot und Nachfrage beibringe. Allerdings kann man sofort weiterfragen, wovon Angebot und Nachfrage denn ihrerseits abhängen. Warum werden zum Beispiel nicht mehr Wohnungen gebaut, wo doch augenscheinlich ein großer Bedarf an Wohnraum besteht? Warum bietet die Automobilindustrie keine solarbetriebenen Fahrzeuge an, obwohl sich viele Menschen dafür interessieren würden? Und warum wird andererseits zum Beispiel in Europa so viel Butter produziert, daß man sie gar nicht mehr absetzen kann und die überschüssigen Mengen sogar vernichtet werden müssen?

Viele Menschen sehen hier finstere Mächte am Werk. Weit verbreitet ist zum Beispiel die Ansicht, die Unternehmer würden die Preise "machen", ohne daß die Konsumenten darauf viel Einfluß hätten. Manchmal wird sogar behauptet, die Unternehmer hielten bessere und preiswertere Produkte bewußt vom Markt fern, um sich die Preise nicht selbst kaputtzumachen. Und wenn die Nachfrage nach einem Produkt zunimmt, so würden sie das nur zu Preiserhöhungen ausnutzen, statt mehr von diesen Produkten zu produzieren. Für einen Monopolanbieter mag manches davon sogar bis zu einem gewissen Grade zutreffen. Wenn aber Wettbewerb herrscht, dann sehen die Zusammenhänge etwas anders aus.

Die klassischen Ökonomen des 19. Jahrhunderts behaupteten, in diesem Fall müsse der Preis eines Gutes auf lange Sicht stets den Kosten entsprechen. Denn wäre er höher, so würden alsbald neue Anbieter auf den Markt gelockt und der Preis müsse entsprechend sinken. Läge der Preis dagegen unter den Stückkosten, so wäre die Produktion auf Dauer nicht rentabel und müsse eingestellt werden. Dabei ist zu beachten, daß die Stückkosten immer auch einen gewissen Gewinnanteil enthalten. Denn das eingesetzte Eigenkapital muß ja zumindest den landesüblichen Zins erbringen, und sofern der Unternehmer persönlich in seinem Betrieb mitarbeitet, muß er dafür natürlich auch ein Arbeitsentgelt, den sogenannten Unternehmerlohn, erhalten. Alle darüber hinausgehenden "Übergewinne" werden dagegen nach klassischer Auffassung über kurz oder lang durch den Wettbewerb eliminiert.

Die Nachfrage hatte nach dieser Theorie allenfalls kurzfristig einen Einfluß auf die Güterpreise. So beobachtete man zum Beispiel steigende Preise für schwarzes Tuch, wenn die Zahl der Beerdigungen zunahm, etwa aufgrund von Seuchen oder Kriegen. Das lag im wesentlichen daran, daß das Angebot kurzfristig nicht entsprechend ausgeweitet werden konnte und damit eine Übernachfrage entstand. Im Falle eines dauerhaften Nachfrageanstiegs würde sich allerdings auch die Tuchproduktion entsprechend erhöhen, so daß der Preis nach klassischer Auffassung schließlich wieder auf seine Stückkosten sinken müßte.

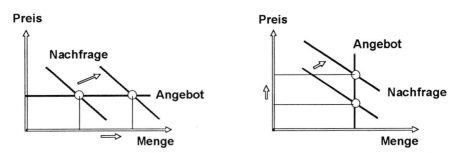

Die Klassiker glaubten, daß der Preis eines Gutes unabhängig von der Nachfrage immer den Kosten entspreche (linke Abb.). Nur bei unvermehrbaren Gütern wie dem Boden führe eine steigende Nachfrage auch zu einem höheren Preis (rechte Abb.).

Es gab freilich eine Ausnahme von dieser Regel, nämlich den Fall der unvermehrbaren Güter. Das wichtigste Beispiel für diese sogenannten Seltenheitsgüter ist der Boden. Das Angebot an Land läßt sich ja nicht durch Mehrproduktion ausweiten, und so wird eine steigende Nachfrage hier offenbar zu immer höheren Bodenpreisen führen, ohne daß dadurch das Angebot zunimmt. Der englische Ökonom David Ricardo (1772 - 1823), selbst Grundbesitzer und der wohl beste Theoretiker der ökonomischen Klassik, sah darin sogar eine Gefahr für das Wirtschaftswachstum. Die steigenden Bodenpreise mußten seiner Meinung nach zu einem immer höheren Anteil der sogenannten Landrente am Sozialprodukt führen, so daß für Unternehmergewinne und produktive Investitionen immer weniger Spielraum übrigblieb. Dieses Gesetz der fallenden Profitrate hat sich jedoch nicht bewahrheitet, vor allem weil der knappe Boden aufgrund des technischen Fortschritts immer produktiver bewirtschaftet werden konnte. Die Produktivität der Unternehmen eilte daher der steigenden Bodenrente gewissermaßen immer voraus.

Trotzdem wird auch heute noch oft behautet, bei unvermehrbaren Gütern wie Grund und Boden könne der Markt nicht funktionieren. Richtig ist, daß bei solchen Gütern eine steigende Nachfrage zu immer höheren Preisen führen muß. Darum steigen auch die Mieten in den meisten Ländern schneller als die Preise der meisten anderen Güter. Darin ist jedoch kein Marktversagen zu sehen, im Gegenteil: Gerade die steigenden Marktpreise signalisieren ja die zunehmende Knappheit des Bodens und erfüllen damit die wichtige Funktion, ihn seiner jeweils produktivsten Verwendungsmöglichkeit zuzuführen.

So sahen es auch die meisten klassischen Ökonomen, die somit zwei verschiedene Preistheorien nebeneinander verwendeten: Bei normalen Gütern führt eine steigende Nachfrage zu entsprechend höheren Produktionsmengen, wobei der Preis der betreffenden Güter langfristig unverändert bleibt und genau den Produktionskosten entspricht. Bei den unvermehrbaren Gütern wie dem Boden oder seltenen Kunstwerken erhöht eine steigende Nachfrage dagegen allein den Preis, da ja das Angebot nicht ausgeweitet werden kann. Andere Fälle als diese beiden Extreme waren in der klassischen Theorie nicht vorgesehen.

Wie so oft, liegt die Wirklichkeit auch hier meist in der Mitte. Denn die Stückkosten sind bei den meisten Gütern keineswegs eine feste Größe, wie die Klassiker dies angenommen hatten. Sie sind vielmehr ihrerseits davon abhängig, wie groß die produzierte Menge ist! Und zwar werden sie in der Tendenz um so höher steigen, je größer die Nachfrage nach dem betreffenden Gut ist. Angebot und Nachfrage bestimmen daher gemeinsam den Preis eines Gutes.

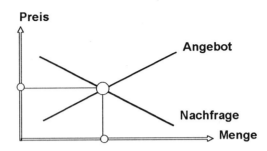

Nach Alfred Mashall (1842 - 1924) greifen Angebot und Nachfrage wie die Klingen einer Schere ineinander und bestimmen so gemeinsam den Gleichgewichtspreis und die Absatzmenge.

Der Cambridger Ökonom Alfred Marshall (1842 - 1924) hat dies einmal so ausgedrückt, daß bei der Preisbildung Angebot und Nachfrage wie die beiden Klingen einer Schere ineinandergreifen. Die grafische Darstellung dieses Marshallschen Scherentheorems entspricht einem Preis-Mengen-Diagramm, in dem die nachgefragte Menge als fallende Funktion und die Angebotsmenge als steigende Funktion des Preises dargestellt ist. Der Schnittpunkt der beiden Kurven bestimmt den Gleichgewichtspreis. Hier ist die Angebotsmenge genauso hoch wie die nachgefragte Menge, so daß der Markt geräumt wird.

Das Gesetz der Massenproduktion und seine Grenzen

Die in der steigenden Angebotskurve zum Ausduck kommende Vorstellung, daß die Stückkosten mit zunehmender Produktionsmenge ansteigen, mutet auf den ersten Blick vielleicht seltsam an. Ist es nicht vielmehr so, daß bei höherer Produktionsmenge in aller Regel kostengünstiger gearbeitet werden kann? Gibt es nicht eindrucksvolle Beispiele für diesen Zusammenhang, etwa die Einführung des Fließbandes in der Automobilproduktion durch Henry Ford? Müßte also die Angebotskurve nicht vielmehr sinkend statt ansteigend im Marshallschen Diagramm eingezeichnet werden?

Tatsächlich ist an dieser oft gehörten Argumentation durchaus etwas dran. Mit zunehmender Produktionsmenge können ja Maschinen und Anlagen eingesetzt werden, die bei geringerem Absatz nicht rentabel wären. Die Kosten solcher Anlagen verteilen sich bei steigendem Absatz auf immer mehr Gütereinheiten. Infolgedessen sinken die Kosten pro Stück um so weiter, je größer die Produktionsmenge ist. Vor allem der amerikanische Ökonom Joe Bain (geb. 1912) hat dieses Gesetz der Massenproduktion vertreten.

Es wäre aber falsch, dieses Gesetz überzubewerten. Bei steigender Produktionsmenge beginnen nämlich andere ökonomische Gesetzmäßigkeiten immer stärker durchzuschlagen, die in die genau entgegengesetzte Richtung wirken. Dazu gehört vor allem das Gesetz des sinkenden Grenzertrages, welches der deutsche Landwirt Johann Heinrich von Thünen (1783 - 1850) als einer der ersten Ökonomen beschrieben hat. Thünen verwendete zur Veranschaulichung seiner Überlegung das Beispiel des Kartoffelauflesens auf einem Feld. Am Anfang geht dabei die Arbeit flott voran, denn zuerst wird man naturgemäß die großen Kartoffeln ernten, die nach dem Pflügen oben auf dem Boden liegen. Je mehr Kartoffeln man aber ernten will, desto schwieriger und zeitraubender wird die Arbeit werden, und entsprechend stark steigen die Kosten. Die kleinsten Kartoffeln, die man mühsam aus dem Boden graben müßte, wird man vielleicht sogar liegen lassen. Denn der Aufwand für ihre Ernte wird schließlich durch den dadurch zu erzielenden Mehrerlös nicht mehr gedeckt. Das heißt aber nichts anderes, als daß die Kosten pro Kilo Kartoffeln mit steigender Erntemenge tendenziell zunehmen.

Das gilt auch für die industrielle Produktion. Mit steigender Produktion werden allmählich die Facharbeiter am Produktionsort knapp. Auch die Transportkosten steigen, weil die Vorprodukte von immer weiter her beschafft werden müssen, während gleichzeitig immer weiter entfernt liegende Kunden beliefert werden müssen, um die höhere Produktmenge abzusetzen. Irgendwann wird man dazu übergehen müssen, Zweigbetriebe an anderen Standorten zu gründen, womit die Vorteile der Massenproduktion erst einmal unterbrochen werden.

Es kommt aber noch ein wichtiger Punkt hinzu, der die Vorteile großer gegenüber kleinen Unternehmen begrenzt, nämlich die steigenden Bürokratiekosten. Während der mittelständische Unternehmer seinen Betrieb noch weitgehend selbst überschauen kann, benötigen Großunternehmen dafür umfangreiche Verwaltungsabteilungen. Das mindert nicht nur die Flexibilität bei der Anpassung an die sich ständig ändernden Marktbedingungen, sondern führt auch zu überproportional steigenden Kosten mit wachsender Größe des betreffenden Unternehmens. Denn die Verwaltungsabteilungen beginnen erfahrungsgemäß alsbald ein Eigenleben zu führen und verwalten sich schließlich überwiegend selbst. Besonders deutlich ist diese Tendenz in den staatlichen Verwaltungen zu beobachten, wo man mitunter für jeden benötigten Bleistift ein umfangreiches Anforderungsformular auszufüllen hat. Noch heute muß man zum Beispiel als deutscher Beamter bei Dienstfahrten mit dem eigenen Pkw auf einem mehrseitigen Formular in penibelster Weise über die genauen Umstände Auskunft geben, bis hin zum Hubraum des dabei benutzten Fahrzeuges.

Der englische Soziologe C. Northcote Parkinson hat in ironischer Überspitzung sogar behauptet, daß der bürokratische Aufwand nach einer mathematischen Formel auch dann noch weiter wächst, wenn die eigentliche

Produktionsmenge schon wieder zurückgeht oder sogar ganz verschwindet. Dieses sogenannte Parkinsonsche Gesetz ist sicher eine Übertreibung. Es zeigt aber dennoch sehr anschaulich, warum kleine, mittelständische Betriebe oft kostengünstiger produzieren können als Großunternehmen.

Auch unter dem Gesichtspunkt des Wettbewerbs sind diese Begrenzungen der Größenvorteile durch Massenproduktion wichtig. Denn andernfalls müßte man ja befürchten, daß am Ende des wettbewerblichen Ausleseprozesses nur noch ein einziges Großunternehmen als alleiniger Anbieter übrigbliebe. Glücklicherweise ist eine solche Konzentrationstendenz auf den meisten Märkten nicht zu beobachten.

Es kommt hinzu, daß heutzutage die meisten Produkte hinsichtlich Qualität und Ausstattungsmerkmalen sehr stark differenziert sind. So gibt es beispielsweise eine Unmenge von verschiedenen Kleinwagen, die man schon aus rein technischen Gründen gar nicht alle auf einem einzigen Fließband produzieren könnte. Noch viel größer ist die Produktvielfalt beispielsweise in der Modebranche. Daher bieten sich im Wettbewerb selbst bei ausgeprägten Massenproduktionsvorteilen immer wieder Marktnischen auch für kleinere Hersteller.

Turgots Ertragsgesetz und Marshalls Produzentenrente

Fügt man die Gesetze der Massenproduktionsvorteile und des sinkenden Grenzertrages zusammen, so erhält man für die meisten Güter einen U-förmigen Verlauf der Stückkosten bei steigender Menge: Zunächst kommt es tatsächlich zu sinkenden Stückkosten, die dann aber ab einem gewissen Punkt wieder zu steigen beginnen. Dies ist das sogenannte Ertragsgesetz, das in seinen Grundzügen schon von dem vorklassischen Ökonomen Anne Robert Jacques Turgot (1727 - 1781) beschrieben worden ist. Das Ertragsgesetz begrenzt die Größe des einzelnen Unternehmens, denn jeder Betrieb wird seine Produktion offenbar nur so weit ausdehnen, wie der erzielbare Preis gerade noch die Kosten der zuletzt produzierten Einheit - die sogenannten Grenzkosten - deckt. Diese Regel hatte auch schon Johann Heinrich von Thünen entdeckt, der damit zu den Begründern der bis heute gültigen Grenzproduktivitätstheorie gehörte.

Nun werden allerdings nicht alle Unternehmen gleichermaßen effizient arbeiten. Bei einigen liegen die Kosten höher, bei anderen niedriger als im Durchschnitt. Die am wenigsten effizient arbeitenden Unternehmen werden schließlich aus dem Markt ausscheiden müssen. Somit muß der Marktpreis schließlich genau den Produktionskosten desjenigen Anbieters entsprechen, der sich gerade noch im Markt halten kann. Man nennt ihn auch den Grenzanbieter. Alle anderen Anbieter im Markt, die kostengünstiger als der Grenzanbieter produzieren, erzielen somit Extragewinne über die Normalverzinsung ihres Kapitals hinaus. Alfred Marshall sprach in diesem Zusammenhang von sogenannten Produzentenrenten, wenngleich dieser Ausdruck etwas irreführend ist. Denn die Extragewinne sind eben keine "Rente" im üblichen Sprachgebrauch, sondern die Belohnung dafür, daß die betreffenden Unternehmen kostengünstiger produzieren als der Grenzanbieter.

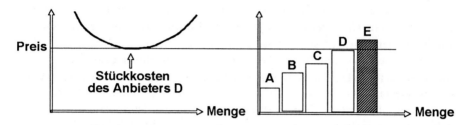

Die Stückkosten des einzelnen Anbieters verlaufen nach dem Ertragsgesetz U-förmig (linke Abb.). Für den "Grenzanbieter" D werden sie in ihrem Minimum gerade noch vom Marktpreis gedeckt, Anbieter E muß dagegen ausscheiden (rechte Abb.).

Wenn nun die Nachfrage nach einem Gut steigt, werden zunächst alle im Markt befindlichen Anbieter ihre Produktion ausweiten. Das geht aber wegen der geschilderten Zusammenhänge nur zu steigenden Kosten. Dadurch bekommen auch bisher nicht konkurrenzfähige Unternehmen wieder eine Chance, im Wettbewerb mitzuhalten. Infolgedessen steigt bei zunehmender Nachfrage der Marktpreis des betreffenden Gutes.

Wenn allerdings gleichzeitig der technische Fortschritt alle Anbieter in die Lage versetzt, mit der Zeit immer kostengünstigere Produktionsverfahren einzusetzen, kann es auch bei steigender Nachfrage zu sinkenden Preisen kommen. Besonders deutlich ist dieser Fall in der Computerindustrie zu beobachten. Wir können heute einen PC zu einem Preis kaufen, der vor wenigen Jahrzehnten noch für einen simplen Taschenrechner verlangt wurde. Gemessen an unserem Einkommen sind aufgrund des technischen Fortschritts sogar die meisten Güter im Zeitverlauf immer preiswerter geworden. Das ist aber ein eher langfristig wirkender Effekt. Auf kurze Sicht, also bei gegebenem Stand der Technik, müssen wir uns dagegen damit abfinden, daß der Preis eines Gutes um so höher steigt, je mehr wir von diesem Gut konsumieren wollen.

Handelsspannen und Spekulation

Die meisten Waren gelangen nicht direkt vom Produzenten zum Endverbraucher. Vielmehr gehen sie vorher durch die Hände von einem oder mehreren Händlern, die jeweils einen Aufschlag auf den Preis erheben, zu dem sie das betreffende Gut selbst erworben hatten. Wenn wir beispielsweise unseren Gebrauchtwagen bei einem Autohändler in Zahlung geben, werden wir ihn schon am nächsten Tag auf dessen Hof zu einem weitaus höheren Preis angeboten wiederfinden, als der Händler ihn an uns gezahlt hat. Gibt es für solche Handelsspannen eine ökonomische Rechtfertigung, oder sind sie als funktionslose Gewinnaufschläge abzulehnen?

Diese Frage hat eine lange Tradition in der ökonomischen Diskussion. Schon im alten Griechenland wurden die Händler eher schief angesehen. Scheinbar bereicherten sie sich ja auf Kosten der Konsumenten, ohne selbst den Gütern einen zusätzlichen Wert hinzuzufügen. Sie standen daher ganz unten auf der Wertschätzungsskala der Berufe. Nicht umsonst galt Hermes gleichermaßen als Gott der Diebe wie als Gott der Kaufleute. Die katholische Kirche des Mittelalters ging in ihrer Bewertung des Handels nicht ganz so weit. Aber immerhin konnte auch nach ihrer Auffassung der Kaufmann höchstens sündlos, niemals aber gottgefällig handeln.

Selbst die Klassiker des 19. Jahrhunderts betrachteten den Handel als unproduktiv. Sie sahen zwar schon die Notwendigkeit, die produzierten Güter im Wege des Handels jeweils an den Ort zu bringen, wo sie schließlich verbraucht wurden. Aber einen Beitrag zum Sozialprodukt wollte auch Adam Smith darin nicht sehen. Für ihn war der Handel ebenso wie alle anderen Dienstleistungen ein Bestandteil des volkswirtschaftlichen Konsums. Er trug zum Verbrauch der knappen Güter bei, nicht aber zu ihrer Produktion.

Diese Auffassung ist allerdings bei näherer Überlegung kaum haltbar. Wieso soll ein Beitrag zum Sozialprodukt darin zu sehen sein, beispielsweise Kohle aus der Erde zu holen, nicht aber darin, sie zum Endverbraucher zu bringen? Anders argumentiert: Wenn der Handel keine produktive Leistung erbringt, wieso wird er dann überhaupt gegen entsprechendes Entgelt in Anspruch genommen?

Offenbar ist es in vielen Fällen günstiger für die Konsumenten, ihre Güter über den professionellen Handel zu beziehen, anstatt sie selbst beim Produzenten abzuholen. Es ist eben mühsamer, einen passenden Gebrauchtwagen durch das Abklappern etlicher Angebote in den Zeitungsannoncen zu finden, als aus dem reichhaltigen Fahrzeugpark eines professionellen Händlers zu wählen. Der Preisaufschlag, den der Handel dafür nimmt, ist nichts anderes als ein Entgelt für diesen Vorteil, den er den Konsumenten verschafft. Umgekehrt entstehen ja dem Händler auch Kosten dadurch, daß er ein großes Angebot am Lager hält. Heute werden die Leistungen des Handels ganz selbstverständlich zur volkswirtschaftlichen Wertschöpfung gerechnet.

Anders ist es mit den Gewinnen, die aus reiner Spekulation entstehen. Der Spekulant ist weder am Transport der Güter beteiligt noch an deren Verteilung an die Konsumenten. Vielmehr kauft er einfach billig Vorräte auf, beispielsweise Rohöl oder andere leicht lagerbare Rohstoffe, um sie später zu einem höheren Preis wieder loszuschlagen. Lassen sich solche Spekulationsgewinne ökonomisch rechtfertigen?

Darüber gehen die Meinungen auch in der Ökonomie auseinander. Falsch wäre es sicherlich, die Spekulationsgewinne einfach als unfaire Bereicherungsmöglichkeit für vermögende Kapitalisten zu betrachten. Denn immerhin geht der Spekulant ja auch ein Risiko ein, wenn sich nämlich die Preise anders entwickeln sollten, als er es erwartet. Und damit verringert er unter Umständen die Risiken für andere Marktteilnehmer, beispielsweise für die Konsumenten!

Nehmen wir etwa an, ein Spekulant kauft in Zeiten guter Ernte große Mengen von Weizen auf. Dies wird den Preis tendenziell nach oben treiben und dazu beitragen, daß der Verbrauch in Grenzen bleibt. Nun möge im nächsten Jahr die Ernte durch Sturm und Hagel nahezu vernichtet werden. Jetzt ist für den Spekulanten die Zeit gekommen, seine Vorräte zu hohen Preisen zu verkaufen. Damit trägt er offenbar zur Vermeidung einer Hungersnot bei! Zumindest würde der Weizenpreis noch sehr viel höher steigen, wenn der Spekulant nicht in weiser Voraussicht entsprechende Vorräte angelegt hätte, die er jetzt auf den Markt werfen kann.

Dies ist der positive Fall. Es kann allerdings auch sein, daß die Spekulation zur Destabilisierung des Marktes führt. Beispielsweise könnten spekulative Weizenkäufe zu Preissteigerungen führen, welche wiederum andere Spekulanten dazu veranlassen, auf den fahrenden Zug aufzuspringen. Auf diese Weise kann der Preis hochgeschaukelt werden, ohne daß es dafür einen eigentlichen ökonomischen Grund gibt. Sobald nun der Preis eine solche Höhe erreicht, daß die ersten Spekulanten kalte Füße bekommen, kann es wiederum zu Übertreibungen in die andere Richtung kommen.

Insbesondere für die Aktienbörse und für die Devisenmärkte wird oft behauptet, daß die Spekulation meist destabilisierend in diesem Sinne wirkt. Die Rohstoffmärkte scheinen dagegen durch die Spekulation eher stabilisiert zu werden. Das kann man damit erklären, daß hier natürliche Angebotsschwankungen auftreten. Eine entsprechende Vorratsbildung mag daher volkswirtschaftlich sinnvoll sein, wenngleich dabei die Kosten und Risiken der Lagerhaltung nicht übersehen werden dürfen.

Letztlich handelt es sich bei der Bewertung der Spekulation um einen Streit, der theoretisch wohl nicht ein für allemal entschieden werden kann. Es kommt dabei sehr auf den betreffenden Markt und auf die jeweiligen Umstände an. Im Fall der Devisenmärkte entscheidet zum Beispiel nicht zuletzt die Wirtschaftspolitik der betreffenden Staaten darüber, ob destabilisierende Spekulationen überhaupt Nahrung finden und wie weit sie gehen können. Mit diesem Problem werden wir uns später im Zusammenhang mit der Erklärung der Wechselkurse noch befassen.

Gerechte Preise und staatliche Markteingriffe

Wir haben gesehen, daß die Preise sich im Zusammenspiel von Angebot und Nachfrage bilden und letztlich den Kosten des am wenigsten effizienten Anbieters entsprechen. Das ist auch aus gesamtwirtschaftlicher Sicht sinnvoll. Denn die Kosten des Grenzanbieters sind gleichzeitig die Kosten, welche die gesamte Volkswirtschaft für eine zusätzliche Einheit des betreffenden Gutes aufbringen müßte. Abgesehen von gewissen Sonderfällen, mit denen wir uns in späteren Kapiteln noch beschäftigen werden, spiegeln die im Wettbewerb entstehenden Marktpreise somit die relative Knappheit der betreffenden Güter wider.

Aber sind die Marktpreise damit auch gerecht? Nehmen wir den Fall, daß uns im Urlaub ein armer Straßenverkäufer hölzerne Buddhafiguren für wenig Geld anbietet. Müßten wir als reiche Mitteleuropäer nicht eigentlich bereit sein, ihm dafür mehr zu bezahlen als den für unsere Verhältnisse niedrigen Marktpreis? Und was ist, wenn es keinen Wettbewerb gibt? Sicher würden wir einem Arzt im Ernstfall jede Summe bieten, wenn er der einzige ist, der uns von einer lebensbedrohlichen Krankheit heilen kann. Aber darf er diese Situation ausnutzen? Lassen sich m.a.W. faire Preise definieren, und sollte man versuchen, diese ggfs. gegen die Marktkräfte durchzusetzen?

Beginnen wir mit der Frage nach dem gerechten Preis. Die Ökonomen des frühen Mittelalters, die meistens Mönche oder Kirchenfürsten waren, nannten ihn den justum pretium. Viele von ihnen haben den Marktpreis als grundsätzlich gerecht akzeptiert. Da der Marktpreis Angebot und Nachfrage zum Ausgleich bringt, schien er eine natürliche Rechtfertigung zu finden. Allerdings sollten zeitweilig günstige Marktbedingungen oder gar Notlagen von den Anbietern nicht zu Preisaufschlägen ausgenutzt werden. Als angemessen galt der Preis, wenn er den Arbeitsaufwand und die eigenen Ausgaben des Anbieters für Rohmaterialien und Vorprodukte deckte. Dieser Maßstab des "laboram et expenses" (Arbeit und Ausgaben) prägte die gesamte mittelalterliche Literatur zu diesem Problem. Dabei sollte die angemessene Entlohnung allerdings durchaus unterschiedlich angesetzt werden, je nachdem, um wen es ging. Es galt das Prinzip: Ein jeder lebe nach seinem Stande. Der Fürst oder Bischof sollte also ein höheres Einkommen erzielen als der einfache Landarbeiter, damit er den für seine Klasse üblichen Lebensstandard finanzieren konnte.

Die eigentliche Gerechtigkeitsfrage stellte sich vor allem dann, wenn es keinen Marktpreis gab, oder wenn dieser in keinen vernünftigen Zusammenhang mit den Produktionskosten zu bringen war. Dieses Problem trat vor allem bei den "Seltenheitsgütern" auf, für die ja auch die Klassiker später eine eigene Preistheorie entwickeln mußten. Welcher Preis sollte etwa für eine alte Handschrift gezahlt werden, von der vielleicht nur ein einziges Exemplar am Markt angeboten wurde?

Die kirchliche Lösung dieses Problems ging dahin, daß in diesem Fall die Wertvorstellung des Verkäufers den Ausschlag geben sollte. Wenn ihm die Handschrift lieb und teuer war, etwa weil er sie von seiner Großmutter geerbt hatte, so sollte dies im Preis berücksichtigt werden. Wenn umgekehrt der Verkäufer den Wert der Handschrift niedrig schätzte, etwa weil er um versteckte Mängel oder weitere vorhandene Exemplare wußte, dann sollte er sie auch entsprechend preiswert abgeben. Es war allerdings nicht einfach, diese moralischen Anforderungen im tatsächlichen Marktgeschehen durchzusetzen. Im Grunde stand dafür neben dem Gewissen des einzelnen nur die Beichte zur Verfügung.

Unsere heutigen Vorstellungen von einem fairen Preis sind von den mittelalterlichen Überlegungen gar nicht so weit entfernt. In den meisten Ländern gibt es sogar Gesetze, welche die freie Preisvereinbarung entsprechend einschränken. Beispielsweise darf der Verkäufer versteckte Mängel etwa eines Gebrauchtwagens nicht arglistig verschweigen. Umgekehrt darf aber auch der Käufer nicht die Unwissenheit oder Notlage des Verkäufers ausnutzen, um den Preis unangemessen zu drücken. Derartige Verträge können vom Staat für sittenwidrig und damit unwirksam erklärt werden, und das ist im Prinzip auch richtig so.

Problematisch wird es allerdings dann, wenn man Eingriffe in die Marktpreisbildung als Instrument der Sozialpolitik zu nutzen versucht. Nehmen wir beispielsweise an, der Staat verordne eine höchstzulässige Miete pro Quadratmeter, um das Wohnen zu verbilligen bzw. "Mietwucher" zu verhindern. Wenn dieser Höchstpreis unter dem Marktpreis liegt - und nur dann macht er überhaupt Sinn -, so wird er zwangsläufig dazu führen, daß die Nachfrage das Angebot übersteigt. Denn bei niedrigen Preisen wird die Nachfrage zunehmen, während das Angebot sinkt. Es wird also eine künstliche Wohnungsknappheit erzeugt!

Da der Preis nicht steigen soll, müssen die knappen Wohnungen den Nachfragern dann irgendwie anders zugeteilt werden, beispielsweise über bestimmte Sozialkriterien, über Beziehungen oder über schwarze Märkte. Daß es dabei letztlich gerechter zugehen würde als bei einer Freigabe der Preise, muß nach allen Erfahrungen mit solchen Zuteilungssystemen bezweifelt werden. Hohe Marktpreise mögen auf den ersten Blick ungerecht sein, aber sie verhindern auf jeden Fall, daß einzelne Nachfrager aus persönlichen Gründen am Markt diskriminiert oder bevorzugt werden. Wer den einkommensschwachen Schichten preiswertes Wohnen ermöglichen will, zahlt ihnen daher besser einen staatlichen Mietzuschuß, statt in die Marktpreisbildung einzugreifen.

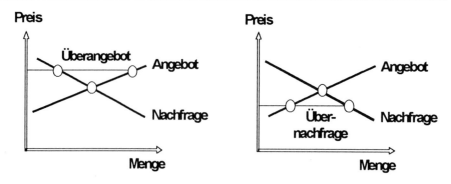

Wenn der Staat einen Mindestpreis setzt, der über dem Gleichgewichtspreis liegt, kommt es zu einem Überangebot (linke Abb.). Im Falle eines staatlichen Höchstpreises kommt es dagegen zu einem Unterangebot (rechte Abb.).

Nicht besser fällt die Beurteilung von staatlich verordneten Mindestpreisen aus. Dieses Instrument finden wir beispielsweise auf dem europäischen Agrarmarkt, wo man den Landwirten durch Mindestpreise für Butter oder Schweinefleisch ein ausreichendes Einkommen ermöglichen will. Da die staatlich garantierten Preise über dem Marktpreis liegen, führen sie zu einem künstlich erzeugten Überangebot der betreffenden Nahrungsmittel. Nun wäre den Landwirten offenbar wenig mit den höheren Preisen geholfen, wenn sie dafür auf ihren Produkten sitzen blieben. Daher sieht sich die Europäische Union gezwungen, das Überangebot aufzukaufen und anschließend zu vernichten oder zu Dumpingpreisen ins Ausland zu verkaufen. Das ist nicht nur offensichtlicher ökonomischer Unsinn, sondern es kostet auch sehr viel Geld, von dem nur ein Bruchteil den Landwirten wirklich als zusätzliches Einkommen zugutekommt.

Auch in diesem Fall setzt man besser unmittelbar beim Einkommen der Landwirte an, statt die Marktpreise zu manipulieren. Beispielsweise könnte man ihnen steuerliche Erleichterungen gewähren oder ihnen direkte Einkommensbeihilfen zahlen. Ob man die Landwirte überhaupt finanziell unterstützen sollte, ist eine andere Frage, auf die wir später im Zusammenhang mit den außenwirtschaftlichen Beziehungen eines Landes noch einmal zurückkommen werden. Aber wenn man es tut, dann sollte es möglichst auf direktem Wege und nicht über staatliche Mindestpreise für ihre Produkte geschehen.

Herbert Giersch (geb. 1921), der vielleicht bekannteste deutsche Ökonom unserer Zeit und langjähriger Präsident des Instituts für Weltwirtschaft in Kiel, hat den Unterschied zwischen diesen beiden Verfahren einmal am Beispiel eines Taxifahrers klargemacht. Nehmen wir an, wir wollten dem Taxifahrer etwas Gutes tun. Sollten wir ihn dann bitten, noch einmal um den Häuserblock zu fahren, damit der Fahrpreis höher wird? Offenbar wäre das unsinnig, denn von dem Mehrpreis, den wir dafür zahlen müßten, ginge ein großer Teil als Kosten für Sprit und Abnutzung des Taxis dem Fahrer sofort wieder verloren.

Besser wäre es, ihm einfach ein Trinkgeld in entspechender Höhe zu geben. Der Taxifahrer hätte mehr davon, selbst wenn das Trinkgeld etwas geringer ausfiele als der Mehrpreis für die Fahrt um den Häuserblock. Beide Marktseiten würden also einen Vorteil davon haben, die gute Tat auf diese Weise zu vollbringen. Dagegen haben künstlich überhöhte Marktpreise relativ wenig Nutzen für die Anbieter und veranlassen sie nur zu einer volkswirtschaftlich unsinnigen Überproduktion.

Hinweise zum Weiterlesen:

Die Grundzüge der Preis- und Kostentheorie finden sich in jedem Lehrbuch der Mikroökonomie, vergleichsweise einfach dargestellt beispielsweise bei U. Fehl/P. Oberender, "Grundlagen der Mikroökonomie", 6. Aufl., München 1994.

Besonders anschauliche Darstellungen mit vielen Beispielen aus dem praktischen Leben findet man bei F. Stocker, "Spaß mit Mikro", München/Wien 1993, sowie bei H. Herberg, "Preistheorie", Stuttgart u.a. 1985.

Die Geschichte der Preis- und Kostentheorie wird in unübertroffener Weise dargestellt bei M. Blaug, "Economic Theory in Retrospect", 5. Aufl. Cambridge 1995, insbesondere in den Kapiteln 2 (über Adam Smith) und 9 (über Alfred Marshall).

Eine historische Darstellung der Idee des gerechten Preises bietet C. Brinkmann, "Geschichtliche Wandlungen in der Idee des gerechten Preises", in: A. Montaner (Hg.), Geschichte der Volkswirtschaftslehre, Köln/berlin 1967, S. 356 - 373.

Nutzen und wahrer Wert der Güter

Das Klassische Wertparadoxon und die Gossenschen Gesetze

Wir sind bisher wie selbstverständlich davon ausgegangen, daß der Marktpreis die Wertschätzung eines Gutes durch die Nachfrager widerspiegelt. In gewissem Sinne ist das auch richtig. Niemand würde ja zum Beispiel einen teuren Sportwagen vom Kaliber eines Ferrari kaufen, wenn ihm dieser das Geld nicht auch wert wäre. Und falls uns die Vollkornbrötchen beim Bäcker um die Ecke zu teuer erscheinen, dann kaufen wir sie eben woanders, oder wir essen stattdessen normales Brot. Zumindest unter Wettbewerbsbedingungen kann man also scheinbar tatsächlich die Wertschätzung eines Gutes an seinem Marktpreis ablesen.

Aber so einfach liegen die Dinge auch hier wieder einmal nicht. Schließlich kann sich nicht jeder einen Ferrari überhaupt leisten. Heißt das aber, daß er für den Armen einen geringeren Wert hat als für den Reichen? Und was die Brötchen betrifft, so würden wir wahrscheinlich fast jeden Preis dafür bezahlen, wenn wir sonst verhungern müßten. Was also ist der wirkliche Wert dieser Dinge? Ist ihr Marktpreis nicht nur ein Zufallsprodukt aus der jeweiligen Konstellation von Angebot und Nachfrage?

Jahrhundertelang haben sich die Ökonomen den Kopf über dieses Problem zerbrochen. Im Mittelalter unterschied man zwischen dem Gebrauchswert und dem Tauschwert eines Gutes. Der Gebrauchswert sollte dabei so etwas wie den tatsächlichen Nutzen bezeichnen, während der Tauschwert dem Marktpreis entsprach. Normalerweise sollten sie einigermaßen übereinstimmen. Niemand würde ja viel Geld für nutzlose Dinge bezahlen. Aber es gab wichtige Ausnahmen von dieser Regel.

Eine dieser Ausnahmen war das sogenannte klassische Wertparadoxon. Adam Smith wunderte sich darüber, daß der Preis des lebensnotwendigen Wassers gering war, während Diamanten zu viel höheren Preisen gehandelt wurden. Wie ließ sich diese Beobachtung mit den Gebrauchswerten der beiden Güter vereinbaren? Wenn es zutraf, daß Diamanten im Gegensatz zum Wasser eigentlich zu nichts wirklich nutze waren, dann hätte ein Kilo Diamanten eigentlich viel billiger sein müssen als ein Kilo Wasser. So ist es aber schon damals nicht gewesen.

Die Klassiker behalfen sich damit, Diamanten und Edelmetalle als Seltenheitsgüter zu definieren, für die besondere Gesetze gelten sollten. Das war aber eher eine Verlegenheitslösung, welche die eigentliche Frage nicht beantwortete. Zu klären blieb nämlich, wieso diese seltenen Güter überhaupt nachgefragt wurden, und das auch noch zu manchmal schwindelerregenden Preisen.

Die wirkliche Auflösung des klassischen Wertparadoxons gelang erst den Neoklassikern, nämlich mit der Entwicklung der sogenannten subjektiven Wertlehre. Die Geschichte dieser Lehre ist reichlich verwickelt verlaufen. Die wesentlichen Überlegungen wurden unabhängig voneinander 1871 von dem Engländer Stanley Jevons (1835 - 1882) bzw. 1874 von dem Lausanner Ökonomen Leon Walras (1834 - 1910) veröffentlicht. Während sie sich noch über die Urheberschaft stritten, mußte Jevons schließlich feststellen, daß der Ruhm in Wirklichkeit einem dritten Ökonomen gebührte. Dieser Dritte war der Deutsche Hermann Heinrich Gossen (1810 - 1858), der die entscheidende Idee schon zwei Jahrzehnte vorher gehabt hatte. Ihm zu Ehren spricht man deshalb bis heute von den Gossenschen Gesetzen.

Gossen war eigentlich Jurist, fühlte sich aber viel stärker zur Mathematik hingezogen. Nach dem gescheiterten Versuch, mit einer Versicherung gegen

Hagel und Großviehsterblichkeit reich zu werden, wandte er sich der theoretischen Volkswirtschaftslehre zu. Sein 1854 erschienenes Buch war allerdings so schwer zu verstehen, daß sich zunächst niemand dafür interessierte. Nur durch Zufall wurde es, lange nach Gossens Tod, durch einen Kollegen von Jevons wiederentdeckt. Jevons zögerte nicht, die Priorität Gossens anzuerkennen, und Walras folgte ihm darin.

Gossen verstand sein Werk als eine Theorie der Lust- und Unlustgefühle der Menschen. In der damaligen Zeit war seine mathematische Behandlung des Problems noch sehr ungewöhnlich in der Volkswirtschaftslehre. Gossen war so stolz auf seine Leistung, daß er sie sogar mit den Kopernikanischen Himmelsgesetzen verglich. Auch Jevons hatte den Ehrgeiz, eine "Differentialrechnung von Freude und Leid" zu entwickeln. Er verstand es aber weit besser als Gossen, seine Überlegungen auch in allgemeinverständlicher Form darzulegen. Gemeinsam mit Walras und dem Wiener Ökonomen Carl Menger (1840 - 1921) gebührt ihm das Verdienst, die Gossenschen Gesetze bekannt gemacht und systematisch in das ökonomische Gedankengebäude eingebaut zu haben.

Was besagen nun diese Gesetze, und warum gelten sie bis heute als die Lösung des Rätsels von Wert und Preis? Die erste zentrale Überlegung von Gossen war, daß der Nutzen eines Gutes für den Menschen keine absolute Größe ist. Er hängt vielmehr davon ab, wieviele Einheiten man von dem betreffenden Gut schon hat. Beispielsweise ist der erste Liter Wasser pro Tag von unschätzbarem Wert, weil wir damit unseren Durst löschen können. Wer mehr als einen Liter Wasser zur Verfügung hat, wird es dagegen nacheinander für immer weniger dringliche Bedürfnisse einsetzen. Er wird sich damit waschen, es zum Kochen und Putzen verwenden und schließlich vielleicht sogar zum reinen Vergnügen in den Swimmingpool einleiten.

Nun kann es aber am Markt nur einen einheitlichen Preis für einen Liter Wasser geben, egal zu welchem Zweck das Wasser verwendet wird. Nach Gossen wird dieser Preis stets dem Wert der letzten Verwendung entsprechen, die wir gerade noch für sinnvoll erachten. Wäre der Preis nämlich höher, so würden wir auf diese Verwendung verzichten, also beispielsweise eben nicht schwimmen gehen. Wäre der Preis dagegen niedriger, so würden wir das Wasser für noch weniger wichtige Dinge verwenden, etwa um damit einen Zierteich anzulegen. Heute sagt man, daß der Preis des Wassers letztlich seinem Grenznutzen entsprechen wird. Offenbar wird der Grenznutzen des Wassers immer mehr sinken, je mehr Wasser wir zur Verfügung haben. Das ist das erste Gossensche Gesetz. Man beachte die Ähnlichkeit dieses Gesetzes mit Thünens Gesetz des sinkenden Grenzertrages, das wir im vorigen Kapitel kennengelernt haben.

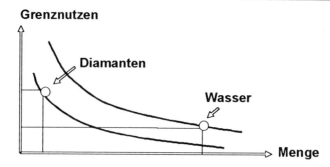

Hermann Heinrich Gossen (1810 - 1858) löste das Klassische Wertparadoxon: Diamanten kosten mehr als Wasser, weil sie seltener sind und deshalb einen höheren "Grenznutzen" für die Menschen haben.

Gossen selbst glaubte noch, daß man den Grenznutzen irgendwie in absoluten Einheiten messen könne, beispielsweise in Euro oder Dollar. Das war aber ein Irrtum, wie man sich leicht klarmachen kann. Denn der Geldbetrag, den jemand für einen Diamanten zu zahlen bereit ist, hängt ja nicht zuletzt von seinem Einkommen ab. Die Einkommen der Menschen sind nun aber in aller Regel verschieden hoch. Daher gibt es keinen absoluten Nutzenmaßstab. Vielmehr kann sogar der einzelne Mensch seinen Nutzen aus einem Gut immer nur im Verhältnis zum Nutzen eines anderen Gutes angegeben. Es ist daher sinnlos, nach einem absoluten Wertmaßstab zu suchen!

Als nächstes stellte Gossen sich die Frage, in welchem Verhältnis die Menschen ihr begrenztes Einkommen zum Kauf verschiedener Güter einsetzen werden. Stellen wir uns dazu einen Geringverdiener vor, der über ein Einkommen von vielleicht gerade 1000 Dollar pro Monat verfügt. Nehmen wir zur Vereinfachung weiter an, er könne nur zwischen zwei Gütern wählen, z.B. zwischen Wasser und Brot. Beide Güter sind lebensnotwendig, womit klar ist, daß er sowohl Wasser als auch Brot nachfragen wird. Aber in welchem Mengenverhältnis er dies tun wird, bleibt damit noch völlig offen.

Hier hilft nun das zweite Gossensche Gesetz weiter. Dabei spielen sowohl die Preise der beiden Güter als auch die individuellen Bedürfnisse unseres Geringverdieners eine Rolle. Nehmen wir an, ein Liter Wasser koste doppelt so viel wie ein Pfund Brot. Beispielsweise möge das Wasser 10 Dollar kosten und das Brot 5 Dollar. Dann wird unser Geringverdiener seine 1000 Dollar gemäß dem zweiten Gossenschen Gesetz genau so aufteilen, daß der letzte von ihm gekaufte Liter Wasser ihm genau doppelt so viel Nutzen erbringt wie das letzte von ihm gekaufte Pfund Brot. Anders ausgedrückt: Bei optimaler Einkommensverwendung muß das Verhältnis der sogenannten Grenznutzen zweier Güter für jeden Konsumenten genau der Relation ihrer Marktpreise entsprechen.

Was hilft uns das für die volkswirtschaftliche Analyse? Abstrahieren wir einen Moment einmal vom Geld und stellen wir uns vor, daß die Menschen ihre Güter direkt miteinander austauschen. Der Schuster tauscht also seine Schuhe am Markt gegen Brot und Herrenoberbekleidung, der Bäcker erwirbt Schuhe und Sackos im Tausch gegen seine Brötchen und so weiter. Die Gossenschen Gesetze besagen nun zunächst, daß dieser Tausch für alle Beteiligten vorteilhaft sein wird. Alle Beteiligten gewinnen, obwohl durch den Tausch kein einziges Gut mehr geschaffen wird! Denn da der Schuster anfangs zwar viele Schuhe hat, aber kein einziges Brötchen, wird für ihn der Grenznutzen eines Brötchens viel höher sein als der Grenznutzen eines Paars Sandalen. Für den Bäcker ist dies genau umgekehrt, und daher werden beide vom gegenseitigen Austausch ihrer Güter profitieren. Die weitverbreitete Ansicht, daß beim Handel immer der eine den anderen übers Ohr haut, ist also falsch. Der Handel bringt vielmehr allen daran Beteiligten einen Vorteil.

Pareto-Optimum und Einkommensverteilung

Aus den Gossenschen Gesetzen folgt, daß die Menschen so lange Güter und andere Leistungen miteinander austauschen werden, bis sich daraus keine weiteren gegenseitigen Vorteile mehr erzielen lassen. Freier Handel ist deshalb eine wichtige Voraussetzung für das Erreichen eines sogenannten Pareto-Optimums. Ein Pareto-Optimum ist dadurch gekennzeichnet, daß unter den gegebenen Umständen keine weiteren Nutzengewinne in der Volkswirtschaft mehr erzielt werden können. Es ist natürlich immer möglich, daß sich jemand auf Kosten eines anderen bereichert. Aber alle Möglichkeiten, gegenseitige Nutzengewinne durch Tauschhandel zu erzielen, sind in einem Pareto-Optimum vollständig ausgeschöpft. Man sagt daher auch, daß in einem solchen Optimum niemand mehr besser gestellt werden kann, ohne gleichzeitig jemand anderen schlechterzustellen.

Dieses gedankliche Konstrukt geht auf den Schweizer Ökonomen Vilfredo Pareto (1848 - 1923) zurück. Er stammte aus einer französischen Grafenfamilie und hieß mit Vornamen eigentlich Fritz Wilfried. Als Nachfolger von Leon Walras hatte er den Lehrstuhl für Volkswirtschaftslehre in Lausanne inne. Die Lausanner Schule der Neoklassik war sehr mathematisch orientiert und beschäftigte sich unter anderem mit der Frage, wie der Wohlstand einer Volkswirtschaft gemessen werden konnte. Heute nennt man diesen Zweig der Volkswirtschaftslehre die sogenannte Wohlfahrtsökonomie. Pareto als einer ihrer Begründer kam dabei zu einem überraschenden Ergebnis, das bis heute weitgehend unbestritten geblieben ist. Der Versuch, den Wohlstand einer Volkswirtschaft als Summe des Nutzens ihrer Einwohner zu messen, muß unter allen Umständen scheitern, und zwar schon aus rein theoretischen Gründen!

Pareto wandte sich mit seinen Überlegungen gegen die bis dahin vorherrschende Lehre der sogenannten Utilitaristen, zu denen neben Francis Hutcheson (1694 - 1746), einem der Lehrer Adam Smiths, vor allem Jeremy Bentham (1748 - 1832) gehörte. Die Utilitaristen definierten den Volkswohlstand als "Das größte Glück der größten Zahl", worunter sie letztlich die Summe aller Einzelnutzen verstanden. Genau eine derartige, simple Addition hielt Pareto für ganz und gar unmöglich, und auch jede andere Art der Aggregation - etwa eine Multiplikation aller Einzelnutzen - müsse zwangsläufig an den dabei auftretenden Meßproblemen scheitern.

Ganz unsinnig wäre es zum Beispiel zu behaupten, der Reiche erziele einen größeren Nutzen als der Arme, nur weil er mehr Geld ausgeben kann. Bestenfalls kann man für ein einzelnes Individuum angeben, ob sein Nutzen mit zunehmendem Einkommen steigt oder fällt. Aber es ist unmöglich, etwa einen Nutzenverlust des Armen gegen einen Nutzengewinn des Reichen abzuwägen und daraus einen Saldo zu ziehen. Es handelt sich hier nämlich um ganz unterschiedliche Meßskalen, die prinzipiell nicht vergleichbar gemacht werden können.

Das Problem ist ungefähr dasselbe, wie es beim Vergleich von sportlichen Leistungen auftritt. Leistet der Sprinter, der 100 Meter in 10 Sekunden läuft, mehr als der Hochspringer, der die Latte bei 2,40 Meter überquert? Ein solcher Vergleich ist offenbar kaum durchzuführen, weil man dafür keine einheitliche Meßskala hat. Genauso ist es auch beim Nutzenvergleich zwischen verschiedenen Menschen. Niemand vermag zum Beispiel mit wissenschaftlicher Exaktheit zu sagen, ob der Arme mehr von einem Theaterticket hat als der Wohlhabende. Bei der Verteilung lebensnotwendiger Güter wie Brot und Wasser scheint diese Frage zwar leichter zu beantworten zu sein. Aber auch eine solche Entscheidung beinhaltet immer ein Werturteil und ist daher rein wissenschaftlich nicht wirklich begründbar.

Pareto zog aus diesen Problemen einen radikalen Schluß. Von einer Wohlstandsteigerung der Volkswirtschaft insgesamt könne nur gesprochen werden, wenn niemand schlechter dasteht als vorher, aber zumindest ein Individuum eine Nutzensteigerung erfährt. Falls dagegen vielleicht 99 Individuen ihre Situation verbessern und nur ein einziger sich verschlechtert, dann könne über den Wohlstand der Volkswirtschaft insgesamt keine eindeutige Aussage mehr getroffen werden. Man sollte sich daher nach Pareto auf das bescheidenere Ziel beschränken, einen Zustand zu schaffen, in dem niemand mehr bessergestellt werden kann, ohne einen anderen schlechterzustellen, so wie dies im Gossenschen Tauschgleichgewicht der Fall ist.

Mit Verteilungsgerechtigkeit hat dies nichts zu tun, und ebensowenig mit dem "wahren" Nutzen eines Gutes, was immer man darunter verstehen mag. Es geht Pareto lediglich darum, das relativ beste aus einer anfänglich suboptimalen Situation zu machen, indem alle denkbaren Tauschmöglichkeiten zum gegenseitigen Nutzen aller Beteiligten voll ausgeschöpft werden.

Ein Handelsgleichgewicht im Sinne von Gossen ist nun allerdings nur eine notwendige, aber noch keine hinreichende Bedingung für ein solches Pareto-Optimum. Dazu müssen vielmehr noch einige andere Bedingungen erfüllt sein, welche die Produktionsseite der Volkswirtschaft betreffen. In der Realität gibt es ja nicht einfach Schuhe und Brötchen, mit denen man nur noch Handel treiben müßte. Vielmehr müssen all diese Güter erst einmal produziert werden. Da aber unsere Produktionsmöglichkeiten insgesamt begrenzt sind, haben wir dabei erneut zu wählen. Wir müssen uns entscheiden, welche Güter wir in welchen Mengen produzieren wollen.

Man könnte meinen, daß vor allem solche Güter produziert werden sollten, die entsprechend stark begehrt sind. Aber dabei ist zu bedenken, daß auch die Produktionskosten der einzelnen Güter unterschiedlich hoch sind. Hier stoßen wir auf eine weitere Bedingung für ein Paretooptimum. Auch dabei geht es letztlich wieder um einen relativen Vergleich. Nehmen wir z.B. an, die Produktion eines Schuhes erfordere den doppelten Aufwand, wie er für die Produktion eines Brötchens notwendig wäre. Die Volkswirtschaft muß m.a.W. auf zwei Brötchen verzichten, um einen zusätzlichen Schuh herzustellen. Dann sollten Schuhe offenbar nur solange bevorzugt hergestellt werden, wie sie auch mindestens den doppelten Preis eines Brötchens erzielen.

Man spricht in diesem Zusammenhang auch von den sogenannten Opportunitätskosten eines Gutes, die hier zwei Brötchen für einen Schuh betragen. Unsere zweite Bedingung für ein Paretooptimum besagt demnach, daß im Produktionsgleichgewicht die Opportunitätskosten zweier Güter genau ihrem Preisverhältnis entsprechen sollen. Wäre es anders, so könnte nämlich durch entsprechende Umschichtung der Produktion der Wohlstand der Volkswirtschaft im Sinne Paretos noch erhöht werden, das heißt die optimale Güterstruktur wäre noch nicht erreicht.

Der Wettbewerb wird nun aber im allgemeinen genau dieses Ergebnis hervorbringen! Wir haben ja schon gesehen, daß unter Wettbewerbsbedingungen die Preise der Güter ihre relativen Herstellungskosten widerspiegeln werden. Nur im Falle von Monopolen oder anderen Wettbewerbsverfälschungen wird diese Bedingung für ein Pareto-Optimum verletzt. Daher sind freie Märkte auch auf der Produktionsseite eine wichtige Voraussetzung dafür, daß die knappen Produktionsfaktoren bestmöglich eingesetzt werden.

"Bestmöglich" ist auch hier wieder nur unter der Voraussetzung einer gegebenen Einkommensverteilung zu verstehen. Denn diese bestimmt ja letztlich mit darüber, welche Bedürfnisse sich am Markt als kaufkräftige Nachfrage durchsetzen und welche Produkte somit in welcher Menge produziert werden. Würde die Einkommensverteilung verändert, so würde sich daher vermutlich auch die optimale Produktionsstruktur ändern.

Aber dieser Einwand spricht keineswegs gegen die Idee des Pareto-Optimums und seine Konsequenz, möglichst alle Märkte durch Knappheitspreise steuern zu lassen. Denn wenn man mit der dabei zugrundeliegenden Einkommensverteilung unzufrieden ist, dann sollte man eben diese Verteilung korrigieren und nicht etwa die Freiheit der Märkte beseitigen. Solange Wettbewerb unter den Produzenten besteht, ist dies die sicherste Gewähr dafür, daß jedermann den höchstmöglichen Nutzen aus seinem Einkommen ziehen kann. Nicht mehr, aber auch nicht weniger steckt dahinter, wenn Ökonomen wettbewerbsbestimmte Marktpreise auf möglichst allen Märkten fordern.

Konsumentensouveränität und meritorische Güter

Wir sind bisher stillschweigend davon ausgegangen, daß der einzelne Konsument selbst am besten weiß, was für ihn gut ist. Dieses Prinzip der Konsumentensouveränität hat eine lange Tradition in der Ökonomie, aber es ist keineswegs unumstritten. Selbst liberale Ökonomen würden wohl zugeben, daß zumindest im Falle von Unmündigen, Drogenabhängigen oder Geisteskranken hier gewisse Einschränkungen gemacht werden müssen. Aber das sind Ausnahmefälle, die nicht das eigentliche Kernproblem berühren. Die entscheidende Frage lautet vielmehr: Soll das Güterangebot allein den möglicherweise törichten Wünschen der Konsumenten folgen, oder gibt es gute Gründe dafür, hier staatlich korrigierend einzugreifen?

Manche Ökonomen vertreten die Ansicht, daß es durchaus Güter gibt, bei denen der Staat mit mehr oder weniger sanftem Druck auf ihren stärkeren Konsum hinwirken sollte. Als konkrete Beispiele dafür werden oft Kultur- und Gesundheitsleistungen genannt, deren Nutzen von den Bürgern unterschätzt werde. Dagegen sei der Konsum anderer, unerwünschter Güter wie z.B. Zigaretten oder Alkohol eher zurückzudrängen. Im ersten Fall spricht man von meritorischen Gütern, im zweiten Fall von demeritorischen Gütern. Diese Begriffe gehen auf den 1910 im deutschen Königstein geborenen, später aber in die USA ausgewanderten Ökonomen Richard Musgrave zurück.

Musgrave unterschied noch andere Gründe für ein staatliches Eingreifen in die Marktprozesse, vor allem in bestimmten Fällen von sogenanntem Marktversagen. Damit werden wir uns im folgenden Kapitel beschäftigen. Bei den meritorischen Gütern geht es dagegen nicht um Marktversagen, sondern um generelle Zweifel an der Fähigkeit der Menschen, den Nutzen der von ihnen nachgefragten Güter richtig einzuschätzen.

Wenn man sich ansieht, für was manche Leute ihr Geld ausgeben, wird man sich diesen Zweifeln in der Tat nicht ganz entziehen können. Wer braucht schon wirklich ein vierundzwanzigteiliges Messerset aus Edelstahl, außer vielleicht ein Massenmörder? Schon die Kinder entfalten in den westlichen Wohlstandsgesellschaften oft eine ausgeprägte Präferenz für Luxusspielzeug und teure Markenartikel. Und werden wir nicht alle in gewisser

Weise von der Werbung manipuliert, die uns Bedürfnisse einredet, die wir eigentlich überhaupt nicht haben?

Ende der 60er Jahre erreichte die Kritik an der Konsumgesellschaft einen Höhepunkt. Gleichzeitig wurde darauf verwiesen, daß es beispielsweise hinsichtlich öffentlicher Einrichtungen wie Kindergärten oder Schulen oft am Nötigen fehlte. Haben uns also die Gesetze des Marktes in die Irre geführt? Müssen wir den wahren Wert der Güter nicht vielleicht ganz anders definieren als an den Kriterien von Angebot und Nachfrage?

In den 70er Jahren ging man daran, sogenannte Sozialindikatoren zu entwickeln, die Auskunft über die wahre Lebensqualität in einer Volkswirtschaft geben sollten. Vor allem staatlich bereitgestellte Güter wie Krankenhausbetten, Bildungseinrichtungen und Verkehrsinfrastruktur gingen darin ein, aber auch die Qualität der Umwelt und des Wohnens. Tatsächlich wurde in der Folgezeit in vielen Ländern der Anteil öffentlicher Güter am Sozialprodukt deutlich ausgeweitet. Neue Schulen und Universitäten entstanden, viel Geld wurde für öffentliche Kultureinrichtungen wie Theater und Museen ausgegeben, und das soziale Netz wurde ständig weiter ausgebaut.

All dies wurde vorwiegend über Steuern und andere Zwangsabgaben finanziert. Damit waren nun allerdings zwei Probleme verbunden. Zum einen wurde eine Umorientierung im Konsumverhalten nur in engen Grenzen erreicht. Je mehr nämlich der Staat die Versorgung mit Bildungs- und Gesundheitsgütern übernahm, desto weniger waren die Bürger bereit, ihr eigenes Einkommen dafür einzusetzen. Bald galt es als selbstverständlich, Medikamente und Schulbücher vom Staat bezahlt zu bekommen, in subventionierten Wohnungen zu leben und öffentliche Güter wie Bibliotheken oder Schwimmbäder zu Preisen weit unter den tatsächlichen Kosten nutzen zu können. Ihr privates Geld gaben die Menschen dagegen weiterhin für die gleichen, oft nutzlosen oder gar schädlichen Güter wie z.B. Zigaretten oder Alkohol aus.

Das zweite Problem betraf die Finanzierung der vom Staat bereitgestellten Güter. Da diese den Bürgern weit unter ihren tatsächlichen Kosten oder sogar zum Nulltarif angeboten wurden, gab es für den Bedarf nahezu keine Grenzen mehr. Die Folge war, daß sich das Empfinden einer unzureichenden Versorgung mit diesen Gütern paradoxerweise eher noch verstärkte, was den Staat wiederum zu noch größeren Anstrengungen veranlaßte. In nahezu allen westlichen Industrieländern stiegen in den 70er Jahren im Zuge dieser Entwicklung die Steuer- und Abgabenlasten erheblich an. Es zeigte sich schließlich, daß der Ersatz des Marktes durch ein weitgehend politisch bestimmtes Güterangebot den Staat vor kaum lösbare Finanzierungsprobleme stellte.

Liberale Ökonomen haben dem Konzept der meritorischen Güter schon immer skeptisch bis ablehnend gegenübergestanden, und zwar aus ganz grundsätzlichen Erwägungen. Denn wer bestimmt eigentlich, welche Güter nützlich und welche schädlich für die Menschen sind? Letztlich können dies nur Politiker entscheiden, die damit aber praktisch die gleichen Bürger, die sie gewählt haben, für unmündig erklären. Nach liberaler Auffassung bedarf es daher schon ganz besonderer Gründe, um die Konsumentensouveränität in Frage zu stellen. Das gilt vor allem in einer Demokratie, die ja den mündigen Bürger geradezu zur Voraussetzung hat. Mit solchen besonderen Gründen, soweit sie eine solide theoretische Basis haben, werden wir uns im folgenden Kapitel beschäftigen.

Wenn es aber darum geht, wirkliche Bedürfnisse von unangemessenem Luxuskonsum zu unterscheiden, so sollte sich der Staat in seinem Lenkungsanspruch besser zurückhalten. Letztlich ist dies eine persönliche Entscheidung, vielleicht auch eine Charakterfrage. Schon John Stuart Mill ((1906 - 1873), der letzte der großen klassischen Ökonomen, hat dies in ähnlicher Weise gesehen. Nicht der Reichtum selbst schien ihm verwerflich zu sein, wohl aber seine Verausgabung für oberflächlichen Luxus, statt damit beispielsweise den Armen zu helfen.

Hinweise zum Weiterlesen:

Die klassischen Ansichten zum Wertproblem werden in sehr anschaulicher und unterhaltsamer Weise dargestellt bei J. Starbatty, "Die englischen Klassiker der Nationalökonomie", Darmstadt 1985, insbesondere in den Kapiteln IV bis VI.

Eine knappe Darstellung der mittelalterlichen Vorstellungen über Wert und Preis findet man in dem Beitrag "Vorläufer der Nationalökonomie" von F. Schinzinger in dem Sammelband von O. Issing (Hg.), "Geschichte der Nationalökonomie", 3. Aufl., München 1994, S. 15 - 36.

In dem gleichen Sammelband bietet der Beitrag von J. Schumann, "Die Wegbereiter der modernen Preis- und Kostentheorie" (S. 163 - 192), einen guten und leicht verständlichen Überblick über die Entwicklung der Wohlfahrtsökonomie.

Wenn der Markt versagt

Der Staat als Nachtwächter?

Den Ökonomen wird oft vorgeworfen, sie würden alles Heil der Welt allein in Markt und Wettbewerb suchen. In der politischen Diskussion werden sie gelegentlich als weltfremde Theoretiker aus dem akademischen Elfenbeinturm behandelt. Ihr Glaube an den Markt laufe auf einen unmenschlichen

Kapitalismus hinaus, den man schon aus sozialen Gründen nicht akzeptieren könne. Außerdem führe der Markt auch unter rein ökonomischen Gesichtspunkten nicht immer zu sinnvollen Ergebnissen und müsse daher politisch korrigiert werden.

Schon die Klassiker der Ökonomie des 19. Jahrhunderts sahen sich solchen Einwänden ausgesetzt. Man warf ihnen vor, eine Wirtschaftspolitik des laissez faire zu befürworten, ein Begriff, der bereits von dem physiokratischen Ökonomen Jacques Turgot (1727 - 1781) geprägt worden war. Laissez faire bedeutet so viel wie die Dinge einfach laufen zu lassen. Später bürgerte sich dafür auch der Begriff des "Manchester-Kapitalismus" ein, benannt nach dem Zentrum der englischen Freihandelsbewegung Ende des 19. Jahrhunderts.

Der Einfluß der Politik reduziert sich dabei im Extremfall auf die Rolle eines Nachtwächterstaates, wie der Sozialist Ferdinand Lasalle (1825 - 1864) es einmal ausdrückte. Lasalle war ein führender Politiker der Arbeiterbewegung und gründete 1863 den Allgemeinen Deutschen Arbeiterverein, die Vorläuferorganisation der sozialdemokratischen Partei Deutschlands. Er starb bereits mit 39 Jahren im Duell mit dem Ehemann seiner Geliebten.

Wenn man die Schriften der ökonomischen Klassiker liest, so kann allerdings keine Rede davon sein, daß sie dem Staat lediglich die Rolle eines Nachtwächters zugewiesen hätten. Richtig ist zwar, daß sowohl die Physiokraten als auch die Klassiker großes Vertrauen in die Kräfte des Marktes setzten, jedenfalls viel größeres als in die Politik. Aber schon Adam Smith erkannte an, daß es gewisse Aufgaben über die Aufrechterhaltung der inneren und äußeren Sicherheit hinaus gab, die nur der Staat wahrnehmen konnte. Dazu zählte er vor allem die Bereitstellung der Infrastruktur, beispielsweise der Verkehrswege und der Straßenbeleuchtung. John Stuart Mill schließlich, der spätere Vollender des klassischen Gedankensystems, galt vielen sogar als verkappter Sozialist. Er setzte sich zum Beispiel für eine radikale Erbschaftssteuer ein und war ein Vorkämpfer für die Rechte der Frauen.

Heute unterscheidet man drei große Gebiete, in denen der Staat besondere ökonomische Verantwortung trägt. Diese Unterscheidung geht auf Richard Musgrave zurück. Musgrave sah wichtige Aufgaben des Staates zum einen in der Stabilisierung des Konjunkturverlaufs und zum anderen in der Korrektur der Einkommensverteilung, welche sich aus den Marktprozessen ergibt. Mit diesen beiden Problemen werden wir uns später noch ausführlich beschäftigen.

Die dritte Staatsaufgabe betrifft nach Musgrave die sogenannte Allokation. Darunter versteht man die Entscheidung über den Einsatz der knappen Produktionsfaktoren und über die Art und Menge der Güter, die in einer Volkswirtschaft produziert werden sollen. An sich handelt es sich dabei ja gerade um das Problem, welches der Markt lösen sollte. Musgrave sah aber einige Fälle, in denen der Staat auch hier lenkend eingreifen müsse.

Dabei unterschied er grundsätzlich zwischen privaten, meritorischen und sozialen Gütern. Nur die rein privaten Güter dürften vollständig den Gesetzen von Angebot und Nachfrage überantwortet werden. In der Tat ist ja kaum einzusehen, wieso der Staat etwa die Nachfrage nach Brötchen oder Jeans beeinflussen sollte. Dazu gibt es keinen besseren Mechanismus als die Gesetze von Angebot und Nachfrage.

Dagegen soll der Staat nach Musgrave bei den meritorischen Gütern durchaus in die Allokation eingreifen, wie wir im vorigen Kapitel schon gesehen habe. Da diese Güter von den Wirtschaftssubjekten aus einer gewissen Unvernunft heraus zu wenig bzw. zu viel nachgefragt werden, soll der Staat entsprechende positive oder negative Anreize setzen, indem er zum Beispiel Sportvereine subventioniert und Zigaretten besteuert. Aus der Sicht eines konsequent liberalen Ökonomen lassen sich solche Eingriffe des Staates in die Konsumentensouveränität allerdings nur schwer begründen.

Natürliche Kollektivgüter

Anders ist es bei den sogenannten sozialen Gütern, die man eigentlich besser als natürliche Kollektivgüter bezeichnen sollte. Hier geht es nicht um die Mündigkeit des Bürgers und auch nicht in erster Linie um Verteilungsfragen, wie man vielleicht meinen könnte. Vielmehr sind natürliche Kollektivgüter solche Güter, die aus bestimmten Gründen vom Markt nicht in ausreichender Menge bereitgestellt werden, obwohl die Menschen sie gerne haben wollen. Für ein solches sogenanntes Marktversagen gibt es nach Musgrave im wesentlichen zwei Gründe.

Der erste Grund liegt in der sogenannten Nicht-Rivalität im Konsum, die bei bestimmten Gütern auftritt. Das Standardbeispiel dafür ist eine Straße oder Brücke. Einmal gebaut, wäre es wünschenswert, daß möglichst viele Menschen die Brücke benutzen, da dadurch kaum zusätzliche Kosten entstehen. Der Konsum der Brücke durch Herrn Meier rivalisiert eben nicht mit dem Konsum derselben Brücke durch Frau Schulze, anders als etwa bei einem Apfel, der nur von einem der beiden gegessen werden kann. Daher, so Musgraves Argument, sollte niemand durch die Erhebung eines Preises daran gehindert werden, die Brücke möglichst oft zu nutzen.

Nun ist es aber im Wettbewerb so, daß ein privater Brückenbesitzer gleichwohl Benutzungsentgelte erheben müßte, nämlich um die Baukosten der Brücke wieder einzuspielen. Dies wiederum würde viele Nachfrager veranlassen, von der Benutzung der Brücke Abstand zu nehmen. Die private Finanzierung einer Brücke führt daher nach Musgrave zu einer volkswirtschaftlich unsinnigen Unterauslastung ihrer Kapazität. Besser sei es, die

Brücke aus Steuermitteln zu finanzieren und der Allgemeinheit dann kostenfrei zur Verfügung zu stellen.

Dieses Argument gilt im Prinzip für alle Güter, deren Kosten hauptsächlich aus sogenannten Fixkosten bestehen und deren Inanspruchnahme durch einen weiteren Nachfrager dementsprechend kaum irgendwelche Zusatzkosten verursacht. Man spricht in diesem Zusammenhang auch von natürlichen Monopolen. Neben Straßen und Brücken sind damit zum Beispiel auch Dämme, Schienen- und Telefonnetze sowie Kanalisation, Polizei und Landesverteidigung gemeint. "Natürlich" sind diese Monopole deswegen, weil sie fast ausschließlich Fixkosten verursachen und daher die Stückkosten mit jedem zusätzlichen Nutzer immer weiter sinken. Wie wir schon gesehen haben, kann bei einem solchen Kostenverlauf theoretisch am Ende nur noch ein einziger Anbieter am Markt übrigbleiben - eben als Monopolist. Tatsächlich werden die meisten dieser Güter ja in der Regel auch vom Staat oder von staatlich geschützten Monopolunternehmen angeboten.

Eine gewisse Vorsicht gegenüber dem Argument der Nicht-Rivalität im Konsum ist gleichwohl geboten. Wenn beispielsweise unsere Brücke so stark frequentiert wird, daß Überfüllungserscheinungen auftreten, dann gilt das Argument nicht mehr ohne weiteres. Schon um die Nachfrage auf die Brückenkapazität zu begrenzen, wird es dann auch aus gesamtwirtschaftlicher Sicht sinnvoll sein, ein Benutzungsentgelt zu erheben. Ist die Nachfrage so stark, daß diese Stauungsgebühr sogar zur Deckung der Baukosten ausreicht, dann kann und sollte die Brücke privat finanziert werden. Das gleiche gilt auch für stark ausgelastete Schienen- und Leitungsnetze. Hier kommt noch hinzu, daß das eigentliche Produkt, also z.B. Strom oder Wasser, hier durchaus alle Merkmale der Konsumrivalität aufweist. Nur für die Kapazität des Netzes selbst gilt dies nicht. Darum werden inzwischen in vielen Ländern nur noch die Verteilernetze staatlich bereitgestellt und können dann von privatwirtschaftlich agierenden Strom-, Wasser- oder Telefongesellschaften benutzt werden.

Ein hoher Fixkostenanteil allein reicht also keineswegs aus, um die staatliche Bereitstellung eines Gutes zu rechtfertigen. Sonst dürfte es zum Beispiel auch keine privaten Tennishallen oder Golfplätze geben, deren Kosten ja auch überwiegend unabhängig von der Nutzungsintensität anfallen. Allerdings ist es schon rein technisch leichter, Eintrittspreise für eine Tennishalle als für eine Straße zu erheben. Man sagt auch, daß die sogenannten Transaktionskosten einer marktmäßigen Finanzierung in den beiden Fällen unterschiedlich hoch sind. Wenn man es genau nimmt, dann lassen sich die Unterschiede zwischen privaten und öffentlichen Gütern sogar hauptsächlich auf solche Unterschiede in den Transaktionskosten zurückführen.

In der neueren Diskussion des Problems spricht man im Zusammenhang mit dem Problem der mangelnden Konsumrivalität auch von sogenannten Clubgütern. Die ideale Finanzierung solcher Güter ist in der Regel die Erhebung eines zweiteiligen Tarifes. Darunter versteht man die Aufspaltung des Preises in einen festen Grundbeitrag und eine benutzungsabhängige Gebühr. Beispielsweise bietet die Deutsche Bahn AG eine sogenannte Bahncard an, nach deren Erwerb alle Strecken zum halben Fahrpreis benutzt werden können. Für einen entsprechend höheren Preis kann man sogar eine Netzkarte erwerben, die ein Jahr lang zur kostenlosen Nutzung des gesamten Netzes berechtigt. Auf diese Weise werden die Fixkosten gedeckt, ohne daß die Verbraucher dadurch davon abgehalten werden, freie Kapazitäten zu nutzen. Wo solche Lösungen möglich sind, entfällt Musgraves Problem der Nicht-Rivalität im Konsum als Argument gegen eine private Bereitstellung der betreffenden Güter.

Nicht-Anwendbarkeit des Ausschlußprinzips

Wenden wir uns nun dem zweiten möglichen Grund für das Vorliegen eines natürlichen Kollektivgutes zu, nämlich der sogenannten Nicht-Anwendbarkeit des Ausschlußprinzips. Dieses Problem tritt häufig gleichzeitig mit mangelnder Rivalität im Konsum auf, ist davon aber trotzdem grundsätzlich zu unterscheiden. Das wichtigste Beispiel für das Versagen des Ausschlußprinzips ist die Umweltproblematik.

Nehmen wir etwa das Beispiel eines Waldes. Er bringt seinem Besitzer zwar einen gewissen Nutzen, nämlich in Form des Ertrages aus dem Verkauf des Holzes. Aber darüber hinaus erfüllt ein Wald auch wichtige ökologische Zwecke. Er beherbergt seltene Tiere und trägt zur Bildung des lebensnotwendigen Sauerstoffs in der Luft bei. Dafür läßt sich aber nun leider kein Preis am Markt erzielen. Vielmehr kann jedermann die Luft frei atmen, ohne dafür ein Entgelt an den Waldbesitzer zu entrichten. Man sagt auch: Niemand kann von der Nutzung der guten Luft wegen mangelnder Zahlungsbereitschaft ausgeschlossen werden. Das unterscheidet das Kollektivgut "gute Luft" grundsätzlich von rein privaten Gütern wie Lebkuchen oder Latzhosen. Infolgedessen werden Güter, bei denen das Ausschlußprinzip nicht gilt, am Markt in der Regel in zu geringer Menge oder gar nicht angeboten.

Ein anderes Beispiel dafür ist ein Damm. Ebenso wie in unserem Brückenbeispiel liegt hier Nicht-Rivalität im Konsum vor, gleichzeitig aber auch das Problem der mangelnden Anwendbarkeit des Ausschlußprinzips. Zwar haben alle Anwohner, die der Damm vor den Fluten schützt, ein eminentes Interesse an seiner Errichtung. Aber im Unterschied zu einer Brücke kann man diejenigen, die sich gleichwohl nicht an den Kosten beteiligen wollen, anschließend nicht vom Nutzen des Dammes ausschließen. Daher wird es i.d.R. auch nicht möglich sein, den Damm über marktmäßige Entgelte zu finanzieren. Früher versuchte man dieses Problem dadurch zu lösen, daß jeder Nutznießer des Dammes zwangsweise bei seiner Errichtung mitarbeiten mußte. Falls er sich weigerte, hatte er auszuwandern: "Wer nicht will deichen, der muß weichen", wie es im friesischen Deichrecht hieß. Heutzutage werden Dämme und andere Güter, die nicht dem Ausschlußprinzip unterliegen, stattdessen aus öffentlichen Steuermitteln finanziert. Hier handelt es sich also tatsächlich um "geborene" öffentliche Güter, deren Bereitstellung man nicht dem Markt überlassen kann.

Externe Effekte und das Umweltproblem

Betrachten wir nochmals das Umweltproblem. Es besteht ja nicht nur darin, daß zuwenig Anreize bestehen, die Umwelt etwa durch forstwirtschaftliche Maßnahmen aktiv zu verbessern. Vielmehr liegt die Hauptproblematik in den vielfältigen Emissionen, welche die Umwelt belasten und sie mitunter bis an den Rand der Zerstörung bringen. In der Öffentlichkeit wird meist die Profitgier gewissenloser Unternehmer für die Verschmutzung von Luft und Wasser verantwortlich gemacht. Die ökonomische Theorie des Marktversagens zeigt uns aber, daß das eigentliche Problem tiefer liegt. Darauf deutet auch schon die Tatsache hin, daß die Umwelt in den früheren sozialistischen Volkswirtschaften mindestens genauso stark belastet wurde wie in den kapitalistischen Volkswirtschaften des Westens.

Das gemeinsame Problem besteht in beiden Wirtschaftsordnungen darin, daß es für die Inanspruchnahme der Umwelt - anders als bei privaten Ressourcen wie etwa Kohle oder Eisenerz - eben kein automatisches Ausschlußprinzip gibt: Nicht der Umweltbelaster trägt die Kosten seines Verhaltens, sondern die Allgemeinheit. Daher besteht für jedermann ein Anreiz, die Umwelt zulasten der Allgemeinheit in Anspruch zu nehmen. Das gilt für den profitorientierten Kapitalisten ebenso wie für den Leiter eines volkseigenen Betriebes, der auf diese Weise seine Produktionsvorgaben leichter erfüllen kann. Und auch der Privatmann wird es vielfach vorteilhafter finden, zum Beispiel seine Abfälle auf die wilde Kippe zu bringen, statt sie umweltgerecht zu entsorgen. Es handelt sich daher um ein allgemeines Trittbrettfahrerproblem, das wenig mit der jeweiligen Wirtschaftsordnung zu tun hat.

Mögliche Lösungen dieses Problems kann man am besten mithilfe des Begriffs der externen Effekte analysieren. Darunter versteht man volkswirtschaftliche Kosten oder Erträge, die nicht bei ihren Verursachern, sondern bei Dritten anfallen. In den ersten beiden der Beispiele von oben hatten wir es mit positiven externen Effekten zu tun: Die Waldbesitzer und die Erbauer eines Dammes verschaffen der Allgemeinheit einen Nutzen, für den sie keinen Marktpreis erzielen können. Infolgedessen werden unter reinen Marktbedingungen tendenziell weniger Wälder angepflanzt und Dämme gebaut, als es eigentlich wünschenswert wäre.

Die Umweltbelastung ist dagegen ein Beispiel für negative externe Effekte. Hier fehlt es an der Belastung der Wirtschaftssubjekte mit den volkswirtschaftlichen Kosten, die sie verursachen. Daher fallen umweltbelastende Aktivitäten im allgemeinen umfangreicher aus, als es volkswirtschaftlich sinnvoll wäre.

Wie soll man nun zweckmäßigerweise mit diesem Problem umgehen? Naheliegend mag es zunächst erscheinen, einfach jede Art von Umweltbelastung zu verbieten und dem Verbot durch strenge Kontrollen und hohe Strafen den nötigen Nachdruck zu verleihen. Das würde aber das Ende jeden Wirtschaftens bedeuten. Man kann zum Beispiel Automobile weder produzieren noch betreiben, ohne dabei zumindest ein gewisses Maß an Umweltbelastung in Kauf zu nehmen. Das gleiche gilt auch für die Eisenbahn und für nahezu alle anderen Produkte unseres täglichen Lebens, selbst für die Dienstleistungen. Beispielsweise braucht der Frisör für das Föhnen und Waschen ja Energie und Wasser, und seine Kunden müssen mehr oder weniger umweltschädliche Verkehrsmittel benutzen, um überhaupt zu ihm zu gelangen. Realistischerweise kann es also nur darum gehen, die mit dem Wirtschaften verbundenen Umweltbelastungen in erträglichen Grenzen zu halten.

Nehmen wir an, diese Grenzen seien irgendwie ermittelt bzw. politisch festgelegt worden. Dann ist als nächstes zu entscheiden, wer die Umwelt wie stark und für welche Zwecke in Anspruch nehmen darf. Dabei sollten zwei Bedingungen erfüllt werden: Erstens darf die Summe der Umweltbelastungen die festgelegten Grenzen insgesamt nicht überschreiten, und zweitens sollten die "Verschmutzungsrechte" möglichst sinnvoll auf die einzelnen Emittenten verteilt werden.

Dem überzeugten Umweltschützer mögen sich bei dem Begriff "Verschmutzungsrechte" die Nackenhaare sträuben. Und doch läuft jede Art von Umweltpolitik zwangsläufig darauf hinaus, solche Rechte zu verteilen, wenngleich dies nicht immer offen sichtbar wird. Auch wer strenge Verbote oder Auflagen erläßt, verteilt damit Rechte auf die Belastung der Umwelt, nämlich in Höhe der erlaubten Restmengen. Es kann also nur noch darum gehen, dies in möglichst sinnvoller Weise zu tun. Was aber heißt das genau?

Machen wir uns zunächst klar, daß es hier letztlich um die Verteilung eines knappen Gutes geht. Wenn beispielsweise der Ausstoß von Kohlendioxid auf - sagen wir - 100.000 Tonnen pro Jahr begrenzt wird, dann gewinnen diese 100.000 Tonnen praktisch die Qualität eines knappen Produktionsfaktors. Wir können sie zum Betreiben unserer Automobile verwenden, für die Produktion von Schuhen oder für das Heizen unserer Wohnungen. Das Kohlendioxid unterscheidet sich darin nicht von anderen knappen Gütern wie etwa Stahl, Kapital oder Arbeitskraft, bei denen wir ja auch entscheiden müssen, wofür wir sie am zweckmäßigsten einsetzen. Dementsprechend liegt es nahe, für die Verwendung des Kohlendioxids den gleichen Mechanismus einzusetzen, der auch über den Einsatz aller anderen Güter entscheidet, nämlich Markt und Wettbewerb.

Die konsequenteste Umsetzung dieser Überlegung geht auf eine Idee des Chicagoer Ökonomen Harold Demsetz (geb. 1930) zurück. Sie besteht darin, die Verschmutzungsrechte tatsächlich in Form von entsprechenden Zertifikaten zu verbriefen und sodann an die jeweils Meistbietenden zu verkaufen. In unserem Beispiel müßten also Anrechtsscheine gedruckt werden, auf denen zum Beispiel steht, daß der Besitzer pro Jahr 1 Tonne Kohlendioxid emittieren darf. Wer 100 Tonnen emittieren will, müßte also 100 solcher Zertifikate erwerben. Dazu sollten sie auf dem freien Markt jederzeit handelbar sein. Wenn nun eine Firma neue, energiesparende Techniken einsetzt und dadurch weniger Kohlendioxid ausstößt als ursprünglich geplant, so könnte sie die überzähligen Zertifikate an andere Firmen oder an Privathaushalte verkaufen. Der Preis der Zertifikate würde sich dabei am Markt wie der Preis jedes anderen knappen Gutes nach Angebot und Nachfrage richten.

Ein solcher, künstlich erzeugter Umweltmarkt würde dem Ausschlußprinzip zur Geltung verhelfen und damit das ursprüngliche Marktversagen heilen. Nur derjenige dürfte ja jetzt noch Schadstoffe emittieren, der zuvor ein entsprechendes Zertifikat erworben hat. Gleichzeitig würden die Zertifikate tendenziell dort landen, wo sie am dringendsten benötigt werden. Denn jedermann hätte ja die Wahl, entweder ein Zertifikat zu erwerben oder seinen Schadstoffausstoß durch geeignete Maßnahmen zu senken. Wem solche Maßnahmen leicht fallen - indem er zum Beispiel einfach weniger Auto fährt -, der würde kein Zertifikat erwerben wollen, weil dies ja vergleichsweise viel Geld kostet. Wer umgekehrt wenig Möglichkeiten hat, seinen Schadstoffausstoß einzuschränken, der müßte eben entsprechend viele Zertifikate kaufen. Im Ergebnis würde die gewünschte Rückführung der Emissionen also genau da stattfinden, wo sie die geringsten Kosten und Nutzeneinbußen verursacht. Das ist offensichtlich volkswirtschaftlich sinnvoll.

Darüber hinaus würden starke Anreize entstehen, ständig nach neuen Möglichkeiten der Schadstoffsenkung zu suchen, denn um so weniger der teuren Zertifikate muß man dann erwerben. Besonders attraktiv an diesem Modell ist, daß dies ganz ohne staatlichen Zwang passieren würde. Nicht der Staat müßte nach Möglichkeiten der Umweltschonung suchen, um sie den Bürgern dann vorzuschreiben, sondern die Wirtschaft würde dies ganz freiwillig selbst tun, um Kosten zu sparen!

Wie so oft, so steckt auch bei diesem schönen Modell der Teufel im Detail. Eines der Probleme der Zertifikatslösung liegt darin, daß viele Umweltbelastungen erst in der regionalen Konzentration wirklich schädlich werden. Das trifft zum Beispiel auf die Lärmbelastung zu, teilweise auch auf die Luftbelastung und natürlich auf den Gewässerschutz. Daher müßten die Zertifikate jeweils für bestimmte Regionen definiert werden, was die Sache aber ziemlich kompliziert macht. Außerdem müßte natürlich kontrolliert werden, daß niemand mehr Emissionen tätigt, als er an Zertifikaten hat. Der Aufwand dafür wäre ganz erheblich, und bei beweglichen Emissionsquellen wie zum Beispiel Automobilen wäre er wahrscheinlich kaum zu bewältigen.

Bei aller theoretischen Eleganz der Zertifikatslösung muß man daher leider sagen, daß ihrer praktischen Realisierbarkeit Grenzen gesetzt sind. Trotzdem ist die Idee nicht nutzlos, denn sie zeigt uns zumindest, wie es im theoretischen Idealfall laufen könnte. Andere Lösungen des Umweltproblems können daran gemessen werden.

Eine dieser Alternativlösungen ist die Erhebung von Umweltabgaben bzw. von sogenannten Ökosteuern. Der Staat könnte beispielsweise eine Steuer auf Energie erheben, idealerweise differenziert nach der Umweltschädlichkeit der jeweiligen Energieträger. Wenn es um den Kohlendioxidausstoß geht, wäre das eine durchaus sinnvolle Lösung, denn hier hängt die Umweltbelastung fast ausschließlich davon ab, welche Energie man benutzt und wieviel. Die Steuer müßte allerdings in der Höhe stets so angepaßt werden, daß insgesamt gerade nur die tolerierbare Emissionsmenge ausgestoßen wird. Auch wenn dies wegen des unbeständigen Wirtschaftswachstums einige Probleme aufwirft, kann man doch hoffen, dadurch den Schadstoffausstoß zumindest einigermaßen unter Kontrolle zu halten.

Es gibt allerdings auch Schadstoffarten, bei denen diese Methode nicht funktioniert. Dazu gehört die Lärmbelastung, beispielsweise durch einen Rasenmäher. Wir werden es wohl kaum für tolerierbar halten, daß unser Nachbar am Sonntag Mittag damit unsere wohlverdiente Ruhe stört, nur weil er dafür eine entsprechende Abgabe entrichtet hat. Erst recht gilt dies für die Freisetzung krebserregender Stoffe oder anderer, unmittelbar gesundheitsschädlicher Substanzen. In solchen Fällen wird man nicht umhin kommen, von dem sogenannten Ordnungsrecht Gebrauch zu machen, d.h. entsprechende Emissionen schlicht zu verbieten bzw. per Gesetz auf ein unbedenkliches Maß zu beschränken.

Sind Umweltabgaben ungerecht?

Wenden wir uns nun einem grundsätzlichen Einwand gegen alle marktwirtschaftlichen Lösungen des Umweltproblems zu. Vielfach wird argumentiert, die Ausgabe von Umweltzertifikaten oder die Erhebung von Umweltsteuern sei ungerecht. Denn nur große Konzerne und reiche Leute könnten sich dann die Umweltverschmutzung noch leisten, während der "kleine Mann" sich entsprechend einschränken müsse. Das mag zunächst überzeugend klingen, aber letztlich kann man dieses Argument gegen jede Art von Marktpreisen ins Feld führen. Konsequenterweise müßte man dann auch andere knappe Güter wie Benzin, Wasser oder Brot dem Marktmechanismus entziehen und einer staatlichen Zuteilung unterwerfen.

Die Erfahrung, nicht zuletzt in den früheren sozialistischen Volkswirtschaften, zeigt jedoch, wohin das führen würde: Ineffizienz, Verschwendung und Korruption wären die unvermeidliche Folge. Nicht zuletzt würde auch ein politischer Kampf um die knappe Umweltkapazität einsetzen, an dessen Ende leicht die Unterdrückung von Minderheiten stehen könnte. Wenn der Staat erst einmal anfängt vorzuschreiben, wieviel Benzin, warmes Wasser oder wieviel Heizenergie jeder Bürger pro Jahr verbrauchen darf, dann sind Willkür und permanenter gesellschaftspolitischer Streit vorprogrammiert. Daher ist es nicht nur ein ökonomischer, sondern auch ein politischer Fehler, Allokationsentscheidungen mit Verteilungsfragen zu vermischen. Effizienter und konfliktärmer ist es, die Güterverwendung über Angebot und Nachfrage zu regeln und die Verteilungsfragen da zu lösen, wo sie entstehen, nämlich bei der Entstehung der Einkommen selbst und ihrer Besteuerung.

Es erscheint im übrigen unrealistisch zu erwarten, daß sich etwa die Umweltzertifikate bei nur wenigen Großunternehmen konzentrieren würden, während Kleinunternehmen und Bürger leer ausgingen. Derartiges ist bei anderen knappen Rohstoffen auch nicht zu beobachten. Auch eine gutverdienende Firma wird nämlich teure Ressourcen wie Umweltzertifikate immer nur in dem Maße erwerben, wie sie diese wirklich braucht und nicht durch verbesserte Produktionstechniken ersetzen kann. Nichts spricht dafür, daß etwa kleine Firmen oder Privatpersonen hier grundsätzlich benachteiligt wären. In dieser Hinsicht behandelt der anonyme Markt alle Nachfrager gleich, im Gegensatz zu einer staatlichen Behörde, die dabei höchst willkürlichen Gesichtspunkten folgen kann.

Freiwillige Verhandlungen: Das Coase-Theorem

Die Ansicht, daß externe Effekte entsprechende Korrekturmaßnahmen des Staates erfordern, gilt in der Ökonomie als weithin anerkannt. Völlig unbestritten ist sie allerdings nicht. Ein berühmtes Theorem der Volkswirtschaftslehre behauptet sogar, daß private Verhandlungen die beste aller Lösungen des Problems seien. Dieses Theorem geht auf den Amerikaner Ronald Coase (geb. 1910) zurück, der für seine Arbeiten 1991 den Nobelpreis bekam.

Coase versuchte seine Grundidee am Beispiel eines Viehzüchters klarzumachen, der seine Kühe über die Weide seines Nachbarn treibt. Offenbar haben wir es mit einem klaren Fall von negativen externen Effekten zu tun, denn die Kühe grasen ja die Wiese ab, ohne daß ihr Besitzer dafür einen Preis entrichten würde. Man kann es allerdings auch umgekehrt sehen: Wenn das Recht auf Seiten des Viehbesitzers sein sollte, dann verursacht der Besitzer der Weide positive externe Effekte zu seinen Gunsten, indem er die Wiese in Schuß hält, ohne dafür ein Entgelt zu erhalten.

Nach Coase ist es nun aber egal, wem die Eigentumsrechte an der Weide zustehen. In jedem Fall hätten beide Beteiligte einen starken Anreiz, sich freiwillig auf Zahlungen zu einigen, welche den ursprünglich externen Effekt internalisieren. Entscheidend sei lediglich, daß die Eigentumsverhältnisse eindeutig geklärt sind.

Nehmen wir zunächst an, die Weide gehöre mit allen Nutzungsrechten dem Nachbarn des Viehbesitzers. Dann wird der Viehbesitzer ein Interesse daran haben, die Weiderechte von ihm zu erwerben. Es käme also zu Verhandlungen, um einen entsprechenden Weidepreis zu vereinbaren.

Unterstellen wir nun umgekehrt, der Viehbesitzer habe das Recht, seine Kühe grasen zu lassen, wo immer es ihm beliebt. Auch in diesem Fall kommt es nach Coase zu Verhandlungen, denn nunmehr hat der Besitzer der Weide ein Interesse daran, den Viehbesitzer zur Schonung seiner Weide zu bewegen. Er wird ihm also Geld oder eine andere Entschädigung dafür anbieten, seine Kühe anderswo grasen zu lassen.

Ob diese Verhandlungen zum Erfolg führen, hängt nun nach Coase nicht davon ab, welchen der beiden Fälle wir unterstellen. Es werde sich vielmehr stets genau das gleiche Ergebnis einstellen: Wenn der Nutzen des Viehbesitzers größer als der Schaden des Weidebesitzers ist, dann werden die Kühe letztlich auf der Weide des Nachbarn grasen. Wenn der Schaden aber größer als der Nutzen ist, werden die Kühe der Weide fernbleiben. Die Verhandlungen ergeben m.a.W. in jedem Fall das optimale Ergebnis, ganz gleich wie die Eigentumsrechte verteilt sind - sie müssen nur überhaupt eindeutig verteilt sein!

Das Coase-Theorem ist theoretisch elegant, aber in der praktischen Anwendung steht es auf ziemlich schwachen Füßen. Zwar könnten sich beispielsweise die Anwohner eines Kernkraftstandortes theoretisch zusammenschließen, um den Kraftwerksbetreiber mit einer "Bestechungszahlung" zur Abschaltung des Reaktors zu bewegen. Es ist aber sehr fraglich, ob ein solches gemeinsames Vorgehen auch wirklich zustandekommt. Denn ebenso wie in unserem Damm-Beispiel kann im Erfolgsfall keiner der Anwohner vom Nutzen der Aktion ausgeschlossen werden, ob er sich an der Aufbringung des Bestechungsgeldes beteiligt hat oder nicht. Erneut begegnen wir hier dem Trittbrettfahrerproblem, das eine rein privatwirtschaftliche Finanzierung des öffentlichen Gutes "kernkraftfreie Zone" kaum möglich erscheinen läßt. Freiwillige Verhandlungen werden deshalb in einem solchen Fall vermutlich scheitern, selbst wenn alle Anwohner das gleiche wollen und im Prinzip auch genug Mittel aufbringen könnten, um den Kernkraftbetreiber erfolgreich zu "bestechen".

Coase umgeht diese Einigungsprobleme, indem er in seinen Beispielen jeweils nur einen Geschädigten und einen Schädiger unterstellt. Das ist der Idealfall, aber er dürfte nur selten vorkommen. Außerdem ist selbst in diesem Idealfall zu bedenken, daß die beiden Konstellationen des Eigentumsrechts zwar zu identischen Allokationslösungen führen, aber ganz unterschiedliche Verteilungswirkungen haben: Die Kühe werden m.a.W. zwar nur dann auf der Weide grasen, wenn der Nutzen des Viehbesitzers den dadurch entstandenen Schaden übersteigt. Aber wenn die Weide dem Nachbarn des Viehbesitzers gehört, wird dieser am Ende besser dastehen, als wenn er umgekehrt den Viehbesitzer dafür bezahlen müßte, seine Kühe von der Weide fernzuhalten. Diese Asymmetrie in den Verteilungswirkungen kann bei der Umsetzung des Coase-Theorems zu erheblichen politischen Problemen führen.

Die Umwelt und die Politik

Fassen wir unsere bisherigen Überlegungen zunächst kurz zusammen. In günstigen Fällen mag das Coase-Theorem dazu führen, daß freiwillige Verhandlungen zu einer befriedigenden Lösung des Problems externer Effekte führen. Verlassen kann man sich darauf aber nicht. Kommt eine Einigung zwischen Schädigern und Geschädigten nicht zustande, dann muß in der Tat der Staat eingreifen. Sinnvollerweise tut er dies, indem er entsprechende Marktmechanismen installiert, zum Beispiel mithilfe von Zertifikaten oder Umweltsteuern. Sollte allerdings auch dies nicht funktionieren, dann wird man wohl oder übel zu entsprechenden gesetzlichen Anordnungen greifen müssen.

Mittlerweile wenden sich auch die sogenannten "grünen" Parteien den marktwirtschaftlichen Lösungen des Umweltproblems zu, nachdem sie ursprünglich stärker direkten Ver- und Geboten zugeneigt waren. Zum Umdenken dürfte auch beigetragen haben, daß man mit Ökosteuern viel Geld in die staatlichen Kassen fließen lassen kann. Sofern es sich um zweckgebundene Abgaben handelt, wird man sie bevorzugt wiederum für den Umweltschutz ausgeben. Dagegen sind Steuern, auch wenn sie hauptsächlich ökologisch motiviert sind, gemäß dem sogenannten Non-Affektationsprinzip definitionsgemäß nicht zweckgebunden.

Es gibt auch keinen Grund dafür, das Aufkommen aus Ökoabgaben wiederum für den Umweltschutz einzusetzen. Ihre Funktion ist es, den Verbrauch von knappen Umweltressourcen wie saubere Luft oder Wasser auf ein tolerierbares Maß zu begrenzen. Diese Funktion erfüllen sie aber unabhängig davon, was mit den daraus resultierenden Einnahmen geschieht. Natürlich kann man diese Einnahmen auch dazu verwenden, beispielsweise einen Naturschutzpark anzulegen. Aber der Umfang solcher Maßnahmen hat nichts mit der Höhe der aus den Ökosteuern fließenden Einnahmen zu tun; warum sollte man die Größe des Parks vom Sprudeln einer bestimmten Einnahmequelle abhängig machen?

Unter Umständen kann es auch sinnvoll sein, die Einführung von Ökosteuern mit der gleichzeitigen Senkung anderer Steuern zu verbinden, beispielsweise um auf diese Weise das Entstehen neuer Investitionen und Arbeitsplätze zu begünstigen. In diesem Fall gibt es per Saldo gar keine staatlichen Mehreinnahmen, und die Frage einer Zweckbindung erledigt sich damit von selbst.

Noch weniger zu rechtfertigen ist es, Ökosteuern zur politischen Lenkung des Konsums zu nutzen, außer wenn das Umweltschutzziel selbst dies nahelegt. Soll beispielsweise der Benzinpreis aus ökologischen Gründen angehoben werden, dann muß dies im Prinzip auch für alle anderen Verwendungsarten des Mineralöls gelten, und ebenso für alle anderen Energieträger entsprechend ihrer jeweiligen Umweltschädlichkeit. Es ergibt weder aus ökologischer noch aus ökonomischer Sicht einen Sinn, etwa das Benzin zu verteuern und gleichzeitig die Kohle zu subventionieren, wie dies beispielsweise in Deutschland der Fall ist. Ökosteuern erfüllen ihre Funktion nur dann, wenn sie konsequent und ohne politische Rücksichten für alle umweltschädlichen Aktivitäten erhoben werden.

Ökosteuern können schließlich auch nur insoweit funktionieren, als Ausweichreaktionen ausgeschlossen sind. Beispielsweise wäre es wenig sinnvoll, eine Steuer auf das Treibhausgas Kohlendioxid nur in einem einzigen Land zu erheben. Die betroffenen Industrien könnten nämlich ihre Produktionsstätten daraufhin ins Ausland verlagern und von dort aus das Weltklima weiterhin belasten. Das ökologische Vorreiterland hätte dann nur den Schaden verlorener Arbeitsplätze, ohne daß für das eigentliche Umweltziel etwas gewonnen wäre.

Wir haben es hier wiederum mit einem Trittbrettfahrerproblem zu tun, diesmal auf der internationalen Ebene. Für jedes einzelne Land ist es rational, andere Ländern beim Klimaschutz vorangehen zu lassen. Denn auf diese Weise kann es davon profitieren, ohne sich an den Kosten zu beteiligen. Dieses Problem wird man nur durch entsprechende internationale Abkommen lösen können. Idealerweise würden wiederum Zertifikate an die einzelnen Länder ausgegeben, die jeweils zu einer bestimmten Ausstoßmenge von Kohlendioxid berechtigen. Die Regierungen müßten dann mit geeigneten Maßnahmen im eigenen Land sicherstellen, daß sich die Emissionen im Rahmen der ihnen zugeteilten Zertifikate halten.

Vor allem die Erstausgabe solcher internationalen Zertifikate wirft allerdings erhebliche Verteilungsprobleme auf. Würde man die Zertifikate unter den Regierungen versteigern, so fühlten sich wahrscheinlich die ärmeren Länder dabei von vorneherein benachteiligt. Man kann die Zertifikate aber auch nicht einfach nach der Bevölkerungszahl verteilen, weil dies wiederum die Industrieländer kaum hinnehmen dürften. Es ist außerdem zu bedenken, daß in Zukunft gerade die Überbevölkerung der Erde eine der Hauptursachen für das Umweltproblem werden wird. Schon von daher verbietet es sich, die Länder mit hohem Bevölkerungswachstum bei der Zertifikatsverteilung zu bevorzugen.

Eine gerechte Lösung dieser Verteilungsprobleme ist nicht leicht zu finden. Trotzdem sollte alles daran gesetzt werden, hier eine internationale Einigung herbeizuführen. Auch eine nicht völlig befriedigende Verteilung der Zertifikate wäre immer noch ungleich besser, als die Umwelt im internationalen Wettlauf immer weiter zu belasten.

Hinweise zum Weiterlesen:

Eine sehr gute Darstellung der Theorie des Marktversagens findet man in M. Frisch/U. Wein/H.-J. Ewers, "Marktversagen und Wirtschaftspolitik", 2. Aufl., München 1996.

Theoretisch anspruchsvoller, aber ebenfalls gut verständlich geschrieben ist das Buch von E. Sohmen, "Allokationstheorie und Wirtschaftspolitik", Tübingen 1976.

Eine umfassende Darstellung der Umweltproblematik bieten M. Junkernheinrich/P. Klemmer/G.R. Wagner (Hg.), "Handbuch zur Umweltökonomie", Berlin 1995.

Der gerechte Lohn und das Recht auf Arbeit

Thünens Formel für den naturgemäßen Lohn

Es gibt wohl keine ökonomische Frage, die zu mehr Kontroversen geführt hat als die Frage nach dem gerechten Lohn. Jahrhundertelang haben sich die Ökonomen darüber den Kopf zerbrochen und sind dabei teilweise zu den wunderlichsten Ergebnissen gekommen. Ein schönes Beispiel dafür ist Johann Heinrich von Thünens Formel für den "naturgemäßen" Lohn. Thünen gilt bis heute zu Recht als einer der größten Ökonomen aller Zeiten, aber in der Lohnfrage hat er sich einen eher zweifelhaften Ruhm erworben. Dabei war er so stolz auf seine Lohnformel, daß er sie sogar auf seinem Grabstein einmeißeln ließ. Noch heute ist sie dort vor der Kirche des kleinen Städtchens Belitz zu besichtigen. Die meisten Ökonomen sind sich jedoch einig darüber, daß diese Formel innerhalb des Grabes besser aufgehoben gewesen wäre.

Thünen hat seine Lohnformel aus einem interessanten theoretischen Modell entwickelt, das den späteren Überlegungen des großen Kapitaltheoretikers Eugen von Böhm Bawerk (1851 - 1914) schon sehr nahe kam. Er ging von der Vorstellung aus, daß die Arbeiter im Prinzip jederzeit die Möglichkeit hätten, selbst Kapitalisten zu werden. Dazu müßten sie sich nur zu einer Gruppe zusammentun und gemeinsam ihre Ersparnisse dazu verwenden, Maschinen und Vorräte anzuschaffen, mit denen sie später andere Arbeiter als Tagelöhner beschäftigen könnten.

Dabei trat aber nach Thünen ein Zielkonflikt hinsichtlich der optimalen Lohnhöhe auf: Ein hoher Lohnsatz würde einerseits dazu führen, daß die Arbeiter hohe Ersparnisse bilden und daher verhältnismäßig leicht das notwendige Kapital ansammeln konnten. Also müßte der spätere Profit auch nur durch eine relativ geringe Zahl von "Arbeiterkapitalisten" geteilt werden. Andererseits würde ein hoher Lohn aber auch die späteren Kosten für die Beschäftigung der Tagelöhner erhöhen und damit den Gesamtprofit tendenziell verringern.

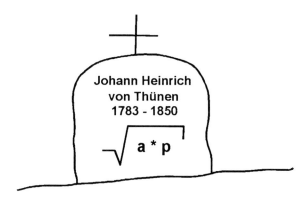

Johann Heinrich von Thünen war so stolz auf seine Lohnformel, daß er sie sogar auf seinen Grabstein einmeißeln ließ. Er ist noch heute vor der Kirche des kleinen Ortes Belitz in Mecklenburg zu besichtigen.

Thünen suchte nun nach dem optimalen Lohnsatz, der den höchsten Zinsertrag pro Arbeiterkapitalist erbringen würde. Seine berühmte Grabsteinformel besagt, daß dieser Lohn genau dem geometrischen Mittelwert aus zwei Größen entsprechen müsse, nämlich aus dem Durchschnittsprodukt pro Arbeiter einerseits und dem Existenzminimum andererseits. Das eine ist offensichtlich der höchste überhaupt denkbare Lohn, das andere der denkbar niedrigste, was der Formel eine gewisse intuitive Einsichtigkeit verleiht.

Darüber hinaus zeigt Thünen, daß bei diesem Lohnsatz auch die Tagelöhner nicht übervorteilt würden. Denn die Profitrate der Arbeiterkapitalisten würde dann genau dem allgemein geltenden Zinssatz entsprechen, den auch die Tagelöhner für ihre Ersparnisse von den Banken erhielten. Kein Wunder also, daß Thünen glaubte, damit den "naturgemäßen" Lohn gefunden zu haben.

Die Voraussetzungen seiner Modellwelt waren jedoch allzu unrealistisch gewählt, um wirkliche Überzeugungskraft zu haben. So stellte sich z.B. die Frage, wieso die Arbeiter ein Interesse daran haben sollten, ausgerechnet ihr Zinseinkommen zu maximieren. Viel naheliegender wäre es, wenn sie ihr Gesamteinkommen einschließlich des Lohnes selbst in den Vordergrund stellen würden; dann aber gilt die Thünensche Lohnformel nicht mehr.

Vor allem aber mußte man gerade zu Thünens Zeit bezweifeln, daß die Arbeiter überhaupt in der Lage waren, größere Ersparnisse zu bilden. Thünen hat dies auch durchaus erkannt; glaubte aber, mit vermögensbildenden Maßnahmen dieses Problem lösen zu können. Tatsächlich führte er auf seinem landwirtschaftlichen Mustergut in Mecklenburg auch ein Gewinnbeteiligungssystem für seine Arbeiter ein. Es blieb noch bis weit nach seinem Tod in Kraft und hat ihm bis heute große Anerkennung auch als praktischer Sozialpolitiker eingebracht.

Die Arbeitswertlehre von Karl Marx

Während Thünen vor allem die landwirtschaftliche Produktion vor Augen hatte, wurde Karl Marx (1818 - 1883) mitten in die Zeit der industriellen Revolution hineingeboren. Der Sohn eines Trierer Anwaltes hatte Philosophie in Berlin studiert und fühlte sich neben der Wissenschaft auch zur Politik hingezogen. Seine systemkritische journalistische Arbeit zwang ihn bald, ins Exil zu gehen. Von Brüssel aus verfaßte er für den Londoner Bund der Kommunisten die Kernpunkte des berühmten Kommunistischen Manifestes von 1948. In diesem Manifest wurde die Abschaffung des Privateigentums an Produktionsmitteln und des Erbrechtes gefordert. Die Produktion sollte künftig zentral gesteuert werden und mit Arbeitszwang für alle verbunden sein.

Später zog Marx mit seiner Familie nach London, wo er unter ärmlichsten Verhältnissen von gelegentlichen Zeitungsartikeln lebte. Hier entstand auch sein wissenschaftliches Hauptwerk "Das Kapital", dessen erster von insgesamt drei Bänden 1867 erschien. Ideelle und vor allem auch finanzielle Unterstützung fand Marx bei seinem Freund Friedrich Engels (1820 - 1895), einem Wuppertaler Textilfabrikanten. Die Freundschaft ging so weit, daß Engels sogar die Vaterschaft für einen unehelichen Sohn von Marx übernahm - ein Geheimnis, das Engels erst auf seinem Totenbett lüftete.

Marx lehnte das kapitalistische Wirtschaftssystem grundsätzlich ab. Aber auch mit den damals populären Lehren der sogenannten utopischen Sozialisten hatte er nicht viel im Sinn. Vielmehr bemühte er sich, einen "wissenschaftlichen Sozialismus" zu begründen. Dabei knüpfte er an die klassischen Ökonomen an, insbesondere an die Überlegungen David Ricardos, von dem er auch die Arbeitswertlehre übernahm. Die Arbeitswertlehre besagt, daß sich alle Güter gemäß den in ihnen steckenden Arbeitseinheiten tauschen. Schon Adam Smith hatte dies behauptet, allerdings nur für primitive Wirtschaftsformen. Nach Adam Smith würde beispielsweise ein Biber den doppelten Preis eines Hirsches am Markt erzielen, wenn zum Erjagen des Bibers die doppelte Zeit benötigt würde wie zum Erjagen des Hirsches. Dies gelte, so Smith, obwohl der Hirsch weitaus mehr Fleisch liefert als der Biber! Denn niemand würde Biber jagen, wenn ihm der dazu notwendige höhere Zeitaufwand nicht durch einen entsprechend höheren Preis entgolten würde.

Marx behauptete nun, die Arbeitswertlehre gelte im Prinzip auch in der hochentwickelten Wirtschaftsform des Kapitalismus. Er verfeinerte sie jedoch zu seiner berühmten Mehrwerttheorie: Danach wird jedes Gut auf lange Sicht nur den Preis erzielen können, der seinen Reproduktionskosten entspricht; Marx nannte diesen Preis den Tauschwert des Gutes. Dieses Prinzip gelte auch für das Gut Arbeit. Das bedeute aber nichts anderes, als daß die Arbeiter stets nur den Lohn erhalten werden, der gerade ihr Existenzminimum sichert! Denn das Existenzminimum entspricht offenbar gerade derjenigen Gütermenge, die zur Reproduktion der Arbeitskraft notwendig ist.

Die Arbeit ist aber nach Marx insofern ein ganz besonderes Gut, als sie in der Lage sei, mehr als die zu ihrer Reproduktion notwendigen Güter zu erzeugen. Diesen Überschuß des sogenannten Gebrauchswertes der Arbeit über ihren Tauschwert bezeichnete Marx als den Mehrwert. Diesen Mehrwert eignen sich allerdings die Kapitalisten an. Der Anteil des Mehrwertes am Preis ist nach Marx für alle Güter gleich, so daß sich letztlich wieder alle Güter im Verhältnis der in ihnen steckenden Arbeit tauschen.

Marx versuchte dies anhand der Arbeitszeit klarzumachen: Von dem damals üblichen Zehnstundentag seien nur sechs Stunden notwendig, um das Existenzminimum zu erwirtschaften, also diejenige Gütermenge, die der Arbeiter für seinen Lebensunterhalt benötigt. Die übrigen vier Stunden sind nach Marx sogenannte Surplusarbeitszeit, in welcher der Mehrwert entsteht. Nach Marx sind die Kapitalisten stets bestrebt, diesen Mehrwert zu erhöhen. Sie können dies tun, indem sie entweder die Arbeitszeit verlängern (absoluter Mehrwert) oder die Produktivität der Arbeitsstunde durch den Einsatz von Maschinen erhöhen (relativer Mehrwert). Die Arbeiter gehen in beiden Fällen jedoch leer aus.

Marx glaubte, das kapitalistische Wirtschaftssystem müsse an diesem Widerspruch zwischen dem Gebrauchswert und dem Tauschwert der Arbeit letztlich zugrundegehen. Bei immer höherer Kapitalausstattung pro Arbeiter, aber immer geringerer Güternachfrage müsse es zu zyklischen Absatzkrisen und zu einem tendenziellen Fall der Profitrate kommen, bis schließlich das System zusammenbreche. Dann sei für das Proletariat der Tag gekommen, das Eigentum an den Produktionsanlagen an sich zu reißen. Im danach geltenden kommunistischen System sei das Privateigentum an den Produktionsmitteln aufgehoben, so daß der Mehrwert den Arbeitern endlich selbst zufließe, was auch nicht mehr als recht und billig sei.

Letztlich lief die Argumentation von Marx darauf hinaus, die Existenzberechtigung des Profits zu leugnen. Da nämlich auch die Maschinen letztlich von den Arbeitern erzeugt worden sind, müsse den Arbeitern eigentlich der volle Ertrag der Produktion zufließen. Den zentralen Denkfehler dieser Argumentation hat später Eugen von Böhm Bawerk aufgedeckt, und auch Thünen hat ihn schon erkannt, wie wir bereits gesehen haben: Die Produktion von Maschinen erfordert eben nicht nur Arbeit, sondern auch einen zeitweiligen Konsumverzicht zur Ansammlung des nötigen Kapitals. Hierin liegt die eigentliche Begründung für den Zins, den der Sparer bzw. Kapitalist später erhält. Gäbe es keinen Zinsertrag, so würde niemand sparen, und es gäbe weder Kapital noch den daraus entstehenden, enormen Anstieg des Sozialprodukts, der es überhaupt erst möglich macht, über Lohnerhöhungen nachzudenken.

Probleme des Sozialismus

Marx und Engels haben sich nur sehr vage dazu geäußert, wie ein kommunistisches Wirtschaftssystem im einzelnen funktionieren sollte. Offenbar schwebte ihnen, ähnlich wie den utopischen Sozialisten, ein gleich hoher Lohn für alle unabhängig von der Leistung vor. Damit stellt sich aber unmittelbar die Frage, wie unter solchen Umständen die Arbeitsmoral aufrechterhalten werden kann. Und noch ein weiteres Problem kommt hinzu: Was passiert, wenn beispielsweise relativ viele Menschen als Schneider arbeiten wollen, die Nachfrage nach Kleidung aber dazu nicht ausreicht? Umgekehrt könnte es auch leicht passieren, daß die Nachfrage nach Brot nicht befriedigt werden kann, weil nicht genug Menschen Bäcker oder Landwirt werden wollen.

Im Kapitalismus sorgte Adam Smiths "unsichtbare Hand" dafür, daß solche Probleme kaum auftreten konnten: Die Preise für Brot würden einfach steigen, während die Preise für Textilien sinken müßten, wenn dort ein Überangebot besteht. Dies wiederum würde materielle Anreize schaffen, eben doch Bäcker statt Schneider zu werden, bis die Märkte ausgeglichen sind. Auch Müßiggang konnte sich im Kapitalismus niemand leisten, da er ja dann kein Einkommen erzielen würde.

Die sozialistischen Autoren haben diese Probleme durchaus gesehen. Die meisten ihrer Gesellschaftsentwürfe versuchten ihnen mit zentraler Planung der Güterproduktion und des Arbeitseinsatzes gerecht zu werden. Das würde allerdings das Ende der freien Wahl des Arbeitsplatzes und auch das Ende der Konsumentensouveränität bedeuten: Nicht mehr die Bedürfnisse des einzelnen entscheiden in der Planwirtschaft darüber, was in welcher Menge produziert wird, sondern eine staatliche Planungsbehörde legt dies fest. An die Stelle des Rechts auf Arbeit war somit im sozialistischen System plötzlich die Pflicht zur Arbeit getreten. Und auch über die Verteilung der Güter bzw. des Einkommens (soweit überhaupt noch eine Geldwirtschaft vorgesehen war), sollte der Staat bestimmen.

Es liegt auf der Hand, daß damit ganz neue Probleme entstanden: Wie konnte ein solches System vor behördlicher Willkür, Vetternwirtschaft und ständiger Fehlplanung an den wirklichen Bedürfnissen vorbei geschützt werden? Wie sollte die Kapitalbildung erfolgen, außer über ein staatlich verordnetes Zwangssparen? Wie sollte der Staat das Kapital in die jeweils produktivsten Verwendungen lenken, wenn es keine echten Marktpreise gab, die darüber Auskunft geben konnten? Der spätere Zusammenbruch des "real existierenden Sozialismus" in Osteuropa war nicht zuletzt auf diese Probleme seiner praktischen Umsetzung zurückzuführen.

Ein kleines, aber sehr anschauliches Beispiel dafür verdankt der Verfasser dem Bericht seines akademischen Lehrers, Hans Besters. Auf dessen Polenreise in den 80er Jahren mangelte es selbst in dem für die westlichen Wissenschaftler zur Verfügung gestellten Kongreßzentrum an Toilettenpapier. So wurden fünf Frauen vor den Toiletten damit beschäftigt, jedem Gast genau zwei Blatt Kreppapier in die Hand zu drücken. Nach außen hin wurde auf diese Weise Arbeitslosigkeit vermieden, aber sinnvoller wäre es sicher gewesen, die Frauen zur Produktion von Toilettenpapier anstatt zu seiner Rationierung einzusetzen!

Eine besonders raffinierte Lösung der Koordinationsprobleme zentral verwalteter Volkswirtschaften hatte sich der utopische Sozialist Charles Fourier (1772 - 1837) überlegt. Er ging von der Vorstellung aus, daß die Menschen durchaus unterschiedliche Neigungen und Fähigkeiten hatten: Einige waren ehrgeizig, andere faul, einige hatten eher künstlerische Ambitionen, andere wiederum neigten eher der Erfüllung sozialer Aufgaben zu. Insgesamt glaubte Fourier, 810 verschiedene Grundcharaktere unterscheiden zu können. In seiner utopischen Wirtschaftsordnung sollten nun diese unterschiedlichen Charaktere in Wohn- und Produktionsgemeinschaften so gebündelt werden, daß jeder seinen speziellen Neigungen nachgehen konnte. Insgesamt würden dabei alle Bedürfnisse befriedigt werden. Beispielsweise, so Fourier, könnten die Kinder in der Müllabfuhr eingesetzt werden, da sie ja gerne im Schmutz spielen.

Die Produktionsgemeinschaften - Fourier nannte sie "Phalanges" - müßten nach seinen Berechnungen jeweils etwa 1800 Menschen zusammenfassen, um allen Neigungen und Bedürfnissen gerecht zu werden. Die Arbeit würde so zur Lust werden, und freier Güteraustausch (einschließlich freier Liebe) würde an die Stelle der kapitalistischen Produktionssteuerung über Preise und Profite treten. Einen ähnlichen Entwurf vertrat später auch der englische Textilfabrikant und Sozialreformer Robert Owen (1771 - 1858). Der

Versuch, seine Ideen in Form einer Mustersiedlung in Amerika auch praktisch umzusetzen, scheiterte jedoch bereits nach kurzer Zeit.

Schon die bloße Schilderung dieser frühen sozialistischen Gesellschaftsentwürfe dürfte verständlich machen, warum sogar Friedrich Engels die Vorstellungen der utopischen Sozialisten kurz und bündig als "erheiternde Phantastereien" bezeichnete. Allenfalls ein Ameisenstaat hätte sich auf diese Weise organisieren lassen, nicht aber eine menschliche Gemeinschaft mit höchst individuellen Bedürfnissen und Neigungen. Eine überzeugende Antwort auf die Frage, wie die Steuerung der Güterproduktion und des Arbeitseinsatzes in einer kommunistischen Gesellschaft gelingen könnte, sind aber auch Marx und Engels schuldig geblieben.

Die Pareto-Kurve

In einer Marktwirtschaft ergibt sich der Lohn im Prinzip nach dem Gesetz von Angebot und Nachfrage. Wollen beispielsweise relativ viele Frauen Krankenschwester werden, so wird der Lohn für diese Form der Arbeit tendenziell geringer ausfallen, als wenn allgemeine Knappheit an Krankenschwestern besteht. Das gleiche gilt normalerweise auch für alle anderen Berufe. Das ist natürlich zum Vorteil derjenigen, die über irgendwelche besonderen Fähigkeiten oder Talente verfügen. So kommt es, daß z.B. Popstars oder Tennis-Cracks Millionen verdienen können, während Altenpfleger oder Bergleute vergleichsweise schlecht bezahlt werden.

Nach den Gesetzen der Statistik sollte man eigentlich annehmen, daß die unterschiedlichen Fähigkeiten innerhalb der Bevölkerung etwa dem entsprechen, was wir eine Normalverteilung nennen. Darunter versteht man eine glockenförmige Kurve in einem Verteilungsdiagramm, in dem auf der X-Achse das jeweilige Einkommen aufgetragen ist und auf der Y-Achse die Zahl der Menschen, die jeweils das betreffende Einkommen erzielen. Eine solche Normalverteilung erhält man z.B., wenn man zwei Würfel wirft und ihre Augenzahl addiert. Wiederholt man dies oft genug, so wird man feststellen, daß sich am häufigsten das Ergebnis 7 einstellen wird. Die anderen möglichen Ergebnisse treten dagegen um so seltener auf, je weiter sie von 7 nach oben oder unten abweichen. Am seltensten wird man also die Extremwerte 2 oder 36 erhalten. Dies ist deswegen der Fall, weil sie bei nur jeweils einer Kombination der Augenzahlen (2 mal 1 bzw. 2 mal 6) möglich sind, während sich die 7 z.B. aus der Kombination von 6 und 1, aber auch aus der Kombination von 2 und 5 oder von 3 und 4 ergeben kann.

Was hat das mit der Einkommensverteilung zu tun? Man kann sich vorstellen, daß das Einkommen eines Menschen von mehreren Faktoren abhängig ist, beispielsweise von seiner Intelligenz und seinem Fleiß. Messen wir nun jeden dieser Faktoren auf einer Skala von 1 bis 6 und unterstellen wir, daß jeder Wert etwa gleich häufig vorkommt. In diesem Fall erhalten wir aus der Addition der beiden Faktoren wiederum eine Normalverteilung des Einkommens mit einem mittleren Einkommen von 7 als häufigstem Wert. Extreme Armut wird dagegen ebenso selten auftreten wie extremer Reichtum.

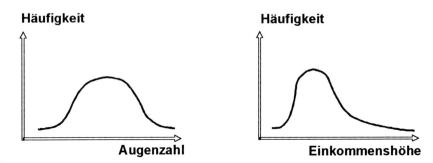

Beim Werfen zweier Würfel ergibt die Summe der Augenzahl eine Normalverteilung (linke Abb.). Nach Vilfredo Pareto (1848 - 1923) ist die personelle Einkommensverteilung in einer Marktwirtschaft dagegen rechtsschief (rechte Abb.).

Nun hat allerdings der Lausanner Ökonom Vilfredo Pareto bereits im Jahre 1896 entdeckt, daß die Einkommensverteilung in der Realität eben nicht dem Gesetz einer Normalverteilung folgt. Vielmehr wies er für eine Vielzahl von Ländern nach, daß die Einkommensglocke praktisch immer rechtsschief ist und nicht symmetrisch um den Mittelwert, wie es bei einer Normalverteilung der Fall wäre. Ökonomisch bedeutet dies, daß sich zwar tatsächlich die Masse der Menschen in einer verhältnismäßig ähnlichen Einkommenssituation befindet. Der relative Einkommensunterschied zwischen den Reichen und den Normalverdienern ist aber viel größer als der Unterschied zwischen den Normalverdienern und den Armen.

Es gibt eine Vielzahl von Erklärungsversuchen für dieses Phänomen. Beispielsweise ist darauf verwiesen worden, daß staatliche Unterstützungszahlungen für die Armen ihr Einkommen daran hindern, unter eine bestimmte Höhe zu fallen, so daß die Einkommensglocke gewissermaßen auf der linken Seite abgeschnitten wird. Es gibt aber auch rein ökonomische Erklärungen für die Linkssteilheit der Einkommensglocke. Man stelle sich beispielsweise vor, unsere beiden Faktoren "Intelligenz" und "Fleiß" seien in ihrem Einfluß auf das Einkommen nicht additiv, sondern multiplikativ miteinander verknüpft. Sofort würde man daraus eine Einkommensverteilung erhalten, die Paretos Einkommensgesetz bereits sehr nahe kommt. Erst recht gilt dies, wenn man weitere Faktoren wie Ausbildung, Risikobereitschaft oder Sparsamkeit mit in die Erklärung der Einkommensverteilung einbezieht.

Mindestlöhne und Höchstverdienstgrenzen?

Wir halten fest, daß sich in einer Marktwirtschaft offenbar sehr große Unterschiede zwischen Arm und Reich ergeben, wobei es aber verhältnismäßig wenig Reiche und verhältnismäßig viele Bezieher mittlerer Einkommen gibt. Übrigens ist dies im real existierenden Sozialismus kaum anders gewesen.

Sicher müssen besondere Leistungen auch belohnt werden, aber unser Gefühl sagt uns, daß allzu große Unterschiede im Einkommen ungerecht sind. Schon der griechische Philosoph Platon (428 - 348 v. Chr.) hat die Ansicht vertreten, daß es dafür eine Grenze geben müsse. Nach Platon sollte niemand, und sei es auch der Beste, mehr verdienen als das vierfache eines anderen. In der Marktwirtschaft gibt es eine solche Grenze nicht. Fragen wir also nach den Alternativen und ihren Konsequenzen.

Man könnte sich beispielsweise vorstellen, das Gehalt von Managern gesetzlich zu begrenzen, sagen wir mit Platon auf das vierfache eines durchschnittlichen Arbeiterlohnes. Was wäre das Ergebnis einer solchen Regelung? Solange die Unternehmen miteinander in Konkurrenz stehen, wären die besten Manager heiß umworben - nicht zuletzt im Interesse der Arbeiter, die in den Unternehmen beschäftigt sind. Denn ein guter Manager kann selbst ein heruntergewirtschaftetes Unternehmen wieder in die Gewinnzone bringen und damit Arbeitsplätze retten, während ein weniger guter Manager vielleicht den endgültigen Konkurs herbeiführen würde. Also würde man im Zweifel versuchen, die gesetzlichen Bestimmungen zu umgehen, beispielsweise durch kostenlose Bereitstellung einer Dienstvilla und dergleichen mehr. Der Markt hätte sich damit durchgesetzt, wenn auch etwas am Gesetz vorbei.

Betrachten wir nun den umgekehrten Fall, einen gesetzlichen Mindestlohn für gesellschaftlich wertvolle Tätigkeiten wie beispielsweise die Krankenpflege. Solange dieser Mindestlohn unter dem Marktlohn für Krankenpfleger liegt, wäre er offenbar wirkungslos. Sobald er aber den Marktlohn übersteigt, wäre die Nachfrage nach Krankenpflegern geringer als das Angebot, d.h. einige Krankenpfleger müßten arbeitslos bleiben. Denn ebenso wie auf den Gütermärkten bringt auch auf dem Arbeitsmarkt nur der Marktlohn Angebot und Nachfrage zum Ausgleich.

Diejenigen, die einen Job haben, würden zweifellos von dem gesetzlichen Mindestlohn profitieren. Aber viele, die ebenfalls gerne Krankenpfleger werden möchten, im Zweifel auch zu einem geringeren Lohn, könnten nicht beschäftigt werden. Genauer gesagt: Sie würden nur dann Beschäftigung finden, wenn die Krankenhäuser subventioniert würden, um auf diese Weise den nicht marktgerechten Lohn zahlen zu können.

Nun mag dies im Falle von Krankenhäusern ja noch angehen, da sie ohnehin oft vom Staat finanziert werden und somit das Konkurrenzprinzip hier nicht uneingeschränkt gilt. Aber läßt sich eine solche Regelung auf die gesamte Wirtschaft übertragen? Offenbar würde dies bedeuten, daß letztlich wieder der Staat bestimmt, was produziert wird. Wer hohe Subventionen erhält, könnte hohe Löhne zahlen und viel produzieren, während die nicht subventionierten Bereiche die Kosten dafür zu tragen hätten. Staatliche Willkür würde an die Stelle von Angebot und Nachfrage treten, und am Ende wüßte niemand mehr, was die von ihm nachgefragten Güter und Dienstleistungen wirklich kosten. Denn staatlich reglementierte Löhne bedeuten zwangsläufig auch staatlich reglementierte Preise. Damit würden aber sofort alle Probleme auftreten, an denen die sozialistischen Volkswirtschaften letztlich zugrundegegangen sind.

Wer die Vorteile einer marktwirtschaftlichen Wirtschaftsordnung erhalten will, muß also offenbar in Kauf nehmen, daß die daraus entstehende Einkommensverteilung unseren Gerechtigkeitsvorstellungen oft widerspricht. Dafür ist aber die absolute Höhe der Einkommen, auch der Einkommen des "kleinen Mannes", in einer Marktwirtschaft meist deutlich höher als in stärker egalitär ausgerichteten Wirtschaftsordnungen. Denn schon allein die Aussicht auf ein hohes Einkommen setzt wirtschaftliche Kräfte frei, die letztlich allen zugute kommen. Ohne diese Aussicht hätte es weder einen Alfried Krupp noch einen Bill Gates gegeben. Sie sind wie viele andere Unternehmer sehr reich geworden, haben dabei in ihren Unternehmen aber auch Hunderttausende von Arbeitsplätzen geschaffen.

Ganz sicher würde in einer Gesellschaft ohne materielle Leistungsanreize auch die Motivation der Arbeitnehmer selbst leiden. Sogar in den sozialistischen Volkswirtschaften ist man ohne Leistungsanreize nicht ausgekommen, wie man an den Sondervergünstigungen erkennt, die dort zum Beispiel Spitzensportlern und Funktionären gewährt wurden. Trotzdem wären diese Volkswirtschaften noch viel früher in Schwierigkeiten geraten, wenn es nicht auch dort schwarze und graue Märkte gegeben hätte, die nach rein kapitalistischen Prinzipien funktionierten.

Im übrigen gibt es ein viel wirksameres Mittel gegen ungerechtfertigte Einkommensgewinne als staatliche Begrenzungen, nämlich den Wettbewerb. Sieht man von Erbschaften, Lottogewinnen und dergleichen einmal ab, dann gibt es nämlich im allgemeinen nur eine Möglichkeit, zu Wohlstand zu gelangen, und das ist die eigene Leistung. Darüber hinaus stehen dem Staat mit den Instrumenten der Einkommensteuer und der Sozialpolitik ja durchaus Mittel zur Verfügung, eine allzu schiefe Einkommensverteilung zu korrigieren. Allerdings darf man auch dabei nicht übertreiben, wie wir später noch sehen werden.

Fügen wir noch einen eher philosophischen Gedanken hinzu: Kann man menschliches Glück wirklich allein am Einkommen messen? Mancher möchte vielleicht gar nicht reich werden, weil er andere Lebensziele für wichtiger hält. So hat schon Adam Smith geschrieben, ein großer Teil der Entlohnung eines Universitätsprofessors bestehe nicht in Geld, sondern in

Form von gesellschaftlicher Anerkennung - eine Überlegung, der die Universitäten bei der Bemessung der Professorengehälter auch heute noch gerne folgen.

Man darf jedenfalls nicht den Fehler machen, die Frage nach Glück und Gerechtigkeit nur auf die Einkommenshöhe zu verkürzen. Ist erst einmal ein gewisser Lebensstandard erreicht, dann werden andere Gesichtspunkte wie Zufriedenheit am Arbeitsplatz, Sicherheit des Einkommens und nicht zuletzt auch die verbleibende Freizeit immer wichtiger. Meistens können wir nicht alles gleichzeitig haben, und zwar ganz unabhängig von der Wirtschaftsordnung, in der wir leben. Auch das ist ein ökonomisches Gesetz, das man nicht vergessen sollte, wenn über den gerechten Lohn gestritten wird.

Produktivität und Lohnsatz

Immer wieder ist in der Ökonomie versucht worden, eine Formel für die richtige Lohnhöhe abzuleiten. Ging es dabei früher vor allem um eine "gerechte" Verteilung des Produktionsertrages auf Kapital und Arbeit, so ist inzwischen das Beschäftigungsproblem in den Vordergrund gerückt: Bei welchem Lohnsatz kann erwartet werden, daß alle Arbeitsuchenden auch einen Arbeitsplatz finden?

Nur in theoretischen Modellwelten läßt sich ein Gleichgewichtslohn in diesem Sinne exakt berechnen. In der Realität fehlen dagegen dafür die notwendigen Informationen. Zu komplex sind die technischen Produktionsbedingungen und zu unterschiedlich die Verhältnisse in den einzelnen Branchen, als daß man hier auf einfache Formeln zurückgreifen könnte. Klar ist nur, daß die Unternehmen tendenziell um so mehr Arbeitskräfte nachfragen werden, je niedriger der Lohnsatz ist. Maßhalten in der Lohnpolitik ist daher eine notwendige, wenn auch noch keine hinreichende Bedingung für Vollbeschäftigung.

Was aber heißt "Maßhalten" hier genau? Schon in seinem ersten Jahresgutachten von 1964 hat der Sachverständigenrat dafür eine Faustregel entwickelt, die auf dem Konzept der sogenannten produktivitätsorientierten Lohnpolitik basiert. Nehmen wir beispielsweise an, der Produktionsertrag pro Beschäftigtem werde durch technischen Fortschritt und eine verbesserte Kapitalausstattung der Arbeitsplätze um 3% pro Jahr gesteigert. Dann kann nach den Überlegungen des Sachverständigenrates auch der Lohnsatz jährlich um 3% steigen, ohne daß dies nachteilige Auswirkungen auf die Beschäftigungslage hätte. Das klingt ebenso einfach wie plausibel, und so kann die weitverbreitete Akzeptanz dieser Lohnleitlinie nicht weiter verwundern.

Leider sind die Zusammenhänge in der Wirklichkeit etwas verwickelter, als es die einfache Produktivitätsformel suggeriert. Schon der Sachverständigenrat selbst hatte vor einer allzu schematischen Anwendung seiner Lohnleitlinie gewarnt, was aber bald in Vergessenheit geraten war. Vor allem bedachte man später nicht mehr, daß sie nur in einer vollbeschäftigten Wirtschaft Anwendung finden kann. Herrscht dagegen bereits Arbeitslosigkeit, dann dürften die Löhne strenggenommen erst einmal gar nicht mehr steigen, außer vielleicht im Ausmaß der Preissteigerungsrate. Denn alles, was darüber hinausgeht, verteuert ja die Arbeit für die Unternehmen und mindert daher die Chancen der Arbeitslosen, einen neuen Arbeitsplatz zu finden.

Der technische Fortschritt und die Kapitalbildung müssen dann erst einmal dafür eingesetzt werden, neue Arbeitsplätze zu schaffen, statt immer höhere Löhne für die bereits Beschäftigten zu ermöglichen. Es muß also bei Unterbeschäftigung darum gehen, vorwiegend Erweiterungsinvestitionen anstelle von Rationalisierungsinvestitionen vorzunehmen. Das aber wird kaum geschehen, wenn die Kosten der Arbeit weiter ansteigen und damit die Unternehmen zu weiteren Rationalisierungmaßnahmen geradezu gezwungen werden.

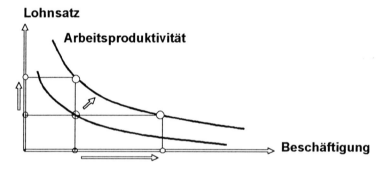

Durch technischen Fortschritt oder Kapitalbildung erhöht sich die Produktivität der Arbeitsplätze. Dies kann man entweder für höhere Löhne der Beschäftigten oder für mehr Beschäftigung bei unverändertem Lohnsatz nutzen. Auch Lösungen zwischen diesen Extremen sind möglich.

Darüber hinaus gibt es aber auch noch ein besonderes Problem bei der Messung des Produktivitätszuwachses. Die Arbeitsproduktivität, die der Lohnleitlinie des Sachverständigenrates zugrundeliegt, entspricht dem Produktionsertrag, dividiert durch die Zahl der Beschäftigten. Solange die Zahl der Beschäftigten im Nenner konstant bleibt, geht ein Anstieg der Arbeitsproduktivität offenbar eindeutig auf eine höhere Effizienz des einzelnen Arbeitsplatzes zurück. In diesem Fall erscheint es daher tragbar, einen entsprechend höheren Lohn pro Arbeiter zu zahlen, jedenfalls bei Vollbeschäftigung.

Ganz anders sieht die Sache jedoch aus, wenn die Zahl der Beschäftigten im Nenner sinkt. Auch dadurch erhöht sich ja rein rechnerisch die Arbeitsproduktivität, aber das hat offensichtlich nichts mit einer Effizienzsteigerung des einzelnen Arbeitsplatzes zu tun. Daher können solcherart bedingte, sogenannte unechte Produktivitätszuwächse auch keine Lohnerhöhung rechtfertigen, im Gegenteil: Eine sinkende Beschäftigtenzahl läßt eher auf zu hohe Löhne schließen.

Wir müssen angesichts dieser Probleme nochmals auf die einfache Überlegung zurückkommen, daß der mit Vollbeschäftigung vereinbare Lohnsatz ein Marktpreis ist, der sich letztlich auch nur am Markt ermitteln läßt. Die gewerkschaftliche Lohnpolitik sollte daher um so vorsichtiger agieren, je schlechter die Beschäftigungslage ist. Fährt sie dagegen auch bei hoher Arbeitslosigkeit noch fort, Lohnerhöhungen im Ausmaß des Produktivitätszuwachses zu fordern, dann handelt sie jedenfalls nicht im Interesse der Arbeitslosen.

Hinweise zum Weiterlesen:

Thünens Leben und Werk werden beschrieben bei U. van Suntum, "Johann Heinrich von Thünen", in dem Sammelband von J. Starbatty (Hg.), "Klassiker der Nationalökonomie", Bd. I, München 1989, S. 208 - 224.

Die Arbeitswertlehre und die Marxsche Mehrwerttheorie erörtert A.E. Ott, "Karl Marx", in: J. Starbatty (Hg.), Klassiker des ökonomischen Denkens, Bd. II, München 1989, S. 7 - 35; vgl. dazu auch M. Blaug, "Economic Theory in Retrospect", 5. Aufl. , Cambridge 1997, insbes. Kap. in 7.

Einen Überblick über die Ideen der utopischen Sozialisten gibt der Beitrag von P. Dobias, "Sozialismus", im Sammelband von O. Issing (Hg.), Geschichte der Nationalökonomie, 3. Aufl., München 1994, S. 89 - 106. Vgl. auch den Beitrag "Sozialismus - Marxismus" des selben Autors in diesem Band (S. 107 - 126).

Für eine Beschäftigung mit neueren Verteilungstheorien ist immer noch empfehlenswert das Buch von B. Külp, "Verteilungstheorie", Stuttgart u.a. 1974.

Eine Übersicht über marktwirtschaftliche und sozialistische Wirtschaftssysteme in Theorie und Praxis gibt der Sammelband von D. Cassel (Hg.), "Wirtschaftspolitik im Systemvergleich", München 1984.

Das Mysterium von Kapital und Zinsen

Zins und Zinsverbot

Die meisten Menschen müssen hart arbeiten, um ein Einkommen zu erzielen und davon leben zu können. Wer kein Vermögen hat, kann eben nur seine Arbeitskraft auf den Märkten anbieten. Selbst der Gewinn spiegelt ja zu einem guten Teil die Arbeitsleistung des Unternehmers wider, wie wir schon gesehen haben. Jedenfalls gilt dies im Falle von selbständigen Ärzten, Rechtsanwälten oder Apothekern sowie in kleineren Unternehmen, deren Eigentümer gleichzeitig auch das Unternehmen leiten.

Es gibt aber auch Menschen, die vorwiegend davon leben, daß sie ihr Geld verleihen. Sie besitzen Aktien oder festverzinsliche Wertpapiere, oder sie haben ihr Geld einfach auf der Bank liegen, die es dann auf eigene Rechnung weiterverleiht. In jedem Fall entsteht hier Einkommen, ohne daß eine entsprechende Arbeitsleistung sichtbar wäre. Gelegentlich spricht man daher auch von leistungslosen Kapitaleinkommen. Dazu gehört auch derjenige Teil der Gewinne eines Unternehmens, der sich nicht allein aus der Arbeitsleistung des Inhabers erklären läßt. Wir haben es hier vielmehr mit der Verzinsung des Kapitals zu tun, das er in sein Unternehmen investiert hat.

Die Zinsnahme ist schon immer mit großem Unbehagen betrachtet worden. Neben dem Geld als solchem ist der Zins das wohl kapitalistischste aller Phänomene. Daran ändert auch die Tatsache nichts, daß er in den sozialistischen Gesellschaften kaum weniger verbreitet war, wenngleich er dort nicht immer offen zutage trat.

Auch den griechischen Philosophen war der Zins suspekt. Sowohl Platon (428 - 348 v.Chr.) als auch sein Schüler Aristoteles (384 - 322 v. Chr.) befürworteten ein allgemeines Zinsverbot. Geldverleih und Wucher waren für sie gleichbedeutend miteinander, und zwar unabhängig davon, welchen Zinssatz der Geldverleiher nahm. Aristoteles rechnete die Zinsnahme der sogenannten Chrematistik zu. Darunter verstand er moralisch schlechtes wirtschaftliches Handeln, das nur auf reinen Gelderwerb gerichtet war. Moralisch einwandfreies Handeln bezeichnete er als Ökonomik. "Ökonomisch" handeln bedeutete in erster Linie, zur Deckung des Bedarfs an Gütern beizutragen.

Was nun den Zins betrifft, so argumentierte Aristoteles etwa folgendermaßen. Ebenso wie die Ernte der Ertrag des Saatgutes war, erscheine der Zins auf den ersten Blick als der Ertrag des Geldes. Aus der Sicht des einzelnen könne man hier kaum einen Unterschied feststellen. Aus gesamtwirtschaftlicher Sicht beruhe der Zins dagegen auf einer Illusion. Während nämlich das Saatgut aufgrund der natürlichen Produktivität des Bodens tatsächlich einen Mehrertrag erbringe, werde die Menge des Geldes durch den Zins nicht wirklich vermehrt. Nur aus der Sicht des Geldverleihers hat dies den Anschein. Gesamtwirtschaftlich gesehen werde sein Zinserlös dagegen genau durch die Verzinsungskosten des Schuldners ausgeglichen. Daher sei die Zinsnahme widernatürlich und müsse deshalb untersagt werden.

Auch die katholische Kirche hat lange Zeit am sogenannten kanonischen Zinsverbot festgehalten. Hier waren es vor allem die Scholastiker des frühen Mittelalters, welche die Begründung lieferten. Einer ihrer Vorläufer war der Bischof Augustinus (354 - 430), der ursprünglich Heide und Lehrer der Beredtsamkeit in Karthago gewesen war. Nach seiner Bekehrung zum Christentum bemühte er sich, die Lehren Platons mit der biblischen Botschaft zu verbinden.

Scholastiker heißt wörtlich übersetzt so viel wie Schulmänner. Die doctores scholastici, wie sie damals genannt wurden, waren überwiegend Mönche, Professoren und Beichtväter. Als solche hatten sie naturgemäß einen großen Einfluß auf die moralischen Wertvorstellungen ihrer Mitmenschen. Die herausragendsten Köpfe der Scholastiker waren der Dominikanermönch Albertus Magnus (1193 - 1280) und sein Schüler Thomas von Aquin (1225 - 1274), der später heilig gesprochen wurde. Vor allem Thomas war auch ein kluger Ökonom. Er kannte seine Pappenheimer sehr genau und pries neben dem Gebet die Arbeit als die höchste Tugend. Sie sollte nicht nur dem eigenen Lebensunterhalt dienen und die Unterstützung Armer ermöglichen, sondern auch Müßiggang und Laster verhindern. Noch heute wird dieses Arbeitsethos von der katholischen Kirche hoch gehalten.

Das arbeitslose Zinseinkommen wollte nun aber offenbar gar nicht in diese Lehre passen. Thomas von Aquin, der ohnehin stark von Aristoteles beeinflußt war, übernahm auch dessen Zinsverbot. Die Begründung war aber eine etwas andere, und sie führte schon sehr viel näher an die wirkliche Natur des Zinses heran.

Die Scholastiker erkannten richtig, daß der Zins eigentlich nicht der Preis des Geldes war, für den er bei oberflächlicher Betrachtung gehalten werden konnte. Denn das Geld wurde ja nicht verkauft, sondern nur auf Zeit verliehen. Daher war der Zins im Grunde ein Preis für die Zeit, in der das Geld dem Gläubiger nicht zur Verfügung stand. Die Zeit aber gehörte Gott. Es war deshalb ein Verstoß gegen die göttliche Ordnung, wenn die Menschen die Zeit untereinander gegen Zins verkauften.

Diese äußerst scharfsinnige Argumentation war typisch für das scholastische Denken. Es bestand aus einer Mischung von strenger Logik und rein metaphysischen Argumenten, die meist unmittelbar aus der Bibel abgeleitet wurden. Jahrhundertelang wurde erbittert darüber gestritten, ob etwa das Blut der Sitz der Seele sei, wieviele Engel auf eine Nadelspitze paßten oder ob man die Existenz Gottes beweisen konnte. Der sogenannte ontologische Gottesbeweis des Anselm von Canterbury lautete etwa wie folgt: Gott sei anerkanntermaßen das größte Wesen, das überhaupt gedacht werden könne.

Daher müsse er zwangsläufig auch existieren. Denn wenn er nicht existiere, so könnte er auch nicht das größte aller Wesen sein. Die Existenz Gottes wurde also letztlich aus der Existenz des Begriffes Gott abgeleitet.

Immanuel Kant hat sich später über diese Art von Logik mit dem Beispiel von den 100 Talern lustig gemacht. Auch diese könne man sich ohne weiteres denken, ohne daß sie deswegen schon existieren müßten. Zur Ehrenrettung der Scholastiker muß man allerdings sagen, daß es auch einsichtigere unter ihnen gab. Beispielsweise vertrat Wilhelm von Ockham (1300 - 1350) die Ansicht, man könne entweder an Gott glauben oder eben nicht; mit Beweisen habe das nichts zu tun. Daraufhin wurde er exkommuniziert, und schließlich ist er an der Pest gestorben.

Zu den dem gesunden Menschenverstand aufgeschlosseneren Scholastikern gehörte sicher auch Thomas von Aquin. Er erkannte zum Beispiel, daß auch die Vermietung eines Hauses letztlich einen zinsähnlichen Ertrag erbringt. Nicht umsonst spricht man ja bis heute auch vom Mietzins. Dieser hatte nach Thomas durchaus seine Berechtigung, die er aus der Abnutzung des Hauses ableitete. Das Geld hingegen unterliege beim Verleihvorgang keinerlei Verschleiß, so daß der reine Geldzins abzulehnen sei.

Je näher sich Thomas mit den tatsächlichen wirtschaftlichen Vorgängen befaßte, desto mehr Abstriche mußte er aber von dem Grundsatz des Zinsverbotes machen. Schließlich erkannte er so viele Ausnahmen von der Regel an, daß eigentlich nur noch reine Konsumentenkredite und regelrechte Wucherzinsen unter das Verbot fielen. So sollte zum Beispiel ein Ausgleich für das Verlustrisiko des Gläubigers erlaubt sein und ebenso ein Ausgleich für entgangene Gewinne, die er bei anderweitiger Verwendung seines Geldes hätte erzielen können. Damit unterschied sich Thomas schließlich kaum mehr von der heutigen Sicht der Dinge. Diese stellt allerdings nicht mehr die moralische Rechtfertigung des Zinses in den Vordergrund, sondern allein die Erklärung dessen, was man auf den Märkten beobachtet.

Auch in unserer Zeit steht die katholische Kirche dem Zins noch einigermaßen reserviert gegenüber, wenngleich sie sich nicht scheut, durchaus selbst als Kapitalanleger an den Märkten aufzutreten. Auch andere Religionen haben ihre Schwierigkeiten damit, den Zins als normales Phänomen des wirtschaftlichen Lebens anzuerkennen. So vertrat Martin Luther (1483 - 1546) ein totales Zinsverbot, und im Islam ist es nicht anders. Allerdings versucht man auch hier, der Realität mit raffinierten Konstruktionen gerecht zu werden. Nicht verboten ist es beispielsweise im Islam, wenn der Kapitalgeber am Gewinn des Unternehmens beteiligt wird, dem er sein Geld geliehen hat. Aber natürlich läuft auch das bei nüchterner Betrachtung auf nichts anderes hinaus als auf eine versteckte Verzinsung seines Kapitals.

Wem gehört der Kapitalertrag?

Wenden wir uns nunmehr der rein ökonomischen Analyse des Zinsphänomens zu. Wie kommt es, daß hier offenbar ein Einkommen entsteht, ohne daß dabei eine physische Produktionsleistung etwa des Bodens oder der Arbeit zu beobachten wäre? Anders gewendet kann man auch fragen: Welche eigenständige produktive Leistung erbringt das Kapital?

Vordergründig betrachtet könnte man darauf verweisen, daß die Produktivität der Arbeit steigt, wenn die Arbeiter mit Maschinen ausgerüstet werden. Ein Baggerführer schafft eben mehr Erde pro Stunde beiseite als der gleiche Mann, wenn er nur mit einer Schaufel bewaffnet wäre oder gar mit den Händen graben müßte. Aber diese Erklärung greift etwas zu kurz, und zwar aus zwei Gründen.

Ein erstes Problem liegt darin, daß offenbar ja auch die Maschinen irgendwann einmal mithilfe von Arbeitskraft erstellt worden sind. Gehört deswegen ihr Ertrag nicht eigentlich den Arbeitern? Diese Auffassung haben vor allem die Marxisten vertreten. Für Marx und seine Anhänger waren Maschinen nichts anderes als geronnene Arbeit. Sie speichern sozusagen die menschliche Arbeitskraft nur auf, um sie dann später bei ihrem Einsatz in der Produktion quasi stückchenweise wieder abzugeben. Ein eigenständiger Produktionsfaktor war bei dieser Sichtweise also in den Maschinen nicht zu erkennen.

Aber selbst wenn man anerkennen würde, daß der Zins tatsächlich so etwas wie eine produktive Leistung des Kapitals widerspiegelte - müßte er nicht langfristig zwangsläufig auf Null sinken? Denn nehmen wir an, es sei wirklich möglich, mithilfe von Kapital leistungsloses Einkommen zu erzielen. Dann müßte doch offenbar jedermann daran interessiert sein, möglichst viel Kapital zu bilden, bis es schließlich im Überfluß vorhanden wäre. Infolgedessen müßte dann aber der Zins immer weiter sinken und am Ende ganz verschwinden.

Es war der österreichische Ökonom Eugen von Böhm-Bawerk (1851 - 1914), der diesen Fragen als erster systematisch nachgegangen ist. Er war gleichermaßen theoretischer Ökonom wie praktischer Wirtschaftspolitiker und ist mehrmals Finanzminister in Österreich gewesen. Obwohl er ein durch und durch bürgerlicher Ökonom gewesen ist und zu den Mitbegründern der Neoklassik zählt, stand er auch bei seinen Gegnern stets in hohem Ansehen. Zu seinen Schülern gehörten nicht nur berühmte liberale Ökonomen wie Joseph Schumpeter und Ludwig von Mises, sondern auch eher sozialistisch orientierte Volkswirte wie Rudolf Hilferding und Emil Lederer.

Böhm-Bawerk fragte sich zunächst, warum die Menschen überhaupt einen Zins dafür verlangen, wenn sie ihr Geld verleihen. Warum waren sie nicht einfach damit zufrieden, später den ausgeliehenen Betrag ohne Abzug und Minderung im Wert zurückzuerhalten? Böhm-Bawerk nannte hierfür zwei Gründe.

Der erste Grund liege darin, daß das Einkommen im Verlauf des menschlichen Berufslebens im allgemeinen ansteigt. Als Student oder Lehrling muß man normalerweise mit geringen Mitteln auskommen. Dagegen kann man zumindest hoffen, später sehr viel besser zu verdienen. Daher werden 100 Dollar für einen Berufsanfänger sehr viel Geld sein, während er später über solch geringe Beträge vielleicht nur noch lachen kann. Wenn dies aber so ist, dann werden die Menschen im allgemeinen nicht bereit sein, 100 Dollar heute zu verleihen, nur um den gleichen Betrag später, wenn das Geld für sie viel weniger knapp ist, zurückzuerhalten. Um sie trotzdem zum Sparen zu veranlassen, wird man ihnen deshalb einen Zinsertrag in Aussicht stellen müssen.

Den zweiten Grund für die Existenz des Zinses sah Böhm-Bawerk in einer systematischen Unterschätzung künftiger Bedürfnisse, die den meisten Menschen zu eigen sei. Wir sollten zwar eigentlich wissen, daß wir auch im Rentenalter noch Einkommen brauchen, und daher durch rechtzeitiges Sparen entsprechend vorsorgen. Aber in jungen Jahren liegt das Ende des Berufslebens noch in scheinbar weiter Ferne, und wer weiß, ob wir das Rentenalter überhaupt erreichen. Aufgrund solcher Überlegungen neigen die Menschen nach Böhm-Bawerk dazu, ihre künftigen Bedürfnisse zu unterschätzen. Auch deshalb werden sie einen Zins dafür verlangen, wenn sie auf heutigen Konsum zugunsten späterer Konsummöglichkeiten verzichten sollen.

Über die Stichhaltigkeit dieser beiden Gründe von Böhm-Bawerk ist viel gestritten worden. Die Frage ist vor allem, inwieweit sie mit rationalem Handeln vereinbar sind und ob sie auch dann gelten, wenn beispielsweise die Wirtschaft schrumpft. Denn wenn die Einkommen allgemein sinken, würde offenbar selbst ohne Zins ein starker Anreiz bestehen, in den guten Jahren Geld für die Zukunft zurückzulegen. Tatsache ist allerdings, daß in normalen Zeiten die meisten Menschen einen Zinsertrag dafür verlangen, wenn sie sparen sollen.

Trotzdem ist das nur die eine Hälfte der Geschichte. Denn bis hierhin hatte Böhm-Bawerk lediglich die Gründe für das Sparen beschrieben. Zu klären blieb noch, wer das dadurch geschaffene Geldkapital nachfragt und warum dafür tatsächlich auch ein Zins gezahlt wird.

Böhm-Bawerks dritter Grund

Damit kommen wir zu Böhm-Bawerks berühmten dritten Grund, der ihn erst zum Begründer der sogenannten österreichischen Kapitaltheorie machte. Die beiden ersten Gründe für den Zins waren ansatzweise zuvor auch schon von anderen Autoren vertreten worden, etwa in der sogenannten

Abstinenztheorie des Kapitals von Nassau William Senior (1790 - 1864). Böhm-Bawerk versuchte zwar, sich davon ausdrücklich abzugrenzen, wie er überhaupt dazu neigte, die vor ihm entwickelten Zinstheorien in Bausch und Bogen zu verdammen. Lediglich im Falle Johann Heinrich von Thünens, für dessen Werk er zu Recht große Bewunderung hegte, machte er eine Ausnahme. Aber Böhm-Bawerks wirklich bahnbrechender Beitrag zur Theorie des Zinses lag allein in seinem dritten Grund.

Böhm-Bawerk griff dabei das Argument der Marxisten auf, wonach die Maschinen nichts anderes als vorgetane Arbeit seien. Er drückte dies so aus, daß die Arbeit bei der Herstellung von Maschinen gleichsam auf einen Produktionsumweg geschickt werde. Dieser Produktionsumweg aber sei alles andere als nutzlos, sondern im Gegenteil höchst nützlich. Wenn man nämlich die knappe Arbeitskraft zunächst dafür einsetzte, etwa einen Webstuhl zu bauen, so konnte man mit dessen Hilfe später um so mehr Textilien herstellen. Je länger der Produktionsumweg gewählt wurde, desto produktiver würde die Arbeit schließlich werden. Also war der Zins aus Sicht der Unternehmen das Spiegelbild der Mehrergiebigkeit dieser Produktionsumwege. Dies war Böhm-Bawerks dritter Grund.

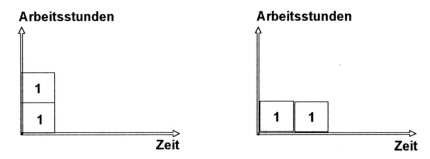

Schon David Ricardo (1772 - 1823) erkannte, daß die Arbeit zweier Männer, an einem Tag getan (linke Abb.), weniger wert ist als die Arbeit eines Mannes, die an zwei Tagen verrichtet wird (rechte Abb.), denn diese kostet mehr Zeit.

Die Höhe des Zinssatzes ergab sich nun einfach aus der Verknüpfung der drei Gründe. Die Einschlagung von Produktionsumwegen erforderte ja offensichtlich Kapital. Denn der Lohn der Arbeiter, die beispielsweise den Webstuhl herstellen, muß ja zunächst einmal vorgeschossen werden, d.h. die Kosten fallen früher an als der Ertrag. Um diese Zeit zu überbrücken, braucht eine Volkswirtschaft offenbar entsprechende Ersparnisse. Auch die Klassiker hatten diesen Zusammenhang schon gesehen; sie sprachen von dem sogenannten Lohnfonds, der für die Vorfinanzierung der Löhne notwendig war. Böhm-Bawerk nannte ihn den Subsistenzmittelfonds. Im einfachsten Fall der landwirtschaftlichen Produktion kann man ihn sich als einen gewissen Nahrungsmittelvorrat vorstellen, mit dem die Arbeiter auf dem Feld ernährt werden, bis schließlich die neue Ernte reift.

In einer höher entwickelten Volkswirtschaft besteht der Subsistenzmittelfonds zum einen aus bereits fertiggestellten Konsumgütern. Zum anderen besteht er auch aus Gebäuden, Maschinen und Werkzeugen, mit denen wiederum neue Investitions- und Konsumgüter hergestellt werden können. Böhm-Bawerk sprach von Produkten unterschiedlicher Reifegrade, die er mit den Jahresringen eines Baumes verglich. Zum Aufbau und Erhalt des Subsistenzmittelfonds mußte nun aber offenbar ein Zins an die Besitzer der betreffenden Vorprodukte und Produktionsanlagen gezahlt werden. Dies ergab sich aus den beiden ersten Gründen, während der dritte Grund sicherstellte, daß ein solcher Zins auch tatsächlich erwirtschaftet wurde.

Hätte Böhm-Bawerk es bei diesen allgemeinen Überlegungen belassen, so wäre gegen seine Zinstheorie kaum etwas einzuwenden gewesen. In aller Klarheit belegte sie, daß der Zins keineswegs der Preis des Geldes ist. Man konnte ihn auch nicht allein als gleichsam verspäteten Ertrag geronnener Arbeit erklären. Der Zins ist vielmehr ein Preis für die Zeit. Er belohnt uns für die zeitliche Verschiebung von Konsum zugunsten eines späteren, entsprechend höheren Ertrages. Man bezeichnet diese "österreichische" Variante der Kapitaltheorie daher auch als temporale Kapitaltheorie. Sie ist zweifellos die fundierteste Erklärung für den Zins, die wir bis heute kennen.

Paradoxa der Kapitaltheorie

Leider treten aber gewisse Schwierigkeiten auf, sobald man dabei stärker ins Detail geht. Sie hängen hauptsächlich mit dem Problem der Meßbarkeit des Subsistenzfonds zusammen, das schon auf der rein theoretischen Ebene kaum lösbar ist. Denn der Subsistenzmittelfonds besteht aus verschiedenen Kapitalgütern mit jeweils unterschiedlicher Ausreifungszeit. Einige von ihnen sind vielleicht schon nach einem Jahr fertiggestellt, andere hingegen erfordern zwei, drei oder noch mehr Jahre, bis sie zur Konsumgüterproduktion bereitstehen. Schon David Ricardo hatte aber erkannt, daß es nicht dasselbe ist, ob zwei Männer ein Jahr lang an einem Kapitalgut arbeiten, oder ob dieses von einem Mann in zwei Jahren erstellt wird. Der Kapitaleinsatz, den man für das Vorschießen des Lohnes benötigt, ist im zweiten Fall größer als im ersten!

Das kann man sich leicht klarmachen, wenn man den Zinseszinseffekt bedenkt. 200 Dollar, für ein Jahr auf die Bank gebracht, erbringen bei einem Zinssatz von 10% offenbar 20 Dollar Ertrag. Dagegen erbringen 100 Dollar, die zum gleichen Zinssatz für zwei Jahre angelegt werden, inklusive Zinseszinsen schließlich 21 Dollar an Zinsertrag. Die effektive Kapitalbindung ist im zweiten Fall also offenbar größer als im ersten. Man kann mit anderen Worten den Subsistenzmittelfonds nicht so berechnen, daß man die eingesetzten Summen einfach mit der Zahl der Jahre multipliziert, für die sie jeweils vorgeschossen werden. Vielmehr kommt es sehr darauf an, wie die zeitliche Struktur des Kapitaleinsatzes im einzelnen aussieht. Und das schlimmste dabei ist: Um zeitlich unterschiedlich strukturierte Kapitaleinsätze miteinander vergleichen oder gar addieren zu können, muß man wiederum den Zinssatz kennen! Dieser sollte aber aus der Theorie Böhm-Bawerks gerade erst abgeleitet werden. Sie enthielt somit offenbar einen Zirkelschluß.

Böhm-Bawerk hat sich bis zum Ende seines Lebens gesträubt, die Probleme seiner Theorie anzuerkennen. Aber seine Argumente und Hilfskonstruktionen erwiesen sich als unhaltbar. So operierte er beispielsweise mit der sogenannten durchschnittlichen Produktionsperiode, um dem Problem unterschiedlicher Kapitalbindungszeiten der einzelnen Investitionsgüter auszuweichen. Auch vernachlässigte er meist die Zinseszinsen. Das waren aber reine Kunstgriffe, die das eigentliche Problem nicht lösen konnten. Dieses Problem liegt eben in der mangelnden Aggregierbarkeit von Kapitaleinsätzen mit zeitlich unterschiedlicher Struktur. Es bereitet der Kapitaltheorie noch heute größte Schwierigkeiten.

Wir können hier die Diskussion dieser Probleme nicht weiter fortführen. Die besten Ökonomen aller Zeiten haben sich damit beschäftigt: Johann Heinrich von Thünen und Böhm-Bawerk im 19. Jahrhundert, Knut Wicksell, Friedrich von Hayek und Irving Fisher in der ersten Hälfte des 20. Jahrhunderts und schließlich Paul A. Samuelson und Jack Hirshleifer in unserer Zeit, um nur die herausragendsten Namen zu nennen. Eine wirklich befriedigende Kapital- und Zinstheorie ist dennoch nicht dabei herausgekommen; sie harrt noch immer des künftigen Nobelpreisträgers, der sie einst entwickeln wird.

Ihren Höhepunkt erlebte die kapitaltheoretische Diskussion in den 30er Jahren mit der sogenannten Cambridge-Kontroverse. Die englische Ökonomin Joan Robinson und andere stellten dabei einen bis dahin als unumstößlich geltenden Lehrsatz der Ökonomie in Frage. Es ging um die Behauptung, daß der Kapitaleinsatz pro Arbeiter mit steigendem Zinssatz abnehmen wird. Einerseits schien dies schon nach dem gesunden Menschenverstand fast selbstverständlich zu sein. Denn wenn das Kapital teurer wird, dann setzt man eben weniger davon ein. Andererseits: Wie konnte man so etwas behaupten, wenn nicht einmal klar schien, wie das Kapital eindeutig zu definieren war!

Tatsächlich wurden ausgesuchte Gegenbeispiele entwickelt, in denen sogenanntes Reswitching auftritt. Meist stellte man sich dabei zwei alternative Techniken vor, die man wahlweise für die Produktion eines Gutes verwenden kann. Bei geschickter Wahl des Beispiels konnte es nun vorkommen, daß die eine Technik sowohl bei sehr niedrigen als auch bei sehr hohen Zinssätzen rentabler erschien als die andere, welche wiederum bei mittleren Zinssätzen dominierte. Das war aber offensichtlich nicht mit der gängigen These in Vereinbarung zu bringen, daß die Technikwahl eine monotone Funktion des Zinssatzes ist, wie die Neoklassik es stets behauptet hatte.

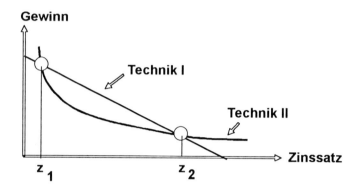

Das Reswitching-Paradoxon besagt, daß von zwei Produktionstechniken die kapitalintensivere (II) sowohl bei sehr niedrigen als auch bei sehr hohen Zinsen der anderen Technik (I) überlegen sein kann.

Im Verlauf der weiteren Diskussion traten noch andere Probleme der Kapitaltheorie auf, in der es von seltsamen und paradoxen Effekten nur so zu wimmeln schien. Die Ökonomen fühlten sich wie Alice im Wunderland, und viele von ihnen wandten sich schließlich angewidert dankbareren Arbeitsfeldern zu. Ohnehin schienen die Probleme überwiegend rein theoretischer Natur zu sein; beispielsweise ist so etwas wie Reswitching in der Praxis nie beobachtet worden. Offenbar beschrieben also die Theorien Böhm-Bawerks und der Neoklassik die wirtschaftlichen Vorgänge um Zins und Kapital zumindest gut genug, um damit weiter arbeiten zu können.

Wem das zu billig erscheint, der sei darauf hingewiesen, daß es in anderen Wissenschaften oft nicht anders ist. Das gilt sogar für die Physik. Aus Albert Einsteins Relativitätstheorie folgt zum Beispiel, daß sich Geschwindigkeiten nicht ohne weiteres addieren lassen. So nähern sich zwei Teilchen, die jeweils mit Lichtgeschwindigkeit aufeinander zurasen, einander dennoch nicht mit doppelter, sondern nur mit einfacher Lichtgeschwindigkeit! Für das relativ niedrige Tempo, mit dem wir uns im normalen Alltag fortbewegen, ist das aber ohne jede Bedeutung. Im Falle eines Frontalzusammenstoßes im Autoverkehr dürfen wir deshalb getrost davon ausgehen, daß unsere Fahrzeuge mit der Summe ihrer Einzelgeschwindigkeiten aufeinanderprallen.

Was hat das mit dem Zinsproblem zu tun? Nun, die Bedeutung der kapitaltheoretischen Cambridge-Kontroverse für die ökonomische Praxis wird von vielen Ökonomen kaum höher eingeschätzt als die Relevanz der Relativitätstheorie für den Straßenverkehr. Wir wollen uns eines abschließenden Kommentars dazu hier ausnahmsweise einmal enthalten.

Natürlicher Zinssatz und Geldpolitik

Wenden wir uns stattdessen einer letzten Frage in diesem Zusammenhang zu, die von weit größerer Bedeutung für das Verständnis des Zinses ist. Wir haben ja schon gesehen, daß auch das Geld dabei eine gewisse Rolle zu spielen scheint. Weit verbreitet ist nun die Auffassung, daß die Zentralbank das Zinsniveau senken kann, indem sie einfach mehr Geld in den Wirtschaftskreislauf fließen läßt. Diese These wird durchaus von einigen namhaften Ökonomen vertreten. Sie läßt sich aber offenbar nicht ohne weiteres mit der neoklassischen Überlegung vereinbaren, daß Kapital nur durch Konsumverzicht, also durch das Sparen gebildet werden kann. Wir haben es hier mit der alten Streitfrage zu tun, ob der Zins ein rein reales oder aber ein monetär beeinflußbares Phänomen ist.

Um diese Frage zu beantworten, müssen wir zunächst eine wichtige Unterscheidung nachtragen, die wir bisher geflissentlich übergangen haben. Dem aufmerksamen Leser wird nicht entgangen sein, daß in diesem Kapitel gelegentlich vom Kapital, dann aber auch wieder vom Geld die Rede war. Ist das nun jeweils dasselbe? Und wenn nicht, was hat das eine dann mit dem anderen zu tun?

Aus der Sicht eines einzelnen Unternehmens ist diese Frage rasch geklärt. Hier ist das Geld nur eine besondere Art des Kapitals, nämlich Kapital in seiner liquidesten Form. Man kann es leicht in andere Formen umwandeln, etwa indem man eine Maschine oder eine Fabrik kauft. In diesen Fällen spricht man von Realkapital anstelle von Geldkapital.

Gesamtwirtschaftlich gesehen ist Geld jedoch kein Kapital, denn man kann es weder essen, noch kann man damit andere Güter produzieren. Geld ist für die Volkswirtschaft insgesamt einfach nur Papier. Es erfüllt zwar nützliche Zwecke und ist insbesondere unentbehrlich für den Zahlungsverkehr, aber damit hat es sich auch schon. Darum muß auch niemand auf Konsum verzichten, wenn die Geldmenge erhöht werden soll. Die Zentralbank kann es einfach drucken lassen.

Besonders augenfällig ist die gesamtwirtschaftliche Wertlosigkeit des Geldes beim Übergang zur gemeinsamen europäischen Währung, dem Euro, geworden. Der gleiche 1000 DM-Schein, der bisher äußerst begehrt war, hat mit der endgültigen Einführung des Euro plötzlich höchstens noch einen gewissen Sammlerwert. Man kann ihn natürlich gegen einen entsprechenden Eurobetrag in gleichem Wert eintauschen. Aber das bedeutet ja nichts anderes, als daß sich dann tonnenweise alte D-Mark-Scheine bei der Europäischen Zentralbank ansammeln. Da sie praktisch keinen Wert mehr haben, kann man sie nur noch vernichten oder - wie es teilweise vorgesehen ist - in Ziegelsteine umwandeln. Geld ist eben nur aus privater Sicht ein knappes Gut. Gesamtwirtschaftlich ist es dagegen im Prinzip in beliebiger Menge produzierbar und somit nahezu wertlos.

Aus diesem offensichtlichen Widerspruch zwischen der Sicht des einzelnen und der gesamtwirtschaftlichen Perspektive ergibt sich nun eine Reihe von Problemen. Denn natürlich darf die Zentralbank nicht wirklich beliebige Geldmengen in Umlauf bringen, weil das Geld damit seine Funktion verlieren würde. Wir werden uns später noch näher mit diesen Problemen befassen, vor allem bei der Behandlung von Konjunktur und Inflation.

Eine interessante Überlegung ist zum Beispiel die, daß der Zinssatz in einer geldlosen Wirtschaft niedriger wäre als in einer Wirtschaft, in der Geld verwendet wird! Denn die vorhandene Geldmenge gaukelt den Wirtschaftssubjekten einen Reichtum vor, der volkswirtschaftlich gar nicht existiert. Infolgedessen werden sie weniger an der Bildung von Realkapital in Form von Häusern und Produktionsanlagen interessiert sein, als wenn es das Geld nicht gäbe. Sie werden also beispielsweise weniger Aktien und Wertpapiere erwerben wollen, und dies muß unter sonst gleichen Umständen den Zins über den Satz steigen lassen, den er in einer geldlosen Wirtschaft hätte. Denn je weniger Aktien und Wertpapiere am Markt nachgefragt werden, desto teurer wird für die Unternehmen die Kapitalbeschaffung.

Das ist aber eine eher akademische Überlegung, denn eine geldlose Wirtschaft ist in der Praxis kaum vorstellbar. Außerdem ist in einer modernen Volkswirtschaft das Geld ja nicht einfach "da", sondern es muß erst einmal von der Zentralbank in Umlauf gebracht werden. Wie wir noch sehen werden, geschieht dies dadurch, daß die Zentralbank Wertpapiere oder Wechsel ankauft. Damit gleicht sie gewissermaßen die rückläufige Nachfrage der privaten Anleger nach solchen Wertpapieren aus. Solange die Zentralbank auf diese Weise nicht mehr Geld in den Kreislauf einschleust, als beim geltenden Preisniveau benötigt wird, wird sich deswegen weder der Zinssatz noch das Preisniveau verändern. Man spricht in diesem Fall auch von neutraler Geldversorgung.

Anders ist es, wenn die Zentralbank zu viel Geld in den Wirtschaftskreislauf bringt. In diesem Fall wird kurzfristig der Zinssatz sogar sinken. Denn das zusätzlich in Umlauf gebrachte Geld wird zumindest teilweise Anlage auf den Kapitalmärkten suchen, und damit wirkt es zunächst einmal genauso wie vermehrtes Sparen. Dies ist der nach John Maynard Keynes benannte, sogenannte Keynes-Effekt, der freilich auch schon von dem schwedischen Ökonomen Knut Wicksell beschrieben worden war.

Kurzfristig kann der Keynes-Effekt dazu führen, daß mehr investiert wird und das Volkseinkommen steigt. Längerfristig wird man aber in der Regel feststellen, daß dadurch letztlich auch die Preise steigen. Denn da ja kein

Konsumverzicht geübt wird, tritt das neu in Umlauf gekommene Geld als zusätzliche Nachfrage auf den Märkten auf. Sofern nun nicht im gleichen Ausmaß auch das Güterangebot erhöht wird, muß dies zu Inflation führen. Ein steigendes Preisniveau wiederum entwertet die umlaufende Geldmenge, und damit geht auch der anfängliche Zinssenkungseffekt wieder verloren.

Die genauen Zusammenhänge sind zwar noch etwas komplexer, als sie hier dargestellt werden können. Vor allem spielt dabei eine Rolle, inwieweit die vorhandenen Produktionskapazitäten bereits ausgelastet sind. Aber im Endeffekt herrscht weitgehende Einigkeit unter den Ökonomen, daß man mithilfe der Geldpolitik den sogenannten natürlichen Zins nicht dauerhaft senken kann.

Der Begriff des natürlichen Zinssatzes wurde von Knut Wicksell (1851 - 1926) in die ökonomische Theorie eingeführt. Wicksell erklärte ihn aus dem Gleichgewicht von Ersparnis und Investitionsnachfrage. Kurzfristig kann dieses Gleichgewicht durch den Zufluß neuen Geldes durchaus gestört werden. Der Marktzins - Wicksell nannte ihn den Geldzins - sinkt dann zunächst unter den natürlichen Zins. Aber längerfristig, meist nach einigen konjunkturellen Schwankungen, muß sich der natürliche Zins aufgrund der soeben geschilderten Zusammenhänge eben wieder einstellen.

Diese Überlegung ist im Prinzip auch heute noch für richtig zu halten. Allerdings argumentiert man inzwischen nicht mehr mit den Stromgrößen Sparen und Investition, sondern mit den sogenannten Bestandsgrößen Vermögen und Kapitalstock. Den Unterschied kann man sich leicht am Beispiel einer vollen Badewanne klarmachen. Das zufließende Wasser entspricht den Bruttoinvestitionen, das abfließende Wasser den Abschreibungen. Wenn nun gerade so viel Wasser zufließt, wie gleichzeitig durch den Abfluß entschwindet, so sind die Nettoinvestitionen gleich Null. Der Kapitalstock, der hier dem Wasserstand entspricht, bleibt in diesem Fall offenbar unverändert hoch.

Warum muß man nun bei der Erklärung des Zinssatzes von den Bestandsgrößen statt von den Stromgrößen ausgehen? Das kann man am besten am Fall einer stationären, das heißt einer nicht wachsenden Wirtschaft erkennen. In einer solchen Wirtschaft wird weder gespart noch investiert, d.h. die beiden Stromgrößen sind gleich Null. Wäre dann aber auch der Zins gleich Null, wie man aus Wicksells Erklärung vielleicht ableiten könnte? Tatsächlich hat der berühmte österreichische Ökonom Joseph Schumpeter diese Auffassung einmal vertreten, aber sie ist eindeutig falsch. Es war sein wohl peinlichster Irrtum.

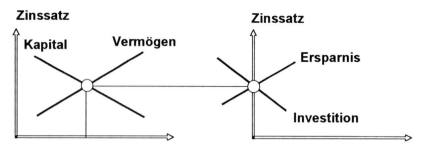

In einer nicht wachsenden Wirtschaft ergibt sich der Zins aus dem Gleichgewicht von tatsächlichem Kapitalbestand und gewünschter Vermögenshaltung (linke Abb.). Ersparnis und Investition sind dann gerade gleich Null (rechte Abb.), nicht aber etwa der Zinssatz!

Denn natürlich existiert auch in einer stationären Wirtschaft ein gewisser Kapitalbestand, nur daß dieser eben nicht weiter wächst. Diesem Kapitalstock steht quasi als Spiegelbild ein entsprechendes "Papiervermögen" gegenüber, nämlich in Form von Aktien und anderen Wertpapieren, mit denen den Besitzern des Realkapitals ihr Eigentum verbrieft wird. Der Zinssatz ergibt sich nun einfach aus dem Gleichgewicht zwischen der Nachfrage nach solchen Wertpapieren und ihrem Angebot auf den Kapitalmärkten.

Letztlich muß sich der Zinssatz so einstellen, daß er einerseits aus dem bestehenden Realkapital auch erwirtschaftet werden kann, daß er andererseits aber auch den Verzinsungsansprüchen der Vermögensbesitzer gerecht wird. Denn niemand wird bereit sein, etwa Aktien zu halten, wenn dabei kein entsprechender Ertrag herausspringt. Die Gründe dafür hatte ja schon Böhm-Bawerk dargelegt. Daher wird der Zinssatz im Gegensatz zur Auffassung Schumpeters auch in einer stationären Wirtschaft immer positiv sein. Ob und wie er sich gegebenenfalls ändert, wenn die Wirtschaft wächst, das werden wir später im Zusammenhang mit dem wirtschaftlichen Wachstum noch beleuchten.

Hinweise zum Weiterlesen:

Die Ansichten der vorklassischen Ökonomen zum Zins werden dargestellt bei F. Schinzinger, "Vorläufer der Nationalökonomie", im Sammelband von O. Issing, "Geschichte der Nationalökonomie", 3. Aufl., München 1994, S. 15 - 36.

Eine ausführliche Diskussion der Kapitaltheorie Böhm-Bawerks und ihrer Schwächen findet sich bei M. Blaug, Economic Theory in Retrospect, 5. Aufl., Cambridge 1996, Kap. 12. Eine moderne Interpretation der österreichischen Kapitaltheorie findet sich bei U. van Suntum, "Capital and Growth. A Simple Neo-Austrian Approach." in: Jahrbücher für Nationalökonomie und Statistik, Vol. 204 (1988), S. 1 - 16.

Eine kritische Analyse des Reswitching-Phänomens findet man bei U. van Suntum, "Das Reswitching-Paradoxon: Ein kapitaltheoretischer Irrtum?", in: R. Hüpen/T. Werbeck (Hg.), Wirtschaftslehre zwischen Modell und Realität, Stuttgart 1998, S. 115 - 134.

Die wohl tiefgründigste Lehrbuchdarstellung der Zusammenhänge zwischen Geldpolitik und Zinssatz bietet E.M. Claassen, "Grundlagen der Geldtheorie", Berlin u.a. 1988.

Kapitel 2
Krisen der Marktwirtschaft (Makroökonomie)

Der Engländer John Maynard Keynes (1883 - 1946) revolutionierte das ökonomische Denken. Er zeigte, wie eine Marktwirtschaft durch sich gegenseitig verstärkende Effekte in eine tiefe Depression geraten kann.

Wie kommt das Geld in die Wirtschaft?

Vom Muschelgeld zur Peelschen Bankakte

Bisher haben wir uns mit dem Funktionieren einzelner Märkte beschäftigt, beispielsweise des Wohnungsmarktes oder eines Marktes für Umweltzertifikate. Diese Fragen sind Gegenstand der sogenannten Mikroökonomie. Um die gesamtwirtschaftlichen Zusammenhänge in einer Volkswirtschaft zu verstehen, reicht es aber nicht aus, einfach nur die Vorgänge auf solchen Einzelmärkten zusammenzufassen. Wie so oft, so ist nämlich auch in der Volkswirtschaftslehre das Ganze mehr als die Summe seiner Teile. Die Gesamtwirtschaft reagiert in vielen Fragen nämlich ganz anders, als man es auf einem Einzelmarkt erwarten würde. Diese Zusammenhänge und insbesondere die daraus manchmal folgenden Krisenerscheinungen wie Arbeitslosigkeit und Inflation sind Gegenstand der Makroökonomie, der wir uns nun zuwenden.

Wer die makroökonomischen Vorgänge in einer Volkswirtschaft verstehen will, muß sich zuerst mit dem Geld befassen. Das Geld ist vielen Menschen, darunter auch manchen Ökonomen, seit jeher suspekt gewesen. Es verkörpert einen Wert, obwohl es von seinem Stoffgehalt her oft völlig wertlos ist. Einen Geldschein kann man offenbar weder essen noch sonstwie sinnvoll verwenden, außer vielleicht als Brennmaterial. Selbst Goldmünzen haben eigentlich einen sehr geringen Nutzen. In der griechischen Sage wird von dem König Midas erzählt, der sich wünschte, alles was er berühre, möge zu Gold werden. Der Wunsch wurde ihm erfüllt, aber er wäre ihm fast zum Verhängnis geworden. Denn als er seinen Becher zum Munde führte, um zu trinken, wurde der Wein sogleich zu Gold, und ebenso erging es ihm mit allen Speisen. Er hätte elendig verdursten und verhungern müssen, wäre ihm nicht die Rücknahme seines törichten Wunsches gewährt worden. Im Roman Utopia von Thomas Morus wird das Gold nur verwendet, um so profane Dinge wie die Fesseln der Sklaven daraus zu fertigen. Wie andere utopische Sozialisten war auch Thomas Morus der Auffassung, daß Gold und Geld in der menschlichen Sozialgemeinschaft eigentlich überflüssig sind und eher Schaden anrichten als Nutzen zu stiften.

Auch Karl Marx hatte zum Geld ein eher gebrochenes Verhältnis. Für ihn war es ein typisches Produkt des Kapitalismus. Marx erkannte zwar an, daß das Geld den Austausch von Waren wesentlich erleichterte. Denn man stelle sich nur einmal vor, es gäbe kein Geld. Dann müßte der Bäcker seine Brötchen direkt gegen Schuhe, Fleisch und all die anderen Güter tauschen, die er zum Leben braucht. Er müßte also jemanden finden, der zufällig gerade Brötchen kaufen und Schuhe oder Fleisch verkaufen wollte. Das wäre offenbar höchst unbequem, und darum mußte es wohl das Geld als allgemeines Zahlungsmittel geben. Aber im Kapitalismus wurde der Gelderwerb nach

Marx zum Selbstzweck; die Tauschakte liefen nicht mehr nach dem Schema Ware-Geld-Ware ab, sondern nach dem Schema Geld-Ware-Geld. Nach der Marxschen Krisentheorie mußte der Kapitalismus letztlich an solchen Widersprüchen zugrundegehen.

Auf der phantastischen Insel Utopia sollte es kein Geld geben. Die Abbildung zeigt die Landkarte von Utopia, wie sie in dem Roman von Thomas Morus (1478 - 1535) dargestellt wird.

Es sind immer wieder utopische Gesellschaften entworfen worden, die ohne Geld auskommen sollten. Die bekanntesten Entwürfe waren die von Robert Owen (1771 - 1858), Francois Babeuf (1760-1797) und Pierre Joseph Proudhon (1809 - 1865), von dem der Satz "Eigentum ist Diebstahl" stammt. Keiner dieser sozialistischen Gesellschaftsentwürfe ist aber jemals erfolgreich verwirklicht worden, und alle sollten mit strikter Arbeitspflicht und staatlicher Festlegung von Preisen und Löhnen verbunden sein. Daran sieht man schon, daß das Geld offenbar auch eine nicht unerhebliche Voraussetzung individueller Freiheit ist.

In der Realität hat es selbst in den primitivsten Volkswirtschaften immer Geld gegeben. Historisch ist es zunächst in Form von Edelmetallen wie Gold- und Silbermünzen aufgetreten. Einige Kulturen haben auch Muscheln, Salz oder andere kostbare Dinge als Geld verwendet. Entscheidend war, daß diese Dinge knapp, einigermaßen standardisiert, haltbar und leicht zu handhaben waren. Nur dann wurden sie allgemein als Geld anerkannt. Jeder Karl May-Leser wird sich daran erinnern, daß in Europa z.B. der Maria-Theresien-Taler eine wichtige Rolle spielte. Es waren aber auch Gulden, Livres, Kreuzer und zahllose andere Münzen in Gebrauch, wobei die Anerkennung dieser Zahlungsmittel jeweils auf bestimmte Gebiete begrenzt war. So entstanden die Währungen.

Als Geld wird ein Medium nur dann fungieren können, wenn es folgende drei fundamentale Geldfunktionen erfüllt: Es muß als allgemeine Recheneinheit anerkannt werden, als Wertaufbewahrungsmittel tauglich sein und als Zahlungsmittel allgemeine Verwendung finden. Früher glaubte man, daß dazu ein gewisser stofflicher Wert unerläßlich sei, wie ihn die Edelmetalle haben. Spätestens mit dem Aufkommen des Papiergeldes wurde aber klar, daß dies nicht stimmen konnte. Worauf es wirklich ankommt ist, das Geld knapp zu halten, damit es nicht an Wert verliert. Aus diesem Grund wurde das Recht zur Ausgabe von Papiergeld praktisch überall in der Welt einem staatlichen Monopol unterstellt. Allerdings hat auch der Staat dieses Recht immer wieder mißbraucht und damit heillose Inflationen hervorgerufen. Am Ende war dann regelmäßig eine Währungsreform nötig, da das bisherige Geld praktisch wertlos geworden war und keine Anerkennung mehr fand.

Daraus folgt, daß der Staat nur in Grenzen bestimmen kann, was als Geld zu gelten hat. Er kann zwar entsprechende Gesetze erlassen, aber nichts hindert die Wirtschaftssubjekte daran, auch andere Geldformen als die vom Staat erwünschten zu verwenden. Umgekehrt kann der Staat auch die Verwendung des von ihm definierten und bereitgestellten Geldes nicht erzwingen. So sind in vielen Staaten mit wertinstabilem staatlichem Geld Parallelwährungen etwa in Form von Dollar oder D-Mark in Gebrauch, und manche Güter sind in diesen Ländern überhaupt nur gegen "harte Währung" zu erhalten. Umgekehrt entwickeln sich aber auch in Hartwährungsländern mitunter neue Zahlungsmittel, etwa in Form von Kreditkarten oder elektronischen Zahlungssystemen. Die genaue Abgrenzung dessen, was Geld ist, ist also in der Praxis ein schwieriges Problem und ändert sich auch mit der Zeit.

Der historische Ablauf belegt dies sehr schön. Im 17. Jahrhundert ging man dazu über, größere Zahlungen nicht mehr in Form von Goldtransporten zu leisten, denn diese waren kostspielig und riskant. Stattdessen wurde das Gold bei einer Bank hinterlegt, die dafür einen Beleg ausstellte. Dieser Beleg wiederum konnte nun als Zahlungsmittel verwendet und jederzeit bei der Bank gegen Gold eingelöst werden. Damit waren Scheck und Banknote geboren; überall in Europa entstanden die sogenannten Zettelbanken, als eine der ersten die Bank von Amsterdam im Jahre 1609.

Alternativ konnte man auch einen Wechsel ausstellen, also ein unbedingtes Zahlungsversprechen, das ebenfalls bei der Bank in Gold einlösbar war. Wechsel haben eine feste Laufzeit von z.B. drei Monaten, nach deren Ablauf sie erst zur Einlösung präsentiert werden können. In der Zwischenzeit kann der Inhaber sie daher selbst für Zahlungen verwenden. Später erfolgte dies in der Regel dadurch, daß die Wechsel bereits vor Fälligkeit an eine Bank verkauft (diskontiert) wurden. Die Bank wiederum berechnete dafür einen Zinssatz (den Diskontsatz) für die Wartezeit bis zur Fälligkeit des Wechsels. Anfang des 19. Jahrhunderts machten die Wechsel etwa 70% des umlaufenden Geldes aus, nur 30% waren Banknoten und Edelmetalle.

Mit der Ausstellung einer Banknote oder eines Wechsels allein war freilich noch keine Schöpfung neuen Geldes verbunden. Jeder Wechsel und jede Banknote mußte ja durch entsprechende, bei einer Bank hinterlegte Goldbestände gedeckt sein, die damit dem Kreislauf entzogen waren.

Schon bald entdeckten aber die Banken, daß ihre Goldbestände in Wirklichkeit zum größten Teil niemals abgerufen wurden; stattdessen wurden auch von den neuen Besitzern immer wieder Wechsel darauf ausgestellt. Also lag es nahe, das nutzlos herumliegende Gold zum Teil an andere Kreditnehmer auszuleihen und nur eine gewisse Mindestreserve für eventuelle Abforderungen bereitzuhalten. Erst dadurch wurde wirklich neues Geld geschaffen, denn die ausgeliehenen Goldbestände waren nun zusätzlich zu den auf sie ausgestellten Wechseln und Banknoten in Umlauf. Die so entstehende Geldschöpfungsfähigkeit der Banken war allerdings nicht unbegrenzt hoch. Sie hing zum einen davon ab, wieviel "Basisgeld" in Form von Gold überhaupt vorhanden war und zum anderen davon, welcher Anteil davon als Mindestreserve in den Banktresoren gehalten werden mußte.

Im 19. Jahrhundert entstand in diesem Zusammenhang die berühmte Kontroverse zwischen der banking- und der currency-Theorie, die vor allem in England ausgetragen wurde. Die Vertreter der banking-Schule, allen voran Thomas Tooke (1744 - 1858) und John Fullarton (1780 - 1849) argumentierten, der Geldbedarf einer Volkswirtschaft werde sich ganz automatisch von selbst regeln. Denn hinter einem ausgestellten Wechsel stehe in der Regel eine reale Gütertransaktion, z.B. eine zusätzliche Investition, für die der Investor Kredit benötigte. Würde nun dafür Sorge getragen, daß nur sogenannte gute Handelswechsel diskontiert würden, so wäre die Geldmenge offenbar stets im Einklang mit dem Handelsvolumen.

Diese Auffassung der banking-Theorie beruhte jedoch auf einem verhängnisvollen Irrtum. Denn zum einen konnten "gute" Handelswechsel in der Praxis kaum von windigen "Finanzwechseln" unterschieden werden, die vielleicht nur der Spekulation oder dem Betrug dienten. Vor allem aber war das benötigte Geld ja nicht nur von der gehandelten Gütermenge, sondern auch von den Güterpreisen abhängig. Die grenzenlose Diskontierung von "guten" Handelswechseln war also durchaus mit der Gefahr verbunden, daß zu viel Geld in den Kreislauf gelangte und Inflation entstand.

Dementsprechend hat sich letztlich die currency-Schule durchgesetzt, die u.a. von Robert Torrens (1780-1864) und David Ricardo (1772 - 1823) vertreten wurde. Sie folgte der bis heute vorherrschenden Auffassung, daß die Basisgeldmenge in Form von Gold oder anderen, staatlich kontrollierten Zahlungsmitteln begrenzt werden müßte. Wegen der Notwendigkeit der Reservehaltung konnte dann auch die darauf aufbauende Geldschöpfung der Geschäftsbanken nicht mehr ins Uferlose schießen. Die historische Folge des Sieges der currency-Schule war die zweite Peelsche Bankakte von 1844, benannt nach dem damaligen englischen Premierminister Sir Robert Peel (1788-1850). Schon 1819 war in der ersten Peelschen Bankakte die Bank von England verpflichtet worden, wieder zur jederzeitigen Goldeinlösung ihrer Noten überzugehen, wovon sie während des Krieges gegen Frankreich abgewichen war. Nunmehr schrieb man ihr zusätzlich eine (fast) vollständige Golddeckung vor, d.h. sie durfte grundsätzlich nicht mehr Noten ausgeben, als sie Goldreserven hatte. Dafür wurde ihr aber das alleinige Recht verliehen, Banknoten auszugeben. Die übrigen Zettelbanken in England verloren dieses Recht und mußten fortan darauf achten, stets genügend Gold oder Noten der Bank von England als Reserven zu haben. Damit war auch ihre Geldschöpfungsfähigkeit entsprechend begrenzt; auf diese Weise entstanden die Grundzüge des noch heute bestehenden zweistufigen Bankensystems.

Heute wird der größte Teil des Zahlungsverkehrs nicht mehr mit Bargeld, sondern über Girokonten abgewickelt. Eine gebräuchliche Abgrenzung der Geldmenge (die sogenannte Geldmenge M1) umfaßt denn auch nur diese beiden Geldformen. Auch Buchgeld in Form von Girokonten verschafft den Banken einen Geldschöpfungsspielraum. Denn einerseits kann der Besitzer darüber jederzeit frei verfügen, andererseits bleibt aber in der Praxis der größte Teil des Buchgeldes in der Bank und kann daher zusätzlich an andere Kunden verliehen werden.

Andere Formen des Buchgeldes sind Termineinlagen und Sparkonten. Diese Anlageformen sind zwar weniger liquide, weil sie nur unter Einhaltung von Kündigungsfristen verfügbar gemacht werden können. Gleichwohl entsteht auch hier ein Geldschöpfungsspielraum der Banken, und so werden in den weiter gefaßten Geldmengenabgrenzungen M2 und M3 auch diese Geldanlageformen mit erfaßt.

Welche Geldmengenabgrenzung man in der Praxis bevorzugen sollte, läßt sich theoretisch nicht ein für allemal beantworten. Dies hängt von den Zahlungsgewohnheiten in einer Volkswirtschaft ab und davon, mit welchem theoretischen oder praktischen Problem man es gerade zu tun hat. Die Deutsche Bundesbank hatte sich beispielsweise für die Geldmenge M3 entschieden, beobachtete aber zusätzlich auch andere Abgrenzungen wie M1 und M2.

Geldmenge und Preisniveau

Alle Zentralbanken sind heute staatliche Institutionen, aber viele von ihnen sind von Weisungen der Regierung unabhängig. Sie haben vorrangig die Aufgabe, den Geldwert stabil zu halten. Das bedeutet, sie sollen möglichst nur so viel Geld bereitstellen, daß einerseits das reale Wirtschaftswachstum finanziert werden kann, es aber andererseits nicht zu einem allgemein steigenden Preisniveau kommt. Die Unabhängigkeit der Zentralbanken von der Regierung hat ihren Sinn in der geschichtlichen Erfahrung, daß der Staat sonst allzuleicht der Versuchung erliegt, seine Finanzen durch das Drucken neuer Geldscheine aufzubessern und damit den Geldwert zu zerrütten. Ein frühes Beispiel dafür war der "Papiergeldmerkantilist" John Law (1671-1729). Trotz seiner schottischen Abstammung ließ er als Chef der französischen Notenbank hemmungslos Geldscheine drucken und trieb sie damit in den Ruin, weil schließlich niemand das wertlos gewordene Geld mehr akzeptierte. Ähnliche Versuche des Staates, sich zulasten seiner Gläubiger durch Inflation zu entschulden, hat es bis in die jüngste Zeit immer wieder gegeben. In vielen Industriestaaten ist es deswegen heute den Zentralbanken sogar gesetzlich verboten, dem Staat auch nur Kredite zu geben.

Eine Zentralbank bringt hauptsächlich dadurch Geld in Umlauf, daß sie Kredite an die privaten Geschäftsbanken vergibt. Dazu kauft sie Wechsel und andere Wertpapiere von den Geschäftsbanken an, die wiederum das ihnen zufließende Geld für Kredite an Unternehmen und Privatpersonen verwenden. Die Zentralbank stellt den Geschäftsbanken allerdings Zinsen für den Ankauf der Wertpapiere in Rechnung. Diese Zinsen rechtfertigen sich daraus, daß die Geschäftsbanken ja sofort Bargeld erhalten, obwohl die Wertpapiere erst zu einem späteren Zeitpunkt fällig werden oder Zinsen abwerfen. Je nachdem, um welche Art von Wertpapieren es sich handelt, werden unterschiedliche Zinsen von der Zentralbank erhoben. Der Diskontsatz betrifft z.B. den Ankauf von Wechseln, während der Lombardsatz für den Ankauf festverzinslicher Wertpapiere erhoben wird. Durch die Variation dieser sogenannten Leitzinsen kann die Zentralbank das Volumen des Geldes steuern, das auf diese Weise in den Kreislauf fließt. Höhere Leitzinsen verringern m.a.W. tendenziell die Geldmenge, während niedrigere Leitzinsen die Geldmenge erhöhen.

Trotz dieses ausgefeilten Instrumentariums ist die Zentralbank aber oft nicht in der Lage, das Geldmengenwachstum in dem von ihr gewünschten Rahmen zu halten. Das liegt zum einen daran, daß sie direkt nur das Angebot von Geld, nicht aber die Nachfrage beeinflussen kann. Auch wenn die Zentralbank ihre Zinssätze sehr niedrig ansetzt, kann es dennoch sein, daß daraus kaum zusätzliche Geldnachfrage der Geschäftsbanken resultiert. Ein Grund dafür kann sein, daß die Investitionstätigkeit niedrig ist und daher kaum Kreditnachfrage seitens der Unternehmen besteht. Besser stehen die Chancen der Zentralbank, eine zu hohe Geldmenge durch hohe Zinsen wieder einzufangen. Man drückt dies manchmal auch so aus, daß die Geldpolitik wie ein Seil sei, an dem man zwar ziehen, mit dem man aber nicht stoßen kann.

Zum anderen wird die Steuerung der Geldmenge auch durch die Geldschöpfungsfähigkeit der Geschäftsbanken erschwert. Diese ist zwar nicht unbegrenzt hoch, aber sie variiert mit den Zahlungsgewohnheiten in der betreffenden Volkswirtschaft und dem daraus resultierenden Erfordernis, Reserven für die mögliche Abforderung von Buchgeld zu halten.

Werden diese Reserven zu gering angesetzt, so kann es sogar leicht zur Illiquidität der betreffenden Bank und zu einem Run auf ihre Konten kommen: Jeder Kunde versucht dann, schnell noch seine Guthaben abzuheben, und gerade dies führt dann zum endgültigen Zusammenbruch der Bank, der sich leicht auf das gesamte Bankensystem übertragen kann. In einem solchen Fall sinkt die Geldmenge u.U. schlagartig, ohne daß die Zentralbank viel dagegen tun könnte. Die große Weltwirtschaftskrise der 30er Jahre wurde ganz entscheidend von dieser Fragilität des Geld- und Kreditsystems mitverursacht. In der Folge gingen deshalb viele Zentralbanken dazu über, den Geschäftsbanken eine gewisse Mindestreserve vorzuschreiben, die bei der Zentralbank zu hinterlegen war. Damit schufen sie sich gleichzeitig ein weiteres geldpolitisches Steuerungsinstrument, denn der Geldschöpfungsspielraum der Geschäftsbanken ist um so geringer, je höhere Reserven gehalten werden müssen.

Einige Ökonomen haben sogar vorgeschlagen, eine 100prozentige Mindestreserve vorzuschreiben, um den lästigen Geldschöpfungsspielraum der Geschäftsbanken völlig zu beseitigen. Dieser Vorschlag wurde schon in den 30er Jahren von dem deutschen Ordoliberalen Walter Eucken (1891-1950) gemacht und später von den sogenannten Monetaristen um den Chicagoer Ökonomen Milton Friedman (geb. 1912) wieder aufgegriffen. Der Gedanke hat sich jedoch nicht durchgesetzt, u.a. weil er die Flexibilität der Geldversorgung stark beeinträchtigt hätte. Stattdessen haben die Mindestreserven im Laufe der Zeit sogar an Bedeutung für die geldpolitische Steuerung verloren und sind in vielen Ländern inzwischen wieder abgeschafft worden. Der Grund liegt zum einen darin, daß heute weitaus feinere Steuerungsinstrumente für die Geldmenge zur Verfügung stehen. Zum anderen ist auch der Sicherungsgedanke gegen einen Run auf die Banken heute nicht mehr so entscheidend, denn inzwischen stehen dafür andere Instrumente wie z.B. Versicherungen zur Verfügung.

Zusammenfassend muß man sagen, daß die richtige Versorgung einer Volkswirtschaft schon rein technisch ein schwieriges Geschäft ist. Weder ist völlig klar, welche Geldmengenabgrenzung man dabei zugrundezulegen hat, noch kann die Geldmenge aus den genannten Gründen punktgenau von der Zentralbank gesteuert werden. Praktische Geldpolitik ist insoweit mindestens im gleichen Ausmaß Kunst wie Wissenschaft.

Vom Grundsatz her ist allerdings weithin unumstritten, wie die richtige Geldversorgung einer Volkswirtschaft auszusehen hat. Das zentrale Ziel dabei ist es, Inflation zu vermeiden, also das durchschnittliche Güterpreisniveau möglichst konstant zu halten. Im Prinzip bedeutet dies, daß die Geldmenge genauso stark zunehmen sollte wie die Menge der gehandelten Güter. Anders ausgedrückt: Die Zuwachsrate der Geldmenge sollte der Wachstumsrate des realen Bruttoinlandsprodukts entsprechen.

Allerdings sind dabei einige Feinheiten zu beachten. So entspricht das tatsächliche Bruttoinlandsprodukt keineswegs immer der Gütermenge, die bei Vollauslastung der Produktionskapazitäten erstellt werden könnte. Aus konjunkturellen Gründen, mit denen wir uns noch beschäftigen werden, liegt das tatsächliche Bruttoinlandsprodukt vielmehr oft unter diesem sogenannten Produktionspotential. Die Geldpolitik wird daher in der Praxis meist an der Entwicklung des Produktionspotentials statt am tatsächlichen Bruttoinlandsprodukt ausgerichtet, um konjunkturelle Schwächephasen nicht noch zu verstärken.

Darüber hinaus ist zu beachten, daß der Geldbedarf einer Volkswirtschaft erfahrungsgemäß nicht proportional zum Bruttoinlandsprodukt zunimmt, sondern überproportional. Anders ausgedrückt: Die Umlaufsgeschwindigkeit des Geldes, gemessen am Verhältnis zwischen Bruttoinlandsprodukt und Geldmenge, nimmt tendenziell ab. Man kann dies u.a. damit erklären, daß die Haltung von liquiden Mitteln ein Luxus ist, den man sich nur bei hohem Einkommen leisten kann. Milton Friedman bezeichnete dies als die Luxusguthypothese des Geldes. Außerdem wird mit steigendem Sozialprodukt meist überproportional viel Geld für reine Finanzgeschäfte benötigt, beispielsweise für den Handel mit Aktien. Diesen Phänomenen muß die Geldpolitik durch einen entsprechenden Zuschlag bei der Geldversorgung Rechnung tragen.

Und schließlich ist in der Praxis auch noch zu bedenken, daß das Preisniveau nicht vollständig konstant gehalten werden kann, sondern mehr oder weniger zwangsläufig mit einer gewissen Rate steigen muß. Meist wird von einer unvermeidlichen Inflationsrate von 2% pro Jahr ausgegangen, die ebenfalls durch einen entsprechenden Zuschlag bei der Geldmengenausweitung zu berücksichtigen ist. Für diese unvermeidliche Inflationsrate gibt es zwei Gründe, einen eher technischen und einen ökonomischen Grund.

Der technische Grund hängt mit der Berechnung der Inflationsrate zusammen: Wer kann schon genau unterscheiden, ob ein Auto einfach nur teurer geworden ist oder ob sich hinter einer Preissteigerung eventuell Qualitätsverbesserungen verbergen, die natürlich nicht als Geldentwertung zu interpretieren wären? Die Möglichkeiten der amtlichen Statistik sind hier begrenzt, und so wird ein gewisser Teil der zu beobachtenden Preissteigerungen einfach als Qualitätsverbesserung interpretiert.

Der ökonomische Grund ist folgender: Die relativen Preise der einzelnen Güter verändern sich aus technischen und nachfragebedingten Gründen ständig; dies gehört zum Wesen des Wettbewerbs. Wollte man nun das durchschnittliche Preisniveau aller Güter konstant halten, so müßten demnach zumindest einige Einzelpreise absolut sinken, während andere steigen. Absolut sinkende Preise für einzelne Güter sind aber schwer durchzusetzen, weil die Kosten - insbesondere die Nominallöhne - meist vertraglich festgelegt sind und kaum gesenkt werden können. Einfacher ist es, die verstärkt nachgefragten Güter im Preis steigen und die anderen Güter im Preis zumindest konstant zu lassen. Das bedeutet aber eben ein im Durchschnitt leicht steigendes Preisniveau, dem die Geldpolitik Rechnung zu tragen hat.

Beispielsweise sah die Geldmengenregel der Deutschen Bundesbank in der Praxis wie folgt aus: Das jährliche Ziel für die Ausweitung der Geldmenge berücksichtigte zunächst den erwarteten Anstieg des realen Produktionspotentials von z.B. 3%. Hinzu kam ein Ausgleichszuschlag in Höhe von meist 0,5% für die sinkende Umlaufsgeschwindigkeit des Geldes sowie ein weiterer Zuschlag von meist 2% für die unvermeidliche Inflationsrate. Zwar hat die Bundesbank ihre Geldmengenziele beileibe nicht in jedem Jahr genau erreicht. Angesichts der oben angesprochenen praktischen Schwierigkeiten bei der Geldmengensteuerung ist dies auch kein Wunder. Aber immerhin ist die D-Mark aufgrund dieser Politik zu einer der wertstabilsten Währungen der Welt und zu Recht zum Vorbild für die gemeinsame europäische Währung - den Euro - geworden.

Hinweise zum Weiterlesen:

Die historische Entwicklung des Geldwesens sowie der modernen Industriestaaten wird nachgezeichnet von K. Borchardt, "Grundriß der deutschen Wirtschaftsgeschichte", im Sammelband von W. Ehrlicher u.a. (Hg.), "Kompendium der Volkswirtschaftslehre", Bd. 1, 4. Aufl., Göttingen 1972, S. 504 - 553.

Die Geschichte der deutschen Währung und die Grundlagen der heutigen Geldpolitik werden gut verständlich dargestellt bei O. Issing, "Einführung in die Geldpolitik", 4. Aufl., München 1992.

Die theoretischen Grundlagen der Geldpolitik werden erörtert von dem gleichen Verfasser in O. Issing, "Einführung in die Geldtheorie", 11. Aufl., München 1998.

Empfehlenswert ist auch die zusammenfassende Darstellung bei M. Borchert, "Geld und Kredit: Einführung in die Geldtheorie und Geldpolitik", 5. Aufl., München u.a. 1998.

Wirtschaftskreislauf und Nachfragemangel

Das Tableau Economique von Francois Quesnay

Adam Smith hat in seinem Buch "Der Wohlstand der Nationen" nicht nur die Vorteile der Arbeitsteilung beschrieben. Er war sich auch schon im klaren darüber, daß die Volkswirtschaft dafür einen Preis zu zahlen hat. Dieser Preis besteht zum einen in der möglichen Entfremdung des Arbeiters von dem Produkt, das er herstellt. Der Handwerker, der zum Beispiel einen schönen Schrank anfertigt, empfindet dabei sicherlich auch eine berufliche Befriedigung unabhängig von dem Einkommen, das er damit erzielen kann. Wer dagegen von morgens bis abends Stecknadelköpfe montiert, wird in dieser Tätigkeit wohl kaum einen tieferen Lebenssinn erkennen können.

Vor allem aber führt die Arbeitsteilung zu einer sehr starken Abhängigkeit der Menschen voneinander. Während Robinson Crusoes Wohlstand hauptsächlich von seinem eigenen Fleiß und Geschick abhing, kann man in der arbeitsteiligen Wirtschaft auch ganz ohne eigenes Verschulden in Not geraten. Wenn beispielsweise die Nachfrage nach Kraftfahrzeugen aus irgendwelchen Gründen zurückgeht, so wird es in der Automobilindustrie zu Pleiten und Entlassungen kommen, egal wie sehr sich die Arbeiter anstrengen.

Damit aber nicht genug. Der im 19. Jahrhundert entstehende wirtschaftliche Organismus erwies sich als so komplex und gleichzeitig als so sensibel, daß es immer wieder auch zu gesamtwirtschaftlichen Krisen und allgemeiner Arbeitslosigkeit kam. Eigentlich hätte so etwas gar nicht passieren können, jedenfalls nicht nach den Theorien der damals vorherrschenden klassischen Ökonomie. Denn ein Rückgang der Nachfrage nach irgendeinem Gut wurde lediglich als Verlagerung der Nachfrage auf andere Güter interpretiert, so daß gesamtwirtschaftlich eigentlich nichts passieren konnte. Die Tatsachen sprachen zwar eine andere Sprache. Aber nur ganz allmählich begann man zu erkennen, daß auch in der Ökonomie das Ganze mehr ist als die Summe der Teile: Die Makroökonomie gehorcht anderen Gesetzen als die Mikroökonomie.

Grundlegend für jede makroökonomische Analyse ist die Idee des Wirtschaftskreislaufes. Dahinter steht die einfache Überlegung, daß die Ausgaben des Käufers eines Gutes immer gleichzeitig auch Einnahmen des Verkäufers darstellen. Auch in der Natur geht ja die Materie niemals wirklich unter, sondern sie wird immer nur umgewandelt, und sei es in Energie. Ähnlich geht in der Ökonomie das Geld beim Kaufakt offenbar nicht verloren, sondern es wechselt nur den Besitzer. Damit hat eine Geldausgabe gesamtwirtschaftlich offensichtlich ganz andere Konsequenzen, als es aus der Sicht des einzelnen Wirtschaftssubjektes den Anschein hat.

Der erste, der diesen Gedanken in Form eines Geldkreislaufes darstellte, war Richard Cantillon (1680 - 1734), ein englischer Bankier, der das traurige Schicksal hatte, von seinem Diener ermordet zu werden. Auch wissenschaftlich hatte er Pech, denn weitaus berühmter als seine Darstellung wurde das Tableau Economique von Francois Quesnay (1694 - 1774), dem Begründer der sogenannten physiokratischen Schule der Ökonomie. Quesnay war Leibarzt der Marquise de Pompadour, einer Mätresse Ludwigs XV.. Vielfach wurde deshalb vermutet, er habe den Gedanken des Geldkreislaufes aus dem menschlichen Blutkreislauf abgeleitet. Wahrscheinlicher ist aber, daß er dabei eine physikalische Analogie im Hinterkopf hatte, denn er selbst bevorzugte eine zickzackförmige Darstellung der aufeinanderfolgenden Tauschakte.

In Quesnays Tableau wird die Volkswirtschaft entsprechend den damaligen Verhältnissen in drei Sektoren unterteilt: Das Land gehört der Klasse der Eigentümer (classe proprietaire), die es aber nicht selbst bewirtschaften, sondern verpachten. Ihre Pachteinnahmen verwenden sie für den Kauf sowohl landwirtschaftlicher als auch gewerblicher Produkte. Die Pächter (classe productive) besorgen die landwirtschaftliche Produktion; sie benötigen dafür u.a. auch handwerkliche Erzeugnisse, die sie bei der Klasse der Gewerbetreibenden (classe steril) kaufen. Umgekehrt kaufen die Gewerbetreibenden wiederum landwirtschaftliche Produkte bei den Pächtern. Die Pächter erwirtschaften als einzige Klasse einen Überschuß (produit net), den sie am Ende des Jahres als Pacht an die Eigentümer überweisen. Auf diese Weise schließt sich der volkswirtschaftliche Kreislauf des Geldes, und der ganze Prozeß kann von neuem beginnen.

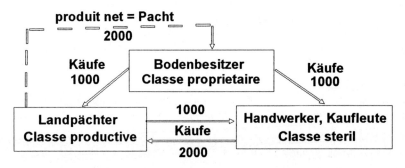

Der französische Arzt und Kupferstecher Francois Quesnay (1694 - 1774) untersuchte in seinem Tableau Economique (hier eine vereinfachte Darstellung) erstmals systematisch den Wirtschaftskreislauf. Angeblich soll er dabei vom menschlichen Blutkreislauf inspiriert worden sein.

Prachtausgabe des Tableau économique, enthalten in den „Elemens de la Philosophie rurale" (1767) des Marquis von Mirabeau.

Das Tableau Economique wurde von Quesnay selbst meist als Zick-Zack-Schema dargestellt, so wie hier in einer eigens für den König erstellten Prachtausgabe. Es zeigt den zeitlichen Ablauf der Zahlungsströme.
Bildnachweis: A. Oncken, Geschichte der Nationalökonomie, 3. Aufl. Leipzig 1922, Tafel nach S. 394

Vieles an diesem Tableau erscheint aus moderner Sicht überholt, um nicht zu sagen absonderlich. So ist zum Beispiel die Ansicht unhaltbar, nur in der Landwirtschaft könne ein Überschuß der Produktion über die Vorleistungen erzielt werden. Die Physiokraten begründeten dies damit, daß nur der Boden aufgrund seiner natürlichen Produktivität in der Lage sei, mehr Ertrag zu erbringen, als man als Saatgut in ihn hineingesteckt habe. Dagegen forme das Gewerbe die landwirtschaftlichen Produkte nur um, sei also letztlich "steril". Das sind metaphysische Argumente, die nur auf reine Mengengrößen abstellen. In Wirklichkeit kommt es aber auf die Schaffung von Werten an. In diesem Sinne ist natürlich auch die "Umformung" etwa eines Baumstammes zu einer Holzplatte eine produktive Leistung, ebenso wie die Weiterverarbeitung der Holzplatte zu einem Tisch. Es entsteht auf jeder dieser Verarbeitungsstufen ein "produit net", nämlich in Höhe der Differenz zwischen den von anderen Sektoren bezogenen Vorleistungen und den eigenen Erlösen. Heute bezeichnet man diese Differenz als Wertschöpfung. Die Summe der Wertschöpfung aller Sektoren ist das Volkseinkommen, und daran ist die Landwirtschaft heutzutage nur noch mit etwa 5% beteiligt.

Daher beruhte auch die wirtschaftspolitische Forderung der Physiokraten, die Landwirtschaft zu fördern, auf einem Irrtum. Aus dem Tableau geht nach physiokratischer Interpretation hervor, daß der Kreislauf sich immer in gleicher Höhe wiederholen muß, wenn jede Klasse stets die Hälfte ihrer Ausgaben für landwirtschaftliche Produkte verausgabt, denn dann entsteht am Schluß ein produit net genau in der ursprünglichen Höhe. Würde dagegen der Anteil landwirtschaftlichen Konsums erhöht, so würde der produit net in jeder Periode zunehmen und die gesamte Wirtschaft würde immer weiter wachsen. Umgekehrt müsse ein zu geringer Verbrauch landwirtschaftlicher Produkte zu einem immer weiter schrumpfenden Wirtschaftskreislauf führen. Diese Schlußfolgerungen fallen jedoch sofort in sich zusammen, wenn man zugibt, daß auch in der gewerblichen Produktion Überschüsse erwirtschaftet werden können.

Gleichwohl ist das Tableau Economique für die weitere Entwicklung der Makroökonomie von unschätzbarem Wert gewesen. Zum einen macht es deutlich, wie ein Nachfrageanstieg in einem Sektor sich auf andere Sektoren fortpflanzt: Steigende Einnahmen der Landwirtschaft bedeuten steigende Ausgaben der Pächter für gewerbliche Güter, was wiederum zu steigenden Ausgaben der Gewerbetreibenden für landwirtschaftliche Produkte führt usw. Das Tableau zeigt ferner, daß dieser Prozeß der gegenseitigen Verstärkung von Nachfrageimpulsen offenbar nicht "explodiert", sondern nach den Gesetzen einer geometrischen Reihe einem endlichen Grenzwert, d.h. einem Gleichgewicht zusteuert. Analog würde der Ausfall von Nachfrage in einem Sektor letztlich auch in einem geringeren Nachfrageniveau für alle anderen Sektoren resultieren. Dieser Gedanke wurde später von John Maynard Keynes (1883 - 1946) in seiner berühmten Multiplikatortheorie wieder aufgegriffen und ist bis heute aktuell geblieben. Nur am Rande sei vermerkt, daß es Versuche gegeben hat, aus der Namensähnlichkeit von Quesnay und Keynes neben der Verwandtschaft ihrer Gedankengänge auch auf eine familiäre Verwandtschaft der beiden berühmten Ökonomen zu schließen.

Der wichtigste Aspekt des Tableau Economique ist jedoch, daß es die zentrale Rolle des Geldes im Wirtschaftskreislauf aufzeigt, auch wenn dies den Physiokraten selbst nicht klar war. Denn die wirkliche Gefahr besteht nicht etwa darin, daß zuwenig Produkte des einen oder anderen Sektors nachgefragt werden, sondern vielmehr darin, daß der Geldkreislauf insgesamt schrumpft. Denn nur dann kann es offenbar zu einem allgemeinen Nachfrageausfall kommen, der nicht auf einzelne Gütergruppen beschränkt ist.

Ein allgemeiner Nachfragemangel im Sinne von vollständig gesättigten Bedürfnissen ist dagegen höchst unrealistisch. Unerfüllte Konsumwünsche und sogar Armut gibt es auch heute noch genug, und erst recht galt dies im 18. und 19. Jahrhundert. Fehlende Nachfrage kann deshalb volkswirtschaftlich eigentlich nur einen Mangel an Kaufkraft bedeuten, zumindest an Kaufkraft, die auf dem Markt erscheint.

Das Saysche Theorem

Die Klassiker der Ökonomie nahmen den Kreislaufgedanken ihrer Vorläufer, der Physiokraten, nicht besonders wichtig. Ihnen schien ein allgemeiner Nachfragemangel kaum möglich zu sein, und die Gefahren aus einer "falschen" Nachfragestruktur, die Quesnays aus seinem Tableau abgeleitet hatte, hielten sie für gegenstandslos. Im Gegenteil: Gerade aus der Überlegung, daß die Ausgabe des einen Wirtschaftssubjektes immer gleichzeitig die Einnahme eines anderen Wirtschaftssubjektes darstellt, leiteten die Klassiker ein Theorem ab, das nach seinem Entdecker Jean Babtiste Say (1767 - 1832) benannt ist und das jede Sorge um einen möglichen Mangel an Kaufkraft und Nachfrage zerstreuen sollte.

Das Saysche Theorem besagt im Prinzip folgendes: Wer am Markt irgendein Gut anbietet, tut dies aus keinem anderen Grund als dem, daß er Einkommen erzielen und damit selbst irgendwelche anderen Güter kaufen will. Besonders deutlich wird das, wenn man für einen Moment einmal das Geld außer Betracht läßt und sich eine reine Tauschwirtschaft vorstellt. Niemand würde ja auf einem solchen Tauschmarkt ein Gut anbieten, ohne dabei gleichzeitig ein anderes Gut gleichen Wertes nachzufragen. Der Schuster tauscht seine Schuhe vielleicht gegen Lebensmittel, der Bauer tauscht seine Kuh gegen einen Pferdewagen usw. An diesem grundlegenden Prinzip ändert sich nach klassischer Argumentation auch dann nichts, wenn zur Vereinfachung der Tauschvorgänge Geld benutzt wird.

Gemäß dem Sayschen Theorem ist daher ein erhöhtes Güterangebot letztlich immer auch mit einer entsprechend höheren Nachfrage nach Gütern verbunden. Es mag zwar sein, daß die Struktur der Güternachfrage nicht immer mit der Struktur der angebotenen Güter übereinstimmt; aber das ist ein rein mikroökonomisches Problem, das der Mechanismus der relativen Preise leicht lösen kann. Entscheidend ist, daß es makroökonomisch ein unzureichendes Nachfrageniveau niemals geben kann: Jedes Angebot schafft sich selbst die notwendige Nachfrage.

Das gilt nach klassischer Auffassung selbst dann, wenn gespart wird. Wer seine Einnahmen zur Bank bringt, statt sie für Güterkäufe zu verwenden, verringere damit nämlich nur scheinbar die gesamtwirtschaftliche Nachfrage. Denn offenbar liegt es im Interesse der Bank, das Geld auszuleihen, zum Beispiel an die Unternehmen. Dadurch aber wird die Ersparnis wiederum nachfragewirksam, denn die Unternehmen fragen mithilfe des geliehenen Geldes Investitionsgüter nach.

Der Mechanismus des Zinses bringt dabei Angebot und Nachfrage von Leihkapital stets zum Ausgleich: Wird beispielsweise mehr gespart, als die Unternehmen investieren wollen, so muß der Zins sinken. Dies senkt nach klassischer Auffassung den Anreiz zu sparen, und es erhöht gleichzeitig den Anreiz zu investieren. Umgekehrt würde ein Überschuß der Investitionsnachfrage über das Angebot an Sparkapital den Zinssatz erhöhen, bis der Kapitalmarkt wieder im Gleichgewicht ist.

So weit, so gut. Allerdings gibt es noch eine andere Möglichkeit, wenn nämlich das gesparte Geld nicht zur Bank getragen wird. Man kann sich ja ohne weiteres vorstellen, daß die Leute in unsicheren Zeiten ihre Ersparnisse in liquider Form halten wollen, im einfachsten Fall als Notgroschen unter dem Kopfkissen. Denkbar ist ferner, daß die Banken das Geld nicht sofort ausleihen, z.B. weil sie auf höhere Zinsen warten. Dann sammeln sich liquide Geldbestände an, die eben nicht nachfragewirksam werden. Volkswirtschaftlich spricht man in diesem Fall von Horten.

Die Klassiker hatten freilich auch für diesen Fall eine Lösung parat. Sie argumentierten mit der sogenannten Quantitätstheorie des Geldes, die schon von dem englischen Philosophen und Ökonomen David Hume (1711 - 1776) vertreten worden war. Die Idee war wiederum ganz einfach: Wenn wirklich durch Hortung Geld dem Kreislauf entzogen würde, so würden einfach die Preise sinken. Nach wie vor könnten dann mit der verringerten Geldmenge die gleichen Gütermengen gehandelt werden, und auch an den relativen Preisen würde sich nichts ändern. Nur das absolute Preisniveau, also der Durchschnittspreis aller Güter, wäre dann eben entsprechend niedriger als vorher.

Das Geld stellt nach klassischer Auffassung somit nichts anderes als eine Art Schleier über den realwirtschaftlichen Vorgängen dar, ohne diese letztlich zu beeinflussen. Jede Geldmengenänderung erschöpft sich demzufolge in reinen Preisanpassungen: Wird die Geldmenge verdoppelt, so verdoppeln sich auch alle in Geld ausgedrückten Preise; wird die Geldmenge halbiert, so sinken die Geldpreise entsprechend. Das gleiche gilt für die in Geld ausgedrückten Löhne, die man auch als Nominallöhne bezeichnet. Dagegen werden die relativen Preise und auch die realen Löhne, auf die es in der Ökonomie letztlich ankommt, von all dem nicht berührt. Man spricht in diesem Zusammenhang auch von der sogenannten klassischen Dichotomie: Geldsphäre und Gütersphäre haben danach keinerlei Einfluß aufeinander.

Marxsche Krisentheorie und Kaufkrafttheorie der Löhne

Die Klassiker waren somit hinsichtlich der Vollbeschäftigung ausgesprochene Optimisten, jedenfalls soweit es die Nachfrageseite betraf. Als geradezu absurd mußte ihnen der Gedanke erscheinen, es könne zu viel gespart werden. Denn das Hauptproblem der damaligen Zeit war, daß es an genügend Realkapital in Form von Maschinen und Anlagen fehlte, um die wachsende Bevölkerung mit Arbeitsplätzen und Einkommen zu versorgen. Der Kapitalmangel war so groß, daß der englische Pfarrer und Ökonom Robert Malthus (1766 - 1834) ernsthaft vorschlug, die Armenhäuser zu schließen und jede soziale Unterstützung der Arbeitslosen einzustellen, um das Bevölkerungswachstum zu stoppen. Die meisten Klassiker sahen die Lösung jedoch eher darin, das Sparen und damit die Kapitalbildung zu fördern und dafür den Konsum, insbesondere den Luxuskonsum der Adeligen und den Staatskonsum, zurückzudrängen.

Das Tableau Economique und damit der makroökonomische Kreislaufgedanke wurde erst von Karl Marx wieder aufgegriffen und zu einer Krisentheorie des Kapitalismus weiterentwickelt. Marx erkannte die Argumentation der Klassiker durchaus an, wonach auch die Ersparnisse über den Kapitalmarkt letztlich wieder zu Nachfrage werden, nämlich zu Nachfrage nach Investitionsgütern. Er entwickelte sogar ein ausgefeiltes Zwei-Sektoren-Modell, in dem er die Verflechtungen zwischen Konsum- und Investitionsgüterindustrie sowohl für eine stationäre als auch für eine wachsende Wirtschaft darstellte. Diese Schemata der "einfachen" bzw. "erweiterten Reproduktion" waren ihrer Zeit weit voraus. Sie wurden erst sehr viel später von der modernen Ökonomie wiederentdeckt und können als Vorläufer der heute üblichen mehrsektoralen Wachstumsmodelle gelten.

Marx behauptete nicht, daß es zu einem allgemeinen Nachfragemangel aufgrund zu hoher Ersparnisse kommen würde. Vielmehr sah er das Problem in einem immer stärker werdenden Übergewicht der Investitionsgüterproduktion im Vergleich zur Konsumgüterproduktion. Die Triebfeder dafür sei der technische Fortschritt. Er führe zu immer kapitalintensiveren Produktionsweisen, während gleichzeitig immer weniger Arbeitskräfte gebraucht würden. Dadurch entstehe allmählich ein Heer von weitgehend mittellosen Arbeitslosen, das Marx als "industrielle Reservearmee" bezeichnete. Der daraus resultierende Mangel an Nachfrage müsse letztlich zu Absatzkrisen auf dem Konsumgütermarkt und zu einem gnadenlosen Konkurrenzkampf der Kapitalisten untereinander führen, in dessen Verlauf die Gewinne immer mehr zusammenschmelzen ("Gesetz der tendenziell sinkenden Profitrate"). Das Bemühen der einzelnen Kapitalisten, durch immer neue Investitionen konkurrenzfähig zu bleiben, schaffe zwar einerseits Nachfrage in der Investitionsgüterindustrie. Andererseits entstehen dabei aber wiederum neue Produktionskapazitäten, so daß die nächste Krise nach Marx vorprogrammiert ist.

Seine Vorhersage, daß der Kapitalismus an solchen "inneren Widersprüchen" letztlich zugrundegehen müsse, ist bisher nicht eingetroffen, und dies ist auch in Zukunft nicht zu erwarten. Voller Widersprüche steckt nämlich in Wirklichkeit die Marxsche Krisentheorie. So ist es zum Beispiel kaum einsichtig, wieso die Kapitalisten fortfahren sollen zu investieren, obwohl ihre Profitrate angeblich ständig sinkt. Auch ist es keineswegs ausgemacht, daß der technische Fortschritt einseitig arbeitsparender Natur sein muß, wie Marx es voraussetzte. Hier hat Marx sich zu stark von den Verhältnissen inspirieren lassen, die er in seiner Zeit vorgefunden hat. Seine Krisentheorie hat daher aus heutiger Sicht kaum mehr als dogmenhistorischen Wert.

Vor allem von gewerkschaftsnahen Ökonomen wird gleichwohl auch heute noch gelegentlich die sogenannte Kaufkrafttheorie der Löhne vertreten. Es wird behauptet, eine Erhöhung der Löhne stärke die Nachfrage nach Konsumgütern und schaffe damit neue Arbeitsplätze. Vor allem in Zeiten wirtschaftlicher Rezessionen soll das funktionieren, wenn die Produktionskapazitäten der Unternehmen unterausgelastet sind und die Investitionen daniederliegen. Als warnendes Beispiel wird in diesem Zusammenhang gerne auf die Brüningsche Deflationspolitik der 30er Jahre verwiesen. Die damals in der Krise verfügten Lohnsenkungen hätten in Wirklichkeit das Problem der mangelnden Nachfrage nur noch verstärkt und seien damit völlig kontraproduktiv gewesen.

Auf die wirklichen Ursachen der damaligen Weltwirtschaftskrise werden wir sogleich zu sprechen kommen. Sie hätte jedenfalls nicht einfach dadurch behoben werden können, daß man die Löhne erhöht statt gesenkt hätte. So reizvoll dies aus Arbeitnehmersicht auch erscheinen mag - diese Art von Schlaraffenlandökonomie wäre nun wirklich zu schön, um wahr zu sein. Sieht man einmal von einigen frühen Marxisten wie zum Beispiel Emil Lederer (1882 - 1939) ab, so ist die Kaufkrafttheorie der Löhne auch niemals von irgendeiner ökonomischen Schule vertreten worden, auch nicht von John Maynard Keynes. Sie ist vielmehr ein typisches Produkt der Vulgärökonomie, leicht eingängig und natürlich sehr attraktiv für die Arbeiter, aber eben leider falsch.

Der Fehler der Kaufkrafttheorie liegt darin, daß höhere Löhne eben nicht nur mehr Konsumnachfrage, sondern auch höhere Kosten bedeuten, wobei der Kosteneffekt aber letzten Endes überwiegt. Das kann man sich leicht klarmachen: Stellen wir uns einen Kaufmann vor, der die Nachfrage nach seinen Produkten steigern möchte. Soll er sich wirklich an die Ladentüre stellen und seinen Angestellten Hundertmarkscheine aus der Ladenkasse in die Hand drücken, damit sie damit bei ihm einkaufen? Im besten Fall hätte er am Ende wieder das gesamte Geld in der Kasse, aber er wäre um die dafür abgegebenen Güter ärmer und würde auf diese Weise rasch dem Konkurs zusteuern. So einfach geht es also offenbar nicht.

Daraus darf man nun allerdings nicht umgekehrt schließen, daß Lohnsenkungen in jedem Fall das richtige Mittel seien, um zur Vollbeschäftigung zurückzugelangen. Denn auch dies ist wahr: In bestimmten Situationen kann jede Art von nachfragedämpfenden Mitteln die Krise noch verstärken, so daß man gut daran tut, die Löhne und Preise durch nachfrageschaffende Maßnahmen zumindest erst einmal zu stabilisieren. Mit einer solchen Situation werden wir uns jetzt beschäftigen.

Die Keynessche Revolution

Wenn die Kaufkrafttheorie der Löhne überhaupt einen wahren Kern hat, dann hat das wieder etwas mit dem Geldkreislauf zu tun. Wenn der Geldkreislauf nämlich aus irgendeinem Grunde plötzlich schrumpft, dann kann es tatsächlich zu einer gefährlichen Deflation mit Arbeitslosigkeit und sinkenden Löhnen und Preisen kommen, ohne daß die Wirtschaft wieder von sich aus zur Vollbeschäftigung zurückfindet. Eine solche Situation hatten die Klassiker zwar unter Hinweis auf das Saysche Theorem immer für unmöglich gehalten. Aber Anfang der 30er Jahre des Zwanzigsten Jahrhunderts wurden die Ökonomen eines Besseren belehrt. Die Welt wurde 1929 von einer Wirtschaftskrise heimgesucht, die alles bisher dagewesene in den Schatten stellte. Nachfrage und Produktion brachen innerhalb kurzer Zeit zusammen und es kam zu einer mehrere Jahre anhaltenden Depression mit sinkenden Preisen und Massenarbeitslosigkeit in allen großen Industrieländern.

In der Wissenschaft führte die Weltwirtschaftskrise zu einer Revolution. Der englische Ökonom John Maynard Keynes veröffentlichte 1936 seine "General Theory of Employment, Interest, and Money", in der er die gesamte klassische Lehre als falsch zurückwies und eine kreislauftheoretische Erklärung der Krise an ihre Stelle setzte. Dies war der Durchbruch der makroökonomischen Theorie, in gewisser Weise sogar erst ihre eigentliche Geburt. Die "General Theory" hatte einen überwältigenden Einfluß nicht nur auf die ökonomische Theorie, sondern auch auf die Wirtschaftspolitik der nächsten 30 Jahre.

Keynes war schon vor Erscheinen der General Theory ein berühmter Mann gewesen. Bereits 1919 erregte er mit einer Abhandlung über "Die wirtschaftlichen Folgen des Friedensvertrages" Aufsehen, indem er die Deutschland im Versailler Vertrag auferlegten Reparationen als ökonomisch unsinnig kritisierte. Als einer von ganz wenigen Volkswirten hat er es auch privat zu einem ansehnlichen Vermögen gebracht. Der Sohn eines Verwaltungsbeamten wurde von Bertrand Russel einmal als der intelligenteste Mensch bezeichnet, den er je getroffen habe. Gleichwohl war er als Person nicht unumstritten, wozu wohl auch sein unkonventioneller Lebensstil beigetragen hat. Als Mitglied des sogenannten Bloomsbury-Kreises von Intellektuellen um Virginia Woolf, Bertrand Russel und Ludwig Wittgenstein nahm er sich manche (auch homoerotische) Freiheiten, bis 1925 die Heirat mit einer berühmten Primaballerina sein Privatleben in etwas konventionellere Bahnen lenkte. 1942 wurde er aufgrund seiner wissenschaftlichen und politischen Verdienste geadelt.

Um die Botschaft der General Theory zu verstehen, muß man sich zunächst den Hintergrund der damaligen Weltwirtschaftskrise vor Augen halten. Am "schwarzen Freitag" des 29. Oktober 1929 war es - nach vorangegangenen, wilden Spekulationen - zum New Yorker Börsenkrach gekommen. Die Aktienkurse brachen ein, zuvor aufgenommene Kredite für Wertpapierkäufe konnten nicht mehr bedient werden, und so kam es zu Bankenzusammenbrüchen und zu einem allgemeinen Liquiditätsmangel. Dadurch übertrug sich die Krise auf die Gütermärkte, und sie schwappte gleichzeitig auch auf Europa über, da die dorthin gegebenen, meist kurzfristigen Kredite aus den USA praktisch über Nacht zurückgezogen wurden.

So kam es auch hier zu einer Banken- und Wirtschaftskrise, in Deutschland beginnend mit dem Zusammenbruch der DANAT-Bank als erster Großbank im Juli 1931. Das deutsche Volkseinkommen fiel zwischen 1929 und 1932 von 75 Mrd. Mark auf 45 Mrd. Mark, Preise und Investitionen sanken und die Zahl der Arbeitslosen erhöhte sich von knapp 2 Millionen im Jahre 1928 bis auf 6 Millionen in den Jahren 1932/33, dem Höhepunkt der Krise. Am Ende lagen Weltwährungssystem und internationaler Handel praktisch danieder, die Welt erlebte eine bis dahin nicht für möglich gehaltene Depression.

Auch früher war es schon zu ähnlichen Krisen gekommen, wenn auch bei weitem nicht in vergleichbarem Ausmaß. So war die erste weltweite Wirtschaftskrise der Jahre 1857 - 1859 relativ schnell überwunden worden, was den klassischen Glauben an die Selbstheilungskräfte des Marktes eher noch gestärkt hatte. Jetzt aber war alles anders - die klassischen Mechanismen zur Verhinderung eines allgemeinen Nachfrageausfalls hatten offensichtlich versagt.

Die Keynessche Erklärung dafür war im Kern diese: Wenn plötzlich das Kreditsystem zusammenbricht und Liquidität von heute auf morgen aus dem Wirtschaftskreislauf verschwindet, wie es damals der Fall war, dann werden eben nicht die Preise entsprechend sinken, wie die Klassiker behauptet hatten. Stattdessen werden hauptsächlich die nachgefragten Mengen zurückgehen, und zwar sowohl auf dem Arbeitsmarkt als auch auf den Gütermärkten. Das eine bedingt dabei das andere: Die Unternehmen verlieren Nachfrage, so daß sie Arbeiter entlassen müssen, und die entstehende Arbeitslosigkeit reduziert wiederum die Güternachfrage. Heute spricht man in diesem Zusammenhang auch von sogenannten spill overs zwischen den verschiedenen Märkten.

Warum werden die Preise nicht sinken, zumindest nicht schnell genug? Um dies zu verstehen, muß man sich nur einmal in die Lage eines der betroffenen Unternehmen versetzen: Der Absatz geht zurück, aber die Kosten können kurzfristig kaum gesenkt werden. Sowohl die Löhne als auch die Zinsen auf die längerfristig eingegangenen Kreditverpflichtungen sind ja zumeist vertraglich festgelegt. Also bleibt zunächst nur die Möglichkeit von Entlassungen, die aber gesamtwirtschaftlich betrachtet erneut zu Einkommens- und Nachfrageausfällen führen und damit die Krise verstärken.

Es entsteht ein kumulativer Prozeß nach unten, wie er übigens ansatzweise auch schon von dem schwedischen Ökonomen Knut Wicksell (1851 - 1926) beschrieben worden war. Wicksell hatte allerdings ebenso wie die Klassiker noch geglaubt, dieser Prozeß sei stets nur ein kurzfristiges, konjunkturelles Problem und werde sich nach absehbarer Zeit von selbst wieder umkehren. Keynes zeigte nun aber, daß die automatische Umkehr des kumulativen Prozesses (er nannte ihn Multiplikatorprozeß) keineswegs immer gewährleistet ist. Vielmehr kann es durchaus sein, daß sich sowohl die Anbieter von Gütern (die Unternehmen) als auch die Anbieter von Arbeit (die Arbeitnehmer) dauerhaften Nachfrageausfällen nach ihrem Produkt gegenübersehen. Heute sagt man: Beide Seiten unterliegen in ihren Absatzplänen einer dauerhaften, gegenseitig verursachten Rationierung, auf die sie sich schließlich auch einrichten. Die Folge ist das berühmte, Keynessche Gleichgewicht bei Unterbeschäftigung.

Als Begründung führt Keynes neben den nach unten unflexiblen Löhnen vor allem zwei Phänomene an, die er anschaulich als volkswirtschaftliche "Fallen" beschrieb: Zum einen werden in Zeiten wirtschaftlicher Depression die Unternehmen selbst bei niedrigen Zinsen kaum investieren. Warum sollten sie auch, schließlich sind ja noch nicht einmal die vorhandenen Produktionskapazitäten ausgelastet. Dies ist die sogenannte Investitionsfalle.

Zum anderen wird es der Zentralbank ab einem gewissen Punkt aber auch schwerfallen, die Zinsen noch weiter zu senken, selbst wenn sie noch so viel zusätzliches Geld in den Kreislauf pumpt. Denn die Wirtschaftssubjekte haben aus Erfahrung eine gewisse Vorstellung davon, was ein normales Zinsniveau ist. Liegt nun der aktuelle Zinssatz bereits deutlich darunter, so werden sie kaum bereit sein, ihre Ersparnisse zu diesem Zinssatz längerfristig auszuleihen. Vielmehr wird das von der Zentralbank in Umlauf gebrachte Geld gehortet werden in der Erwartung, daß das Zinsniveau später wieder steigen und damit attraktivere Konditionen für langfristige Kapitalanlagen bieten wird. Das gesparte Geld findet deshalb nicht als Investitionsnachfrage in den Kreislauf zurück. Diese Situation bezeichnete Keynes, der ja selbst ein erfahrener Spekulant war, als Liquiditätsfalle.

Damit sind die klassischen Mechanismen zur Verhinderung eines Nachfragemangels offenbar genau dann wirkungslos, wenn sie am meisten gebraucht würden, nämlich im Falle eines plötzlichen Kaufkraftausfalls. Die Preise können wegen der nach unten unflexiblen Kosten nicht rasch genug sinken, und eine Ausweitung der Geldmenge durch die Zentralbank führt hauptsächlich zu verstärktem Horten, aber kaum zu zusätzlicher Investitionsnachfrage. Zu allem Überfluß verringert die entstehende Arbeitslosigkeit auch noch die Konsumnachfrage, so daß auch von dieser Seite her keine Nachfragebelebung in Sicht ist.

Was aber kann man dann noch tun? Keynes schlug vor, statt der Geldpolitik die Fiskalpolitik zum Einsatz zu bringen, also die Staatsausgaben zu erhöhen. Irgendjemand mußte schließlich für zusätzliche Nachfrage sorgen, und dieser jemand konnte nach Lage der Dinge nur der Staat sein. Dabei war es nach Keynes zunächst einmal völlig egal, welche Art von Nachfrage der Staat entfaltete; seinetwegen könne er einfach Arbeiter einstellen und sie Löcher graben lassen, die dann von anderen Arbeitern wieder zugeschüttet würden. Hauptsache, es würden neue Einkommen entstehen, die dann auch in der privaten Wirtschaft wieder für neue Nachfrage und Beschäftigungsmöglichkeiten sorgen würden.

Zur Finanzierung der zusätzlichen Staatsausgaben kann nach Keynes auch ohne Bedenken auf die Staatsverschuldung zurückgegriffen werden. Schließlich sind die Zinsen in einer Depression niedrig, und das steigende Volkseinkommen wird dem Staat später zusätzliche Steuereinnahmen bescheren, mit denen die Staatsschulden wieder getilgt werden können. Die Staatsverschuldung geht also im Falle einer Depression keineswegs zulasten der Investitionen, wie die Klassiker immer befürchtet hatten. Sie führt vielmehr im Wege der Erhöhung von Volkseinkommen und gesamtwirtschaftlicher Nachfrage sogar zu einer Anregung der privaten Investitionstätigkeit.

Diese Idee der antizyklischen Fiskalpolitik war nun wahrhaft revolutionär: Wie konnte man auf sinkende Staatseinnahmen auch noch mit steigenden Ausgaben reagieren! Mikroökonomisch, d.h. aus der Sicht des sparsamen Hausvaters, schien es viel logischer zu sein, die Steuern zu erhöhen und die Staatsausgaben zu verringern. Aber makroökonomisch, d.h. unter Berücksichtigung des Kreislaufzusammenhangs, hatte eine solche Deflationspolitik geradezu verheerende Folgen, wie Keynes überzeugend nachwies.

Zwar waren einige Politiker schon vor Erscheinen der General Theory unter dem Druck der Ereignisse von selbst auf die kluge Idee gekommen, staatlich finanzierte Arbeitsbeschaffungsmaßnahmen aufzulegen. In Deutschland wurde diese Politikumkehr vor allem von dem Reichsbankpräsidenten und späteren Wirtschaftsminister Hjalmar Schacht (1877-1970), in den USA von Präsident Franklin D. Roosevelt (1882-1945) im Rahmen des sogenannten "New Deal" initiiert. Das theoretische Fundament, das der neuen Politik erst zu allgemeiner Verbreitung und wissenschaftlicher Anerkennung verhalf, hat jedoch Keynes gelegt.

An seiner glänzenden Analyse der damaligen Weltwirtschaftskrise ist auch aus heutiger Sicht kaum etwas auszusetzen. Sie zeigt in aller Deutlichkeit, daß makroökonomisch völlig falsch sein kann, was mikroökonomisch richtig wäre. Letztlich ist es diese kreislauftheoretische Erkenntnis, die seit Keynes dem Staat eine besondere Rolle in der Steuerung des Wirtschaftsprozesses verschafft hat.

Gleichwohl ist große Vorsicht bei der Anwendung der Keynesschen Rezepte am Platze, wie die weitere Wirtschaftsgeschichte gezeigt hat. Keynes hat zwar schon im Titel seines Werkes den Anspruch erhoben, eine "allgemeine Theorie" zu liefern, aber im Grunde waren seine Überlegungen auf die spezielle Situation der damaligen Weltwirtschaftskrise gemünzt. Keinesfalls darf man den Fehler machen, jedwede Arbeitslosigkeit mit Keynesschen Mitteln bekämpfen zu wollen. Denn Arbeitslosigkeit kann ganz unterschiedliche Gründe haben, und nur wenn die Ursachen tatsächlich in einem allgemeinen Nachfrageausfall liegen, können die keynesianischen Rezepte helfen. Liegen die Ursachen dagegen eher auf der Angebotsseite, indem beispielsweise zu hohe Löhne und Steuern die privaten Investitionen hemmen, so würde eine Ausweitung der Staatsnachfrage nach keynesianischem Muster das Übel eher noch vergrößern.

Die simple Regel, daß vor der Therapie erst eine genaue Ursachendiagnose zu stehen hat, ist in der Nachkriegszeit im Zuge der allgemeinen Begeisterung über die Keynessche Botschaft nur allzuoft vergessen worden. Die Folge waren Inflation, ausufernde Staatsdefizite und ein immer höherer Staatsanteil am Sozialprodukt in vielen Industrieländern, während die Arbeitslosigkeit seit Beginn der 70er Jahre unaufhaltsam weiter stieg. Zu dieser Fehlentwicklung hat sicher auch beigetragen, daß viele ökonomische Lehrbücher die Keynessche Lehre in allzu simpler Form dargestellt haben, ganz zu schweigen von den Problemen ihrer politischen Umsetzung. Denn für die Politiker war es natürlich sehr verlockend, die Staatsausgaben immer weiter auszuweiten und damit scheinbar auch noch Gutes für die Beschäftigung zu tun. Von den längerfristigen Folgen dieser Politik wird noch zu sprechen sein.

Die Kreislaufanalyse ist heute ein nicht mehr wegzudenkender Bestandteil der ökonomischen Theorie geworden. Aber sie ist eben nicht die ganze ökonomische Theorie.

Hinweise zum Weiterlesen:

Quesnays Tableau Economique und die Marxsche Kreislaufanalyse werden ausführlich beschrieben von H. Peter, "Zur Geschichte, Theorie und Anwendung der Kreislaufbetrachtung", in: A. Montaner (Hg.), Geschichte der Volkswirtschaftslehre, Köln/Berlin 1967, S. 374 - 410.

Eine gute Gegenüberstellung von klassisch/neoklassischer und keynesianischer Makroökonomie findet sich bei B. Felderer/St. Homburg, "Makroökonomik und neue Makroökonomik", 5. Aufl., Berlin u.a. 1997, Kap. II und Kap. IV bis VI.

Über den Ablauf und die historischen Zusammenhänge der Weltwirtschaftskrise informiert das Standardwerk von C.P. Kindleberger, "The World in Depression 1929 - 1939", Pelican Books 1987.

Leben und Werk von John Maynard Keynes beschreibt in sehr lehrreicher und anschaulicher Form M. Blaug, "John Maynard Keynes. Life. Idea. Legacy", The Macmillan Press LTD, 1990.

Eine modelltheoretische Behandlung der Kaufkrafttheorie der Löhne findet man in U. van Suntum, "Kaufkrafttheorie des Lohnes", Das Wirtschaftsstudium (wisu), 26. Jg. (1997), S. 71 - 77.

Warum kommt es zu Konjunkturschwankungen?

Wachstum auf des Messers Schneide

Jeweils am 15. November jeden Jahres legt der Sachverständigenrat (die sogenannten fünf Wirtschaftsweisen) der deutschen Öffentlichkeit sein Gutachten zur gesamtwirtschaftlichen Entwicklung vor. Obwohl es sich dabei um einen dicken Wälzer mit weit über 400 Seiten handelt, stürzt sich die Presse meist nur auf die Prognose für das Wirtschaftswachstum im kommenden Jahr. Und in der Tat hängt davon eine Menge ab. Die Konjunkturentwicklung entscheidet mit über den Spielraum für Lohnerhöhungen und über die künftigen Gewinnaussichten der Unternehmen. Auch die Steuereinnahmen des Staates und das Beitragsaufkommen in den gesetzlichen Sozialversicherungen ist konjunkturabhängig. Vor allem aber bestimmt die Konjunktur zumindest kurzfristig auch die Höhe der Arbeitslosigkeit. Während im Aufschwung normalerweise die Beschäftigung steigt, muß man im Falle eines Abschwungs mit Entlassungen und entsprechend höheren Arbeitslosenquoten rechnen. Kein Wunder also, daß Konjunkturprogosen meist mit großer Spannung erwartet werden.

Wie aber kann man den ständigen Wechsel zwischen Aufschwung und Abschwung erklären? Allgemein versteht man unter Konjunktur mehr oder weniger regelmäßig auftretende Schwankungen der gesamtwirtschaftlichen Nachfrage. Man mißt sie in erster Linie daran, wie stark die Produktionskapazitäten der Unternehmen ausgelastet sind. Während im Konjunkturboom nahezu Vollauslastung herrscht, sind in der Rezession die Produktionsanlagen der Industrie oft nur zu 70% beschäftigt. Dementsprechend ist im Boom auch die Nachfrage nach Arbeitskräften hoch, während es in der Rezession zu Entlassungen und Arbeitslosigkeit kommt.

Vereinfacht kann man sich die Konjunktur als eine Sinuskurve vorstellen, ähnlich wie eine Radiowelle. Natürlich entsprechen die Schwankungen der

Nachfrage in der Realität nicht genau diesem idealisierten Bild. Auch die Länge eines Konjunkturzyklus ist recht unterschiedlich; meist liegt zwischen zwei Tiefpunkten ein Zeitraum von fünf bis sieben Jahren.

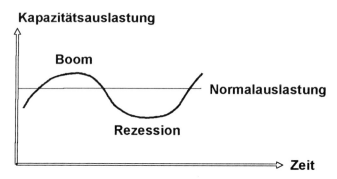

Konjunkturschwankungen mißt man daran, wie gut die Produktionskapazitäten ausgelastet sind. Typischerweise ergeben sich mehr oder weniger regelmäßige Zyklen um den Normalauslastungsgrad.

Früher glaubte man sogar, daß sich dabei mehrere Wellen von unterschiedlicher Dauer überlagern. Der österreichische Ökonom Josef Schumpeter unterschied in seinem Buch "Business Cycles" von 1939 drei solcher Wellen, die er nach ihren Entdeckern benannte: Die drei- bis vierjährigen "Kitchins", die meist mit Schwankungen der Lagerhaltung erklärt werden, die siebenjährigen "Juglars", die auf Investitionszyklen zurückgehen sollen, und die 50jährigen "Kondratieffs", die als Bauzyklen gelten. Diese Einteilung wird heute allerdings kaum noch verwendet; sicher nachweisbar sind auch nur die von dem französischen Konjunkturforscher Clement Juglar (1819 - 1905) beobachteten Zyklen mittlerer Dauer.

Schon in vorindustrieller Zeit sind Schwankungen der Wirtschaftsaktivität beobachtet worden. Damals gab es allerdings noch keine systematischen Produktionsstatistiken, wenngleich sich einige frühe Ökonomen wie z.B. William Petty (1623 - 1687) bereits darum bemühten. Daher mußte man zu Hilfsgrößen greifen, um den Konjunkturverlauf zu verfolgen. Schumpeter berichtet, daß dazu sogar die Zahl der sonntäglichen Kirchbesuche herangezogen wurde: In Krisenzeiten waren die Gotteshäuser voll, aber wenn es den Menschen gut ging, ließ die Frömmigkeit im allgemeinen nach. Schumpeter war übrigens ein enger Freund von Keynes, aber in der Frage der Konjunkturerklärung gingen ihre Meinungen weit auseinander. Auch heute ist noch umstritten, worauf die konjunkturellen Schwankungen letztlich zurückzuführen sind.

In der vorindustriellen Zeit bis etwa zur Mitte des 19. Jahrhunderts, als die volkswirtschaftliche Produktion noch zum größten Teil aus landwirtschaftlichen Gütern bestand, machte man die Ernteschwankungen dafür verantwortlich. Mißernten führten zu hohen Preisen und verteuerten damit auch die Produktion in allen nachgelagerten Wirtschaftsstufen, weil die Kosten für landwirtschaftliche Vorprodukte stiegen. Dementsprechend konnte weniger abgesetzt werden und es kam zu Arbeitslosigkeit und allgemeiner Not. Gute Ernten führten dagegen zu sinkenden Preisen für landwirtschaftliche Güter und damit nicht zuletzt auch zu sinkenden Geldlöhnen, denn auch die Arbeiter konnten ihren Lebensunterhalt jetzt billiger bestreiten. Infolgedessen stieg die Nachfrage nach Arbeit nicht nur in der Landwirtschaft selbst, sondern auch in den anderen Wirtschaftszweigen an.

Berühmt geworden ist in diesem Zusammenhang die sogenannte Sonnenfleckentheorie des englischen Ökonomen William Stanley Jevons (1835 - 1882). Er erklärte die Konjunkturschwankungen aus den Eruptionen auf der Sonnenoberfläche, welche ihrerseits das Wetter und damit die Ernte beeinflußten. Es gibt auch eine moderne Variante dieses Erklärungsansatzes; man bezeichnet sie ebenfalls als sunspot-Theorie, obwohl sie nichts mehr mit dem Wetter zu tun hat. Hier sind es andere, mehr oder weniger zufällige Ereignisse wie etwa eine Ölkrise, welche die Wirtschaft über eine Reihe von Selbstverstärkungsprozessen in Schwingungen versetzen.

Solche Selbstverstärkungsprozesse bilden letztlich den Kern jeder Konjunkturerklärung. Wir haben sie im Zusammenhang mit der Theorie von Keynes schon kennengelernt, nämlich in Gestalt des sogenannten Multiplikatorprozesses: Steigende Einkommen führen zu steigender Nachfrage, diese wiederum zu steigenden Einkommen bei den Anbietern der betreffenden Güter und so weiter. Auch Knut Wicksell hat seine "kumulativen Effekte" ganz ähnlich erklärt, nur daß bei ihm statt der Konsumausgaben die Investitionen im Zentrum der Konjunkturerklärung standen.

Die beiden entscheidenden Fragen der Konjunkturtheorie sind damit aber noch nicht geklärt: Wie kommt es überhaupt zum ersten Anstoß des kumulativen Prozesses? Und vor allem: Wieso mündet dieser Prozeß nicht in ein neues Gleichgewicht, sondern stößt an einen oberen Wendepunkt, von dem ab er sich in entgegengesetzter Richtung fortsetzt, um sich nach Erreichen eines unteren Wendepunktes erneut umzukehren und so fort?

Die Theorie von Keynes hat vor allem auf die zweite Frage keine Antwort gegeben. Sie bleibt vielmehr bei der Erklärung einer tiefen Depression stehen. Daher handelt es sich im Grunde um keine wirkliche Konjunkturtheorie, sondern nur um eine Erklärung des Sonderfalls der Weltwirtschaftskrise in den 30er Jahren. Darüber hinaus hat die Keynessche Theorie aber noch einen weiteren Defekt, auf den als erster der in Rußland geborene und später in die USA ausgewanderte Ökonom Evsey D. Domar (1914 - 1997) hingewiesen hat.

Domar machte in einem bahnbrechenden Aufsatz von 1946 auf folgenden Widerspruch aufmerksam: Im Keynesschen "Gleichgewicht bei Unterbeschäftigung" bleibt einerseits die Nachfrage unverändert, andererseits wird aber ständig investiert, wenn auch nur in geringem Ausmaß. Daher muß es zu einer immer größer werdenden Unterauslastung der Produktionskapazitäten kommen, denn Nettoinvestitionen bedeuten nichts anderes als eine Erhöhung der volkswirtschaftlichen Produktionskapazitäten. Es kann sich also zumindest auf längere Sicht nicht um ein wirkliches Gleichgewicht handeln.

Was wird nun passieren, wenn die Unternehmen aufgrund der zunehmenden Überkapazitäten ihre Investitionen einschränken oder gar auf Null zurückführen? Aus ihrer Sicht wäre dies vollkommen vernünftig, aber gesamtwirtschaftlich hätte es nach Domar fatale Konsequenzen. Sinkende Investitionen hätten nämlich wegen des Multiplikatorprozesses ein sinkendes Volkseinkommen und damit eine abnehmende gesamtwirtschaftliche Nachfrage zur Folge. Somit würde sich die Unterauslastung der Kapazitäten dadurch nicht beseitigen lassen, sondern sogar noch verschlimmern. Denn selbst wenn die Investitionstätigkeit auf Null sänke, würde der bisherige Produktionsapparat ja vorerst noch bestehen bleiben, während gleichzeitig Einkommen und Nachfrage stark zurückgehen würden.

Es liegt auf der Hand, was zu tun wäre: Bei Unterauslastung ihrer Kapazitäten müßten die Unternehmen ihre Investitionen eigentlich noch verstärken! Denn über die dadurch ausgelösten, positiven Multiplikatorprozesse könnten sie die nötige Nachfrage quasi selbst schaffen, um wieder zur Vollauslastung zurückzugelangen. Sie können sich also gleichsam wie der berühmte Lügenbaron Münchhausen am eigenen Schopf aus dem Sumpf ziehen. Dies ist das Domar-Paradoxon. Es beruht letztlich auf dem sogenannten Doppelcharakter der Investitionen, die immer gleichzeitig das Güterangebot, aber auch die Güternachfrage erhöhen.

Domars Argumentation ging aber noch weiter. Angenommen, die Unternehmen folgen unserem Rat und investieren mehr, obwohl schon ihre bisherigen Kapazitäten nicht ausgelastet sind. Wird es dann wirklich zu einem neuen Gleichgewicht von Angebot und Nachfrage kommen? Domar konnte zeigen, daß es dazu nicht ausreicht, wenn die Investitionen nur einmalig steigen. Vielmehr müssen sie ständig weiter erhöht werden, und zwar mit einer ganz bestimmten Rate. Das gesamte Sozialprodukt würde dann in jedem Jahr mit dieser Rate wachsen, und das wachsende Güterangebot wäre stets im Einklang mit der wachsenden Güternachfrage.

Die von Domar entdeckte, fundamentale Gleichgewichtsbedingung der Wachstumstheorie besagt, daß diese gleichgewichtige Wachstumsrate dem Produkt aus der gesamtwirtschaftlichen Sparquote und der durchschnittlichen Kapitalproduktivität entspricht. Die Sparquote gibt dabei an, wieviel Prozent des volkswirtschaftlichen Gesamteinkommens jeweils gespart wird. In den Industrieländern liegt dieser Anteil meist in der Größenordnung von 10 bis 20%. In diesem Umfang wird die Produktion nicht für Konsumzwecke verwendet, sondern steht für Investitionen zur Verfügung. Die Kapitalproduktivität gibt an, wieviele neue Güter mit einer Investitionseinheit im Durchschnitt produziert werden können. Multipliziert man die Sparquote mit der Kapitalproduktivität, so erhält man also den Zuwachs des Güterangebotes im folgenden Jahr. Nach Domar muß daher auch die gesamtwirtschaftliche Nachfrage genau im gleichen Umfang steigen, wenn die Produktionskapazitäten voll ausgelastet bleiben sollen. Dies wiederum ist aber nur gewährleistet, wenn die Investitionen genau mit der Domarschen Gleichgewichtsrate steigen.

Es gibt nach Domar aber keinen Mechanismus, der die Unternehmen veranlassen würde, tatsächlich genau diese Zuwachsrate ihrer Investitionen zu wählen. Schlimmer noch: Sobald sie auch nur ein bißchen darüber hinausgehen, explodiert der gesamte Prozeß. Dann wird nämlich die gesamtwirtschaftliche Nachfrage die Produktionskapazitäten überschreiten mit der Folge, daß die Unternehmen noch mehr investieren. Dies wiederum treibt aber die Nachfrage nur um so stärker über die Kapazitäten hinaus und so fort.

Man hat daher die Domarsche Theorie auch treffend als "Wachstum auf des Messers Schneide" bezeichnet: Jede noch so kleine Abweichung vom gleichgewichtigen Wachstumspfad führt in seinem Modell dazu, daß die Wirtschaft entweder "explodiert" oder aber in einer tiefen Rezession versinkt, aus der sie von alleine nicht mehr herausfindet. Zu ähnlichen Schlußfolgerungen gelangte etwa zur gleichen Zeit auch der Oxforder Ökonom Roy F. Harrod (1900 - 1978), weswegen man heute meist von der Harrod-Domarschen Wachstumstheorie spricht.

Aftalions Feuer-Beispiel: Das Akzelerator-Prinzip

Nun sind in der Wirklichkeit derart extreme Entwicklungen allerdings niemals beobachtet worden. Insbesondere einen fortdauernd "explosiven" Prozeß kann man sich auch in der Praxis nicht recht vorstellen. Die Domarsche Theorie ist insoweit also unrealistisch, zumindest aber ist sie überzogen in ihren Schlußfolgerungen. Das liegt im wesentlichen daran, daß Domar das Investitionsverhalten der Unternehmen nicht wirklich erklärt. Er behauptet einfach nur, bei steigender Kapazitätsauslastung werde immer mehr investiert und bei sinkender Kapazitätsauslastung immer weniger. Das ist sicher eine zu simple Annahme. Denn man sollte doch annehmen, daß die Unternehmer keine Dummköpfe sind und neben der aktuellen Nachfrage auch die voraussichtliche Nachfrage in der Zukunft berücksichtigen. Dann aber kommt man zu ganz anderen Schlußfolgerungen.

Immerhin hat Domar aber den Finger auf die Wunde des wirtschaftlichen Wachstumsprozesses gelegt. Die Investitionen reagieren unter Umständen sehr empfindlich auf Änderungen der Kapazitätsauslastung und können diese dadurch wiederum verstärken. Dieses Grundproblem ist übrigens schon lange vor Entwicklung der keynesianischen Theorie entdeckt worden und als sogenanntes Akzeleratorprinzip bekannt geworden. Akzelerator bedeutet Beschleuniger, und in der Tat schwanken die Investitionen im allgemeinen sehr viel stärker als das Volkseinkommen insgesamt. Schon die vorkeynesianischen Konjunkturtheoretiker, namentlich der gebürtige Bulgare Albert Aftalion (1874 - 1956) und der deutsche Ökonom Arthur Spiethoff (1873 - 1957) haben auf dieses Phänomen hingewiesen und daraus die sogenannten Überinvestitionstheorien entwickelt.

Aftalion verglich den Zusammenhang zwischen Investitionen und gesamtwirtschaftlicher Nachfrage mit einem Feuer. Glimmt es nur schwach, so wird man einige Holzscheite nachlegen. Es dauert dann allerdings eine gewisse Zeit, bis das Feuer wieder auflodert, und darin liegt die Gefahr. Denn wenn das Feuer zu stark wird, kann man das Holz nicht so einfach wieder entfernen, und wenn man es zu spät nachlegt, geht das Feuer möglicherweise aus. Darum muß man die Holzzufuhr wohldosieren, um eine gleichmäßige Wärmeentwicklung zu erzielen.

Ganz ähnlich ist es mit den Investitionen. Nehmen wir an, aus irgendeinem Grund steige die gesamtwirtschaftliche Nachfrage. Wenn daraufhin mehr investiert wird, so entsteht dadurch zunächst einmal noch mehr Nachfrage, nämlich in den Industrien, welche die entsprechenden Maschinen und Anlagen herstellen. Sind die neuen Anlagen dann aber schließlich fertiggestellt und stehen zur Konsumgüterproduktion bereit, so können die Nachfrageimpulse bereits wieder ausgelaufen sein. Denn vorerst besteht ja kein weiterer Investitionsbedarf mehr, und somit werden auch die Umsätze der Investitionsgüterindustrien wieder sinken. Dies bedeutet wiederum sinkende Einkommen und eine sinkende gesamtwirtschaftliche Nachfrage, so daß sich auch die bereits getätigten Investitionen als unrentabel erweisen; es ist überinvestiert worden. In der Folge kommt es zu Konkursen, und ein allgemeiner Abschwung beginnt.

Entscheidend ist also offenbar, ganz ähnlich wie in Aftalions Feuer-Beispiel, daß die gesamtwirtschaftliche Investitionstätigkeit möglichst stetig verläuft. Idealerweise müßten die Investitionen genau mit der Domarschen Gleichgewichtsrate zunehmen. Das aber ist sicher unrealistisch, und so kann es eigentlich nicht verwundern, daß immer wieder konjunkturelle Schwankungen auftreten.

Das Akzeleratorprinzip bedeutet nun allerdings keineswegs, daß sich die wirtschaftlichen Ungleichgewichte ständig verstärken müssen. Schon gar nicht müssen sie zu explosiven Entwicklungen entarten, wie Harrod und Domar dies behauptet hatte. Andere keynesianische Autoren, insbesondere Paul A. Samuelson (geb. 1915) und John R. Hicks (1904 - 1989), konnten nachweisen, daß dies vielmehr entscheidend davon abhängt, wie stark und mit welcher Zeitverzögerung die Unternehmen auf eine Nachfrageerhöhung mit ihren Investitionen reagieren. Je nachdem, was man hier unterstellt, kann es auch zu gedämpften Schwingungen kommen, die mit der Zeit immer schwächer werden und letztlich wieder zum Gleichgewicht von Angebot und Nachfrage zurückführen.

Den Grund dafür kann man sich mit ein bißchen mathematischem Verständnis leicht klarmachen. Während nämlich das Niveau der gesamtwirtschaftlichen Nachfrage vom Niveau der Investitionen abhängt, richtet sich das Niveau der Investitionen seinerseits nicht nach der absoluten Höhe, sondern nach der Veränderung der gesamtwirtschaftlichen Nachfrage. Das bedeutet aber, daß schon eine gleichbleibende Nachfrage die Investitionen tendenziell auf Null reduziert. Der Wendepunkt der Investitionen liegt daher zeitlich vor dem Wendepunkt der Gesamtkonjunktur, und dies führt aufgrund der Zeitverzögerungen zwischen den Investitionen und ihren Nachfrageeffekten zu den bekannten Schwingungen des Gesamtsystems. Formal ausgedrückt hat man es mit einem System von sogenannten Differenzengleichungen zu tun. Ein solches System kann je nach den unterstellten Reaktionsmustern von Unternehmen und Konsumenten sowohl zu gedämpften als auch zu immer stärker werdenden Schwingungen führen.

In der Realität wurden aber bisher nur gedämpfte oder bestenfalls etwa gleichbleibende Konjunkturschwankungen im Zeitverlauf beobachtet. Hicks erklärte das damit, daß es für die Schwankungen der Nachfrage und insbesondere auch der Investitionen bestimmte technische Schranken gibt. Die obere Schranke, der sogenannte "ceiling", liegt in der Begrenztheit der Produktionskapazitäten. Wenn diese voll ausgelastet sind, können eben Nachfrage und Produktion nicht mehr gesteigert werden. Auch nach unten hin gibt es eine Schranke, den sogenannten "floor". Er hängt damit zusammen, daß die Bruttoinvestitionen schlimmstenfalls auf Null sinken, niemals aber negative Werte annehmen können. Denn offenbar wird ja niemand hingehen und noch funktionsfähige Produktionsanlagen mit dem Vorschlaghammer zerstören, nur weil sie gerade nicht ausgelastet sind. Selbst wenn daher das Volkseinkommen zunächst noch weiter sinkt, bleiben die Investitionen ab einem gewissen Punkt konstant, nämlich bei einem Volumen von Null. Dies führt aufgrund der dynamischen Eigenschaften des Gesamtsystems schließlich zu einem unteren Wendepunkt, ab dem sich die Wirtschaft wieder erholt.

Konjunkturpolitik: Kann man das Chaos beherrschen?

Die Arbeiten von Hicks und Samuelson stellen die ersten Versuche einer auf Keynes aufbauenden Konjunkturtheorie dar und waren bewußt sehr einfach gehalten. Gerade dadurch konnten sie zeigen, daß dynamische Systeme, wie es Volkswirtschaften sind, unter Umständen schon durch kleinste Anstöße aus dem Gleichgewicht gebracht werden können. Auch in den Naturwissenschaften ist dies schon seit langem bekannt und hat dort zur Entwicklung der sogenannten Chaostheorie geführt. Chaos im mathematischen Sinne bedeutet, daß ein dynamisches System Reaktionen zeigt, die zwar bestimmten Grundmustern folgen mögen, im einzelnen aber völlig unvorhersehbar sind.

Ein einfaches Beispiel für chaotische Systeme aus der Physik ist das Doppelpendel. Ein Doppelpendel ist ein Pendel, an dem ein weiteres Pendel aufgehängt ist. Das obere Pendel beeinflußt die Bewegungen des unteren Pendels und umgekehrt, ähnlich wie es zwischen den Investitionen und der gesamtwirtschaftlichen Nachfrage der Fall ist. Stößt man nun das Pendel an, so ist es unmöglich zu sagen, in welcher Stellung es sich nach - sagen wir - zwanzig Sekunden befindet. Schon kleinste Unterschiede in der Stärke des Anstoßes führen zu völlig anderen Reaktionen des Pendels. Weitere Beispiele aus der Physik sind der Lauf einer Kugel auf dem Billardtisch oder die Wettervorhersage. In beiden Fällen kann man nur für einen sehr kurzen Zeitraum einigermaßen zutreffend voraussagen, wie sich die weitere Entwicklung vollziehen wird. Darum ist das Billardspiel eine so hohe Kunst, und darum gibt es Wetterprognosen trotz aller Computertechnik immer nur für höchstens ein paar Tage, niemals aber für einen Monat oder gar für ein ganzes Jahr. Berühmt geworden ist in diesem Zusammenhang die Aussage der Chaostheorie, daß schon der Flügelschlag eines Schmetterlings in China das Wetter in Europa vollkommen verändern kann.

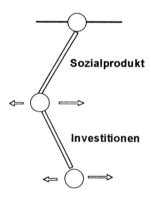

Das Sozialprodukt und die Investitionstätigkeit beeinflussen sich gegenseitig, ähnlich wie die beiden Teile eines Doppelpendels. Daraus können in der Physik wie in der Ökonomie "chaotische" Schwingungen entstehen.

Seit den grundlegenden Arbeiten von Samuelson und Hicks ist eine Fülle von sehr viel anspruchsvolleren Konjunkturtheorien entstanden, die unter anderem auch die Rolle der Geldpolitik und der Lohnpolitik im Konjunkturprozeß mit einbeziehen. Darunter sind auch einige Theorien, die den Konjunkturverlauf mithilfe der Chaostheorie beschreiben. Bei allen Unterschieden ist man sich heute im Ergebnis weitgehend einig darin, daß konjunkturelle Schwankungen wohl niemals ganz vermieden werden können. Das war übrigens auch schon die Ansicht von Clement Juglar gewesen. Die Aufgabe der Konjunkturpolitik besteht daher vor allem darin, die Schwankungen möglichst in Grenzen zu halten und vor allem nicht etwa selbst noch zu verstärken.

Politische Konjunkturtheorie

Eine gewisse Uneinigkeit besteht nach wie vor darüber, was eigentlich der genaue Auslöser für die Schwankungen ist: Wer oder was stößt das Pendel an? Hierüber gibt es zwei grundsätzlich verschiedene Auffassungen.

Keynesianisch orientierte Ökonomen halten meist an der These fest, daß schon kleinste, möglicherweise zufällige Anstöße ausreichen, um die Konjunktur in Schwingungen zu versetzen. Da solche Anstöße niemals ganz vermieden werden können, ist das marktwirtschaftliche System demnach aus sich selbst heraus instabil. Die politische Schlußfolgerung lautet meist, daß aus diesem Grund der Staat entsprechend gegensteuern müsse. Dies ist die moderne Begründung für die schon von Keynes vertretene antizyklische Konjunkturpolitik.

Monetaristisch orientierte Ökonomen in der Nachfolge Milton Friedmans halten das marktwirtschaftliche System dagegen für sehr viel stabiler. Kleinere Ungleichgewichte werden danach in der Regel leicht verkraftet. Denn einem Nachfrageausfall auf einem Markt stehe ja meist ein Nachfrageüberschuß auf anderen Märkten gegenüber. In dieser Auffassung scheint deutlich das alte Saysche Theorem wieder durch. Es gibt aber nach monetaristischer Auffassung eine wichtige Ausnahme von dieser Regel, und das ist der Staat. Nur er ist in der Lage, gesamtwirtschaftliche Ungleichgewichte zu provozieren, und zwar insbesondere durch seine Geldpolitik.

Nehmen wir beispielsweise an, die Geldmenge werde stärker ausgeweitet, als es dem Wachstum der Produktionskapazitäten entspricht. In diesem Fall entsteht tatsächlich zusätzliche Nachfrage, der kein Nachfrageausfall an anderer Stelle gegenübersteht. Das ist nach monetaristischer Auffassung der eigentliche Auslöser für konjunkturelle Schwankungen. Daher empfehlen die Monetaristen, die Geldmenge möglichst stetig entsprechend dem Wachstum der Produktionskapazitäten auszuweiten. Auf keinen Fall aber sollte man sie in den Dienst einer aktiven, "antizyklischen" Konjunkturpolitik stellen, wie dies die Keynesianer vorschlagen. Denn dadurch würden die Zyklen eher noch verstärkt als gedämpft.

Wir können zur Veranschaulichung dieser gegensätzlichen Ansichten nochmals das Feuer-Beispiel von Albert Aftalion bemühen. Die Keynesianer wollen gewissermaßen immer dann Holz nachlegen, wenn das Feuer auszugehen droht. Die Monetaristen glauben dagegen, daß aufgrund der Wirkungsverzögerungen damit keine gleichmäßige Wärme erzeugt werden kann. Besser sei es, sich von kleineren Wärmeschwankungen nicht beirren zu lassen und lieber unabhängig davon regelmäßig Holz nachzulegen.

Man kann diesen Streit wohl nicht auf der rein theoretischen Ebene schlichten; er muß vielmehr aufgrund der praktischen Erfahrung entschieden werden. Das tückische dabei ist, daß die Wirtschaft anders als ein physikalisches System nicht immer gleich reagiert. Denn in der Wirtschaft haben wir es mit Menschen zu tun, und Menschen lernen im Gegensatz zu Billardkugeln und Doppelpendeln aus der Erfahrung. Damit aber verändern sich mit der Zeit auch ihre Reaktionen. Das Beispiel der Konjunkturpolitik zeigt dies sehr deutlich: Während die keynesianischen Rezepte in den 50er und 60er Jahren noch leidlich funktionierten, war dies danach immer weniger der Fall. Auf die genauen Gründe dafür werden wir im Zusammenhang mit der Erklärung der Inflation noch zu sprechen kommen. Wir halten aber fest, daß sich die Konjunkturpolitik in der Praxis eben nicht auf eine für alle Zeiten gültige Theorie stützen kann.

Politiker als Konjunkturverursacher

Es gibt aber noch einen wichtigen politischen Gesichtspunkt, der eher für die monetaristische Position spricht. Er hängt damit zusammen, daß eine expansive Geldpolitik immer zunächst positive Beschäftigungswirkungen hat. Erst mit einer Zeitverzögerung von zwei bis drei Jahren beginnen die Preise und Löhne zu steigen, während der anfängliche Beschäftigungseffekt dann meist wieder verlorengeht. Die steigenden Preise und Löhne signalisieren nämlich den Unternehmen, daß in Wirklichkeit entgegen dem ersten Anschein gar nicht die reale Nachfrage nach ihren Produkten gestiegen ist, sondern nur die Geldmenge. Daher erweist sich die anfängliche Ausweitung ihrer Produktion als Fehler, den sie nun durch Produktionseinschränkungen korrigieren werden. Je stärker die anfängliche Geldmengenausweitung und die daraus entstandene Überinvestition war, desto tiefer ist in der Regel auch die dann folgende Rezession.

Aus diesem Grund sind Versuche der Regierungen, mithilfe von Inflation das Wirtschaftswachstum dauerhaft zu beschleunigen, immer wieder gescheitert. Vor allem in den 70er und 80er Jahren hat man in dieser Hinsicht bittere Erfahrungen in vielen Ländern machen müssen. Damals versuchte man, die negativen Folgen der beiden Ölkrisen mithilfe einer entsprechend freizügigen Bedienung der Notenpresse zu bekämpfen. Kurzfristig wurde damit zwar das Wirtschaftswachstum angeregt, und bei den Arbeitnehmern entstand die Illusion, die steigenden Ölpreise durch entsprechend höhere Löhne ausgleichen zu können. Letztlich stiegen aber dadurch auch alle anderen Preise, und in vielen Ländern erreichte die Inflation bald eine zweistellige Höhe.

Auch der Rückschlag am Arbeitsmarkt blieb nicht lange aus. Die Gewerkschaften sahen sich durch die steigenden Preise um die Früchte ihrer Lohnpolitik geprellt und verlangten nun zum Ausgleich erst recht höhere Löhne.

Gleichzeitig versuchten die Notenbanken, die Inflation mit steigenden Zinsen und restriktiver Geldpolitik wieder in den Griff zu bekommen. Infolgedessen gerieten die Unternehmen gleich von zwei Seiten in die Kostenklemme: Einerseits mußten sie immer höhere Löhne und Zinsen bezahlen, andererseits hatten ihnen die Notenbanken den Spielraum für entsprechende Preisanhebungen beschnitten. Es konnte daher nicht ausbleiben, daß die Konkurse zunahmen und die Arbeitslosigkeit auf eine zuvor kaum bekannte Höhe stieg.

Diese Art von keynesianischer Nachfragesteuerung wurde später auch treffend als sogenannte Stop and Go-Politik bezeichnet. Nachdem der Staat zunächst das Wirtschaftswachstum mithilfe der Inflation zu stimulieren versucht hatte, sah er sich über kurz oder lang doch wieder gezwungen, das Ruder herumzureißen, um die Inflation zu stoppen. Letztlich bewirkte er damit aber nichts anderes als eine Destabilisierung des Wirtschaftsgeschehens bei gleichzeitig immer neuen Inflationsschüben. Und die Arbeitslosigkeit ging im Zuge dieses Hin und Her letztlich nicht etwa zurück, sondern begann sich im Gegenteil auf immer höherem Niveau zu verfestigen. Das lag zum einen daran, daß die Unternehmen zunehmend in ihren Investitionsentscheidungen verunsichert wurden. Schließlich gingen sie dazu über, selbst im Aufschwung zunächst einmal abzuwarten, wie es weiter gehen würde. Und zum anderen begannen diejenigen, die dabei für längere Zeit ihren Arbeitsplatz verloren, allmählich ihre Motivation und vielfach auch ihre Qualifikationen zu verlieren. Man spricht in diesem Zusammenhang auch von dem sogenannten Hysteresis-Phänomen. Damit sind Verfestigungstendenzen gemeint, die schließlich die Arbeitslosigkeit selbst dann noch hoch halten, wenn rein konjunkturell eigentlich wieder alles in Ordnung ist. Aus dem ursprünglichen Nachfrageproblem war so unversehens ein hartnäckiges Strukturproblem geworden.

Ein politisches Problem liegt nun darin, daß eine solche Stop-and-Go-Politik trotz aller negativen Erfahrungen kurzfristig dennoch durchaus im Interesse der Regierung liegen kann. Wenn sie nämlich kurz vor dem Wahltermin die Konjunktur ankurbelt, so kann sie wegen der zunächst positiven Beschäftigungseffekte ihre Wahlchancen dadurch verbessern. Das dicke Ende in Form von Inflation und nachfolgender Rezession folgt ja erst später nach. Man spricht in diesem Zusammenhang auch von politischen Konjunkturzyklen. Gefährlich wird es vor allem dann, wenn die Regierung dabei auch noch den freien Zugang zur Notenpresse hat, denn damit läßt sich die Konjunktur besonders leicht und scheinbar kostenlos ankurbeln. Aus diesen Gründen ist es offenbar höchst ratsam, den Regierungen zumindest dieses gefährliche Instrument wegzunehmen und die Geldpolitik stattdessen einer unabhängigen Zentralbank zu übertragen.

Manche Monetaristen gehen noch weiter und empfehlen, auch die staatliche Ausgabenpolitik an bestimmte gesetzliche Regeln zu binden. Diese Idee der Regelbindung hat sich jedoch bisher nicht durchgesetzt, denn die Politiker sind meist nicht bereit, auf das keynesianische Instrumentarium der antizyklischen Konjunkturpolitik völlig zu verzichten. Immerhin könnte ja einmal ein Notfall wie etwa in der Weltwirtschaftskrise der 30er Jahre eintreten, wo man davon trotz aller Gefahren Gebrauch machen muß.

Wir erkennen an diesen Überlegungen, daß man mit den keynesianischen Rezepten sehr sorgfältig umgehen muß. Inwieweit dies in der Praxis als gewährleistet gelten kann, ist mehr ein Problem des politischen Systems als eine Frage der reinen Ökonomie. Die Ökonomen können hier nur Ratgeber sein. Insbesondere müssen sie versuchen, jeweils im konkreten Fall festzustellen, ob nur eine kleine Störung vorliegt oder ob wirklich Gefahr für das gesamtwirtschaftliche Gleichgewicht besteht, die nur mit staatlichen Gegenmaßnahmen abgewendet werden kann.

So gesehen sind die Unterschiede zwischen der keynesianischen und der monetaristischen Position gar nicht so groß, wie es auf dem Höhepunkt der Kontroverse in den 60er und 70er Jahren noch den Anschein hatte. Als beispielsweise 1987 erneut ein weltweiter Kurssturz an den Aktienbörsen eintrat, war man sich weithin einig darin, daß die Geldpolitik sofort die Zinsen senken müsse, was dann auch geschah. Tatsächlich konnte dadurch die Gefahr einer neuerlichen Weltwirtschaftskrise vermieden werden. Durch erneutes Gegensteuern zu einem entsprechend frühen Zeitraum gelang es in der Folgezeit auch, die nachfolgende Inflation in engen Grenzen zu halten. Für die Ökonomie war das ein großer Erfolg, denn es zeigte sich, daß auch die Politik aus den Fehlern der Vergangenheit gelernt hatte.

Fassen wir an dieser Stelle kurz zusammen: Es wird wahrscheinlich niemals möglich sein, Konjunkturschwankungen ganz zu verhindern, ebenso wie es beispielsweise der Medizin vermutlich niemals gelingen wird, den Schnupfen gänzlich auszurotten. Dazu ist der volkswirtschaftliche Organismus ähnlich wie der menschliche Körper zu komplex. Immerhin kann und sollte man aber versuchen, die Schwankungen möglichst gering zu halten, damit aus dem Schnupfen nicht schließlich eine ausgewachsene Bronchitis wird. Nach den Erfahrungen der Vergangenheit ist dabei Vorbeugen besser als heilen. Bemühen wir zur Veranschaulichung dieses Gedankens ein letztes Beispiel aus dem Alltagsleben: Wer jemals einen PKW mit Anhänger gesteuert hat, wird wissen, daß man dabei vorsichtig mit dem Lenkrad umgehen muß. Kleinere Korrekturbewegungen sind natürlich notwendig und erlaubt. Aber wenn man das Steuer überreißt, gerät das Fahrzeug erst recht in gefährliche Pendelbewegungen, die dann kaum noch beherrschbar sind.

Ähnlich kommt es in der Konjunkturpolitik vor allem darauf an, einen vorsichtigen und stetigen Kurs zu fahren und auch im Gefahrenfall nicht zu hektisch zu reagieren. So ist es im allgemeinen ratsam, schon im fortgeschrittenen Aufschwung die Geld- und Fiskalpolitik eher wieder restriktiver zu gestalten, um es gar nicht erst zu Überhitzungserscheinungen kommen zu lassen. In den letzten Jahren sind die Regierungen und Notenbanken in den meisten Ländern auch zu einer solchen, vorsichtigen Politik übergegangen, was in der Öffentlichkeit allerdings nicht immer nur Beifall gefunden hat. Denn natürlich ist die Neigung groß, bei guter Konjunkturlage die Löhne und die Staatsausgaben immer weiter zu erhöhen. Die Gefahr einer Überhitzung der Konjunktur wird dabei meist übersehen oder zumindest zu spät erkannt. Sinnvolle Konjunkturpolitik erfordert deshalb nicht nur eine entsprechende Sachkenntnis, sondern auch große Standfestigkeit der Politiker gegen überzogene Ansprüche. Wenn es daran fehlt, nützen auch die besten ökonomischen Theorien nicht mehr viel.

Hinweise zum Weiterlesen:

Nach wie vor unübertroffen in der Darstellung der älteren Konjunkturtheorien ist das erstmals 1937 erschienene Standardwerk von G. Haberler, "Prosperität und Depression", 2. Aufl., Tübingen/Zürich 1955.

Eine leicht verständliche Einführung in die moderne Konjunkturtheorie bietet U. Teichmann, "Grundriß der Konjunkturpolitik", 4. Aufl., München 1988.

Sehr viel tiefgehender, aber auch formal anspruchsvoller ist das Buch von J. Heubes, "Konjunktur und Wachstum", München 1991.

Die mathematischen Grundlagen der Konjunkturtheorie werden in vorbildlicher Weise erklärt bei A.E. Ott, "Einführung in die dynamische Wirtschaftstheorie", 2. Aufl., Göttingen 1970.

Sehr praxisbezogen ist dagegen die Darstellung bei G. Tichy, "Konjunkturpolitik", Berlin u.a. 1988.

Vernichtet der technische Fortschritt Arbeitsplätze?

Freisetzungstheorie gegen Kompensationstheorie

Die Frage, ob der technische Fortschritt zum Wohl der Menschen beiträgt oder ob er sie nicht vielmehr auf Dauer arbeitslos macht, hat als erster David Ricardo aufgeworfen, und zwar in der 3. Auflage seiner "Principles of Political Economy and Taxation" von 1821. Dabei kommt er zu einem eher pessimistischen Resultat: Der technische Fortschritt wird in den betreffenden Industrien dazu führen, daß immer mehr Kapital in Form von Maschinen eingesetzt wird. Bei zunächst unveränderter Nachfrage werden daher zumindest vorübergehend Arbeiter entlassen werden.
    Diese These ist als Freisetzungstheorie bekannt geworden und hat wegen ihrer unmittelbaren Plausibilität immer wieder neue Anhänger gefunden.

Die Vorstellung ist ja auch naheliegend, denn wie könnten die Arbeitnehmer im Konkurrenzkampf gegen immer bessere Maschinen bestehen? Selbst wenn sie bereit wären, zu geringerem Lohn zu arbeiten, würde ihnen das auf Dauer nicht viel nutzen. So lesen wir in einem Leitartikel des angesehenen Handelsblatts vom 19.7.1996: "Telefon und Telefax hätten auch dann die gelben Wagen der Post verdrängt, wenn der Postillion nur zur Hälfte seines Lohns ins Horn geschmettert hätte. Der Bleisatz in den Zeitungssetzereien gehört nicht deshalb der Geschichte an, weil die Maschinensetzer zu viel verdienten, sondern weil der Computer erfunden wurde."

Der gleichen Auffassung ist auch Karl Marx gewesen. Auch für ihn stand fest, daß der technische Fortschritt zu einem immer höheren Kapitaleinsatz in der Produktion führen müsse. Dabei würden immer mehr Arbeiter ihren Arbeitsplatz verlieren, obwohl ihre Löhne damals schon so niedrig waren, daß sie kaum noch das Existenzminimum sicherten. Diese Überlegung war ein zentraler Baustein der Marxschen Krisentheorie, wonach der Kapitalismus letztlich an der Überakkumulation von Kapital zugrundegehen werde.

Interessanterweise ist diese Frage vor der industriellen Revolution niemals ernsthaft diskutiert worden, obwohl es auch in Antike und Mittelalter durchaus schon technischen Fortschritt gegeben hat. So erhöhte etwa die Erfindung des Pfluges in ganz entscheidender Weise die Produktivität der Landwirtschaft, und auch im Handwerk erhöhten verbesserte Werkzeuge und einfache Apparaturen beständig die Produktivität der menschlichen Arbeit.

Es gab aber zwei wichtige Unterschiede zur späteren industriellen Massenfabrikation. Zum einen ging der technische Fortschritt im Mittelalter nur in sehr langsamen Schritten vor sich, so daß genügend Zeit verblieb, sich daran anzupassen. Zudem wurde ein beträchtlicher Teil der Güter von denselben Menschen verbraucht, die sie anfertigten. Den Betreibern eines Gutshofes konnte es nur recht sein, wenn neue technische Errungenschaften ihnen den langen Arbeitstag etwas erleichterten. Und angesichts des allgemeinen Mangels an Nahrungsmitteln und lebenswichtigen anderen Gütern gab es normalerweise auch kein Problem, die über den Eigenbedarf hinausgehende Produktion am Markt abzusetzen. Der technische Fortschritt wurde deswegen wie selbstverständlich als ein Segen für die Menschheit betrachtet, ermöglichte er doch die Befriedigung der dringendsten Bedürfnisse mit etwas mehr Muße und weniger Anstrengung.

Wir müssen uns also fragen, was sich mit der industriellen Massenproduktion eigentlich grundsätzlich geändert hat. Waren die Bedürfnisse gesättigt? Wohl kaum - die allgemeine Not war vielmehr groß. Friedrich Engels (1820 - 1895) hat sie 1845 in seinem erschütternden Bericht "Die Lage der arbeitenden Klasse in England" treffend beschrieben. Gab es vielleicht keine Möglichkeit mehr, die Arbeitszeit zu verkürzen? Auch das kann es nicht gewesen sein, denn der Arbeitstag hatte damals noch mehr als 16 Stunden, und das an sechs Tagen in der Woche.

Wir stoßen hier vielmehr erneut auf das Phänomen der Arbeitsteilung. Mit der Spezialisierung der Menschen auf die Produktion von Gütern, die sie selbst gar nicht benötigten, stieg zwar die Arbeitsproduktivität in vorher unbekanntem Ausmaß an. Gleichzeitig wuchs damit allerdings die Abhängigkeit des einzelnen davon, daß das von ihm produzierte Gut am Markt auch verlangt wurde. Vor allem aber wurde die Erfindung von arbeitsparenden Maschinen plötzlich zur Gefahr für seinen Broterwerb: Wenn eine Maschine zur Produktion von Stecknadeln zehn Arbeiter ersetzen konnte, die Nachfrage nach Stecknadeln aber nicht entsprechend zunahm, mußte es zu Entlassungen in der Stecknadelindustrie kommen. Diese einfache Überlegung ist die Grundlage der Freisetzungstheorie, die hier allerdings in einer recht naiven Form erscheint.

Es ist nämlich zu bedenken, daß die Erfindung der Maschine nicht nur die Menge der produzierbaren Stecknadeln erhöhte, sondern auch den Preis einer Stecknadel senkte; andernfalls wäre sie unter Konkurrenzbedingungen wohl kaum zum Einsatz gekommen. Sinkende Stecknadelpreise erhöhen aber die Realeinkommen all derjenigen, die nicht in der Stecknadelproduktion beschäftigt sind, denn sie können jetzt offenbar mehr Güter für den gleichen Geldbetrag erwerben. Die aufgrund des technischen Fortschritts sinkenden Güterpreise haben also tendenziell eine steigende Nachfrage zur Folge, die wiederum neue Arbeitsplätze schafft. Dies ist der Kern der Kompensationstheorie, die schon früh der Freisetzungstheorie entgegengehalten wurde.

Es gibt einen naheliegenden Einwand gegen die Kompensationstheorie: Soeben haben wir von sinkenden Preisen gesprochen - beobachten wir aber in der Realität nicht ständig steigende Preise? Ist also die Kompensationstheorie nicht tatsächlich reine Theorie, die dem Vergleich mit der Wirklichkeit nicht standhält?

Dieser Einwand erweist sich jedoch als zu oberflächlich: Zwar beobachten wir seit 50 Jahren in der Tat jedes Jahr steigende Preise; dies ist Ausdruck der schleichenden Inflation, mit der wir uns ja schon beschäftigt haben. Gleichzeitig sind aber auch die Löhne gestiegen, und zwar längerfristig sehr viel stärker als die Preise. Das heißt aber nichts anderes, als daß die Realeinkommen der Arbeitnehmer zugenommen haben.

Wenn wir nun von sinkenden Preisen einzelner Güter aufgrund des technischen Fortschritts sprechen, dann sind nicht absolut sinkende Preise gemeint, sondern Preise, die relativ weniger stark steigen als die Löhne. Denn nur darauf kommt es an, wenn wir die Wirkungen des technischen Fortschritts auf das Realeinkommen messen wollen. Relativ sinkende Preise in diesem Sinne bedeuten aber steigende Kaufkraft.

Nun muß die daraus entstehende Nachfrage allerdings nicht unbedingt derjenigen Industrie zugutekommen, in welcher der technische Fortschritt aufgetreten ist; wer braucht schon mehr als 100 Stecknadeln pro Jahr? Der für den Kauf von Stecknadeln ersparte Geldbetrag wird daher ganz oder teilweise für den Erwerb anderer Güter ausgegeben werden. Im Prinzip macht das nichts, denn auch dadurch entstehen offenbar neue Arbeitsplätze. Allerdings bedeutet dieser Strukturwandel, daß die freigesetzten Arbeitnehmer flexibel genug sein müssen, um die neu entstehenden Arbeitsplätze auch besetzen zu können. Sie müssen umlernen, möglicherweise auch ihren Wohnort wechseln und unter Umständen sogar bereit sein, zu einem geringeren Geldlohn zu arbeiten als bisher.

Damit sind wir bei dem eigentlichen Problem des technischen Fortschritts angelangt. Solange wir ihn nur isoliert für einen einzelnen Sektor betrachten, gibt es offenbar Gewinner und Verlierer: Gewinner sind in jedem Fall die Nachfrager der betreffenden Güter, denn sie können jetzt zu niedrigeren Preisen kaufen. Aber die Beschäftigten des Sektors, in dem der Fortschritt aufgetreten ist, haben möglicherweise tatsächlich Nachteile davon: Sie müssen sich einen neuen Arbeitsplatz suchen, und ob sie ihn auch wirklich finden und zu welchem Reallohn sie dann arbeiten müssen, erscheint zumindest ungewiß.

In der Zeit der industriellen Revolution war dies für den einzelnen sogar ein existenzielles Problem. Private Rücklagen hat ein Arbeiter angesichts der damals geltenden Hungerlöhne kaum bilden können, und die Arbeitslosenversicherung wurde erst viel später eingeführt, in Deutschland erst im Jahre 1927. Es ist daher nur zu verständlich, daß die Arbeiter panische Angst davor hatten, von den neumodischen Maschinen verdrängt zu werden. Berühmt geworden ist der Aufstand in der schlesischen Textilindustrie im Jahre 1844, den Gerhart Hauptmann in seinem Drama "Die Weber" verarbeitet hat.

Die erste Spinnmaschine als Vorläuferin des Webstuhles war 1764 von einem armen Weber in England gebaut worden. Fortan konnte er viel mehr produzieren als seine Konkurrenten, die ebenfalls arme Heimarbeiter waren. Zunächst glaubten sie, die Tochter des Webers sei eine Hexe; man nannte sie die "Spinning Jenny". Als herauskam, daß in Wirklichkeit eine Maschine dahintersteckte, zog man gemeinsam zum Haus des Webers und zerstörte sie. Den Siegeszug der "Spinning Jenny", wie die Maschine fortan hieß, konnten sie damit aber nicht aufhalten. Ebensowenig gelang es später den Webern, durch gewaltsame Aktionen die Verbreitung des von R. Arkwright erfundenen mechanischen Webstuhls zu verhindern.

Krisen der Marktwirtschaft

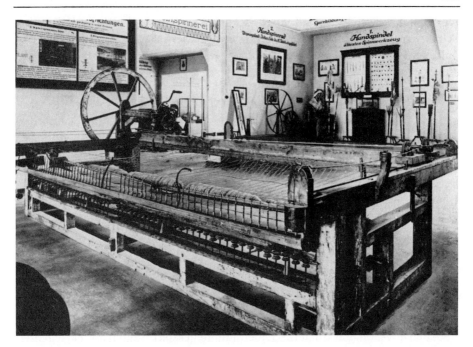

Der Webstuhl wurde im 18. Jahrhundert zum Sinnbild der Verdrängung des Menschen durch die Maschine. Heute werden solche Befürchtungen mit dem Computer verbunden. (Bildnachweis: Otto Zierer, Die großen Ereignisse der Weltgeschichte, Naumann & Göbel Verlag Köln, 1987, S. 100).

Die Zeit der "Maschinenstürme" ist heute längst vorbei. Aber auch in unserer Zeit kommt es immer wieder zu Arbeitskämpfen und politischem Streit, wenn in einem Unternehmen Arbeitsplätze wegrationalisiert werden sollen. Zwar gibt es heutzutage eine ungleich bessere soziale Absicherung für die Entlassenen. Auch die Chance, bald wieder einen neuen Arbeitsplatz zu finden, ist für die Betroffenen in der Regel viel besser als im 19. Jahrhundert. Aber das ökonomische Grundproblem ist dasselbe geblieben: Die Konsumenten profitieren vom technischen Fortschritt, während die Arbeitnehmer der betreffenden Industrie oft erst einmal zu den Verlierern gehören.

Der unbequeme Strukturwandel

Wir dürfen aber bei dieser Überlegung nicht stehenbleiben, denn der technische Fortschritt ist nicht auf einzelne Güterproduktionen beschränkt. Er tritt mal hier, mal da auf, und damit kommt es im Zuge des Strukturwandels mal hier, mal da zur Freisetzung von Arbeitskräften, während anderswo neue Arbeitsplätze entstehen. Immer aber ist der technische Fortschritt mit Realeinkommensgewinnen der Konsumenten verbunden, weil jedesmal die Preise der betreffenden Güter relativ zum allgemeinen Lohnniveau sinken. Damit steigt aber unzweifelhaft auf lange Sicht und im Durchschnitt der Volkswirtschaft das reale Lohnniveau. Denn jeder Arbeiter ist gleichzeitig auch Konsument, und so werden die zeitweiligen Nachteile des Strukturwandels auf Dauer durch eine immer günstiger werdende Relation zwischen Löhnen und Preisen wettgemacht.

Man kann sogar noch weiter gehen: Ohne technischen Fortschritt wären steigende Realeinkommen der Arbeitnehmer überhaupt nicht denkbar! Denn technischer Fortschritt ist ja nur ein anderer Ausdruck für eine steigende Arbeitsproduktivität: Wenn nicht ständig mehr pro Kopf produziert würde, so könnte eben auf Dauer auch nicht mehr pro Kopf verteilt werden. Tatsächlich beobachten wir heute in allen Industrieländern einen Lebensstandard der Arbeitnehmer, der um ein Vielfaches über dem Lebensstandard in weniger entwickelten Ländern liegt, von den Verhältnissen im 19. Jahrhundert ganz zu schweigen. Zum Beispiel haben sich die reale Stundenlöhne in Deutschland allein in der Zeit zwischen 1950 und 1985 vervierfacht. Das bedeutet, daß ein westdeutscher Industriearbeiter 1985 viermal so viel Güter für jede geleistete Arbeitsstunde kaufen konnte wie 1950. Gleichzeitig waren 1985 in Westdeutschland fast 10 Millionen Arbeitnehmer mehr beschäftigt als 35 Jahre zuvor. Der technische Fortschritt hat also im Saldo weder Arbeitsplätze vernichtet noch die realen Löhne gesenkt, sondern das Gegenteil war der Fall.

Auch in den anderen Industriestaaten hat die Zahl der Arbeitsplätze auf lange Sicht ständig zugenommen und ist nicht etwa zurückgegangen, wie viele Leute meinen. Das gilt auch für die jüngste Zeit. Beispielsweise ist die Zahl der Beschäftigten in Westeuropa zwischen 1980 und 1996 per Saldo um 60 Millionen Menschen gestiegen! Daß gleichwohl die Arbeitslosigkeit in diesem Zeitraum zugenommen hat, liegt daran, daß gleichzeitig 75 Millionen Menschen im erwerbsfähigen Alter hinzugekommen sind. Dieses Problem hätte man aber nicht dadurch lösen können, daß man den technischen Fortschritt verlangsamt hätte. Denn dadurch wären nur die Realeinkommen gesenkt worden. Viele der neuen Produkte etwa im Telekommunikationssektor, vom Handy bis zum Internet, hätten sich dann langsamer oder gar nicht verbreitet. Damit aber wären letztlich weniger Arbeitsplätze und weniger Kaufkraft entstanden und nicht mehr, wie die naive Freisetzungstheorie uns glauben machen will.

Woher kommt dann aber die hohe Arbeitslosigkeit, die wir in den meisten Industrieländern (nicht in allen!) in den letzten 30 Jahren beobachtet haben? Mit dem technischen Fortschritt hat dies nur sehr indirekt etwas zu tun. Das sieht man schon daran, daß die Arbeitslosigkeit erst seit Beginn der 70er Jahre zum Problem geworden ist. Technischen Fortschritt hat es aber schon immer gegeben, auch in den 60er Jahren, als weithin noch Vollbeschäftigung herrschte. Also muß irgend etwas anderes passiert sein.

Ein zentrales Problem ist darin zu sehen, daß die Wirtschaftspolitik sich zunehmend auf die Bewahrung bestehender Arbeitsplätze konzentriert hat, anstatt auf die Entstehung neuer Arbeitsplätze zu setzen. So wurde beispielsweise in Deutschland jahrzehntelang die Steinkohleindustrie subventioniert, obwohl sie am Weltmarkt schon lange nicht mehr konkurrenzfähig war. Mehr als 200 Mrd. DM sind im Laufe der Zeit alleine dafür aufgewendet worden. Die wettbewerbsfähigen Wirtschaftszweige hatten mit entsprechenden Steuerlasten buchstäblich die Zeche zu bezahlen und wurden dementsprechend in ihrer eigenen Entfaltung gehemmt.

Damit aber wurde die für eine Marktwirtschaft so wichtige Dynamik der Märkte geschwächt. Schon Schumpeter hatte ja den Wettbewerb als einen Prozeß der schöpferischen Zerstörung beschrieben, in dem das alte weichen muß, um neuen Produkten und Verfahren Platz zu machen. Der Verlust von Arbeitsplätzen in einzelnen Unternehmen und Branchen gehört zum Wesen dieses Prozesses - er ist gewissermaßen der Preis dafür, daß es insgesamt mit den Realeinkommen und der Beschäftigung weiter aufwärts geht. Wer diesen Preis nicht zahlen will und aus vordergründigen Erwägungen versucht, nicht mehr wettbewerbsfähige Arbeitsplätze zu "retten", der wird auf längere Sicht deshalb mehr und nicht weniger Arbeitslose bekommen.

Daß diese Erkenntnis im Laufe der Zeit in Vergessenheit geriet, hängt auch mit einem grundsätzlichen Einstellungswandel der Menschen zusammen. Denn mit zunehmendem Wohlstand in den Industrieländern ist das Bedürfnis nach Absicherung des Erreichten nicht etwa geringer, sondern eher noch größer geworden. In den 50er Jahren gab es in Deutschland aufgrund des verlorenen Krieges und seiner Zerstörungen noch nicht viel Wohlstand zu verteidigen. Jeder ergriff die Chancen, die sich ihm boten, und die gab es in der von Ludwig Erhard durchgesetzten, marktwirtschaftlichen Wirtschaftsordnung reichlich. So entfaltete sich das deutsche "Wirtschaftswunder", Beschäftigung und Lebensstandard stiegen in einem geradezu atemberaubenden Tempo an. Schon 1960 wurde mit einer Arbeitslosenquote von 1,3% praktisch Vollbeschäftigung erreicht, nachdem zehn Jahre vorher noch mehr als ein Zehntel der Bevölkerung arbeitslos gewesen war. Dabei waren seitdem Millionen von Flüchtlingen und Kriegsheimkehrern ins Land geströmt, die alle Arbeit suchten und schließlich auch fanden. Noch viel schneller stieg das reale Sozialprodukt, das sich in der gleichen Zeit weit mehr als verdoppelte.

Dann aber verringerte sich allmählich der Schwung der Wirtschaftswunderjahre. Die Zuwachsraten des realen Sozialprodukts wurden geringer, und namentlich in Europa machte sich seit Beginn der 70er Jahre eine zunehmende Sockelarbeitslosigkeit breit, die auch in konjunkturell guten Jahren nicht mehr entsprechend zurückging. Nur sehr vordergründig hatte dies etwas mit dem Auslaufen des unmittelbaren Nachfragebooms der Nachkriegszeit zu tun; unbefriedigte Bedürfnisse gab und gibt es noch immer mehr als genug. Geändert hat sich vielmehr mit steigendem Wohlstand das Verhalten der Menschen, aber auch der Unternehmen, wenn es um Mobilität und Anpassungsbereitschaft geht.

Wer es beispielsweise als Bergmann mit harter Arbeit schließlich zu bescheidenem Wohlstand gebracht hatte, der mochte sein Zechenhäuschen nicht mehr verkaufen müssen, um vielleicht andernorts beruflich noch einmal ganz neu anzufangen. Es kam hinzu, daß in den meisten Industriestaaten jeder Sektor eine eigene Gewerkschaft hat. Das Interesse dieser Einzelgewerkschaften lag naturgemäß darin, die Beschäftigung in der jeweils eigenen Branche möglichst hoch zu halten, egal ob diese Branche noch wettbewerbsfähig war oder nicht.

So verlagerte sich die wirtschaftspolitische Schwerpunktsetzung zunehmend auf die Sicherung bestehender Arbeitsplätze, denn hier wurde entsprechender Druck von den unmittelbar Betroffenen ausgeübt - übrigens nicht nur von den Belegschaften, sondern auch von den im Strukturwandel benachteiligten Unternehmen selbst. In der Wirtschaft machte sich allmählich eine Subventionsmentalität breit, die bei wirtschaftlichen Schwierigkeiten in erster Linie Hilfe vom Staat erwartete. Gleichzeitig wurden seit Beginn der 70er Jahre die sozialen Sicherungssysteme weiter ausgebaut. Bezugsdauer und Höhe des Arbeitslosengeldes wurden erweitert, die Kündigungsschutzvorschriften wurden verschärft, und in manchen Ländern ging man dazu über, beispielsweise im Krankheitsfall den Lohn vom ersten Tage an zu 100% weiter auszuzahlen. All dies diente in erster Linie dazu, soziale Sicherheit für den einzelnen zu schaffen. Für den Arbeitsmarkt insgesamt erwies es sich jedoch als Eigentor.

Denn spiegelbildlich dazu stiegen die Steuer- und Abgabenlasten und nicht zuletzt die Staatsverschuldung sprunghaft an. Mußte beispielsweise zu Beginn der 60er Jahre ein Facharbeiter in Deutschland noch weniger als 20% seines Bruttoverdienstes an Steuern und Abgaben abführen, so waren es Ende der 90er Jahre schon 40%. Auch die Löhne selbst waren inzwischen kräftig angehoben worden, oft ohne große Rücksicht auf die Entwicklung der tatsächlichen Arbeitsproduktivität. Entsprechend teuer wurde der Einsatz von Arbeit für die Unternehmen, so daß die arbeitsparenden Rationalisierungsinvestitionen oft die Oberhand gegenüber den arbeitschaffenden Erweiterungsinvestitionen gewannen.

So fehlte es schließlich an der notwendigen Marktdynamik, um genügend Arbeitsplätze für die zunehmende Erwerbsbevölkerung zu schaffen. Zudem erstarrten namentlich in Europa die Produktionsstrukturen; so war zu Beginn der 90er Jahre noch ein Drittel der europäischen Arbeitnehmer im industriellen Sektor beschäftigt, während es in Nordamerika nur noch ein Viertel war. In den USA waren unterdessen Millionen von neuen Arbeitsplätzen im Dienstleistungssektor entstanden, der in Europa durch hohe Löhne und zahlreiche Regulierungen in seiner Entfaltung behindert wurde. Das war vor allem deswegen fatal, weil auf den Weltmärkten inzwischen neue Konkurrenten aufgetreten waren, die industrielle Güter oft zu viel niedrigeren Kosten herstellen konnten. Die Zukunft der alten Industriestaaten konnte daher nicht in diesem Bereich liegen. In den 80er Jahren sprach man gar von

"Eurosklerose", um die mangelnde Anpassungsfähigkeit der europäischen Volkswirtschaften an neue Techniken und veränderte Nachfrage- und Wettbewerbsbedingungen zu kennzeichnen.

Inzwischen hat allerdings auch in Europa ein Umdenken in dieser Hinsicht eingesetzt. In vielen europäischen Ländern ist man darangegangen, Regulierungen abzubauen und die Flexibilität auf den Arbeits- und Gütermärkten zu erhöhen. Sogar die Subventionen für nicht mehr wettbewerbsfähige Sektoren versucht man vorsichtig zurückzuführen, um dadurch die staatlichen Abgabenbelastungen zu reduzieren und für mehr wirtschaftliche Dynamik zu sorgen. In der Ökonomie wird dieses Konzept als sogenannte angebotsorientierte Wirtschaftspolitik bezeichnet.

Dies ist ein klares Gegenprogramm zum Keynesianismus der 60er und 70er Jahre, als man das Hauptproblem noch in unzureichender gesamtwirtschaftlicher Nachfrage sah. Der Streit um die Richtigkeit des einen oder anderen Rezeptes füllt seitdem Bände der ökonomischen Literatur. Er läßt sich allerdings kaum auf rein theoretischer Ebene klären, denn es kommt immer darauf an, an welcher Krankheit die betreffende Volkswirtschaft gerade leidet. Möglicherweise muß man manchmal auch beide Rezepte anwenden, denn der volkswirtschaftliche Patient kann durchaus gewissermaßen gleichzeitig Läuse und Flöhe haben.

Eines aber sollte klar geworden sein: Der technische Fortschritt kann zwar Arbeitsplatzverluste in einzelnen Sektoren und Unternehmen zur Folge haben, führt aber aufgrund des Kompensationseffektes sinkender Preise eben nicht zu gesamtwirtschaftlicher Arbeitslosigkeit. Diese ist bestenfalls eine indirekte Folge der technischen Entwicklung, wenn nämlich der notwendige Strukturwandel nicht gelingt. Darum ist die sogenannte technologische Arbeitslosigkeit keine wirklich eigenständige Ursache unserer Beschäftigungsprobleme. Sie ist in Wirklichkeit Symptom der mangelnden Anpassungsfähigkeit einer Volkswirtschaft an veränderte Wettbewerbsbedingungen.

Hinweise zum Weiterlesen:

Ricardos Ansichten zur Wirkung des technischen Fortschritts werden kritisch reflektiert bei M. Blaug, "Economic Theory in Retrospect", 5. Aufl., Cambridge 1997, S. 129 ff.

Eine Analyse des Strukturwandels im Rahmen der modernen Ökonomie bietet P. Stoneman, "The Economic Analysis of Technological Change", Oxford 1983, sowie ders, "The Economic Analysis of Technological Policy", Oxford 1987.

Eine ebenso umfassende wie leicht verständliche Darstellung der Ursachen von Arbeitslosigkeit findet sich bei H. Siebert, "Geht den Deutschen die Arbeit aus?", München 1995.

Inflation und Arbeitslosigkeit

Die Quantitätstheorie

Die meisten Menschen glauben, daß das Leben immer teurer wird. Konnte man in Deutschland vor zwanzig Jahren eine Tasse Kaffee noch für 1 DM bekommen, so kostet sie heute oft mehr als doppelt so viel. Nicht anders verhält es sich mit den meisten anderen Gütern. Ein Sportwagen von der Klasse eines Mercedes 190 SL kostete in den 50er Jahren gerade einmal 15.000 DM; Ende der 90er Jahre mußte man für einen vergleichbaren Wagen schon rd. 50.000 DM bezahlen.

Allerdings hat man früher auch sehr viel weniger Geld verdient; 15.000 DM stellten ein kleines Vermögen dar, das nur wenige Menschen für ein Auto ausgeben konnten. Heute fahren dagegen sogar schon viele junge Leute ein schnittiges Sportcabriolet. Offenbar sind also nicht nur die Preise gestiegen, sondern auch die Einkommen. Wir müssen im Durchschnitt viel weniger Stunden als früher arbeiten, um uns einen Kühlschrank, ein Auto oder ein Brötchen zu kaufen.

Real betrachtet ist also das Leben in Wirklichkeit gar nicht teurer geworden, sondern billiger. Nur nominal, d.h. in Geldeinheiten gerechnet, sind die Preise gestiegen. Das bedeutet aber nichts anderes, als daß der Wert des Geldes gesunken ist, mit dem wir Güter und Arbeitsleistungen bezahlen. Die ständig steigenden Preise spiegeln keine Wohlstandseinbuße wider, sondern Inflation.

Will man das Ausmaß der Geldentwertung messen, so genügt es nicht, die Preisentwicklung einzelner Güter zu betrachten. Vielmehr muß man einen möglichst repräsentativen Warenkorb bilden, in dem alle Güter enthalten sind, die beispielsweise ein Arbeitnehmerhaushalt mit mittlerem Einkommen üblicherweise nachfragt. Gelegentlich wird dieser Warenkorb vom Statistischen Bundesamt auf den neuesten Stand gebracht. Beispielsweise hat man Ende der 80er Jahre Herrenschlafanzüge herausgenommen und dafür u.a. Tennisschläger hineingelegt, um den aktuellen Verbrauchsgewohnheiten gerecht zu werden.

Gemessen an diesem Warenkorb hat sich das Preisniveau in Deutschland zwischen 1950 und 1985 verdreifacht. Das entsprach zwar nur einer durchschnittlichen Inflationsrate von knapp 4% pro Jahr. Diese schleichende Inflation hat aber eben ausgereicht, um den Wert einer D-Mark auf ein Drittel ihres ursprünglichen Wertes zu reduzieren. In den meisten anderen Industrieländern hat die Geldentwertung noch ein viel höheres Ausmaß erreicht, so daß ihre Währungen gegenüber der D-Mark an Wert verloren haben. Bezahlte man z.B. nach dem Zweiten Weltkrieg noch 4,20 DM für einen Dollar, so ist sein Wert bis Ende der 90er Jahre auf rd. 1,60 DM gefallen.

Die Inflation ist kein Phänomen unseres Jahrhunderts. Wir wissen, daß es schon im alten Athen des öfteren zu einer Entwertung des Geldes gekommen ist, obwohl dort kein Papiergeld, sondern Edelmetalle wie Kupfer und Silber als Zahlungsmittel dienten. Der Grund lag darin, daß durch neue Edelmetallfunde oder Kriegsbeute die Edelmetallmenge zunahm. Dadurch stand dem bisherigen Handelsvolumen plötzlich eine größere Geldmenge gegenüber. Dies führte dazu, daß der relative Wert der Edelmetalle sank und dementsprechend die Güterpreise, in Silber gerechnet, stiegen.

Ähnliche Inflationsentwicklungen kamen auch im Mittelalter vor, beispielsweise im Zusammenhang mit den Goldrauben der Spanier in Südamerika. Es kam damals aber noch ein zweiter Grund hinzu, nämlich das Phänomen der Münzverschlechterung. Jeder Fürst prägte seine eigenen Münzen aus, und es lag nahe, ihren Edelmetallgehalt zu verringern, um mehr Geld ausgeben zu können. Folge dieser "Kipper und Wipper"-Betrügereien waren wiederum steigende Güterpreise. Die meisten Menschen glaubten, daß der verringerte stoffliche Wert der Münzen dafür verantwortlich sei. Das war jedoch eine zu oberflächliche Erklärung. Letztlich verloren die Münzen allein deswegen an Wert, weil sie in zu großer Menge auf den Markt kamen. Eine stofflich noch so minderwertige Münze hätte gleichwohl wertstabil bleiben können, wenn sie nur entsprechend knapp gehalten worden wäre. Anders wäre das Funktionieren des später aufkommenden Papiergeldes kaum möglich gewesen, wenngleich auch damit reichlicher Mißbrauch getrieben wurde.

Ganz schlimm hat es beispielsweise die Deutsche Reichsbank nach dem Ersten Weltkrieg getrieben. Der durch Reparationszahlungen und Inlandsschulden finanziell in Bedrängnis geratene Staat veranlaßte sie, immer mehr Geld ohne Rücksicht auf die reale Wirtschaftsleistung zu drucken, mit dem er seine Ausgaben finanzierte. Daraufhin kam es zu der wohl stärksten Inflation aller Zeiten: Die Preise stiegen praktisch stündlich, und wer sich mit Bündeln von Papiergeld in eine der endlosen Warteschlangen vor den Geschäften einreihte, konnte keineswegs sicher sein, dafür noch etwas zu bekommen, wenn er endlich an der Reihe war. Auf dem Höhepunkt der Inflation mußten 1,2 Billionen Mark für einen Dollar gezahlt werden! Die Menschen gingen in ihrer Not wieder zum primitiven Tauschhandel Ware gegen Ware über, es entstand die sogenannte Zigarettenwährung.

Am Ende der deutschen Hyperinflation war der Geldwert völlig zerrüttet. Eine Billion Mark wurden schließlich in der Währungsreform gegen nur eine Rentenmark umgetauscht.
(Bildnachweis: L. Köllner, Von Marx bis Erhard, Velbert/Kettwig, 1967, S. 161)

Schließlich kam es zur Währungsreform, in der zunächst die sogenannte Rentenmark an die Stelle der wertlos gewordenen Mark trat. Um der Bevölkerung Vertrauen in die neue Währung einzuflößen, verwendete man einen Trick. Offiziell sollte nämlich die Rentenmark durch Grund und Boden "gedeckt" sein, was aber eine reine Fiktion war. Entscheidend für den Erfolg war vielmehr ausschließlich, daß das neue Geld tatsächlich knapp gehalten wurde. Die Rentenmark wurde später durch die Reichsmark abgelöst, die sich zunächst auch als weitgehend wertstabil erwies. Aber Millionen von Sparern und nicht zuletzt auch die Sozialversicherungen hatten durch die vorangegangene Inflation ihr gesamtes Vermögen verloren.

Nach dem Zweiten Weltkrieg ist es in Deutschland noch einmal zu einer galoppierenden Inflation gekommen, bis schließlich 1949 im Zuge einer neuerlichen Währungsreform die Reichsmark durch die D-Mark ersetzt wurde. Aus diesen historischen Erfahrungen ist die ausgeprägte Inflationsabneigung der Deutschen zu erklären. Die neugeschaffene Bundesbank erhielt als erste Zentralbank die volle Unabhängigkeit von der Regierung. Sie hat diesen Vorzug auch durch disziplinierte Geldpolitik zu nutzen gewußt und die D-Mark zu einer der stabilsten Währungen der Welt gemacht.

Auch in anderen Teilen der Welt sind Hyperinflationen bis in die jüngste Zeit hinein vorgekommen, so in Lateinamerika Anfang der 80er Jahre und in den früheren Ostblockländern nach dem Zusammenbruch des Sozialismus Anfang der 90er Jahre. In den westlichen Industrieländern hat man es dagegen nach dem Zweiten Weltkrieg nur mit Inflationsraten von etwa 5 bis 15% pro Jahr zu tun gehabt.

Die sogenannte Quantitätstheorie des Geldes erklärt auch diese sogenannte schleichende Inflation damit, daß zu viel Geld in Umlauf gebracht wurde. In einer einfachen Version wurde diese Theorie bereits von den Klassikern der Nationalökonomie des 18. Jahrhunderts vertreten, insbesondere von David Hume (1711-1776). Wiederbelebt und in verfeinerter Form formuliert wurde die Quantitätstheorie von dem amerikanischen Ökonomen Irving Fisher (1867 - 1947), einem Hauptvertreter der Neoklassik. Fisher brachte insbesondere die Umlaufsgeschwindigkeit des Geldes als neue Erklärungskomponente ins Spiel. Danach hängt das finanzierbare Handelsvolumen nicht nur von der Menge des umlaufenden Geldes ab, sondern auch davon, wie oft ein Geldschein pro Jahr den Besitzer wechselt.

Laufen beispielsweise 100 Geldscheine um und wird jeder Geldschein zweimal pro Jahr für Zahlungszwecke verwendet, dann kann damit offenbar ein Handelsvolumen im Wert von 200 Geldeinheiten finanziert werden. Werden nun mengenmäßig insgesamt 50 Güter gehandelt, so entspricht der durchschnittliche Preis jeder Gütereinheit offenbar 4 Geldeinheiten. Diese Beziehung ist als Fishersche Verkehrsgleichung in die Nationalökonomie eingegangen. In etwas anderer Formulierung wird sie auch als Cambridgegleichung oder einfach als Quantitätsgleichung bezeichnet.

Aus der Quantitätsgleichung ist klar ersichtlich, was passieren wird, wenn die Geldmenge stärker steigt als das reale Handelsvolumen. Vorausgesetzt, die Umlaufsgeschwindigkeit des Geldes bleibt unverändert, müssen zwangsläufig die Güterpreise entsprechend steigen, d.h. es kommt zu Inflation. Steigt umgekehrt die Geldmenge weniger stark als das Handelsvolumen oder sinkt sie gar, so kommt es zu sinkenden Güterpreisen. Dies ist das Phänomen der Deflation, das zuletzt in der Weltwirtschaftskrise der 30er Jahre aufgetreten ist.

Mit der Quantitätsgleichung kann man daher leicht erklären, was damals geschah. Die Geldmenge war aufgrund des Börsenkrachs und der nachfolgenden Bankenzusammenbrüche schlagartig gesunken. Die Güterpreise gaben entsprechend nach und es kam zu einer allgemeinen Deflation. Aber die Preise konnten nicht annähernd so stark sinken wie die Geldmenge, weil die Löhne und die Zinsen auf das Fremdkapital der Unternehmen vertraglich fixiert waren. Also mußte bei gegebener Umlaufsgeschwindigkeit des Geldes das reale Handelsvolumen und damit auch das Sozialprodukt zurückgehen. Auch aus der Sicht des einzelnen Unternehmens war das logisch: Wenn die gesamtwirtschaftliche Kaufkraft abnimmt, aber die Kosten nicht entsprechend gesenkt werden können, muß es zu Absatzeinbußen und Arbeitslosigkeit kommen. Genau das ist damals auch passiert.

Der Streit um die Phillipskurve

Diese quantitätstheoretische Erklärung der Weltwirtschaftskrise wurde vor allem von Milton Friedman, dem Nobelpreisträger des Jahres 1976 vorgetragen. Friedman ist der Begründer der sogenannten monetaristischen Schule der Nationalökonomie, die man auch als Neoquantitätstheorie bezeichnet. Obwohl sich der Monetarismus ausdrücklich als Gegenbewegung zum Keynesianismus verstand, ist die Friedmansche Erklärung der Weltwirtschaftskrise von 1929 der Erklärung von Keynes im Grunde recht ähnlich. Die Unterschiede liegen eher in der den wirtschaftspolitischen Empfehlungen, um künftig derartige Krisen zu vermeiden. Und dabei spielt die Inflationsgefahr, mit der sich Keynes in seiner "General Theory" kaum beschäftigt hatte, eine ganz entscheidende Rolle.

Der theoretische Streit zwischen Monetaristen und Keynesianern entzündete sich vor allem an der sogenannten Phillipskurve. Im Jahre 1958 hatte Alban W. Phillips (1914 - 1975) eine Arbeit veröffentlicht, in welcher er Arbeitslosigkeit und Lohnentwicklung in Großbritannien für jedes Jahr zwischen 1862 und 1957 einander gegenüberstellte. Dabei stellte er fest, daß die Löhne immer dann relativ stark gestiegen waren, wenn die Arbeitslosigkeit gering war. In Jahren mit hoher Arbeitslosigkeit waren die Lohnsteigerungsraten dagegen relativ niedrig ausgefallen oder sogar gesunken. Phillips stellte diesen Zusammenhang in einem Diagramm dar, wobei er auf der X-Achse die Arbeitslosenquote und auf der Y-Achse die Lohnsteigerungsrate abtrug. Das Ergebnis war eine von links nach rechts abfallende Kurve - die berühmte Phillipskurve.

In der Originalversion von Phillips war diese Kurve noch wenig spektakulär, denn sie war offenbar leicht zu erklären. Bei niedriger Arbeitslosigkeit waren die Arbeitskräfte eben knapp und konnten entsprechend hohe Löhne durchsetzen. Bei hoher Arbeitslosigkeit mußten sie dagegen froh sein, überhaupt ihren Arbeitsplatz zu behalten.

Brisant wurde die Phillipskurve erst durch eine leichte Modifikation, welche Paul Samuelson und Robert Solow 1960 vornahmen. Sie ersetzten nämlich die Lohnsteigerungsrate durch die Preissteigerungsrate und erhielten dabei einen ganz ähnlichen Kurvenverlauf: Hohe Inflationsraten waren mit niedriger Arbeitslosigkeit verbunden und niedrige Inflationsraten mit hoher Arbeitslosigkeit. In dieser Form schien die Phillipskurve einen grundsätzlichen Zielkonflikt anzuzeigen. Man konnte offenbar zwischen den beiden Übeln Inflation und Arbeitslosigkeit nur wählen, nicht aber beides gleichzeitig vermeiden!

Eine ganze Generation von Ökonomen wurde fortan in diesem Geiste ausgebildet. Bald sprach man gar vom magischen Viereck der Ziele Vollbeschäftigung, Preisniveaustabilität, Wirtschaftswachstum und Zahlungsbilanzausgleich, die sich prinzipiell nicht alle gleichzeitig verwirklichen ließen. Vielmehr müsse die Politik hier Prioritäten setzen. Und die Ökonomen, die damals fast alle überzeugte Keynesianer waren, lieferten dazu das passende Instrumentarium. In den Hörsälen wurden fleißig Kurven in allerlei Diagrammen verschoben, um ein geeignetes "policy mix" zu finden. Dabei wurde je nach der aktuellen Problemlage mal das eine, dann wieder das andere Ziel in den Vordergrund gerückt. Der Glaube an die staatliche Steuerbarkeit des Wirtschaftsablaufes hatte einen Höhepunkt erreicht.

Es verwundert nicht, daß dabei dem Vollbeschäftigungsziel meist die höchste Priorität zugewiesen wurde. Berüchtigt ist bis heute ein Satz des damaligen deutschen Bundeskanzlers Helmut Schmidt aus den 70er Jahren, 5% Inflation seien ihm lieber als 5% Arbeitslosigkeit. Berüchtigt deswegen, weil er kurze Zeit später beides hatte. Denn die Interpretation der Phillipskurve als Wahlmöglichkeit zwischen den beiden Übeln beruhte auf einem fatalen Denkfehler.

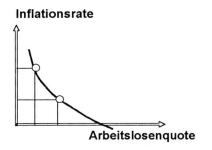 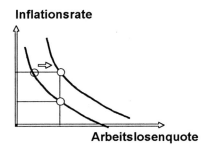

Kurzfristig kann man nach der Phillipskurve die Arbeitslosenrate senken, indem man mehr Inflation zuläßt (linke Abb.). Auf längere Sicht verschiebt sich die Kurve dadurch jedoch nach rechts, so daß am Ende nur eine höhere Inflationsrate übrigbleibt (rechte Abb.).

Es oblag den Monetaristen Milton Friedman und Edmund S. Phelps, diesen Denkfehler aufzudecken. Bereits Ende der 60er Jahre wiesen sie darauf hin, daß die Phillipskurve in der Version von Samuelson und Solow eine gewisse Naivität der Arbeitnehmer und ihrer Gewerkschaften voraussetzte. Denn wieso sank die Arbeitslosigkeit, wenn die Güterpreise anstiegen? Offenbar weil dadurch die Gewinne der Unternehmen zunahmen, so daß zusätzliche Produktion rentabel wurde. Das aber war nur möglich, wenn nicht gleichzeitig auch die Löhne entsprechend stiegen. Die reale Kaufkraft des einzelnen Arbeitnehmers mußte also hinter der nominellen Steigerung seines Lohnes zurückbleiben oder sogar sinken. Tatsächlich ist dies auch das typische Muster eines Konjunkturaufschwungs.

Friedman und Phelps argumentierten nun, daß dies kein Zustand von Dauer sein könne. Sobald die Arbeitnehmer merken, daß die Inflation die Kaufkraft ihrer Löhne schmälert, werden sie vielmehr entsprechende Nachschlagsforderungen erheben. Zumindest werden sie bei der nächsten Lohnrunde die Inflationsrate in ihren Lohnforderungen mit einrechnen, weil sie eben nicht mehr der sogenannten "Geldillusion" unterliegen. Damit aber sinken die Unternehmensgewinne, und der anfängliche Beschäftigungszuwachs geht schließlich wieder verloren. Die Phillipskurve beschreibt also nach monetaristischer Interpretation nur einen kurzfristigen Zusammenhang im Zuge des Konjunkturaufschwungs. Langfristig, das heißt über den gesamten Zyklus von Aufschwung und Abschwung gesehen, wird sich die Arbeitslosenquote auch durch Inkaufnahme von Inflation nicht senken lassen.

Damit aber nicht genug. Angenommen die Zentralbank fährt fort, die Geldmenge zu stark auszudehnen, so daß in jedem Jahr die Preise um beispielsweise 5% steigen. Nach einer gewissen Anlaufzeit werden dann auch die Löhne jedes Jahr entsprechend stärker zunehmen, so daß auf Dauer dadurch kein positiver Beschäftigungseffekt erzielt werden kann. Damit hätte man sich aber Inflation eingehandelt, ohne die Arbeitslosigkeit letztlich verringern zu können! Sobald man also versucht, sich die angebliche Wahlmöglichkeit der Phillipskurve durch expansive Geldpolitik zunutze zu machen, verschiebt sie sich nach oben. Sie bietet daher in Wirklichkeit gar keine Wahlmöglichkeit zwischen Inflation und Arbeitslosigkeit, abgesehen von relativ kurzfristigen Effekten.

Diese Argumentation der Monetaristen ist in der Folgezeit von den sogenannten Neuklassikern noch verfeinert und sogar verschärft worden. Die neuklassische Theorie ist Ende der 70er Jahre vor allem von Robert E. Lucas (geb. 1937) entwickelt worden. Lucas erklärte das anfängliche Funktionieren der antizyklischen Geldpolitik in den 60er Jahren wie folgt: Eine steigende Geldmenge führte zu steigender Nachfrage auf allen Märkten, und jeder Produzent sah sich dadurch veranlaßt, mehr zu investieren und zusätzliche Arbeitskräfte einzustellen. Scheinbar wurde ja sein Produkt stärker nachgefragt, und so schien es sinnvoll, Investitionen zu tätigen, die sich vorher nicht gelohnt hatten.

Die steigende Investitionsnachfrage aller Produzenten führte aber dazu, daß Arbeitskräfte und Investitionsgüter knapp wurden. Infolgedessen stiegen die Löhne und die Preise. Am Ende mußten daher alle Produzenten feststellen, daß in Wirklichkeit gar nicht die reale Nachfrage nach ihren Produkten gestiegen war, sondern nur die Geldmenge. Da damit aber letztlich nicht nur die Nachfrage um beispielsweise 5% gestiegen war, sondern eben auch alle Preise und Löhne, dann war es offenbar unsinnig gewesen, mehr zu produzieren. Denn der Gewinn konnte unter diesen Umständen nicht steigen - die Produzenten waren von der Geldpolitik getäuscht worden. Infolgedessen reduzierten sie ihre Produktion wieder auf das ursprüngliche Niveau.

Im Endeffekt hatte die expansive Geldpolitik damit zwar zeitweilig zu einer Belebung der Wirtschaftstätigkeit geführt. Aber letztlich verpuffte diese Wirkung wieder, und übrig blieb nur ein höheres allgemeines Preis- und

Lohnniveau, also eine Entwertung des Geldes. Insoweit bestätigt sich das Ergebnis der Monetaristen auch nach dieser Argumentation.

Mit der Zeit wurden die Unternehmer nach Lucas aber schlauer. Wenn der Staat die Nachfrage durch eine unangemessene Geldmengenerhöhung zu beleben versuchte, dann sahen sie schon kommen, daß dadurch im Endeffekt nur Inflation entstehen würde. Ebenso sahen sie schon voraus, daß steigende Staatsausgaben letztlich zu höheren Steuern führen mußten. Also erhöhten sie gar nicht erst ihre Produktion, sondern lieber gleich die Preise. Damit wurde nach Lucas die keynesianische Konjunkturpolitik sogar kurzfristig völlig wirkungslos. Sie führte bestenfalls zu Inflation, ohne das reale Wirtschaftswachstum beleben zu können. Mit dieser Überlegung versuchten die Neuklassiker vor allem das Phänomen der sogenannten Stagflation zu erklären, also das gleichzeitige Vorliegen von Inflation und Nullwachstum.

Lucas verwendete hier die bereits 1961 von seinem amerikanischen Kollegen John F. Muth (geb. 1930) vertretene These der sogenannten rationalen Erwartungen. Diese These besagt, daß alle Wirtschaftssubjekte im Prinzip voraussehen, wie sich wirtschaftspolitische Maßnahmen auswirken werden, und entsprechend handeln. Es ist nicht ohne Ironie, daß Lucas im Privatleben selbst gewissermaßen Opfer rationaler Erwartungen wurde, nämlich der rationalen Erwartungen seiner Ehefrau. Sie ließ in der Scheidungsvereinbarung festlegen, daß ihr die Hälfte des Geldes zustehen sollte, das Lucas im Falle der Verleihung des Nobelpreises erhalten würde. Kaum war die Scheidung vollzogen, wurde Lucas 1996 tatsächlich der Nobelpreis verliehen. Er soll dies allerdings ganz im Stile eines Gentlemans mit den Worten kommentiert haben, abgemacht sei eben abgemacht.

Die These, daß alle Wirtschaftssubjekte rationale Erwartungen haben, erscheint allerdings überzogen. Sie läßt sich auch kaum mit der Beobachtung in Einklang bringen, daß auch heute noch zumindest kurzfristig ein gewisser Beschäftigungseffekt mithilfe expansiver Geldpolitik oder steigenden Staatsausgaben erzielt werden kann.

Das neuklassische Modell zeigt aber dennoch sehr anschaulich, wie sich die Reaktionen einer Volkswirtschaft verändern können, wenn die Menschen aus der Erfahrung lernen. Wirtschaftspolitische Maßnahmen, die gestern noch gewirkt haben, können deshalb morgen schon versagen. In der Tat ist es den Keynesianern mit ihren nachfragebelebenden Instrumenten so ergangen. Ähnlich einer Droge mußte die Dosis in den 70er Jahren ständig erhöht werden, bis sie schließlich kaum noch Wirkung zeigte. Stattdessen stieg der Anteil der Staatsausgaben am Sozialprodukt ständig, und vor allem nahm auch die Staatsverschuldung in praktisch allen Industrieländern dramatisch zu. Das lag nicht zuletzt daran, daß die Politiker zwar in der Rezession gerne die Ausgaben erhöhten, sich aber scheuten, sie in konjunkturell guten Jahren wieder zurückzuführen, denn das war weit weniger populär. So ist beispielsweise in Westdeutschland der Staatsanteil zwischen 1970 und 1985 von knapp 39% auf 47% des Sozialprodukts angeschwollen, und die

Staatsverschuldung stieg von 25% auf knapp 43% an. Die Arbeitslosenquote ist im gleichen Zeitraum jedoch nicht etwa gesunken, sondern sie hat sich von 0,6% auf über 7% erhöht.

Inzwischen scheint man allerdings auch in dieser Hinsicht aus der Erfahrung klug geworden zu sein. Im Laufe der 8oer Jahre wurde in den meisten Ländern die Geldpolitik immer weniger zur kurzfristigen Beschäftigungsstimulierung benutzt, und es gelang sogar, die Inflationsraten bis Mitte der 90er Jahre auf ein so niedriges Niveau wie nie zuvor herunterzuschleusen. Geblieben sind allerdings die hohen Staatsschulden als Erbe der Vergangenheit, und ein weiteres Erbe aus dieser Zeit ist die hohe Arbeitslosigkeit in den meisten Industrieländern.

Die Bullionistenkontroverse

Kommen wir abschließend noch einmal auf die Inflation zurück. Manche Ökonomen sind der Auffassung, steigende Preise ließen sich auch ohne eine vorhergehende Geldmengenausweitung erklären. Es wird zwar zugegeben, daß jeweils auch eine Erhöhung der Geldmenge dazu notwendig ist, so wie es die Quantitätsgleichung besagt. Entscheidend ist aber, daß jetzt Ursache und Wirkung genau anders herum gesehen werden, als es die Monetaristen tun. Die Geldmengenerhöhung steht nicht mehr am Anfang der Wirkungskette, sondern sie ist nur Folge der Inflation, die letztlich auf ganz anderen Ursachen beruht.

Als eigentliche Ursache werden zwei Alternativen angeboten: Die sogenannte Kostendrucktheorie geht davon aus, daß aus irgendwelchen Gründen zunächst die Produktionskosten steigen, beispielsweise durch steigende Löhne. Indem die Unternehmen versuchen, die gestiegenen Kosten auf die Verbraucher zu überwälzen, treiben sie die Preise nach oben und verursachen so die sogenannte Kostendruck-Inflation.

Die alternative Nachfragesogtheorie sieht den Anstoß für steigende Preise in einer zu großen Nachfrage, die beispielsweise vom Staat ausgehen kann. Reichen die gesamtwirtschaftlichen Produktionskapazitäten nicht aus, um die gesamte Nachfrage zu decken, so steigen eben die Preise. Für diesen Fall hat sich der Ausdruck Nachfragesog-Inflation eingebürgert.

In beiden Fällen muß offenbar die Geldmenge irgendwie automatisch mitsteigen, da sonst die steigenden Preise nicht bezahlt werden könnten. Technisch wird das dadurch zu erklären versucht, daß die Zentralbank die Geldmenge gar nicht exakt steuern könne; sie ergebe sich vielmehr vor allem aus der Kreditnachfrage der Wirtschaft. Je mehr Kredite nachgefragt werden, desto mehr Wechsel und andere Wertpapiere werden bei der Zentralbank zum Diskont eingereicht und desto mehr Geld entsteht. Zudem verfügen die Geschäftsbanken auch über einen gewissen eigenen Geldschöpfungsspielraum, wie wir ja schon gesehen haben. Steigt die Kreditnachfrage der Wirtschaft, dann werden sie diesen Spielraum stärker als bisher nutzen, indem sie sogenannte Überschußreserven abbauen und damit zusätzliches Geld schaffen.

Hier kommt deutlich die alte Banking-Theorie wieder zum Vorschein, wonach sich der Geldbedarf der Wirtschaft mehr oder weniger von selbst regelt. Tatsächlich wurde genau die gleiche Diskussion um die eigentlichen Inflationsursachen schon zu Zeiten David Ricardos geführt, und zwar in der sogenannten Bullionisten-Kontroverse. Bullion nannte man die Goldbarren, die damals noch den Kern der Geldmenge bildeten. Zusätzlich lief aber auch Papiergeld um. Die Bank von England war verpflichtet, dieses Papiergeld jederzeit gegen Gold einzutauschen, und zwar zum Kurs von 3,894 Pfund Sterling pro Unze Gold. Dieser Kurs war übrigens im Jahre 1717 durch den großen Mathematiker Isaac Newton (1643 - 1727) festgesetzt worden, der damals Obermünzmeister gewesen war.

Nachdem England 1793 in den Krieg gegen Frankreich eingetreten war, kam es zu steigenden Lebensmittelpreisen. Auch der Preis des Goldes, in Einheiten des Papiergeldes gemessen, stieg stark an. Es herrschte mit anderen Worten plötzlich Inflation. Viele Ökonomen erklärten die steigenden Preise mit der damals herrschenden Güterknappheit. Es war nämlich zu einigen Mißernten gekommen, und auch der Krieg beanspruchte viele Ressourcen. Schon damals wurde von den sogenannten "Anti-Bullionisten" die These vertreten, daß die gestiegene Geldmenge nur Folge, nicht Ursache der steigenden Preise sei. Zum Zwecke der Kriegsfinanzierung hatte nämlich die Bank von England insbesondere dem Staat große Summen von Notengeld gegen Staatspapiere zur Verfügung gestellt, die jetzt in Umlauf kamen.

Die sogenannten Bullionisten, unter ihnen auch David Ricardo, erklärten die Inflation dagegen ausschließlich aus dem zu hohen Umlauf von Papiergeld. Wäre die Papiergeldmenge nicht erhöht worden, so hätten auch die Preise nicht steigen können. Was auch immer Ursache, was Wirkung gewesen sein mag, unstreitig war jedenfalls, daß ohne Geldmengenausweitung keine wirkliche Inflation möglich gewesen wäre.

Die weitere Entwicklung im damaligen England zeigte dies deutlich. Nachdem die Preise zu steigen begonnen hatten und das Papiergeld offensichtlich immer weniger wert wurde, folgte ein Run auf die Landbanken; jedermann versuchte, Papiergeld gegen Gold einzutauschen. Schließlich mußte die Bank von England 1797 von ihrer Einlösepflicht mangels hinreichender Goldreserven suspendiert werden. Daraufhin ging die Inflation erst richtig los, und der Wert des Pfund Sterling sank um rund 30%.

Nach dem Sieg über Napoleon bei Waterloo im Jahre 1815 entspannte sich die Situation. 1823 wurde mit der ersten Peelschen Bankakte die Goldeinlösepflicht offiziell wieder eingeführt. Trotzdem kam es in der Folgezeit immer wieder zu inflationären Entwicklungen. Nach weiteren geldtheoretischen Kontroversen in der sogenannten Banking-Currency-Debatte folgte schließlich 1844 die zweite Peelsche Bankakte. Sie schrieb der Bank von England vor, künftig für fast 100% ihrer ausgegebenen Banknoten eine entsprechende Goldreserve zu halten. Die Notenausgabe gegen Staatspapiere wurde auf 14 Millionen Pfund beschränkt. Damit hatten die Bullionisten, die weitgehend identisch mit den Vertretern der Currency-Theorie waren, den politischen Sieg errungen.

Auch heute dominiert unter den Ökonomen die quantitätstheoretische Inflationserklärung, wonach eine Geldmengenerhöhung die eigentliche Ursache von Inflation ist. Allenfalls kurzfristig und in beschränktem Ausmaß können die Preise auch ohne eine Geldmengenerhöhung der Zentralbank steigen, beispielsweise weil die Banken ihren Geldschöpfungsspielraum noch nicht ganz ausgeschöpft haben.

Zudem ist zu erwarten, daß die Umlaufsgeschwindigkeit des Geldes steigt, wenn die Preise erst einmal ins Laufen gekommen sind. Denn wenn das Geld immer weniger wert wird, ist man meist bestrebt, es rasch auszugeben. Durch diesen interessanten Effekt, der vor allem in monetaristischen Konjunkturtheorien eine wichtige Rolle spielt, kann die Inflation eine Zeitlang zusätzlich angeheizt werden. Aber auf Dauer trägt all dies nicht weit genug, um größere Inflationen ohne die ständige Zufuhr neuen Geldes zu erklären. Kostendruck-Inflation und Nachfragesog-Inflation sind daher bestenfalls Randerscheinungen des eigentlichen Problems, nämlich einer zu ausgiebigen Bedienung der Notenpresse.

Hinweise zum Weiterlesen:

Die geldtheoretischen Kontroversen im 19. Jahrhundert kann man gut nachlesen bei W. Ellis, "David Ricardo", im Sammelband von J. Starbatty (Hg.), "Klassiker des ökonomischen Denkens", Bd. I., München 1989, S. 188 - 207.

Die Diskussion um die Phillipskurve wird nachgezeichnet in B. Felderer/St. Homburg, "Makroökonomik und neue Makroökonomik", 5. Aufl., Berlin u.a. 1997, Kapitel X. Sehr schön ist auch die Darstellung bei W. Kösters/B. Hofmann, "40 Jahre Phillipskurve: Ein kurzer aktueller Überblick über eine lange Diskussion." in: R. Hüpen/T. Werbeck, Wirtschaftslehre zwischen Modell und Realität, Stuttgart 1998, S. 157 - 177.

Eine ausführliche Darstellung des Inflationsphänomens bietet W. Ströbele, "Inflation. Einführung in Theorie und Politik", 4. Aufl., München 1995.

Wachstum und Wohlstand

Lob des Sparens

Für die Klassiker der Nationalökonomie im 18. und 19. Jahrhundert war klar, daß der "Wohlstand der Nationen" nur durch Wirtschaftswachstum vermehrt werden konnte. Sie hatten dabei aber weniger den technischen Fortschritt als Motor des Wirtschaftswachstums im Auge als vielmehr die Kapitalbildung. Denn bei gegebenem Stand der Technik konnten nur dadurch zusätzliche Arbeitsplätze geschaffen und die vorhandenen Arbeitsplätze produktiver gemacht werden, daß die Kapitalausstattung der Volkswirtschaft gesteigert wurde.

Man muß sich klarmachen, daß damals die Bevölkerung bereits viel stärker wuchs, als es etwa noch im Mittelalter der Fall gewesen war. Das lag daran, daß aufgrund des medizinischen Fortschritts und besserer Hygiene die Kindersterblichkeit abnahm und auch weniger Menschen durch Seuchen und Kriege hinweggerafft wurden. Auf dem Lande gab es nicht genug Arbeit für alle, und so drängten die Menschen in die Städte, um ihren Lebensunterhalt in den Manufakturen und Fabriken zu verdienen.

Der Aufbau einer Fabrik erforderte aber Kapital. Zum einen mußten Rohprodukte und Maschinen angeschafft werden. Zum anderen mußte aber auch der Lohn der Arbeiter zunächst einmal vorfinanziert werden, bevor etwas produziert und verkauft werden konnte. In der Begrenztheit des dafür zur Verfügung stehenden Kapitals, des sogenannten Lohnfonds, sahen die Klassiker den entscheidenden Engpaß. Denn der Lohnfonds, dividiert durch den Lohnsatz, ergab die Zahl der Arbeiter, die beschäftigt werden konnten.

Tatsächlich war die klassische Arbeitslosigkeit des 19. Jahrhunderts vor allem Kapitalmangelarbeitslosigkeit. Das Problem lag nicht in mangelnder Nachfrage, sondern in fehlenden Produktionskapazitäten. Daher betrachteten die Klassiker das Sparen als etwas gutes, ja sogar lebensnotwendiges in einer Volkswirtschaft. Denn nur durch vermehrtes Sparen konnte der Lohnfonds erhöht werden.

Vor diesem Hintergrund kann es nicht verwundern, daß die Staatsverschuldung sehr kritisch betrachtet, wenn nicht sogar rundweg abgelehnt wurde. Stattdessen sollte der Staat nach klassischer Auffassung seine Ausgaben vorzugsweise über Steuern auf den Konsum finanzieren. Denn dies würde insbesondere die Reichen veranlassen, ihre Luxusausgaben zu reduzieren und stattdessen mehr zu sparen. Dagegen würden staatliche Schulden nur die Zinsen hochtreiben und damit die dringend nötigen privaten Investitionen beeinträchtigen. Heute bezeichnet man dies als den sogenannten crowding out - Effekt.

Allenfalls für staatliche Investitionen, z.B. in das Verkehrsnetz, wurde eine Finanzierung auf Kredit akzeptiert. Denn solche sogenannten werbenden Ausgaben erleichterten ja auch die private Güterproduktion, und angesichts der Langlebigkeit etwa von Kanälen und Straßen schien es nur recht und billig, daß deren Kosten auf mehrere Generationen verteilt wurden. Noch heute gibt es im deutschen Grundgesetz eine Vorschrift, wonach die staatliche Neuverschuldung in der Regel nicht höher ausfallen darf als die staatlichen Investitionen.

Die volkswirtschaftliche Sparquote, d.h. der Anteil der Ersparnis am Volkseinkommen, steht auch im Zentrum der neueren Wachstumstheorie. Sie wurde von Robert M. Solow (geb. 1924) begründet, der dafür 1987 den Nobelpreis erhielt. Im Gegensatz zur Konjunkturtheorie geht es in der Wachstumstheorie nicht um Schwankungen im Auslastungsgrad der Produktionskapazitäten, sondern um das langfristige Wachstum der Produktionskapazitäten selbst. Ähnlich wie bei den Klassikern steht also nicht die volkswirtschaftliche Nachfrage im Vordergrund, sondern das volkswirtschaftliche Güterangebot und die damit verbundene Schaffung von Arbeitsplätzen.

Die von manchen Keynesianern vertretene Auffassung, auch dauerhaft könne es zu einem Nachfragemangel aufgrund von gesättigten Bedürfnissen kommen, halten die Neoklassiker ohnehin für abwegig. Solange es noch Armut in der Welt gibt, und solange selbst die relativ gutverdienenden Arbeiter in den Industriestaaten jedes Jahr mehr Lohn verlangen, kann von befriedigten Bedürfnissen offenbar in der Tat keine Rede sein.

Auch gemäß der neoklassischen Wachstumstheorie wirkt es sich daher günstig aus, wenn in einer Volkswirtschaft viel gespart wird. Denn dadurch steigt die Kapitalausstattung der Arbeitsplätze, und dies führt zu einem höheren Produktionsniveau pro Kopf. Allerdings werden die Produktionszuwächse, die mit einer zusätzlichen Kapitaleinheit pro Arbeiter erreicht werden können, in der Tendenz immer geringer werden. Das liegt daran, daß das Kapital natürlich immer zuerst in die rentabelsten Verwendungen fließen wird. Mit zunehmendem Kapitalbestand müssen also immer weniger günstige Verwendungen des Kapitals genutzt werden, d.h. die Rentabilität des Kapitaleinsatzes wird sinken.

Auf der anderen Seite werden aber die Kapitalgeber eine gewisse Mindestverzinsung ihrer Ersparnisse verlangen. Sobald diese nicht mehr erreicht werden kann, hört die Kapitalakkumulation auf. Im Gleichgewicht wird also die Produktivität der letzten investierten Kapitaleinheit, die sogenannte Grenzproduktivität des Kapitals, gerade dem geltenden Marktzins entsprechen, und das Wirtschaftswachstum endet an diesem Punkt. Nur wenn sich durch technischen Fortschritt die Grenzproduktivität des Kapitals erhöht, ergeben sich wieder neue Investitionsgelegenheiten und neues Wirtschaftswachstum wird entstehen.

Joseph Schumpeter war noch davon ausgegangen, daß der technische Fortschritt schubweise auftritt. Auf diese Weise erklärte er die bis zu 50 Jahre umfassenden Kondratieffzyklen, die insofern eigentlich eher Angebotszyklen als Nachfrageschwankungen widerspiegeln. Vor Schumpeters Erfahrungshintergrund war das eine naheliegende Erklärung. So war die industrielle Revolution untrennbar mit der Dampfmaschine verbunden, die James Watt (1736 - 1819), ein englischer Ingenieur und Freund Adam Smiths, im Jahre 1765 erfunden hatte. Einen weiteren technologischen Schub bedeutete das Aufkommen der Eisenbahn zu Beginn des 19. Jahrhunderts. Die Eisenbahn reduzierte die Kosten des Gütertransports zu Lande um bis zu 90% und ermöglichte damit ein weitaus größeres Maß von Handel und Arbeitsteilung.

Auch in unserer Zeit werden immer wieder bahnbrechende technische Fortschritte erzielt; man denke nur an die Erfindung des Computers durch Konrad Zuse. Aber inzwischen ist die Welt der Technik so vielschichtig und die Menge der Güter und Produktionsverfahren so komplex geworden, daß der technische Fortschritt insgesamt mehr einem kontinuierlichen Prozeß gleicht. Praktisch jeden Tag wird irgendwo auf der Welt ein neues Gut entwickelt oder ein Produktionsverfahren verbessert. Daher wirkt sich der technische Fortschritt heute weniger in großen Wachstumsschüben aus als vielmehr in einem ständig weitergehenden Wachstumsprozeß.

Kapitalmangel und Unterentwicklung

Es gibt aber noch eine andere wichtige Determinante für Wohlstand und Wirtschaftswachstum, nämlich das Wachstum der Bevölkerung. Man könnte meinen, daß Volkswirtschaften mit höherem Bevölkerungswachstum auch höhere Raten des Wirtschaftswachstums aufweisen, denn sie verfügen ja über ein rasch zunehmendes Reservoir von Arbeitskräften. In Wirklichkeit ist das jedoch keineswegs gewährleistet. Oft sind gerade Länder mit schnell wachsender Bevölkerung meist relativ arm und haben oft auch nur ein geringes Wirtschaftswachstum zu verzeichnen. Wiederum liegt dies am Problem der Kapitalbildung.

Wenn nämlich die neu auf den Arbeitsmarkt drängenden Arbeitskräfte genauso produktiv sein sollen wie die bisher beschäftigten, dann müssen sie auch mit entsprechend kapitalintensiven Arbeitsplätzen ausgestattet werden. Das bedeutet aber, daß bei gegebener Sparquote Volkswirtschaften mit hohem Bevölkerungswachstum nur ein relativ geringes Pro-Kopf-Einkommen realisieren können. Denn ein Teil der Gesamtersparnis muß jetzt eben für die Kapitalausstattung der neuen Arbeitsplätze verwendet werden und steht nicht mehr dazu zur Verfügung, die Produktivität der bereits vorhandenen Arbeitsplätze zu erhöhen.

Hieraus kann nun ein Teufelskreis der Armut in solchen Volkswirtschaften entstehen. Denn ein niedriges Pro-Kopf-Einkommen hat wiederum zur Folge, daß anteilmäßig auch nur relativ wenig gespart werden kann. Wer kaum genug zu essen hat, wird eben nicht auch noch große Ersparnisse aus seinem Einkommen bilden können. Es kommt hinzu, daß arme Volkswirtschaften auch nicht sehr viel Geld für die Ausbildung ihrer Arbeitskräfte und für die notwendige Infrastruktur ausgeben können. Und darüber hinaus haben sie noch ein weiteres Problem: Da die Menschen in diesen Volkswirtschaften wenig sparen können, betrachten sie es als die beste Art der Altersvorsorge, möglichst viele Kinder zu bekommen. Dies ist aus ihrer Sicht durchaus vernünftig, aber gesamtwirtschaftlich vergrößert sich damit noch das Problem einer unzureichenden Kapitalausstattung.

Auf diese Weise läßt sich die große Armut vieler Entwicklungsländer schon mithilfe relativ einfacher wachstumstheoretischer Überlegungen erklären. Die Arbeitslosigkeit in diesen Ländern ist im Kern auf das gleiche Problem des Kapitalmangels zurückzuführen, wie es in Europa im 19. Jahrhundert bestanden hat.

Zwar sind in diesen Ländern teilweise auch gravierende wirtschaftspolitische Fehler gemacht worden. So läßt sich nachweisen, daß diejenigen Entwicklungsländer, die eine marktwirtschaftliche Wirtschaftsordnung eingeführt haben, damit weitaus besser gefahren sind als andere Länder, welche ihre Probleme mithilfe staatlicher Planung zu bewältigen versucht haben. Gleichwohl zeigt die Wachstumstheorie, daß es unter Umständen eines gewaltigen Kraftaktes bedarf, um aus der beschriebenen Armutsfalle herauszukommen. Soll der Teufelskreis aus niedrigem Pro-Kopf-Einkommen und niedriger Sparquote durchbrochen werden, so braucht man dazu zumindest am Anfang einen kräftigen Schub bei der Kapitalbildung.

Somit lassen sich entsprechende Hilfszahlungen an unterentwickelte Länder durchaus mit wachstumstheoretischen Überlegungen begründen, ohne daß man dazu auf irgendwelche Gerechtigkeitsüberlegungen oder Ausbeutungstheorien zurückgreifen müßte. Allerdings sollte dann auch gewährleistet sein, daß das Kapital wirklich produktiv verwendet und nicht einfach verkonsumiert wird. Andernfalls würde die Entwicklungshilfe zu einem Faß ohne Boden werden, ohne den Empfängerländern letztlich wirklich zu helfen.

Ähnlich verhält es sich mit der Arbeitslosigkeit in den osteuropäischen Staaten, die nach dem Zusammenbruch des Sozialismus dort aufgetreten ist. Zwar gab es in diesen Ländern durchaus einen hohen Kapitalstock, aber mit dem Übergang zur Marktwirtschaft und zu offenen Grenzen erwiesen sich die meisten Unternehmen als nicht wettbewerbsfähig. Einige der betreffenden Länder - namentlich die früheren Mitglieder der Sowjetunion - haben es mit der sogenannten Schocktherapie versucht, sind dadurch aber zunächst einmal erst recht in die Bredouille geraten. Die alten Märkte brachen weg, während gleichzeitig der Aufbau neuer, wettbewerbsfähiger Unternehmen nur schwer in Gang kam. Das lag vor allem daran, daß es an den für eine Marktwirtschaft notwendigen Institutionen und Rahmenbedingungen fehlte, beispielsweise an einem funktionierenden Bankwesen und an einem leistungsfähigen Steuersystem. In der Planwirtschaft hatte sich der Staat ja einfach aus den Kassen der staatseigenen Betriebe und notfalls auch durch das Bedienen der Notenpresse finanzieren können, aber unter den neuen, marktwirtschaftlichen Bedingungen ging das natürlich nicht mehr.

Andere Länder wie z.B. China haben versucht, einen Mittelweg zu gehen und ihre Märkte nur schrittweise für den Wettbewerb zu öffnen. Dadurch wurde zwar ein schwerer Anpassungsschock für die Volkswirtschaft vermieden. Aber dafür besteht die Gefahr, daß der Übergang zur Marktwirtschaft sich jahrzehntelang dahinschleppt oder sogar auf Dauer wieder versandet. Welcher Transformationsweg letzten Endes der bessere ist, muß sich erst noch erweisen. Wahrscheinlich hängt das auch von der Ausgangssituation des betreffenden Landes ab und davon, inwieweit die politische Stabilität eine schwere Anpassungskrise ohne "konterrevolutionäre" Rückschläge verkraftet.

Die Goldene Regel der Akkumulation

In der neoklassischen Wachstumstheorie von Robert Solow wurde der technische Fortschritt noch als ein Phänomen betrachtet, das man nur schwer beeinflussen konnte. Er hing offenbar vom Erfindungsreichtum einzelner genialer Ingenieure ab und schien damit gleichsam wie Manna vom Himmel zu fallen, wie dies der amerikanische Ökonom und gebürtige Ungar Nicholas Kaldor (geb. 1908) einmal ausgedrückt hat. Inzwischen hat man aber erkannt, daß der technische Fortschritt selbst wiederum von der Kapitalbildung in einer Volkswirtschaft abhängt. Zu denken ist hier vor allem an Investitionen in Forschung und Entwicklung, aber auch an Ausgaben für Schulen und Universitäten, die man als Bildung von Humankapital auffassen kann. Je besser die Menschen ausgebildet sind, desto anspruchsvollere Aufgaben kann man ihnen übertragen und desto produktiver werden sie daher sein.

Aus dieser Überlegung wird manchmal abgeleitet, daß der Staat private Investitionen in Forschung und Entwicklung subventionieren sollte. Denn da sich das dabei erworbene Wissen nur schwer geheimhalten läßt, kommt es letztlich auch solchen Unternehmen zugute, die gar keine Forschungsanstrengungen unternommen haben. Es entsteht also ein gesellschaftlicher Nutzen über die Gewinne hinaus, welche die forschenden Unternehmen selbst erzielen können. Offenbar ist es sinnvoll, sie dafür zusätzlich zu belohnen, damit sie ihre Forschungsaktivitäten nicht zu gering ansetzen.

Das Problem bei dieser Empfehlung der sogenannten "Neuen Wachstumstheorie" besteht allerdings darin, daß der Staat quasi im vorhinein wissen müßte, welche Forschungsaktivitäten erfolgversprechend sind. Auch ist die Gefahr groß, daß es zu sogenannten Mitnahmeeffekten kommt. Wenn nämlich die forschenden Unternehmen die staatlichen Subventionen nur benutzen, um ihre eigenen Kassen zu schonen, in Wirklichkeit aber gar keine zusätzlichen Anstrengungen unternehmen, dann ist das Geld der Steuerzahler offenbar verschwendet worden. Besser wäre es daher im Zweifel, den Patentschutz zu verbessern und die staatliche Förderung vor allem auf die Ausbildung der Arbeitskräfte zu konzentrieren. Denn die Arbeitskräfte könnten ja das Unternehmen, das sie ausgebildet hat, jederzeit nach Beendigung der Ausbildung wieder verlassen. Damit sind aber die rein marktwirtschaftlichen Anreize für betriebliche Ausbildung geringer, als es dem wahren Wert der Ausbildung entspricht.

Wie auch immer diese Probleme gelöst werden, in jedem Fall ist es auch unter dem Aspekt des technischen Fortschritts offenbar notwendig, volkswirtschaftliches Kapital zu bilden. Demnach könnte man meinen, es gehe ähnlich wie bei den Klassikern vor allem darum, möglichst viel zu sparen und dadurch den volkswirtschaftlichen Kapitalbestand zu erhöhen. Ganz so ist es aber nicht. Zwar gilt auch in der neueren Wachstumstheorie, daß eine höhere Sparquote zu einer höheren Produktion pro Kopf führt. Aber für die sinnvollerweise anzustrebende Sparquote gibt es eine Grenze, die den Klassikern noch nicht bewußt war.

Auf diese Grenze hatte Edmund S. Phelps ((geb. 1933) bereits in einem berühmten Aufsatz von 1961 hingewiesen. Phelps argumentierte, letztlich gehe es nicht darum, die Produktion pro Kopf zu maximieren, sondern den Pro-Kopf-Konsum. Man stelle sich etwa vor, eine Volkswirtschaft würde eine Sparquote in Höhe von eins realisieren, also stets das gesamte Sozialprodukt sofort wieder investieren. Damit würde das Sozialprodukt zwar den höchstmöglichen Wert erreichen, aber die törichten Mitglieder dieser Volkswirtschaft würden gleichwohl verhungern! Denn wer stets sein gesamtes Einkommen investiert, kann offenbar nichts konsumieren. Andererseits könnte aber langfristig auch dann nichts konsumiert werden, wenn überhaupt nicht gespart würde, denn dann gäbe es keinen Kapitalstock und damit auch keine Produktion. Die Wahrheit muß also wie so oft irgendwo in der Mitte liegen.

Phelps konnte zeigen, daß der Konsum pro Kopf langfristig genau dann seine maximale Höhe erreicht, wenn stets alle Gewinne investiert, aber alle Löhne konsumiert werden. Das heißt natürlich nicht, daß dann die Gewinnbezieher verhungern müßten, denn ein Teil der volkswirtschaftlichen Ersparnis wird ja auch von den Lohnbeziehern erbracht. Worauf es ankommt, ist allein die durchschnittliche Sparquote einer Volkswirtschaft. Eine andere Formulierung der von Phelps entdeckten "Goldenen Regel der Akkumulation" besagt, daß die optimale Sparquote genau dann erreicht wird, wenn der in einer Volkswirtschaft geltende Zinssatz genau ihrer Wachstumsrate entspricht.

Das ist rein intuitiv schwer einzusehen - was hat der Zinssatz mit der Wachstumsrate zu tun? Und doch ist das Phelpssche Theorem in seiner mathematischen Stringenz unangreifbar. Die Kritik richtete sich denn auch vor allem gegen das Ziel, den langfristigen Pro-Kopf-Konsum maximieren zu wollen.

Versetzen wir uns in die Situation von Robinson Crusoe, der auf seiner Insel ganz alleine lebt. Angenommen, er folge der Goldenen Regel und verwende täglich genau so viel Zeit für die Anfertigung von Netzen und anderen Fanggeräten, daß er seinen täglichen Fischkonsum auf alle Zeiten maximiert. Zur Veranschaulichung wollen wir annehmen, daß er täglich vier Stunden seiner Arbeitszeit mit der Ausbesserung von Netzen verbringt und die anderen vier Stunden mit dem Fangen von Fischen. Auf diese Weise möge er täglich 20 Fische fangen und verspeisen können.

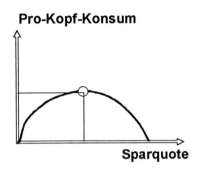
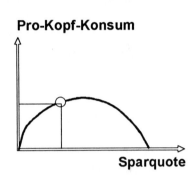

Die Goldene Regel der Akkumulation gibt an, bei welcher Sparquote der Pro-Kopf-Konsum langfristig seine maximale Höhe erreicht (linke Abb.). Da gegenwärtiger Konsum höher bewertet wird als zukünftiger Konsum, liegt die tatsächliche Sparquote jedoch meistens darunter (rechte Abb.).

Angenommen nun, eines Tages habe er besonders großen Hunger. Er könnte deshalb beschließen, an diesem Tag nur drei Stunden seine Netze auszubessern und dafür fünf Stunden fischen zu gehen. Auf diese Weise dürfte er erwarten, an diesem Tag z.B. 24 statt 20 Fische zu fangen. Aber an allen folgenden Tagen würde er dann mit weniger als 20 Fischen vorlieb nehmen müssen, denn es stünden ihm jetzt weniger intakte Netze zur Verfügung. Beispielsweise könnte der künftige Fischertrag auf 19 Fische pro Tag sinken.

Robinson müßte also wählen: Den einmaligen Mehrkonsum von vier Fischen hätte er mit einem dauerhaften Minderkonsum von einem Fisch pro Tag zu bezahlen. Lohnt sich das? Wenn man einfach nur die Gesamtzahl der Fische über die gesamte Lebenszeit von Robinson addiert, wäre es offensichtlich nicht lohnend. Wir wissen aber schon aus den Überlegungen Eugen von Böhm-Bawerks, daß künftiger Konsum den Menschen meist weniger wert ist als die gleiche Konsummenge heute. Daher wäre es durchaus möglich, daß sich auch Robinson Crusoe in unserem Beispiel zugunsten des einmaligen Mehrkonsums entscheidet. Nichts berechtigt uns, eine solche Entscheidung als irrational abzulehnen, obwohl sie nicht der Maximierung des Pro-Kopf-Konsums über die gesamte Lebenszeit von Robinson entspricht.

Übertragen wir diese Überlegung jetzt auf unsere eigene Welt. Viele Menschen kaufen ein Haus auf Kredit, obwohl sie dabei einschließlich der Zinsen ein Vielfaches des eigentlichen Kaufpreises bezahlen müssen. Sie schätzen aber offensichtlich den Vorteil, sofort in dem Haus wohnen zu können, höher ein als die zusätzlichen Kosten. Damit maximieren sie aber eben nicht den möglichen Gesamtkonsum in ihrem Leben, sondern sie nehmen bewußt einen Minderkonsum in Höhe der Zinslasten in Kauf, um früher in den Genuß des Wohnkonsums zu gelangen.

Andere Menschen verleihen Geld, das sie z.B. erst nach zehn Jahren zurück erhalten. Wäre es ihnen egal, wann sie über ihr Geld verfügen können, so würden sie für diesen Kredit offenbar keinen Zins verlangen. In Wirklichkeit verlangen sie aber einen Zins, d.h. sie erwarten, nach Ablauf der zehn Jahre mehr Geld zurückzuerhalten, als sie ausgeliehen haben. Das heißt aber nichts anderes, als daß sie allein für den zeitlichen Aufschub ihrer eigenen Konsumwünsche schon eine Prämie verlangen. Auch dieses Beispiel bestätigt die These von Böhm-Bawerk, daß es den Menschen nicht nur darum geht, den Konsum über ihre gesamte Lebenszeit zu maximieren. Vielmehr spielt auch die zeitliche Verteilung des Konsums eine Rolle; je früher er vollzogen werden kann, desto mehr ist er den Menschen im allgemeinen wert.

Aus diesem Grunde ist die Goldene Regel von Phelps abzulehnen. Sie ist nur in einem Grenzfall optimal, wenn es nämlich den Menschen in der betreffenden Volkswirtschaft egal wäre, wann ihr Konsum stattfindet. Man sagt dann auch, ihre Zeitpräferenzrate sei gleich Null. In aller Regel bevorzugen sie aber im Zweifel einen möglichst frühen Zeitpunkt, in dem sie ihre Konsumwünsche befriedigen können. Der britische Mathematiker und Ökonom Frank P. Ramsey (1903 - 1930) hat dafür 1928 eine formale Optimalbedingung abgeleitet, die als Ramsey-Regel bekannt geworden ist. Sie ist zwar für die Praxis nicht besonders hilfreich, weil in sie mit dem sogenannten Grenznutzen des Einkommens eine Größe eingeht, die man nicht direkt beobachten kann. Die Ramsey-Regel kann aber zumindest theoretisch erklären, warum in der Realität eine geringere als die von Phelps für optimal erklärte Sparquote realisiert werden wird. Daraus läßt sich weiter ableiten, daß in realen Volkswirtschaften der Zinssatz immer über der Wachstumsrate liegen sollte. Das ist langfristig auch tatsächlich zu beobachten.

Der Zusammenhang zwischen Zinssatz und Wachstumsrate

Trotz aller Kritik an Phelps ist die Goldene Regel in gewisser Weise sehr instruktiv, denn sie gibt zumindest eine absolute Obergrenze für die sinnvolle Sparquote an. Das kann man leicht an unserem Robinson-Beispiel klarmachen. Angenommen etwa, Robinson würde eines Tages beschließen, künftig fünf statt vier Stunden für die Ausbesserung seiner Netze aufzuwenden und nur drei Stunden zu fischen. Das wäre offensichtlich unsinnig, denn dann würde sein Fischertrag nicht nur am ersten Tag der Umstellung seiner Arbeitszeit sinken, sondern zusätzlich auch an allen kommenden Tagen! Denn annahmegemäß maximierte seine bisherige Arbeitsaufteilung den künftigen

Fischertrag pro Tag, d.h. eine mehr als vierstündige Netzausbesserung würde einer Überakkumulation von Kapital entsprechen. Sie hätte keinen Mehrkonsum, sondern einen Minderkonsum in der Zukunft zur Folge. Jedenfalls gilt dies dann, wenn Robinson auch an allen künftigen Tagen fünf Stunden lang Netze ausbessern würde und daher nur drei Stunden lang fischen könnte. Langfristig kann dies also kein sinnvolles Rezept sein.

Übertragen auf eine reale Volkswirtschaft bedeutet dies, daß der Zinssatz niemals unter die Wachstumsrate sinken sollte. Denn dann würde nach den theoretischen Ableitungen von Phelps zu viel gespart. Es gibt auch gute Argumente dafür, daß der Zinssatz tatsächlich die Wachstumsrate immer überschreiten wird. Denn nehmen wir an, es wäre umgekehrt. Der Zinssatz möge z.B. 4% betragen, aber das Einkommen aller Wirtschaftssubjekte steige mit der Rate von 5%. Man kann zeigen, daß in diesem Fall die Kreditnachfrage unendlich hoch wäre, denn für niemanden wäre dann die Bedienung von Zins und Zinseszinsen ein Problem. Jedermann könnte so viel Kredit aufnehmen, wie er wollte, sein Einkommen würde stets schneller wachsen als die Zinslast und ihm daher unendliche Konsumspielräume ermöglichen. Eine unendliche Kreditnachfrage müßte aber den Zins sofort nach oben treiben, bis er schließlich über der Wachstumsrate läge, womit die Möglichkeit der quasi kostenlosen Verschuldung verschwände.

Diese wachstumstheoretischen Überlegungen sind zugegebenermaßen etwas verwickelt und ohne Zuhilfenahme der Finanzmathematik nur schwer nachzuvollziehen. Sie sind aber gleichwohl von großer Bedeutung für die praktische Wirtschaftspolitik. Beispielsweise kann man zeigen, daß eine permanente staatliche Neuverschuldung in Höhe von z.B. 3% seiner jährlichen Ausgaben auf lange Sicht nur dann tragbar wäre, wenn der Zinssatz niedriger läge als die Wachstumsrate der Staatseinnahmen. Andernfalls würde die jährliche Zinslast des Staates so stark ansteigen, daß sie schließlich mehr als 3% seiner Ausgaben beansprucht. Die Verschuldungspolitik des Staates würde dann also auf Dauer seine Spielräume für andere Ausgaben verringern, statt sie zu erhöhen. Man kann nun davon ausgehen, daß die Staatseinnahmen langfristig in etwa genauso stark zunehmen werden wie das Sozialprodukt. Unter diesen Umständen ist eine permanente staatliche Neuverschuldung demnach auf Dauer nicht sinnvoll, weil eben der Zinssatz langfristig immer über dieser Wachstumsrate liegt.

Ein weiteres Anwendungsbeispiel ist die Finanzierung des Rentenversicherungssystems. Hier stehen zwei Verfahren zur Auswahl. Als in Deutschland unter dem Reichskanzler Bismarck 1889 die gesetzliche Altersversicherung für Arbeiter und Angestellte eingeführt wurde, basierte sie noch auf dem sogenannten Kapitaldeckungsverfahren. Die Beiträge der Versicherten wurden am Kapitalmarkt angelegt, und aus den Zinsen wurden später die Renten finanziert.

Durch die großen Inflationen im Gefolge der beiden Weltkriege verlor die Rentenversicherung jedoch den größten Teil ihres angesammelten Kapitals, während die Rentenansprüche bestehen blieben. Daher ging man nach dem Zweiten Weltkrieg zur sogenannten Umlagefinanzierung über. Jetzt wurden die Beiträge der Versicherten sofort für die Finanzierung der Renten des gleichen Jahres verwendet, ein Kapitalstock wurde gar nicht mehr aufgebaut. Die Rentenversicherung begann also gewissermaßen, von der Hand in den Mund zu leben.

Man kann sich nun fragen, welches Verfahren den Ruheständlern letztlich eine höhere Rente erbringen wird. Dies hängt von einer Reihe von Faktoren ab, neben der Inflationsentwicklung vor allem auch von der Entwicklung der Bevölkerungszahl. Im einfachsten Fall kann man annehmen, daß der Geldwert stabil bleibt und die Bevölkerung weder wächst noch schrumpft. Unter diesen Umständen ist das Kapitaldeckungsverfahren genau dann günstiger für die Rentner, wenn der Zinssatz höher liegt als die Wachstumsrate des Pro-Kopf-Einkommens. Dies wird aber, wie wir gesehen haben, auf lange Sicht immer der Fall sein.

Gleichwohl muß man vorsichtig damit sein, unmittelbare wirtschaftspolitische Schlußfolgerungen aus diesen einfachen wachstumstheoretischen Überlegungen zu ziehen. Es ist vielmehr eine Fülle von weiteren Gesichtspunkten zu bedenken, die wir hier nicht im einzelnen behandeln können. So ist das Kapitaldeckungsverfahren in seiner Funktionsfähigkeit viel stärker von der Geldwertstabilität abhängig als das Umlageverfahren. Dafür gerät das Umlageverfahren in größere Schwierigkeiten, wenn die Bevölkerung schrumpft, weil dann immer weniger Beitragszahler pro Rentner zur Verfügung stehen. Außerdem ist das Umlageverfahren in größerem Ausmaß politischen Manipulationsmöglichkeiten ausgesetzt, weil die Beitragszahlungen im Kapitaldeckungsverfahren einen viel stärkeren Eigentumscharakter für die Betreffenden gewinnen.

Es sollte aber deutlich geworden sein, daß sich gerade sehr langfristige Probleme wie die der Staatsverschuldung oder der Rentenversicherung nicht sinnvoll lösen lassen, ohne die grundlegenden wachstumstheoretischen Zusammenhänge einer Volkswirtschaft zu kennen. Bei dieser vielleicht etwas allgemein gehaltenen Schlußfolgerung müssen wir es hier bewenden lassen, denn alles weitere würde uns sehr tief in das schwierige Gebiet der Wirtschaftsmathematik führen. Leider werden die hier angesprochenen Fragen in der Politik nur allzuoft entschieden, ohne dabei auch nur die wichtigsten ökonomischen Zusammenhänge zu berücksichtigen.

Hinweise zum Weiterlesen:

Eine sehr gute Einführung in die neoklassische Wachstumstheorie bietet G. Mankiw, "Makroökonomik", 2. Aufl., Wiesbaden 1996, Kap. 4.

Tiefergehender, aber auch formal anspruchsvoller ist das Buch von K.-W. Müller und W. Ströbele, "Wachstumstheorie", München/Wien 1985.

Die Probleme der Staatsverschuldung und der Rentenversicherung werden wachstumstheoretisch fundiert, aber gleichwohl gut verständlich und umfassend dargestellt bei H. Schlesinger/M. Weber/G. Ziebarth, "Staatsverschuldung - ohne Ende?", Darmstadt 1993.

Grenzen des Wirtschaftswachstums

Die Ölpreisschocks der 70er Jahre

Der weltweite Wirtschaftsaufschwung in den 50er und 60er Jahren hatte allgemein zu der Überzeugung geführt, daß nunmehr dauerhaftes Wirtschaftswachstum mit immer höherem Wohlstand erzielt werden könne. Überall in den westlichen Industriestaaten herrschte inzwischen nahezu Vollbeschäftigung. In Deutschland hatten sogar zunehmend Gastarbeiter aus anderen Ländern angeworben werden müssen, um die Nachfrage nach Arbeitskräften zu decken. Es gab zwar nach wie vor konjunkturelle Schwankungen, aber mithilfe des keynesianischen Instrumentariums der antizyklischen Konjunkturpolitik schien man auch dieses Problem gut im Griff zu haben.

Die im Jahre 1972 erschienene Studie "Grenzen des Wachstums" von Dennis H. Meadows und Mitarbeitern leitete ein allgemeines Umdenken ein. Mithilfe eines komplizierten Computermodells wurden in dieser Studie verschiedene Szenarien für das künftige Wachstum der Weltwirtschaft durchgespielt. Meadows behauptete, daß dieses Wachstum schon bald an zumindest eine von drei Grenzen stoßen würde.

Zum einen war es danach kaum möglich, die wachsende Weltbevölkerung auch nur mit den notwendigen Nahrungsmitteln zu versorgen, selbst wenn man alle Produktionsmöglichkeiten der Landwirtschaft voll ausnutzen würde. Zum zweiten würden mit zunehmender Produktion immer größere Probleme der Umweltbelastung auftreten, beispielsweise in Form des Ausstoßes von Kohlendioxid. Vor allem aber sagte die Meadows-Studie voraus, daß wichtige Rohstoffe wie beispielsweise Erdöl oder Aluminium schon nach wenigen Jahrzehnten erschöpft sein würden.

Auftraggeber der Studie war der sogenannte Club of Rome. Dieser 1968 gegründeten privaten Vereinigung von Persönlichkeiten aus dem öffentlichen Leben können immer nur maximal 100 Personen angehören. Der Club of Rome hat zahlreiche Veröffentlichungen herausgegeben, die sich hauptsächlich mit Problemen des Umweltschutzes und der Dritten Welt beschäftigen. Die Meadows- Studie war mit Abstand die einflußreichste unter ihnen. Sie wurde in 37 Sprachen veröffentlicht und erreichte eine Gesamtauflage von mehr als zehn Millionen Exemplaren.

Schon im Zeitalter der ökonomischen Klassiker hatte es prominente Kritiker des damals vorherrschenden Wachstumsoptimismus gegeben. Der bekannteste von ihnen war der englische Pfarrer und Ökonom Robert Malthus (1766 - 1834). Er war gleichzeitig Freund und ökonomischer Lehrmeister von David Ricardo, wobei die ökonomischen Ansichten der beiden berühmten Ökonomen jedoch in vielen Fragen weit auseinanderlagen. Auch im Privatleben gingen sie oft unterschiedliche Wege. Eine Anekdote besagt, daß der erfolgreiche Börsenspekulant Ricardo vor der Schlacht bei Waterloo englische Staatsanleihen kaufte, während Malthus auf den Sieg Napoleons setzte. Nachdem sich diese unpatriotische Haltung von Malthus durch die Niederlage Napoleons gerächt hatte, soll er gejammert haben, die Franzosen seien schlecht vorbereitet gewesen.

Einig waren sich die beiden Ökonomen aber hinsichtlich des von Malthus entwickelten, sogenannten Bevölkerungsgesetzes. Obwohl Malthus dieses Gesetz in seinem "Essay on the Principle of Population" 1798 zunächst anonym veröffentlichte, machte es ihn schon bald berühmt. Der Grundgedanke war, wie so oft, ganz einfach. Nach Malthus wächst die Weltbevölkerung normalerweise nach dem Gesetz einer geometrischen Reihe, d.h. sie verdoppelt sich stets innerhalb eines bestimmten Zeitraumes. Eine solche geometrische Reihe wird etwa durch die Zahlen 2, 4, 8, 16, 32 usw. gebildet. Die Nahrungsmittelproduktion könne dagegen nur nach dem Gesetz einer arithmetischen Reihe erhöht werden, wie sie beispielsweise durch die Zahlen 2, 4, 6, 8, 10 usw. beschrieben wird. Man erkennt leicht, daß unter diesen Bedingungen irgendwann die Weltbevölkerung stärker steigen muß als die Nahrungsmittelproduktion. Die unausweichliche Folge sind nach Malthus Hungersnöte und Kriege um die begrenzten Nahrungsmittel. An der Tafel der Natur sei eben auf Dauer nicht für alle ein Gedeck ausgelegt.

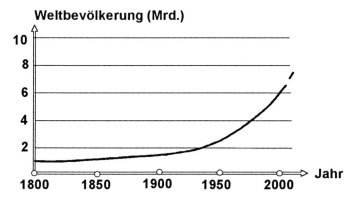

Nach Robert Malthus (1766 - 1834) wächst die Bevölkerung exponentiell, d.h. nach dem Gesetz einer geometrischen Reihe. Tatsächlich hat die geschichtliche Entwicklung seit dem 19. Jahrhundert diese These bestätigt.

Malthus diskutierte verschiedene Möglichkeiten, diesem Bevölkerungsgesetz zu entkommen. Unter anderem plädierte er für die Schließung der Armenhäuser, um dem Bevölkerungswachstum nicht auch noch durch vermeintlich soziale Wohltaten Vorschub zu leisten. Vor allem aber predigte er sexuelle Enthaltsamkeit. Diese Thesen machten ihn zum vermutlich meistgehaßten Mann Englands seiner Zeit, zumal er selbst als Vater dreier Kinder keineswegs mit gutem Beispiel voranging. Allerdings hatte Malthus hinsichtlich der Geburtenkontrolle vor allem außereheliche Beziehungen im Auge, die er auch aus theologischen Gründen ablehnte.

Daß ein hohes Bevölkerungswachstum in der Tat zu Kapitalmangel und Armut der betreffenden Länder führen kann, haben wir bereits bei der Behandlung der neoklassischen Wachstumstheorie gesehen. Auch der empirische Befund vor allem für die Entwicklungsländer bestätigt dies. Insofern sind die Thesen von Malthus auch heute noch durchaus aktuell. Allerdings hat sich die Produktivität der Landwirtschaft viel stärker erhöht, als Malthus dies vermuten konnte. Daher liegt das Schwergewicht in der Argumentation seiner Nachfolger, der sogenannten Neo-Malthusianer, heute stärker auf dem Umweltproblem und auf dem Problem der begrenzten industriellen Rohstoffe.

Die Meadows-Studie von 1972 bekam schneller als geahnt wirtschaftspolitische Aktualität, nämlich durch die beiden Ölkrisen der 70er Jahre. Ab 1973 begann der internationale Preis für Rohöl sprunghaft zu steigen; hatte er 1970 noch bei knapp 2 Dollar pro Barrel gelegen, so schnellte er bis 1974 auf über 11 Dollar hoch. Die Folge waren panikartige Reaktionen in den Industriestaaten und eine weltweite, tiefe Rezession. Nach dieser ersten Krise gab es zunächst eine Zeit relativ ruhiger Preisentwicklung bis 1978. Dann jedoch folgte die zweite Ölkrise, die einen weiteren Preisschub bis auf nahezu 35 Dollar pro Barrel Anfang der 80er Jahre brachte. Erneut kam es zu einer weltweiten Rezession, obwohl die Industrieländer diesmal schon besser vorbereitet waren. Inzwischen hatte man nämlich neue Energiequellen erschlossen, insbesondere das Erdgas und die Kernenergie. Außerdem hatten die hohen Ölpreise dazu geführt, daß energiesparende Techniken zur Anwendung kamen, die vorher nicht rentabel gewesen waren. Infolgedessen war die Macht der ölproduzierenden Länder lange nicht mehr so groß wie noch zu Beginn der 70er Jahre, zumal sie sich auch untereinander keineswegs einig waren. Schon bald begann daher der Ölpreis wieder zu sinken, wenn auch längst nicht bis auf das niedrige Niveau der 60er Jahre.

Gleichwohl schienen die beiden Ölpreisschocks die Vorhersagen der Meadows-Studie zu bestätigen. Zudem waren auch die Umweltbelastungen aufgrund des Wirtschaftswachstums kaum mehr zu übersehen. Infolgedessen setzte ein allgemeines Umdenken ein. Während in der Wissenschaft die Umwelt- und Ressourcenökonomie eine Blütezeit erlebte, kamen in der Politik die sogenannten "grünen" Parteien in die Parlamente, die ein Ende des rein quantitativen Wirtschaftswachstums einforderten. Auch die Entwicklungsländer meldeten sich nunmehr vehement zu Wort. Insbesondere diejenigen unter ihnen, die über wichtige Rohstoffvorkommen verfügten, verlangten ein Ende der ungehemmten Ausbeutung ihrer Vorräte durch die multinationalen Konzerne der Industrieländer. Zudem versuchten sie, fortan höhere Preise für ihre Rohstoffe durchzusetzen.

Inzwischen ist die erste Aufregung über das neue Problem etwas abgeklungen. Die Entwicklung der Rohstoffpreise hat sich merklich beruhigt, und Politik und Wissenschaft widmen sich wieder mehr dem Problem der Arbeitslosigkeit, die als Erbe der turbulenten 70er Jahre zurückgeblieben ist. Die grundlegende Frage der Grenzen des Wirtschaftswachstums ist aber damit noch keineswegs beantwortet, und insbesondere das Problem der Umweltbelastung ist nach wie vor höchst aktuell.

Gehen uns die Rohstoffe aus?

Für eine systematische Behandlung dieser Fragen muß man vor allem säuberlich zwischen den einzelnen Problembereichen trennen. Wenden wir uns zunächst den begrenzten Rohstoffvorräten unseres "blauen Planeten" Erde zu. Unmittelbar einleuchtend scheint ja, daß insbesondere die nichtvermehrbaren Ressourcen wie Öl oder Aluminium irgendwann erschöpft sein müssen. In der Meadows-Studie war errechnet worden, daß die Weltwirtschaft bei unvermindertem Wachstumstempo schon um das Jahr 2050 wegen zur Neige gehender Rohstoffvorräte zusammenbrechen müsse.

Die wirtschaftshistorische Erfahrung lehrt freilich etwas anderes. Nehmen wir beispielsweise die Entwicklung des Kohleverbrauchs, eines zweifellos absolut begrenzten Rohstoffes. Noch zu Beginn des 19. Jahrhunderts war die Kohle der mit Abstand wichtigste Energieträger. Nicht nur die Eisenbahnen, auch die Dampfmaschinen der frühindustriellen Produktion wurden damit angetrieben. Hätte Dennis Meadows seine Studie 100 Jahre früher angefertigt, so wäre er sicher zu dem Ergebnis gekommen, daß die begrenzten Kohlevorräte das Wirtschaftswachstum eines Tages zum Erliegen bringen würden.

Es ist aber ganz anders gekommen. Mit steigenden Kohlepreisen wurden zunehmend andere Energieträger rentabel, insbesondere das Erdöl und später das Erdgas und die Kernenergie. In der ökonomischen Theorie spricht man in diesem Zusammenhang von sogenannten Backstop-Technologien. Wenn ein prinzipiell begrenzter Rohstoff immer knapper und damit immer teurer wird, dann wird er sich unter marktwirtschaftlichen Bedingungen schließlich quasi von selbst aus dem Markt katapultieren. Gerade die zunehmende Knappheit wird dazu führen, daß andere Stoffe an seine Stelle treten und das Wirtschaftswachstum damit vorerst weitergehen kann. Interessanterweise ist dies bisher immer der Fall gewesen, lange bevor der entsprechende Rohstoff wirklich erschöpft war. Auch heute gibt es noch bedeutende Kohlevorkommen, aber sie sind überwiegend nicht mehr rentabel abbaubar. Sie würden daher auf Dauer erhalten bleiben, wenn der Staat sie nicht aus - falschverstandenen - beschäftigungspolitischen Gründen subventionieren würde.

Nun sind zwar auch Erdöl und Erdgas in ihrem Vorkommen prinzipiell begrenzt. Aber lange, bevor der letzte Tropfen Erdöl aus der Erde herausgeholt werden wird, werden andere Energiequellen die Rentabilitätsschwelle überschritten haben, beispielsweise die Sonnenenergie. Die Energie der Sonne steht aber nach menschlichem Ermessen in unbegrenztem Ausmaß zur Verfügung. So gesehen, ist die Energieversorgung langfristig noch das geringste Problem der Menschheit. Allerdings wäre ein rentabler Einsatz der Sonnenenergie erst dann möglich, wenn das Öl noch sehr viel teurer werden würde. Die Backstop-Energien haben also ihren Preis. Dies kann durchaus bedeuten, daß der durchschnittliche Lebensstandard der Menschen zumindest eine Zeitlang nicht weiter steigen kann, weil die Energiegewinnung schwieriger wird.

Es gibt aber noch einen anderen Ausweg, und das ist der technische Fortschritt. Stellen wir uns etwa vor, in jedem Jahr würde die Hälfte der zu Jahresbeginn noch verfügbaren Erdölvorräte verbraucht. Die in jedem Jahr verbleibenden Erdölvorräte würden dann also einer Zahlenfolge wie z.B. 100, 50, 25, 12,5 usw. folgen. Offenbar würden die Erdölvorräte also ständig sinken, aber niemals ganz aufgebraucht werden. Nun möge der technische Fortschritt dazu führen, daß die mögliche Produktion pro Erdöleinheit ständig steigt. Beispielsweise möge die Produktion pro Erdöleinheit der Zahlenreihe 1, 2, 4, 8, 16 usw. folgen. In diesem Fall bliebe die mögliche Produktion trotz der ständig sinkenden Erdölvorräte auf alle Zeiten gleich hoch, nämlich in Höhe von 100! Wäre die Wachstumsrate des technischen Fortschritts gar höher als die Abnahmerate der Erdölvorräte, so könnte trotz immer geringer werdender Vorräte sogar in jedem Jahr mehr produziert werden, und zwar bis in alle Ewigkeit.

Bedenkt man, daß gerade ein steigender Erdölpreis den ressourcensparenden technischen Fortschritt antreiben wird, so ist eine solche Vorstellung keineswegs völlig abwegig. Allerdings dürfte sie mit einem riesigen Kapitalbedarf verbunden sein. Wir können deshalb nicht hoffen, daß der technische Fortschritt allein unser Problem der begrenzten Rohstoffvorräte lösen wird. Er wird es auf sehr lange Sicht vermutlich allenfalls mildern können.

Schon eine konstante Weltbevölkerung würde nämlich einen permanenten Abbau der begrenzten Ressourcen bedeuten, jedenfalls wenn man einen zumindest konstanten Ressourcenverbrauch pro Kopf unterstellt. Dieses Problem ließe sich vielleicht noch durch den technischen Fortschritt und durch den Übergang auf immer neue Backstop-Technologien lösen. Aber eine permanent wachsende Weltbevölkerung würde wahrscheinlich wirklich irgendwann den Kollaps unseres Planeten bedeuten. Dies ist das eigentliche Problem. Es ist schon schwer vorstellbar, daß auch nur die rd. 6 Mrd. heute auf der Erde lebenden Menschen alle den Lebensstandard der westlichen Industrieländer ereichen könnten, ohne damit die Rohstoff- und Umweltkapazitäten der Erde zu überfordern.

Räuber-Beute-Problem und Hotelling-Regel

Diese Überlegung gilt auch, wenn wir die sogenannten erneuerbaren Rohstoffe in die Betrachtung mit einbeziehen. Ein oft verwendetes Beispiel für solche Rohstoffe sind die Fischbestände der Weltmeere. Die ökonomische Theorie besagt hier folgendes: Je nachdem, wieviele Fische der Mensch pro Jahr fängt, wird sich auf Dauer ein bestimmter Fischbestand einstellen. Dieser dauerhafte Bestand wird um so geringer sein, je mehr Fische pro Jahr gefangen werden. Die maximal mögliche dauerhafte Ernte wird bei einem mittleren Bestand erreicht.

Dies ist unmittelbar einsichtig: Würden gar keine Fische gefangen, so würde der Bestand offenbar seine höchstmögliche Größe ereichen, die allein von der Natur begrenzt wird. Wird dagegen eine Zeit lang sehr viel gefischt, so sinkt der Bestand. Auf Dauer wird dann auch die mögliche Ernte relativ gering ausfallen. Also gibt es offenbar eine irgendwo in der Mitte liegende Fangquote, bei der der jährliche Fischertrag seine auf Dauer maximal mögliche Höhe erreicht. Auf keinen Fall darf man versuchen, dauerhaft mehr Fische pro Jahr zu fangen, denn dann würde der Bestand immer geringer werden und schließlich irgendwann aussterben.

Dieses sogenannte "Räuber-Beute-Problem" weist große Ähnlichkeit mit der Wahl der optimalen Sparquote einer Volkswirtschaft auf, die wir im Zusammenhang mit der "Goldenen Regel der Kapitalakkumulation" bereits behandelt haben. Und ebenso wie im Fall der Sparquote gilt auch hier, daß die Menschheit in der Regel eben nicht den jährlichen Fischkonsum maximieren wird. Stattdessen wird gemäß der Ramsey-Regel auch in diesem Fall ein relativ hoher Fischkonsum heute gewählt werden, obwohl dadurch der später zu erzielende Fischkonsum geringer ausfällt. Das gilt jedenfalls dann, wenn die Menschen eine positive Zeitpräferenzrate haben, was aufgrund der Existenz des Zinses angenommen werden muß.

Dieses Verhalten ist zunächst einmal nicht zu beanstanden, wie wir schon gesehen haben. Auch Robinson Crusoe, der ja ganz allein auf seiner Insel lebt und alle Folgen seines Fangverhaltens selbst zu tragen hat, würde genauso handeln. Aber bei den natürlichen Ressourcen ergibt sich dennoch in diesem Zusammenhang ein besonderes Problem. Dieses Problem besteht darin, daß viele natürliche Ressourcen wie Fische oder auch die saubere Luft eben nicht im Privatbesitz eines Robinson Crusoe sind, sondern gleichzeitig von allen Menschen genutzt werden. Damit aber ist die Gefahr sehr groß, daß diese Ressourcen zu stark ausgebeutet und im Extremfall sogar vernichtet werden.

Man stelle sich etwa einen großen Fischteich vor, aus dem verschiedene anliegende Einsiedler ihren Fischbedarf decken. Wäre ein einziger dieser Einsiedler der alleinige Besitzer des Teiches, so hätte er ein großes Interesse daran, die optimale Fangquote nicht zu überschreiten. Er würde daher nur in entsprechend begrenztem Ausmaß Fische entnehmen und sie an die anderen Einsiedler verkaufen. Auch eine noch so hohe Fischnachfrage würde ihn nicht dazu verleiten, den Teich jemals vollständig leerzufischen, denn dies würde ihn ja seiner Lebensgrundlage berauben. Stattdessen würde er lieber den Preis der Fische entsprechend erhöhen.

Hätte dagegen jeder Einsiedler unbegrenzten Zugang zu dem Teich, so wäre die Gefahr einer Überfischung sehr groß. Zwar könnte man sich im Prinzip auch hier auf eine optimale Fangquote einigen, die den Bestand nicht überfordert. Aber jeder einzelne Fischer wäre stets in Versuchung, heimlich mehr Fische zu entnehmen im Vertrauen darauf, daß die anderen sich schon an die Quoten halten werden. Tatsächlich treten solche Probleme bei der Befischung der Weltmeere trotz der inzwischen getroffenen internationalen Vereinbarungen immer wieder auf. Außerdem ist es schon ein schwieriges Problem, sich auch nur auf eine gerechte Verteilung der Fangquoten zu einigen.

Interessanterweise droht also eine Überbeanspruchung der natürlichen Ressourcen nicht wegen der Gesetze des Marktes, sondern gerade deswegen, weil es hier eben keinen Marktmechanismus gibt. Es fehlt an der eindeutigen Zuordnung von Eigentumsrechten, wie die Ökonomen sagen. Wenn niemandem die Fische wirklich gehören, dann kann ihre Nutzung auch nicht durch den Preismechanismus begrenzt werden. Ähnlich ist es mit der sauberen Luft: Solange sie von dem einzelnen praktisch kostenlos verschmutzt werden kann, beispielsweise durch die Emission von Kohlendioxid, droht eben ein insgesamt zu hoher Ausstoß von Schadstoffen. Es gibt in diesen Fällen nicht zu viel, sondern zu wenig Marktwirtschaft.

Nehmen wir nun an, dieser Mangel würde durch die Schaffung entsprechender Eigentumsrechte behoben werden. Beispielsweise könnte man sich international auf bestimmte Fangquoten für Fische einigen und sie irgendwie auf alle Länder verteilen. In ähnlicher Weise könnte man eine bestimmte Höchstmenge für den weltweiten Ausstoß von Kohlendioxid festlegen und den einzelnen Ländern entsprechend begrenzte Emissionsrechte zuteilen. Noch einfacher ist es beim Öl und bei den anderen Bodenschätzen, denn diese befinden sich überwiegend bereits im Besitz einzelner Länder oder Industriekonzerne. Hier müßte man also nur noch Eigentumsrechte für diejenigen Vorkommen schaffen, die sich außerhalb des Hoheitsgebietes einzelner Länder befinden, vor allem auf dem Meeresboden.

Unter diesen Umständen hätte jeder Ressourcenbesitzer, sei es ein Land oder ein Unternehmen, ein Interesse daran, die Ausbeutung seiner Vorräte nicht zu übertreiben. In der Ökonomie sind bestimmte Regeln abgeleitet worden, denen ein privater Ressourcenbesitzer dabei folgen würde. Die bekannteste betrifft die optimale Ausbeutungsrate eines nicht regenerierbaren Rohstoffes wie z.B. Öl oder Erdgas; sie wurde bereits 1931 von Harold Hotelling (1895 - 1973) abgeleitet.

Die Hotelling-Regel besagt in ihrer einfachsten Form folgendes: Jeder Besitzer beispielsweise eines Ölvorkommens verfügt damit praktisch über ein bestimmtes Kapital, dessen Wert vom Marktpreis des Öls abhängt. Er hätte nun jederzeit die Möglichkeit, seinen Ölvorrat zu verkaufen und den Erlös am Kapitalmarkt zum geltenden Marktzins anzulegen. Das wird er nur dann nicht tun, wenn sich auch sein Ölvorrat mit mindestens der gleichen Rate verzinst. Da sich das Öl selbst nicht vermehrt, kann dies nur durch einen steigenden Ölpreis geschehen. Ein Gleichgewicht zwischen Ölangebot und Ölnachfrage stellt sich nach Hotelling deshalb genau dann ein, wenn langfristig der Ölpreis mit der Rate des Zinssatzes steigt. Beträgt also beispielsweise der geltende Marktzins 5%, so müssen die Ölpreise langfristig um 5% pro Jahr steigen.

Es versteht sich von selbst, daß diese Regel strenggenommen nur sehr langfristig und unter idealisierten Marktbedingungen gilt. Insbesondere müßten die Ölbesitzer die künftige Preisentwicklung im voraus richtig einschätzen können, was ihnen aber höchstens näherungsweise gelingen kann. Außerdem ist die Hotelling-Regel zu modifizieren, wenn sich die Nachfrageverhältnisse ändern oder wenn neue Rohstoffvorkommen entdeckt werden. Beides kommt in der Praxis natürlich immer wieder vor.

Trotzdem ist die Hotelling-Regel äußerst interessant. Sie zeigt nämlich, daß private Besitzer von Rohstoffvorkommen zumindest in der Tendenz recht sorgsam damit umgehen. Insbesondere werden die Rohstoffvorräte erst dann vollständig abgebaut sein, wenn sie nicht mehr gebraucht werden, beispielsweise weil inzwischen entsprechende Backstop-Technologien entstanden sind. Bis dahin wird ein immer höher werdender Rohstoffpreis ihre vollständige Ausbeutung verhindern, weil er die Nachfrage begrenzt. Gleichzeitig führt der steigende Preis dazu, daß immer mehr Kapital anstelle des betreffenden Rohstoffes eingesetzt wird, was wiederum den ressourcensparenden technischen Fortschritt vorantreiben wird.

Gerechtigkeit für künftige Generationen?

Daß all dies nicht nur Theorie ist, zeigt die Geschichte des Erdölmarktes. Bis in die 50er Jahre wurde er von wenigen großen Mineralölfirmen beherrscht, die obendrein untereinander Kartelle bildeten. Man nannte sie daher auch die "Sieben Schwestern". Die rechtmäßigen Eigentümer der Ölvorräte wären eigentlich die Länder gewesen, in denen das Öl gefördert wurde. Aber vor allem die damals noch armen Staaten im Nahen Osten verfügten gar nicht über das nötige Kapital und Know How, um ihre Ölvorräte selbst zu heben. Daher waren sie lange Zeit dem Preisdiktat der "Sieben Schwestern" ausgeliefert. Diese wiederum waren eher an einer möglichst schnellen Ausbeutung der Ölreserven interessiert als an deren Schonung. Denn sie befürchteten, von den Förderländern als den rechtmäßigen Besitzern über kurz oder lang enteignet zu werden.

Anfang der 70er Jahre veränderten sich dann tatsächlich allmählich die Eigentumsverhältnisse. Der arabisch-israelische Krieg von 1967 und weitere kriegerische Auseinandersetzungen in anderen Ölförderstaaten verknappten das Ölangebot, während die Nachfrage weiter stieg. Schon 1960 war auf Initiative Venezuelas und Saudi-Arabiens die Organisation der erdölproduzierenden Länder OPEC gegründet worden, um den Interessen der Förderländer mehr Nachdruck zu verleihen. Bis dahin eher ein zahnloser Tiger, erlangte die OPEC nun plötzlich wirtschaftliche Macht. Als 1973 dann der sogenannte Jom-Kippur-Krieg zwischen Israel und Ägypten ausbrach, erzwangen die arabischen Förderländer eine Drosselung der Ölproduktion und einen Boykott der USA bei den Öllieferungen. Dadurch kam es zu dem sprunghaften Preisanstieg der Ersten Ölkrise. Vor allem aber setzten von nun an die Förderländer die Eigentumsrechte an ihrem Öl gegenüber den Konzernen durch.

Auch die Zweite Ölkrise Ende der 70er Jahre hatte einen unmittelbaren politischen Anlaß. Innenpolitische Auseinandersetzungen im damaligen Persien (dem heutigen Iran) hatten erneut das Angebot verknappt, und das OPEC-Kartell nutzte dies für weitere Preiserhöhungen aus. Zwar sank der Ölpreis später wieder etwas, aber 1985 war er in Dollar gerechnet immer noch etwa 16 mal so hoch wie zu Beginn der 70er Jahre.

Wenngleich also die unmittelbaren Krisen jeweils durch politische Ereignisse ausgelöst wurden, geht der langfristig verbliebene Anstieg des Ölpreises vor allem auf den Wechsel in den Eigentumsrechten zurück. Die Ölkonzerne waren darüber nicht eben glücklich, aber im Sinne des sparsamen Umgangs mit der knappen Ressource Öl konnte man diese Entwicklung eigentlich nur begrüßen. Tatsächlich haben seitdem zunehmend andere Energieträger das Öl ersetzt. Auch ist das Wirtschaftswachstum insgesamt viel weniger energieintensiv geworden, als es noch vor 25 Jahren der Fall war. Beispielsweise verbrauchte Westdeutschland 1994 nur noch knapp drei Viertel der Primärenergie pro erstellter Sozialproduktseinheit, die 1970 dafür notwendig gewesen war. Der Preismechanismus wirkt also nicht nur in der Theorie, sondern offenbar auch in der wirtschaftlichen Wirklichkeit.

Die Frage ist allerdings, ob er auch stark genug wirkt. Insgesamt ist nämlich aufgrund des Wirtschaftswachstums der Energieverbrauch der Industrieländer weiter angestiegen. Es gibt zudem selbst bei perfekt funktionierenden Rohstoffmärkten noch immer ein Problem, und das ist die gerechte Beteiligung künftiger Generationen an den knappen Rohstoffen. Sie sitzen ja offenbar nicht mit am Tisch, wenn über Förderquoten verhandelt wird und Eigentumsrechte vergeben werden. Erst recht können sie sich nicht auf dem

Markt bemerkbar machen - so scheint es jedenfalls. Sollte hier nicht der Staat zugunsten unserer Nachkommen in die Rohstoffmärkte eingreifen?

Es ist naheliegend zu verlangen, daß alle künftigen Generationen gleich hohe Konsummöglichkeiten haben sollten. Diese Forderung wird auf John Rawls zurückgeführt, der 1971 ein vielbeachtetes Buch mit dem Titel "Theorie der Gerechtigkeit" veröffentlicht hat. Nun kann aber ein absolut begrenzter Rohstoff wie z.B. das Öl offenbar nur dann gleichmäßig auf alle Generationen aufgeteilt werden, wenn der Verbrauch pro Generation gleich Null ist! Denn jede noch so kleine Verbrauchsmenge pro Generation würde irgendwann zur vollständigen Erschöpfung der Ölvorräte führen. Ein Verbrauch von Null wäre aber offensichtlich Unsinn, weil dann keine Generation etwas von dem Öl hätte. So kommen wir also in unseren Überlegungen nicht weiter.

Es ist jedoch zu bedenken, daß jede Generation nicht nur knappe Rohstoffe verbraucht, sondern auch Kapital bildet. Dieses Kapital kommt nun aber den späteren Generationen zugute. Beispielsweise werden unsere Kinder mit einer viel höheren Kapitalausstattung pro Kopf in ihr Berufsleben starten als wir. Sie erben von uns Häuser, Straßen und Fabriken, die sie andernfalls selbst hätten erstellen müssen, und sie erben vor allem auch den von früheren Generationen geschaffenen Stand der Technik.

Wir haben schon gesehen, daß eine höhere Kapitalausstattung die Verfügbarkeit von Rohstoffen ersetzen kann. Also sollte im Sinne des Rawlsschen Gerechtigkeitskriteriums jede Generation so viel sparen, daß ihre Kinder trotz geringerer Rohstoffvorräte genausoviel konsumieren können wie die Eltern. Dies ist der Kern der sogenannten Hartwick-Regel, die 1986 von J.M. Hartwick und N.D. Olewiler formuliert wurde. Wirtschaftshistorisch kann man feststellen, daß die Hartwick-Regel bisher stets übererfüllt wurde. Die jeweils folgende Generation hat nämlich nicht nur keinen geringeren, sondern sogar einen sehr viel höheren Lebensstandard erzielen können als ihre Eltern.

Zudem ist die Gefahr, daß eine einzige Generation etwa alle Rohstoffe verbrauchen würde, bei genauerer Überlegung kaum gegeben. In Wirklichkeit folgen die Generationen nämlich gar nicht aufeinander wie etwa die Steine in einem Dominospiel, sondern sie überlappen sich eher wie die Karten in einem Skatblatt. Jedes Jahr werden einige Manager und Unternehmer durch jüngere Nachwuchskräfte ersetzt, und damit verschiebt sich der Planungshorizont der Menschheit kontinuierlich nach vorne. Außerdem wird das Vererbungsmotiv viele Menschen veranlassen, bei ihrer Kapitalbildung auch die Interessen der eigenen Kinder mit zu berücksichtigen. Unter diesen Umständen ist bei einer marktwirtschaftlichen Organisation der Wirtschaft kaum zu befürchten, daß irgendeine Generation plötzlich ohne Kapital und ohne Rohstoffe dastehen wird.

Die Gefahr geht vielmehr gerade von der Politisierung der wirtschaftlichen Entscheidungen aus. Denn Politiker werden nur auf kurze Zeit gewählt, in der Regel nur auf vier bis fünf Jahre. Entsprechend kurz ist ihr Planungshorizont, denn sie möchten gerne wiedergewählt werden. Daher kommen sie leicht in Versuchung, um kurzfristiger Wahlerfolge willen Geschenke an die Wähler zu verteilen, die zu Lasten künftiger Generationen gehen. Beleg dafür ist die zunehmende Staatsverschuldung, aber auch der oft sorglose Umgang mit der künftigen Finanzierbarkeit der Rentenversicherung. Wer wirklich das Wohl künftiger Generationen im Auge hat, sollte in dieser Hinsicht eher den Gesetzen des Marktes vertrauen als den Mechanismen der demokratischen Willensbildung.

Wir wollen hier aber das Problem nicht unangemessen herunterspielen. Wenn die Weltbevölkerung wirklich nach dem Malthusianischen Gesetz einer geometrischen Reihe wachsen würde, dann wäre die globale Katastrophe früher oder später unausweichlich. Man muß sich nur einmal klarmachen, was eine exponentiell wachsende Bevölkerung bedeuten würde. Dafür gibt es ein berühmtes mathematisches Gleichnis, nämlich die Geschichte von dem Schachbrett. Der Sage nach rettete ein weiser Mann einst der Tochter des Kaisers von China das Leben und hatte dafür einen Wunsch frei. Sein Wunsch lautete wie folgt: Der Kaiser möge ein Reiskorn auf das erste Feld eines Schachbrettes legen und die Zahl der Reiskörner auf den folgenden 63 Feldern jeweils verdoppeln. Dem Kaiser erschien dies zunächst als ein allzu bescheidener Wunsch. Schon bald mußte er aber feststellen, daß die gesamten Reisvorräte seines riesigen Reiches nicht ausreichten, um ihn zu erfüllen. Auf dem letzten der 64 Schachfelder hätten nämlich nicht weniger als 9 mal 10 hoch 18 Reiskörner niedergelegt werden müssen, das ist eine Zahl mit 18 Nullen vor dem Komma!

Ähnliche Größenordnungen würde die Weltbevölkerung erreichen, wenn sie wirklich dem Malthusianischen Gesetz folgte. Kein technischer Fortschritt und auch keine noch so große Kapitalbildung könnte dies ausgleichen. Schon allein der Platzbedarf für so viele Menschen wäre ein unlösbares Problem.

Also gibt es letztlich nur eine Lösung des globalen Ressourcenproblems, und das ist die Begrenzung des Bevölkerungswachstums. Gott sei Dank sinkt erfahrungsgemäß die Geburtenrate, wenn das Pro-Kopf-Einkommen steigt. Dies liegt vor allem daran, daß dann die Alterssicherung des einzelnen nicht mehr von der Zahl seiner Kinder abhängt, weil er nämlich bei entsprechend hohem Einkommen stattdessen genug sparen kann.

Tatsächlich haben die hochentwickelten Industrienationen eher mit dem Problem einer zu niedrigen als einer zu hohen Geburtenrate zu kämpfen. In vielen Entwicklungsländern ist es aber noch umgekehrt. Insofern ist die beste Politik zur Schonung der Weltressourcen eine gezielte Entwicklungshilfe für diese Länder, gepaart mit entsprechenden Maßnahmen der Geburtenkontrolle und der Kapitalbildung. Vollkommen unsinnig wäre es dagegen, einfach das Weltsozialprodukt ohne entsprechende Auflagen zugunsten dieser Länder umzuverteilen. Die Folge wäre lediglich ein noch stärkeres Bevölkerungswachstum und damit eine Verschärfung des Ressourcenproblems. Insoweit hatte Robert Malthus vollkommen recht. Eine falschverstandene soziale Gerechtigkeit würde letztlich den Untergang der Menschheit heraufbeschwören.

Hinweise zum Weiterlesen:

Eine sehr gute Einführung in die Problematik der knappen Rohstoffe gibt W. Ströbele, "Rohstoffökonomik", München 1987.

Die wichtigsten Originalbeiträge zum Umwelt- und Ressourcenproblem von der Klassik bis zur modernen Wirtschaftstheorie sind in deutscher Sprache abgedruckt im Sammelband von H. Siebert (Hg.), "Umwelt und wirtschaftliche Entwicklung", Darmstadt 1979.

Eine sehr anschauliche und leicht verständliche Darstellung der Probleme findet sich bei W. Cezanne, "Allgemeine Volkswirtschaftslehre", München/Wien 1993, insbes. in den Kapiteln 8 und 18.

Kapitel 3
Handel und Wandel in der Weltwirtschaft
(Außenwirtschaft)

Der Engländer David Ricardo (1772 - 1823) war gleichzeitig ökonomischer Theoretiker, erfolgreicher Börsenspekulant und Politiker. Sein Theorem der komparativen Kostenvorteile schuf das Fundament für die klassische Freihandelslehre.

Soll man sich vor billiger Auslandskonkurrenz schützen?

Vom Merkantilismus zur Freihandelslehre

Es wird erzählt, im antiken Griechenland habe ein Schiff mit Exportgütern den Hafen nur dann verlassen dürfen, wenn gesichert war, daß es auch mit entsprechend vielen Gütern aus dem Ausland zurückkehren würde. Denn die Erträge der Produktion sollten dem eigenen Volk nicht ohne entsprechende Gegenleistung verlorengehen. Im Prinzip war das eine durchaus richtige Überlegung.

Heute ist dagegen die Auffassung weit verbreitet, einer Volkswirtschaft gehe es um so besser, je mehr sie ins Ausland exportieren kann. Denn dadurch entstehen neue Arbeitsplätze, und es fließt scheinbar Geld ins Land, das seine Einwohner reicher macht. Dagegen wird der Import von Gütern aus dem Ausland weniger gerne gesehen, jedenfalls wenn man diese Güter eigentlich auch im Inland produzieren könnte. Viele Menschen halten es für falsch, daß beispielsweise Deutschland Kohle aus den USA importiert, während gleichzeitig deutsche Bergarbeiter ihren Arbeitsplatz verlieren. Wäre es nicht besser, auf die noch immer reichlich vorhandenen Kohlevorräte im Inland zurückzugreifen? Und müßte man aus beschäftigungspolitischen Gründen nicht danach streben, möglichst einen Handelsbilanzüberschuß zu erzielen, also einen Überschuß der Exporte über die Importe?

Tatsächlich ist in der Wirtschaftsgeschichte immer wieder versucht worden, Auslandsgüter vom eigenen Markt fernzuhalten. Zu diesem Zweck wurde ein reichhaltiges Instrumentarium sogenannter protektionistischer Maßnahmen entwickelt. An erster Stelle stand dabei traditionell die Erhebung von Einfuhrzöllen. Darin wurde ein doppelter Vorteil gesehen: Zum einen verteuern Zölle die ausländischen Güter auf dem inländischen Markt und verschaffen daher der eigenen Produktion einen Wettbewerbsvorteil. Zum anderen erzielt der Staat durch die Zölle auch noch Einnahmen. Im 18. und 19. Jahrhundert waren Zölle sogar die wichtigste Finanzierungsquelle des Staates und weitaus bedeutsamer als beispielsweise die Steuern.

Je nachdem, welches Motiv für die Zollerhebung im Vordergrund steht, unterschied man früher zwischen reinen Schutzzöllen und sogenannten Finanzzöllen. Heute ist diese Unterscheidung weniger bedeutsam geworden, weil die Staaten sich inzwischen hauptsächlich aus Steuereinnahmen finanzieren. Noch immer aber wird das Schutzzollargument vertreten.

Einen Höhepunkt erlebte es in der Periode des sogenannten Merkantilismus, der etwa vom 16. Jahrhundert bis zum Ende des 18. Jahrhunderts das wirtschaftliche Denken bestimmte. Am konsequentesten wurde die merkantilistische Außenhandelspolitik in Frankreich unter seinem damaligen Generalkontrolleur der Finanzen Jean Baptiste Colbert (1619 - 1683) praktiziert. Dabei beschränkte man sich keineswegs nur auf die Erhebung von Einfuhrzöllen. Es gab auch mengenmäßige Einfuhrbeschränkungen für bestimmte Güter bis hin zum totalen Importverbot. Wer gegen die Bestimmungen verstieß, mußte mit empfindlichen Strafen rechnen, in schweren Fällen sogar mit der Todesstrafe.

Um die Merkantilisten zu verstehen, muß man wissen, daß für sie die Menge der Gold- und Silberbestände eines Landes das Maß für seinen Reichtum war. Nun war aber die Menge der insgesamt in der Welt verfügbaren Edelmetalle offenbar begrenzt. Also kam es nach der merkantilistischen Logik darauf an, dem eigenen Land einen möglichst großen Anteil an diesen Beständen zu verschaffen. Denn mit Gold und Silber ließen sich nicht nur Kriege finanzieren, sondern auch die aufwendige Hofhaltung etwa in Versailles. Man hat den Merkantilismus auch treffend als "Fürstenwohlstandslehre" bezeichnet.

Für die Außenhandelspolitik galt daher das einfache Prinzip "billig einkaufen, teuer verkaufen". Dementsprechend wurde der Import von Rohstoffen gefördert, während man sich gleichzeitig bemühte, möglichst viele höherwertige Güter wie Textilien oder handwerkliche Produkte auf dem Weltmarkt zu verkaufen. Da die höherwertigen Waren höhere Preise erzielten als die Rohstoffe, schien somit ein ständiger Zufluß von Edelmetallen ins eigene Land gesichert zu sein, denn Gold und Silber waren damals die einzigen Zahlungsmittel im Außenhandel. Dies war die merkantilistische Lehre von der aktiven Handelsbilanz.

Das vorläufige Ende des merkantilistischen Denkens wurde im Jahre 1776 mit dem Erscheinen des berühmten Buches "Der Wohlstand der Nationen" von Adam Smith eingeleitet. Smith hielt nichts davon, den Wohlstand eines Landes an seinem Edelmetallbesitz zu messen. Schon der erste Satz in Adam Smiths Werk enthält seine zentrale Botschaft: "Die jährliche Arbeit eines Volkes ist die Quelle, aus der es ursprünglich mit allen notwendigen und angenehmen Dingen des Lebens versorgt wird, die es im Jahr über verbraucht. Sie bestehen stets entweder aus dem Ertrag dieser Arbeit oder aus dem, was damit von anderen Ländern gekauft wird."

Smith argumentierte also, daß es letztlich auf die Gütermenge ankam, die einem Land zur Verfügung stand, und nicht auf die Edelmetallvorräte. Zwar brauchte man auch davon eine gewisse Menge, die als Zahlungsmittel für den inländischen Güteraustausch fungierte. Aber damit hatte es sich auch schon. Eine Verdoppelung der Edelmetallmenge eines Landes würde zum Beispiel lediglich eine Verdoppelung aller seiner Güterpreise bewirken, aber keine Zunahme der Gütermenge. Also sei es nicht nur nutzlos, sondern sogar schädlich, im Außenhandel knappe Güter gegen Edelmetall einzutauschen.

Das heißt nun allerdings nicht, daß Smith gegen den Außenhandel gewesen wäre. Er hielt ihn im Gegenteil sogar für sehr nützlich, denn dadurch konnten die Vorteile der Arbeitsteilung noch verstärkt werden. Dazu sollte sich nach Smith jedes Land auf die Produktion derjenigen Güter konzentrieren, die es billiger herstellen kann als seine Konkurrenten auf den Weltmärkten. Der Welthandel ist nämlich entgegen der merkantilistischen Auffassung eben kein "Nullsummenspiel", in dem ein Land nur auf Kosten anderer Länder etwas gewinnen kann! Vielmehr ermöglicht die internationale Arbeitsteilung Spezialisierungsvorteile, die letztlich allen beteiligten Ländern Wohlstandgewinne bringt.

Machen wir uns diesen Kerngedanken der klassischen Außenwirtschaftstheorie an einem einfachen Beispiel klar. Angenommen, Frankreich könne eine Tonne Kohle mit einem Arbeitsaufwand von 10 Stunden herstellen, während in den Niederlanden dafür Arbeit im Umfang von 30 Stunden aufgewendet werden muß. Der Grund könnte darin liegen, daß in den rohstoffarmen Niederlanden die Kohle aus einer größeren Tiefe abgebaut werden muß als in Frankreich, wo sie vielleicht sogar im Tagebau gefördert werden kann. Umgekehrt möge man in Frankreich 30 Arbeitsstunden benötigen, um etwa eine Teekanne aus Porzellan herstellen zu können, während die gleiche Teekanne in den Niederlanden mit nur 10 Arbeitsstunden angefertigt werden kann. Hier könnte der Grund in einer entsprechenden handwerklichen Tradition der Niederlande liegen, die deshalb über entsprechend ausgebildete Arbeitskräfte verfügen.

	Arbeitsaufwand für ...	
	Kohle	Teekanne
Frankreich	10 Std.	30 Std.
Niederlande	30 Std.	10 Std.

Adam Smith argumentierte mit absoluten Kostenvorteilen: Frankreich kann hier Kohle billiger produzieren und sollte sich daher ganz auf dieses Gut spezialisieren, für die Niederlande gilt das gleiche für die Teekannenproduktion.

Vergleichen wir jetzt die insgesamt produzierbare Gütermenge, wenn in jedem der beiden Länder 40 Arbeitsstunden eingesetzt werden. Ohne Außenhandel könnte dann jedes Land über eine Teekanne und eine Tonne Kohle verfügen. Viel sinnvoller wäre es aber offenbar, wenn Frankreich nur Kohle und die Niederlande nur Teekannen herstellen würden. Dann stünden nämlich trotz unveränderter Arbeitsmenge plötzlich insgesamt nicht nur zwei, sondern vier Tonnen Kohle und auch vier statt nur zwei Teekannen zur Verfügung! Frankreich könnte jetzt beispielsweise zwei Tonnen Kohle gegen zwei Teekannen aus den Niederlanden tauschen, und am Ende hätte jedes Land seine Gütermenge verdoppelt. Dieses scheinbare Wunder resultiert allein daraus, daß jetzt die vorhandene Arbeit sinnvoller eingesetzt wird als bei reiner Selbstversorgung jedes Landes.

Man beachte, daß Frankreich in unserem Beispiel eben kein Fertigprodukt, sondern einen Rohstoff exportieren müßte, wenn es einen Wohlfahrtsgewinn aus dem Außenhandel ziehen möchte. Man stelle sich etwa vor, Frankreich würde sich auf die Produktion von Teekannen spezialisieren und die Niederlande auf die Kohleförderung. Dann stünden insgesamt nur 1,25 Tonnen Kohle und 1,25 Teekannen in der Welt zur Verfügung, und das ist sogar weniger als im Fall der Autarkie jedes Landes. Es kommt also entscheidend darauf an, daß sich jedes Land auf die richtigen Güter spezialisiert, nämlich auf diejenigen, bei denen es echte Kostenvorteile gegenüber dem Ausland hat.

Nach Adam Smith soll daher der internationale Güteraustausch auf der Basis von Marktpreisen erfolgen, d.h. diese dürfen nicht vom Staat durch Zölle oder Subventionen verfälscht werden. Die merkantilistische Strategie, ohne Rücksicht auf die internationalen Kostenverhältnisse einseitig den Export von Fertigwaren zu fördern, war also abzulehnen. Sie verminderte nicht nur die Menge der insgesamt in der Welt produzierten Güter, sondern auch den Wohlstand der protektionistisch orientierten Länder selbst. Bei Verzicht auf Zölle und andere handelsverfälschende Maßnahmen wird daher der Wohlstand jedes einzelnen am Welthandel beteiligten Landes steigen. Dies ist die Grundaussage der klassischen Freihandelslehre.

Ricardos Theorem der komparativen Kostenvorteile

Das Buch von Adam Smith hatte sofort nach seinem Erscheinen einen überwältigenden Erfolg und veränderte das ökonomische Denken über den Außenhandel vollständig. Es ließ allerdings noch eine entscheidende Frage offen: Was passiert, wenn irgendein Land nicht nur bei einzelnen Gütern, sondern bei allen Gütern Kostennachteile gegenüber dem Ausland hat? Man sollte meinen, daß es dann nicht erfolgreich am internationalen Handel teilnehmen kann. Wird es nicht zwangsläufig mit preiswerten Produkten aus dem Ausland überschwemmt werden und alle Beschäftigungsmöglichkeiten für seine Arbeitskräfte verlieren? Es war David Ricardo, der in seinem berühmten Werk von 1806 neben vielen anderen populär-ökonomischen Ansichten auch diese Auffassung als Irrlehre entlarvte.

Ricardo wählte als Beispiel für seine Überlegungen den Austausch von Tuch und Wein zwischen England und Portugal. Wir wollen aber bei unserem Beispiel bleiben und annehmen, daß Frankreich nunmehr 20 Arbeitsstunden für eine Tonne Kohle und 30 Arbeitsstunden für eine Teekanne benötigt. Die Niederlande mögen für jedes der beiden Güter 10 Arbeitsstunden benötigen. Offenbar haben sie also nunmehr bei beiden Gütern gegenüber Frankreich einen absoluten Kostenvorteil.

Arbeitsaufwand für ...

	Kohle	Teekanne
Frankreich	20 Std.	30 Std.
Niederlande	10 Std.	10 Std.

David Ricardo zeigte, daß auch schon relative Kostenvorteile den Außenhandel sinnvoll machen. Hier ist der absolute Vorteil der Niederlande bei Teekannen größer als bei der Kohle. Daher sollten die Niederlande nur Teekannen, Frankreich dagegen nur Kohle produzieren.

Dennoch ist nach Ricardo auch in diesem Fall ein sinnvoller Außenhandel zwischen den beiden Ländern möglich. Es kommt nämlich nicht auf die absoluten, sondern auf die relativen Kostenunterschiede an. Der relative Kostenvorteil der Niederlande ist aber in unserem Beispiel bei der Teekannenproduktion größer als bei bei der Kohlegewinnung! Denn die französische Teekannenproduktion ist drei mal so arbeitsaufwendig wie in den Niederlanden, während der französische Arbeitsaufwand für eine Tonne Kohle nur doppelt so hoch wie im Nachbarland liegt. Daher können weiterhin beide Länder an Wohlstand gewinnen, wenn die Niederlande sich auf Teekannen und Frankreich sich auf die Kohleproduktion spezialisiert.

Das können wir uns leicht klarmachen. Beide Länder mögen wieder über je 40 Arbeitsstunden verfügen. Im Autarkiezustand, d.h. vor Aufnahme des Außenhandels, könnte Frankreich damit z.B. eine halbe Tonne Kohle und eine Teekanne erstellen, während die Niederlande beispielsweise eine Tonne Kohle und drei Teekannen produzieren können. Zusammen wären das also eineinhalb Tonnen Kohle und vier Teekannen.

Nun folgen wir Ricardos Rat und lassen die Niederlande nur Teekannen, Frankreich dagegen ausschließlich Kohle herstellen. Die Gesamtproduktion beider Länder könnte dann auf zwei Tonnen Kohle ansteigen, während nach wie vor gleichzeitig vier Teekannen produziert werden. Die Spezialisierung gemäß den komparativen Kostenvorteilen ermöglicht also tatsächlich eine weltwirtschaftliche Mehrproduktion trotz unveränderter Arbeitsmengen! Auch hier liegt der Grund wieder in dem sinnvolleren Einsatz der Arbeitskräfte. Dies ist Ricardos berühmtes Theorem der komparativen Kostenvorteile.

Nun wollen natürlich die Niederländer nicht erfrieren und die Franzosen nicht auf ihren Tee verzichten. Also sollten sich die Niederlande zwar in der Produktion ganz auf die Teekannen spezialisieren, einen Teil ihrer Teekannenproduktion aber gegen französische Kohle tauschen. Da insgesamt mehr produziert wird als im Autarkiezustand, kann auf diese Weise offenbar der Konsum beider Güter in beiden Ländern gesteigert werden.

Sofort taucht an dieser Stelle die Frage auf, wie ein solcher Austausch denn möglich sein kann, wo doch beide Güter in den Niederlanden billiger als in Frankreich sind. Auch hierauf hat Ricardo die richtige Antwort gegeben. Nehmen wir an, eine Arbeitsstunde müßte in jedem der beiden Länder mit einer Feinunze Gold bezahlt werden. Dann wären, in Gold gerechnet, tatsächlich beide Güter in Frankreich teurer als in den Niederlanden. Frankreich würde infolgedessen zunächst sowohl Teekannen als auch Kohle aus den Niederlanden importieren und mit Gold bezahlen.

Jetzt aber tritt ein Mechanismus ein, der ansatzweise schon von David Hume (1711 - 1776) beschrieben worden war. Der Goldabfluß aus Frankreich wird dort die Löhne und Güterpreise, in Gold gerechnet, sinken lassen, während sie in den Niederlanden aufgrund des dortigen Goldzuflusses steigen. Dies ist eine unmittelbare Folgerung aus der Quantitätstheorie, wonach eine Erhöhung der Geldmenge auf längere Sicht auch die Preise erhöhen wird. Selbst wenn die Quantitätstheorie nicht in diesem strengen Sinne gelten sollte, so gilt sie doch zweifellos in der Tendenz.

Wenn nun aber alle Preise in Frankreich sinken und in den Niederlanden steigen, dann muß früher oder später der Punkt erreicht werden, in dem eines der beiden Güter in Frankreich, in Gold gerechnet, billiger wird als in den Niederlanden. Da der relative Kostenvorteil der Niederlande bei der Kohle geringer ist als bei den Teekannen, kann dieses Gut nur die Kohle sein. Damit aber wird nun tatsächlich Kohle gegen Teekannen zwischen den beiden Ländern getauscht werden, während der Goldstrom zwischen ihnen sein Ende findet. Der relative Kostenvorteil Frankreichs bei der Kohleproduktion wird sich mit anderen Worten aufgrund des Humeschen Geldmengenmechanismus letztlich in einem absoluten Preisvorteil niederschlagen und damit durchsetzen. Im Endeffekt wird es somit automatisch zu der weltwirtschaftlich sinnvollsten Arbeitsteilung zwischen den beiden Ländern kommen.

Zollargumente

Diese Überlegungen der ökonomischen Klassiker mögen etwas abstrakt erscheinen, aber sie gelten im Prinzip auch heute noch. Um dies zu erkennen, müssen wir etwas vorgreifen und die Wechselkurse der Währungen ins Spiel bringen. Heutzutage wird ja nicht mehr mit Gold gezahlt, sondern mit

Papiergeld wie etwa Dollar oder Euro. Angenommen nun, die europäischen Produkte seien auf den Weltmärkten zu teuer und es würden infolgedessen von Europa nur noch die billigen Auslandsgüter importiert, aber nichts mehr exportiert.

Europa würde dann seine Importe mit Euro bezahlen, aber die ausländischen Exporteure könnten damit nicht viel anfangen. Sie müssen ja ihre Kosten in einheimischer Währung bezahlen, beispielsweise eben in Dollar. Infolgedessen werden sie die in Europa verdienten Euro am Devisenmarkt in Dollar umtauschen wollen. Dies aber drückt den Kurs des Euro und erhöht den Dollarkurs, so daß die europäischen Exportgüter, in Dollar gerechnet, billiger werden. Man ahnt vielleicht schon, worauf dies hinausläuft: Als erste werden dadurch diejenigen europäischen Produkte wieder wettbewerbsfähig, bei denen Europa einen vergleichsweise geringen Kostennachteil, d.h. einen komparativen Kostenvorteil hat. Damit aber kann Europa seine Importe schließlich wieder durch den Export eigener Güter ausgleichen.

Die Mechanismen des Außenhandels sind also heute etwas komplizierter geworden als im 19. Jahrhundert, aber das Prinzip ist das gleiche geblieben: Letztlich kann kein Land jemals vor der Situation stehen, daß es nur noch importiert und nichts mehr exportieren kann. Denn es ist schon rein logisch ausgeschlossen, daß ein Land nur relative Nachteile, aber keine relativen Vorteile hat. Insoweit ist die klassische Freihandelslehre durch Ricardo auf eine unangreifbare Grundlage gestellt worden.

Diese Lehre hatte denn auch schon bald durchschlagenden Erfolg, und zwar nicht nur in der Wissenschaft, sondern auch in der praktischen Wirtschaftspolitik. Überall in der Welt wurden in der ersten Hälfte des 19. Jahrhunderts die Zölle gesenkt oder ganz abgeschafft - das Zeitalter des wirtschaftlichen Liberalismus hatte begonnen. Hatte der durchschnittliche Zollsatz in den USA 1821 beispielsweise noch 45% betragen, so sank er bis 1860 auf nur noch etwa 20%. Vor allem in England, der Heimat Adam Smiths und David Ricardos, ging man mit gutem Beispiel voran. England hatte allerdings auch einen Vorsprung bei der Industrialisierung von etwa 50 Jahren gegenüber Kontinentaleuropa. Daher war die englische Industrie besonders stark daran interessiert, den Welthandel zu liberalisieren.

Dem stand allerdings entgegen, daß England zu der damaligen Zeit selbst hohe Zölle auf Getreide erhob. Diese Zölle schützten die englische Landwirtschaft vor der Auslandskonkurrenz, aber sie verteuerten die Lebenshaltungskosten und damit auch die Löhne in der Industrie. Außerdem veranlaßten sie Englands Handelspartner, ihrerseits Zölle auf englische Industrieprodukte zu erheben. Man spricht in diesem Zusammenhang auch von sogenannten Retorsions- bzw. Vergeltungszöllen.

Der politische Kampf der englischen Industrie gegen die Kornzölle wurde von den beiden Parlamentariern Richard Cobden und John Bright angeführt. Die von ihnen gegründete Anti-Corn-Law-League operierte hauptsächlich von Manchester aus; noch heute werden die Vertreter der Freihandelsidee daher von ihren Gegnern gelegentlich als "Manchester-Kapitalisten" beschimpft. Im Jahre 1846 trug die Manchester-Schule schließlich den Sieg davon und die englischen Getreidezölle wurden abgeschafft. Es folgte eine Phase blühenden Welthandels, während der auch die anderen europäischen Staaten mehr und mehr vom Protektionismus abrückten und ihre Zölle senkten.

Die Karikatur aus dem Jahre 1850 zeigt den britischen Löwen satt und zufrieden nach der Abschaffung der Getreidezölle. Zuvor war es zu Hungersnöten gekommen.
Bildnachweis: Jagdish Bhagwati, Protectionism, Mass. 1988, S. 28

Der geschickteste Agitator der Freihändler war zu der damaligen Zeit der französische Ökonom Frederic Bastiat (1801 - 1850). In seiner berühmten Parabel über "Die Petition der Kerzenmacher" führte er die Argumente der Protektionisten in ironischer Weise ad absurdum. Die französischen Kerzenmacher verlangen in dieser Satire, daß alle Fenster zugemauert werden müßten, um den Verbrauch von Kerzen, Öl und anderen Brennstoffen zu erhöhen. Dadurch würde neue Beschäftigung entstehen, und zwar auch in anderen Wirtschaftszweigen, beispielsweise bei den Herstellern von Öllampen und deren Lieferanten. Die ganze Volkswirtschaft würde schließlich durch höhere Löhne und Beschäftigung von der Zumauerung der Fenster profitieren.

Zwar sei man durchaus für den Wettbewerb, aber dieser müsse fair sein. Die Konkurrenz der Sonne sei aber eine unfaire Konkurrenz, weil die Sonne ihre Energie unablässig zu dem extremen Dumpingpreis von Null anbiete. Auch die englischen Kerzenfabrikanten hätten unfaire Vorteile gegenüber ihrer französischen Konkurrenz, weil der Nebel in England ihren Absatz begünstige.

Die Lächerlichkeit dieser Argumente liegt auf der Hand. Trotzdem werden sie auch heute noch in ähnlicher Form von solchen Wirtschaftszweigen verwendet, die im internationalen Wettbewerb nicht mehr bestehen können. Dahinter verbirgt sich allerdings ein durchaus ernstzunehmendes Problem. Denn die klassische Freihandelslehre hat zwar überzeugend nachgewiesen, daß letztlich alle Volkswirtschaften vom Freihandel profitieren werden. Daraus folgt aber nicht, daß dies auch für jeden einzelnen Wirtschaftszweig innerhalb einer Volkswirtschaft gilt. Es wird daher zumindest auf kurze Sicht in jedem Land sowohl Gewinner als auch Verlierer aus dem Übergang zum Freihandel geben.

Ähnlich wie beim technischen Fortschritt überwiegen aber auf längere Sicht eindeutig die Vorteile. Denn der Freihandel senkt die Kosten und verbessert die internationale Arbeitsteilung, so daß letztlich alle Menschen ihre Konsumwünsche zu niedrigeren Preisen befriedigen können. Es kommt freilich auch hier darauf an, daß Arbeit und Kapital flexibel und mobil genug sind, um sich notfalls entsprechend umzuorientieren. Da jedes Land definitionsgemäß immer bei irgendwelchen Gütern komparative Kostenvorteile hat, kann der Außenhandel in diesem Fall niemals zu Arbeitslosigkeit führen. Er wird im Gegenteil in allen Ländern höheren Wohlstand ermöglichen.

Die klassische Freihandelslehre ist gleichwohl immer wieder auch von wissenschaftlicher Seite angegriffen worden. Einer ihrer prominentesten Kritiker im 19. Jahrhundert war der deutsche Ökonom Friedrich List (1789 - 1846). Er war ursprünglich Stadtschreiber in Reutlingen und später Professor für Verwaltungslehre sowie Abgeordneter im württembergischen Parlament. Aus politischen Gründen mußte er 1825 nach Amerika auswandern, wo er die Schutzzollideen Alexander Hamiltons aufgriff. Nachdem List 1832 als amerikanischer Konsul nach Deutschland zurückgekehrt war, kämpfte er unermüdlich für den Deutschen Zollverein, der schließlich 1834 auch gegründet wurde. Auch um die Entwicklung des deutschen Eisenbahnwesens hat sich List verdient gemacht, ohne jedoch für sich selbst wirtschaftlichen Nutzen daraus ziehen zu können. Im Jahre 1846 setzte er seinem Leben im österreichischen Kufstein selbst ein Ende.

List warf den englischen Klassikern der Nationalökonomie vor, ein allzu statisches Bild von der wirtschaftlichen Wirklichkeit zu haben. In seinem Hauptwerk "Das nationale System der politischen Ökonomie" von 1841 stellte er dem eine dynamischere Sichtweise entgegen. Danach kommt es für die nationale Produktionskraft gar nicht so sehr darauf an, wieviel Arbeit und Kapital zur Verfügung stehen. Entscheidend sei vielmehr, daß die nationalen Produktivkräfte in sinnvoller Weise gebündelt würden, wobei dem Staat eine zentrale Rolle zukommen sollte. Nur auf diese Weise könne sich der technische Fortschritt optimal entfalten. Wir haben ja schon gesehen, daß auch die neuere Wachstumstheorie den technischen Fortschritt als eine beeinflußbare Variable betrachtet und durchaus auch dem Staat dabei eine gewisse Rolle zuerkennt. Insofern kann List als ein früher Vorläufer dieser neueren Ansätze betrachtet werden.

Auch sein sogenanntes Erziehungszollargument geht in diese Richtung. List glaubte, daß die kontinentaleuropäische Industrie der englischen Konkurrenz aufgrund deren Entwicklungsvorsprungs hoffnungslos unterlegen sei. Sie müsse deshalb eine Zeit lang durch "Erziehungszölle" geschützt werden, bis sie produktiv genug geworden sei, um im internationalen Konkurrenzkampf zu bestehen. Erst danach könne man zum Freihandel übergehen. Im amerikanischen Sprachraum wird das Listsche Zollargument auch als "infant industry argument" bezeichnet.

List hat sich allerdings in der Wissenschaft nicht durchsetzen können. Allzugroß erscheint die Gefahr, daß mithilfe dieses Argumentes dauerhafte Zollschutzmauern errichtet werden, die politisch nur schwer wieder zu schleifen sind. Auch ist keineswegs ausgemacht, daß die geschützten Industrien die Zeit nutzen werden, um wirklich wettbewerbsfähiger zu werden. Naheliegender ist die Befürchtung, daß sie unter dem Zollschutz erst recht erschlaffen werden, während gerade der rauhe Wind des Wettbewerbs sie zwingen würde, ihre Konkurrenzfähigkeit zu erhöhen. Und schließlich stellt sich ebenso wie bei den Subventionsargumenten der "Neuen Wachstumstheorie" die Frage, woher der Staat überhaupt wissen soll, welche Industrien auf Dauer eine Überlebenschance haben und daher unterstützt werden sollten. So überzeugend das Listsche Zollargument auf den ersten Blick auch erscheint, so sehr überwiegen bei näherer Betrachtung daher letztlich die Bedenken.

Dumping und Protektionismus

Die wirtschaftshistorische Entwicklung ist denn auch in eine andere Richtung gegangen. Zwar hat es immer wieder Rückschläge für den Freihandelsgedanken gegeben, so in der Zeit des sogenannten Neomerkantilismus zwischen 1870 und 1914 und dann noch einmal während der Weltwirtschaftskrise in den 30er Jahren unseres Jahrhunderts. Die Erfahrungen mit dem Protektionismus waren aber jedesmal negativ. Die Länder überboten sich gegenseitig mit Zöllen und anderen Handelshemmnissen, und der Welthandel kam zum Schaden aller Beteiligten zwischenzeitlich nahezu zum Erliegen.

Infolgedessen besann man sich nach dem Zweiten Weltkrieg eines Besseren und gründete 1947 in Genf das sogenannte GATT, das General Agreement on Tariffs and Trade. Ursprünglich hatte das GATT 23 Mitgliedsländer, die sich auf einen schrittweisen Abbau ihrer Handelshemmnisse verständigten. Inzwischen ist die Zahl der Mitglieder auf über 120 Länder angestiegen, und die Zölle sind in mehreren sogenannten Zollsenkungsrunden tatsächlich immer weiter abgebaut worden. 1995 ist das GATT in der neugegründeten World Trade Organisation aufgegangen, die ebenfalls ihren Sitz in Genf hat.

Im Zentrum der WTO-Bemühungen stehen heute weniger die Zölle als vielmehr der Abbau von sogenannten nicht-tarifären Handelshemmnissen. Darunter versteht man neben mengenmäßigen Einfuhrbeschränkungen vor allem auch versteckte Maßnahmen des Protektionismus, wie sie beispielsweise in Form von Normen und bürokratischen Behinderungen der Einfuhr gerne verwendet werden.

Ein berühmtes Lehrbuchbeispiel für solche Handelshemmnisse ist das deutsche Zollgesetz von 1902. Ziel dieses Gesetzes war es, den Import von Schweizer Kühen zu begünstigen, ohne damit gleichzeitig den Rinderimport aus anderen Ländern aus der Zollpflicht zu entlassen. Das Problem bestand darin, daß Deutschland sich zur Anwendung der sogenannten Meistbegünstigungsklausel verpflichtet hatte. Danach hätte eigentlich eine Zollsenkung für Schweizer Kühe automatisch auch für Rinder aus allen anderen Ländern gelten müssen.

Man löste dieses Problem, indem einfach eine besondere Kuhsorte definiert wurde, das sogenannte "gesömmerte Höhenfleckvieh". Das waren laut Gesetz "braune oder gefleckte Kühe, die zumindest auf über 300 m über Seehöhe aufgezogen wurden und jeden Sommer zumindest einen Monat in einer Höhe von mindestens 800 m verbringen". Naturgemäß konnten beispielsweise niederländische Rinder diese Kriterien niemals erfüllen. So hatte man auf elegante Art eine Handelsdiskriminierung zugunsten der Schweizer Kühe geschaffen, ohne damit gegen internationale Vereinbarungen zu verstoßen.

Ein Großteil der internationalen Handelsprobleme unserer Zeit besteht in solchen mehr oder weniger gut versteckten Handelshemmnissen. Noch immer verstehen es die Protektionisten in allen Ländern, sich politisch durchzusetzen, wobei sie ihre Partikularinteressen ganz im Stile von Bastiats Kerzenmachern meist als gesamtwirtschaftliche Notwendigkeiten zu tarnen versuchen.

Wenden wir uns in diesem Zusammenhang einem letzten Argument des Protektionismus zu, dem sogenannten Dumping. Für den Nachweis von Dumpingpreisen reicht es keineswegs aus, daß die Konkurrenz billiger anbietet als man selbst. Trotzdem wird der Begriff in der Politik oft so verwendet. Sofern das billigere Auslandsangebot tatsächlich auf entsprechenden komparativen Kostenvorteilen beruht, ist dagegen aber gar nichts einzuwenden.

Der Wiener Ökonom Gottfried Haberler (1900-1995) hat eine sinnvollere Definition von Dumpingpreisen vorgeschlagen. Danach liegt Dumping nur dann vor, wenn die ausländischen Anbieter ihre Exportgüter entweder unter Selbstkosten anbieten oder zumindest unter demjenigen Preis, den sie im eigenen Land für ihre Produkte verlangen. In diesen Fällen kann durchaus von unfairen Handelspraktiken gesprochen werden. Die Gefahr besteht nämlich darin, daß die ausländischen Anbieter zunächst die Konkurrenz auf ihren Exportmärkten niederringen, um anschließend als Monopolisten um so höhere Preise zu verlangen. Zur Abwendung entsprechender Praktiken werden daher auch von liberalen Ökonomen mitunter sogenannte Anti-Dumping-Zölle befürwortet, und auch im Regelwerk der WTO sind sie in solchen Fällen zugelassen.

Viel Honig läßt sich daraus für den Protektionismus aber nicht saugen. Man muß sich zunächst klarmachen, daß Dumping nur unter ganz bestimmten Umständen überhaupt möglich ist. So müssen die ausländischen Anbieter auf dem eigenen Markt bereits Monopolisten sein oder zumindest ein Kartell bilden. Stünden sie nämlich in Konkurrenz untereinander, so könnten sie auch später auf den Exportmärkten nicht als Monopolisten auftreten.

Zudem funktioniert Dumping nur dann, wenn die ausländischen Anbieter auf ihrem heimischen Markt durch Zölle oder andere Handelshemmnisse geschützt sind. Andernfalls käme es nämlich zu Re-Importen ihrer exportierten Produkte ins eigene Land. So etwas konnte man zeitweise zum Beispiel auf dem Automobilmarkt innerhalb der Europäischen Union beobachten. Da deutsche Fahrzeuge in Frankreich preiswerter angeboten wurden als auf dem deutschen Markt, war es für die deutschen Nachfrager attraktiv, beispielsweise ihren Mercedes im Nachbarland zu kaufen. Aus diesem Grunde sind dem Dumping schon aus den Gesetzen des Marktes heraus meist enge Grenzen gesetzt.

Eine neuere Variante des Dumping-Argumentes bezieht sich auf unterschiedliche Umwelt- und Sozialstandards in den einzelnen Ländern. Beispielsweise wird darauf verwiesen, daß in den Ländern der Dritten Welt Kinderarbeit gang und gäbe sei. Im übrigen herrschten dort Hungerlöhne und soziale Mißstände, mit denen man in den westlichen Industrieländern nicht konkurrieren könne und wolle. Auch der Umweltschutz werde dort nicht so genau genommen, und daher müsse die heimische Industrie vor der unfairen Konkurrenz aus diesen Ländern geschützt werden.

Daß es entsprechende Mißstände in vielen Ländern gibt, ist unbestritten. Es ist allerdings fraglich, ob die Handelspolitik das richtige Mittel sein kann, um sie zu beseitigen. Die Gefahr ist auch hier sehr groß, daß unter dem Deckmantel solcher Argumente reine Schutzzollpolitik betrieben wird, die letztlich den Welthandel und den Wohlstand in der Welt mehr schädigt als begünstigt.

Vor allem aber muß man sich nach den praktischen Folgen einer entsprechenden Politik fragen. Wenn man den Entwicklungsländern den Zugang zu den Märkten der Industrieländer verwehrt, wird dort die soziale Not eher noch größer werden. Auch für den Umweltschutz wird man in diesem Fall dort eher noch weniger Geld ausgeben können als bisher. Die historische Erfahrung zeigt zudem, daß Kinderarbeit, soziale Not und Mißbrauch der Umwelt von selbst zurückgehen, wenn der Wohlstand eines Landes steigt. Die theoretische Begründung dafür haben wir schon im Zusammenhang mit der Wachstumstheorie gegeben. Daher dürfte es das beste sein, wenn man das Wirtschaftswachstum in diesen Ländern unterstützt und ihnen gleichzeitig hilft, ihr Bevölkerungswachstum in den Griff zu bekommen. Dazu aber ist es unerläßlich, sie auch am internationalen Handel teilhaben zu lassen. Das ist aus der Sicht einzelner Wirtschaftszweige in den Industrieländern zwar schmerzhaft und vielleicht auch nicht immer ganz fair. Es ist aber der einzige Weg, um die sozialen und ökologischen Probleme unserer Welt langfristig wirklich zu lösen.

Hinweise zum Weiterlesen:

Die Theorie des internationalen Handels wird in jedem Lehrbuch der Außenwirtschaft dargestellt, beispielsweise bei M. Borchert, "Außenwirtschaftslehre - Theorie und Politik", 5. Aufl., Wiesbaden 1997, oder bei G. Dieckheuer, "Internationale Wirtschaftsbeziehungen", 2. Aufl., München/Wien 1991.

Mit den Zollargumenten setzt sich insbesondere J. Bhagwati, "Protectionism", Cambridge 1988, auseinander.

Besonders empfehlenswert wegen der leichten Verständlichkeit und vieler Fallstudien ist ferner W.J. Ethier, "Moderne Außenwirtschaftstheorie", 2. Aufl., München/Wien 1991.

Gewinner und Verlierer im Welthandel

Große Länder, große Vorteile?

Nach dem Zweiten Weltkrieg blühte der Welthandel auf, und in den westlichen Industrieländern wuchsen Wohlstand und Beschäftigung. Anders war es in den sogenannten Entwicklungsländern. Viele von ihnen waren zwar als wichtige Rohstofflieferanten ebenfalls am Welthandel beteiligt. Sie konnten aber trotzdem nur vergleichsweise wenig davon profitieren. Offenbar verteilten sich also die Wohlstandsgewinne aus dem Freihandel sehr ungleich auf die jeweiligen Länder. War dies alleine eine Frage der wirtschaftlichen und politischen Macht, wie die Entwicklungsländer argwöhnten? Oder war es möglich, die ungleiche Verteilung des Wohlstands aus den ökonomischen Gesetzen des Außenhandels zu erklären?

Diese Lücke im klassischen Gedankengebäude versuchte als erster John Stuart Mill (1806 - 1873) zu schließen. Sein Vater James Mill, ein Freund David Ricardos, war selbst schon ein berühmter Ökonom gewesen. Sein ganzer Ehrgeiz bestand darin, den Sohn zu einem ökonomischen Wunderkind zu machen. Er unterrichtete den kleinen John Stuart schon in frühen Jahren in Mathematik, Philosophie und Ökonomie, und tatsächlich begann dieser schon mit 16 Jahren selbst zu publizieren. Der gnadenlose Drill des Vaters forderte allerdings einen hohen Preis, denn John Stuart litt unter Depressionen und soll schon im Kindesalter den ersten Nervenzusammenbruch gehabt haben.

Immerhin, die strenge Erziehung des Vaters zeigte schließlich den gewünschten Erfolg. John Stuart Mill wurde noch weitaus berühmter als sein Vater und veröffentlichte bereits 1844 - mit nur 23 Jahren - einen bahnbrechenden Aufsatz über die Verteilung der Handelsvorteile. Sein späteres Hauptwerk "Grundsätze der politischen Ökonomie" von 1848 war das letzte große Buch der ökonomischen Klassik.

Die Überlegungen von Mill lassen sich besser verstehen, wenn man ihre Verfeinerung durch den Cambridger Ökonomen Alfred Marshall gleich hinzunimmt. Es gibt viele Gemeinsamkeiten zwischen Mill und Marshall, nicht nur was ihre Forschung und ihre Bedeutung in der jeweiligen Zeit betrifft. Ähnlich wie Mill war auch Marshall in der Kindheit Opfer seines tyrannischen Vaters, der ihn unbedingt zum Priester machen wollte. Nur mit finanzieller Hilfe eines Onkels konnte Marshall schließlich doch noch Ökonomie studieren. Er wurde zum führenden Ökonomen seiner Zeit, und sein berühmtester direkter Schüler war kein Geringerer als John Maynard Keynes.

Mills und Marshalls Antwort auf die Frage nach der Verteilung der Handelsvorteile mag vielleicht überraschen: Je kleiner ein Land ist, desto größer wird in der Regel sein Wohlstandsgewinn aus dem Außenhandel sein! Sehr große Länder werden dagegen nur relativ wenig vom internationalen Güteraustausch profitieren können. Ihre Preise im Autarkiezustand werden sich auch nur wenig von den Preisen unterscheiden, die nach Aufnahme des Außenhandels auf dem Weltmarkt gelten.

Um dies zu verstehen, müssen wir uns zunächst daran erinnern, daß die Produktionskosten eines Gutes i.a. steigen, wenn die Nachfrage nach diesem Gut zunimmt. Übertragen wir nun diesen Gedanken auf Ricardos Beispiel des Handels zwischen England und Portugal und nehmen wir an, Wein sei in England ein sehr knappes Gut. Vor Aufnahme der Handelsbeziehungen mit Portugal wurde die englische Weinnachfrage durch den hohen Preis in Grenzen gehalten. Nach Aufnahme des Außenhandels können die Engländer den Wein jedoch preiswerter erhalten, und infolgedessen steigt ihr Weinkonsum. Dies wiederum kommt den portugiesischen Weinproduzenten zugute, die jetzt ungeahnte Absatzchancen erblicken.

Nehmen wir weiter an, Portugal sei im Vergleich zu England ein relativ kleines Land. Dann werden die portugiesischen Weinproduzenten bald Schwierigkeiten haben, die englische Weinnachfrage zu befriedigen. Es müssen dazu immer schlechtere Böden in Anspruch genommen werden, und entsprechend stark steigen die Weinpreise in Portugal. Dagegen werden die Tuchpreise in Portugal stark sinken, weil man dort ja jetzt auf das reichhaltige Angebot aus England zurückgreifen kann. Entsprechend stark verbessert sich für Portugal das Verhältnis zwischen dem Preis seiner Exportgüter und dem Preis seiner Importgüter. In der Außenhandelstheorie bezeichnet man dieses Verhältnis auch als die sogenannten Terms of Trade.

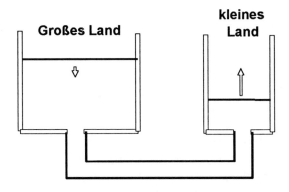

Bei Aufnahme des Außenhandels verhalten sich Kosten und Preise wie in einem System kommunizierender Röhren: In dem größeren Land ändern sie sich weniger stark als in dem kleinen Land.

Umgekehrt wird die portugiesische Nachfrage nach englischem Tuch nur einen relativ geringen Einfluß auf die englischen Tuchpreise haben, weil eben Portugal im Vergleich zu England ein relativ kleines Land ist. Auch die Weinpreise in England werden nur wenig sinken, weil die englische Weinnachfrage ja die Produktionskosten in Portugal stark erhöht. Die meisten portugiesischen Weinproduzenten werden dadurch hohe Gewinne erzielen - erinnern wir uns dazu an die Marshallschen Produzentenrenten, die bei steigender Nachfrage entstehen. Der portugiesische "Grenzproduzent" wird dagegen ungefähr die gleichen Kosten haben, die auch in der englischen Weinproduktion anfallen. Die Kosten des Grenzproduzenten bestimmen aber letztlich den Preis, wie wir schon wissen! Somit erzielt England aus dem Austausch von Tuch gegen Wein offenbar nur verhältnismäßig geringe Vorteile. Im Endeffekt werden sich die Preise in England kaum verändern, während sich die Terms of Trade für Portugal stark verbessern. Damit erzielt aber Portugal als kleines Land einen höheren Wohlstandsgewinn aus dem Außenhandel als das größere England.

Man kann dieses Ergebnis auch so erklären: Für ein großes Land ist es nicht so wichtig, ob es Außenhandel betreibt oder nicht. Es kann sich in der Regel mit allen wichtigen Gütern selbst versorgen und ist vergleichsweise wenig auf die internationale Arbeitsteilung angewiesen. Kleine Länder haben dagegen ungleich bessere Möglichkeiten, ihren Wohlstand durch den internationalen Handel zu erhöhen. Die Güter, bei denen sie relative Kostenvorteile haben, werden ihnen aufgrund des begrenzten Angebotes von den großen Ländern gleichsam aus den Händen gerissen. Entsprechend leicht können sie sich daher mit denjenigen Gütern aus dem Ausland versorgen, die sie nun nicht mehr selbst herstellen.

Ausbeutung der Rohstoffländer?

Die meisten Entwicklungsländer sind klein im Vergleich zu den Industrieländern, mit denen sie Handel treiben. Es kommt hier nicht so sehr auf die Bevölkerungszahl an als vielmehr auf das Sozialprodukt und die damit verbundene Nachfrage des einzelnen Landes. Nach den Überlegungen von Mill und Marshall müßten die Entwicklungsländer also eigentlich relativ große Vorteile aus dem internationalen Handel ziehen. Das gilt vor allem dann, wenn sie über Rohstoffe wie etwa Öl verfügen, die in den Industrieländern besonders knapp sind. Beispielsweise sind manche Wüstenstaaten im Nahen Osten durch ihre Ölexporte so reich geworden, daß ihre Einwohner noch heute keine Steuern bezahlen müssen.

Die meisten Entwicklungsländer haben aber hauptsächlich Nahrungsmittel und andere Rohstoffe als Öl auf den Weltmärkten anzubieten, und deren Preise sind im Vergleich zu den Waren der Industrieländer im Zeitverlauf überwiegend gesunken. Auf diesen Umstand hat bereits 1950 der argentinische Ökonom Raúl Prebisch (geb. 1901) hingewiesen. Nach Prebischs These, die freilich nicht unwidersprochen geblieben ist, haben sich also die Terms of Trade der Entwicklungsländer mit der Zeit immer weiter verschlechtert. Die Entwicklungsländer betrachteten dies als ungerecht, auch wenn sie zweifellos immer noch besser dabei wegkamen, als wenn sie sich von den Weltmärkten abgeschottet hätten.

1964 schlossen sich zahlreiche Entwicklungsländer in der sogenannten "Gruppe der 77" zusammen. Sie setzten durch, daß die Welthandelskonferenz UNCTAD als ständiges Organ der UN-Vollversammlung in Genf gegründet wurde. Heute hat die UNCTAD (United Nations Conference on Trade and Development) rd. 180 Mitgliedsländer. Sie kann zwar keine völkerrechtlich bindenden Handelsregeln schaffen wie etwa die WTO, aber ihre Resolutionen sind gleichwohl politisch nicht ohne Einfluß geblieben. Beispielsweise konnten bereits 1964 die Industrieländer dazu bewegt werden, für die Zukunft Entwicklungshilfezahlungen in Höhe von jährlich 1% ihres Volkseinkommens zuzusagen. Außerdem wurde vielen Entwicklungshilfeländern auf Druck der UNCTAD später ein Teil ihrer Schulden bei den Industrieländern erlassen.

In der Rohstoffpolitik versuchten die Entwicklungsländer, ihre Exporterlöse auf möglichst hohem Niveau zu halten. Dazu sollten die Preise an das Preisniveau der Industriegüter gekoppelt werden, um die Terms of Trade zu stabilisieren. Nun richten sich allerdings die Weltmarktpreise nach Angebot und Nachfrage und lassen sich daher nicht einfach per Gesetz auf einer bestimmten Höhe einfrieren. Daher schlugen die Entwicklungsländer vor, internationale Rohstofflager einzurichten, die durch Ankauf bzw. Verkauf von Rohstoffen deren Preise beeinflussen sollten.

Tatsächlich wurden auch einige derartige "buffer stocks" gebildet, beispielsweise für Kaffee, Kakao, Zinn, Zucker und ein paar weitere Rohstoffe. In der Praxis zeigte sich aber schnell, daß damit die Marktkräfte nicht unter Kontrolle gebracht werden konnten. Die Rohstofflager waren viel zu klein, um die Preise dauerhaft stabilisieren zu können, und für größere Interventionen auf den Weltmärkten fehlte das nötige Geld. Es wäre wohl auch auf eine gigantische Kapitalverschwendung hinausgelaufen, größere Rohstoffmengen nur zum Zwecke der Preisstabilisierung in unproduktiven Lagern zu horten. Mit dem dazu nötigen Kapital könnte man vermutlich viel stärkere Entwicklungseffekte erzielen, wenn man es z.B in Schulen und Infrastruktur der betreffenden Länder investieren würde. Heute haben viele Entwicklungsländer dies längst eingesehen, und die buffer stocks haben in der politischen Diskussion an Bedeutung verloren.

Terms of Trade-Effekt und Optimalzoll

Nach wie vor drängen die Entwicklungsländer aber darauf, daß die Industrieländer ihre Zölle auf Rohstoffe abschaffen sollen, und damit haben sie vollkommen recht! Vermutlich ließe sich ein großer Teil der Entwicklungshilfe einsparen, wenn die zahlenden Länder stattdessen ihre Märkte vollständig öffnen würden. Zu den größten Sündern in dieser Beziehung gehört die Europäische Union. Sie zieht noch immer alle Register des Protektionismus, um vor allem ihre Landwirtschaft vor den viel billigeren Nahrungsmittelimporten zu schützen.

Man mag sich darüber wundern, denn damit schaden sich die protektionistischen Länder ja nach klassischer Lehre letztlich selbst. Aber ganz so einfach liegen die Dinge eben doch nicht. Die Landwirte haben in vielen Ländern eine starke Lobby und verstehen es ganz im Sinne von Frederic Bastiats Kerzenmachern sehr gut, ihre Interessen als volkswirtschaftliches Gemeinwohl darzustellen.

Es kommt aber noch ein Gesichtspunkt hinzu, der in der Ökonomie als sogenanntes Optimalzollproblem bekannt ist. Eindeutig schädlich sind Importzölle nämlich nur für relativ kleine Länder, die mit ihrer Nachfrage kaum Einfluß auf die Weltmarktpreise haben. Größere Länder können demgegenüber u. U. tatsächlich Wohlstandsgewinne erzielen, wenn sie vom Freihandel abweichen. Dies liegt daran, daß sie mit ihrer Nachfrage auch die Welthandelspreise merklich beeinflussen können, und zwar zu ihren Gunsten!

Nehmen wir beispielsweise an, die Europäische Union erhebe einen Zoll auf importierten Weizen. Dadurch geht die Weizennachfrage auf den Weltmärkten zurück, und zwar aufgrund der Größe der EU so stark, daß die Erzeugerländer sich gezwungen sehen, die Preise zu senken. Dies ist der sogenannte Terms-of-Trade-Effekt eines Zolles. Zwar zahlen dann die Konsumenten in der EU höhere Preise für ihre Brötchen, aber gleichzeitig sinkt der Weltmarktpreis des Weizens. Die Differenz verleiben sich die EU-Behörden als Zolleinnahmen ein. Wenn man nun den Zollsatz richtig wählt, so kann das zollerhebende Land dadurch tatsächlich insgesamt einen Vorteil auf Kosten der Lieferländer erzielen.

Um dies zu sehen, braucht man sich nur vorzustellen, die EU senke ihre Steuern im Umfang der zusätzlichen Zolleinnahmen. Dann werden die Bürger der EU trotz der höheren Brötchenpreise letztlich einen Vorteil davon haben, einfach weil ein Teil des Zolls in Form von sinkenden Weltmarktpreisen vom Ausland getragen wird.

Schon Mill und Marshall hatten diesen Terms-of-Trade-Effekt erkannt. Sie waren aber noch außerstande gewesen, den optimalen Zollsatz aus der Sicht des zollerhebenden Landes zu berechnen. Dies gelang ansatzweise zuerst dem deutschen Mathematiker Wilhelm Launhardt (1832 - 1918) im Jahre

1885. Seine Berechnungen wurden verallgemeinert durch den schwedischen Ökonomen Abba P. Lerner (1903 - 1982) und den 1906 in St. Petersburg geborenen Wassily Leontieff, der später in die USA auswanderte und 1973 als einer der ersten Ökonomen den Nobelpreis erhielt. Der Optimalzoll hängt danach sowohl von den Kosten als auch von der Nachfrage ab und errechnet sich aus einer ziemlich komplizierten Formel. Diese Formel hat zudem den Nachteil, daß die meisten Bestimmungsgrößen, auf die es dabei ankommt, in der Praxis nicht bekannt sind.

Das sollte man allerdings nicht allzusehr bedauern. Denn die Optimalzolltheorie ist gravierenden grundsätzlichen Einwänden ausgesetzt, so daß sie heute kaum noch überzeugte Anhänger in den Wirtschaftswissenschaften hat. Der zentrale Einwand gegen die Erhebung des Optimalzolles lautet, daß damit zwar das zollerhebende Land einen Vorteil erzielen kann, aber nur auf Kosten seiner Handelspartner. Weltwirtschaftlich wäre es allemal besser, Freihandel zu betreiben, also auf jede Art von Zöllen oder anderen Handelshemmnissen zu verzichten. Nun kann man sich zwar auf den Standpunkt stellen, daß dem zollerhebenden Land gleichsam die Jacke näher sein sollte als der Rock. Warum sollte es sich um weltwirtschaftliche Nachteile kümmern, wenn es doch für sich selbst aus der Abkehr vom Freihandel einen Vorteil herausschlagen kann? Aber diese Sicht der Dinge ist allzu kurzsichtig.

Denn was passiert, wenn alle Länder versuchen sollten, Optimalzölle zu ihrem Vorteil zu erheben? Die Folge wäre ein Niedergang des Welthandels, der letztlich für alle Länder mit empfindlichen Wohlstandseinbußen verbunden wäre. Es wäre wie in dem bekannten Kino-Paradoxon: Wenn ein Zuschauer aufsteht, um besser sehen zu können, wird er vielleicht kurzfristig sein Ziel erreichen. Stehen daraufhin aber auch alle anderen Zuschauer auf, so hat niemand mehr einen Vorteil davon. Alle verlieren im Gegenteil die Bequemlichkeit ihres Sitzplatzes. Die Optimalzolltheorie ist daher vielleicht ein reizvolles theoretisches Problem der Volkswirtschaftslehre. In der wirtschaftspolitischen Praxis läßt man dagegen besser die Finger davon.

Das gilt auch dann, wenn sich die Terms of Trade eines Landes im Zeitverlauf verschlechtern und damit seine Wohlstandgewinne aus dem Außenhandel geringer werden. Niemand würde ja eine profitable Unternehmung nur deswegen schließen, weil sie zeitweise etwas geringere Gewinne erzielt als zuvor. Da der Außenhandel stets besser für ein Land ist als die völlige Abschottung von den Weltmärkten, wäre es offenbar unsinnig, wegen verschlechterter Terms of Trade die Grenzen zu schließen. Man stelle sich etwa vor, Deutschland würde so etwas tun. Von Stund an müßten die deutschen Nachfrager höhere Preise für Autos, Rohstoffe und Nahrungsmittel bezahlen, und manche Produkte wie z.B. Öl oder hochwertige Computer stünden überhaupt nicht mehr zur Verfügung. Vielleicht würden die Anbieter von deutschen Autos oder Rechenmaschinen kurzzeitig davon profitieren. Der Effekt auf den Wohlstand der deutschen Bevölkerung insgesamt wäre jedoch eindeutig negativ.

Die gleiche Überlegung gilt auch für die Entwicklungsländer. Man kann zwar verstehen, daß sie sich höhere Preise für ihre Exportgüter auf den Weltmärkten wünschen würden. Und es ist auch etwas dran an der Überlegung, daß die einseitige Ausrichtung auf die Rohstoffproduktion ihre industrielle Entwicklung in einigen Fällen gehemmt hat. Aber aus dieser sogenannten Deindustrialisierungsthese kann man schwerlich ein Argument für den Protektionismus ableiten, im Gegenteil: Gerade künstlich hochgehaltene Rohstoffpreise würden ja in den Entwicklungsländern den Eindruck verstärken, mit einer Konzentration auf diese Exportgüter auf dem richtigen Weg zu sein. Wenn man ihnen wirklich helfen will, muß man stattdessen für freie Märkte und knappheitsgerechte Weltmarktpreise sorgen. Nur dann kann sich jedes Land auf diejenigen Güter spezialisieren, bei denen es tatsächlich komparative Kostenvorteile hat.

Hinweise zum Weiterlesen:

Die Theorie der Verteilung der Handelsgewinne und ihre historische Entwicklung werden ausführlich und leicht verständlich dargestellt bei J. Niehans, "Geschichte der Außenwirtschaftstheorie im Überblick", Tübingen 1995.

Die Problematik der Entwicklungsländer beschreibt mit vielen Beispielen aus der Praxis R. Reichel, "Markt oder Moral?", Frankfurt 1994. In diesem schönen Buch findet sich auch ein ausführliches, kommentiertes Verzeichnis der wichtigsten Literatur zum Entwicklungsproblem.

Wenn Volkswirtschaften Schulden machen

Was ist außenwirtschaftliches Gleichgewicht?

Im deutschen Stabilitäts- und Wachstumsgesetz von 1967 werden vier Ziele genannt, die man auch als "magisches Viereck" bezeichnet. Neben Preisniveaustabilität, Vollbeschäftigung und Wirtschaftswachstum gehört dazu auch das sogenannte außenwirtschaftliche Gleichgewicht. Nirgendwo steht aber im Gesetz geschrieben, was darunter genau zu verstehen sein soll. Entsprechend groß ist die Verwirrung, die in dieser Frage allgemein besteht. Und in der Tat handelt es sich hier um ein ziemlich verwickeltes Problem.

Manche Politiker meinen zum Beispiel, man solle möglichst hohe Exportüberschüsse anstreben, weil dadurch die Beschäftigung im Inland steige.

Oft wünschen sie sich gleichzeitig einen hohen Zustrom von Auslandkapital, um damit zusätzliche Investitionen im Inland zu finanzieren. Das ist aber ein glatter Widerspruch, denn beides zugleich kann man nicht haben!

Um dies zu sehen, muß man sich nur klarmachen, was ein Exportüberschuß genau bedeutet. Nehmen wir an, Deutschland exportiere Automobile im Wert von 1 Mio. DM in die USA und importiere gleichzeitig für 800.000 Dollar amerikanische Computer. Der Einfachheit halber wollen wir zunächst annehmen, daß der Dollar an den Devisenmärkten gerade 1 DM wert ist. Dann erzielt Deutschland also einen Exportüberschuß in Höhe der Differenz von 200.000 Dollar.

Das heißt aber nichts anderes, als daß die Deutschen den Amerikanern einen Kredit in genau dieser Höhe geben! Denn mit dem Nettoüberschuß von 200.000 Dollar kann man in Deutschland erst einmal nichts anfangen. Dollar sind ja in Deutschland kein gültiges Zahlungsmittel, sondern sie stellen Ansprüche auf amerikanisches Sozialprodukt dar. Sinnvollerweise werden die deutschen Exporteure ihre Dollarüberschüsse daher auf dem amerikanischen Kapitalmarkt anlegen, indem sie dort beispielsweise Aktien oder andere Wertpapiere erwerben. Vielleicht werden sie mit dem Geld auch eine neue Fabrik in den USA bauen oder eine Immobilie in Florida kaufen; in diesem Fall spricht man von Direktinvestitionen. In jedem Fall wird offenbar der Erlös der deutschen Exportüberschüsse in den USA investiert: Dem Güterexport folgt ein entsprechender Kapitalexport!

Aus deutscher Sicht sind daher die Exportüberschüsse ein durchaus zweischneidiges Schwert. Kurzfristig ist es sicher schön, auf den Weltmärkten gut zu verkaufen und damit Beschäftigung im Inland zu schaffen. Aber langfristig kann dies sehr bedenklich werden, da ja die deutschen Unternehmen dadurch mehr oder weniger gezwungenermaßen auch ihre Investitionen stärker ins Ausland verlagern. Das wird vor allem dann zum Problem, wenn gleichzeitig im Inland Arbeitsplätze und Investitionen fehlen.

Aber auch aus der Sicht der USA sind die deutschen Exportüberschüsse in unserem Beispiel nicht unbedingt ein Segen. Das gilt insbesondere dann, wenn sie nicht nur vorübergehend auftreten, sondern sich jedes Jahr wiederholen. Denn was für Deutschland ein Exportüberschuß ist, stellt sich natürlich umgekehrt aus amerikanischer Sicht als Handelsbilanzdefizit dar. Das Problem für die USA besteht vor allem darin, daß das damit aus Deutschland importierte Kapital ja auch verzinst werden muß. Chronische Handelsbilanzdefizite bedeuten daher eine immer größer werdende Verschuldung des betreffenden Landes gegenüber seinen Handelspartnern und damit auch einen immer stärker anschwellenden Strom von Zinszahlungen an das Ausland. Ähnlich wie ein Privatmann, der ständig über seine Verhältnisse lebt, kann auf diese Weise auch eine ganze Volkswirtschaft schließlich zahlungsunfähig werden.

Das aber ist weder im Interesse des betreffenden Landes noch seiner Gläubigerländer, denn diese würden dann auf ihren faulen Krediten schließlich sitzenbleiben. Auch die Überschußländer müssen sich deshalb Sorgen machen, wenn andere Länder dadurch in allzu große Handelsbilanzdefizite geraten. Vor allem aber würden sie vollkommen widersprüchlich handeln, wenn sie in einer solchen Situation einerseits auf der Begleichung ihrer Forderungen bestünden und gleichzeitig weiterhin Exportüberschüsse gegenüber dem Gläubigerland behalten wollten. Denn das ist eine logische Unmöglichkeit!

Ein lehrreiches Beispiel dafür waren die deutschen Auslandsschulden aufgrund des Versailler Vertrages nach dem Ersten Weltkrieg. Einerseits mußten die Reparationen bezahlt werden, anderseits sperrten sich die Siegermächte aber gegen deutsche Exporte in ihre Märkte. Kein Geringerer als John Maynard Keynes hat 1919 auf dieses sogenannte Transferproblem hingewiesen. In seinem Buch "Die wirtschaftlichen Folgen des Friedensvertrages" schlug er vor, Deutschland einfach einen Teil seiner Kriegsschulden zu erlassen. Damit stieß er zunächst auf wenig Verständnis bei den Politikern. Den damaligen amerikanischen Präsidenten Wilson bezeichnete der streitbare Keynes daraufhin als tauben Don Quichote, der von Ökonomie keine Ahnung habe.

Letztlich aber hat sich dann doch die Keynessche Ansicht durchgesetzt. Als Anfang der 80er Jahre einige große lateinamerikanische Länder wie Argentinien und Mexiko in eine ähnliche Schuldenkrise geraten waren, erließ man ihnen schließlich einen Großteil ihrer Auslandsschulden. Auch viele andere Entwicklungsländer konnten nur auf diese Weise wieder in den Welthandel integriert werden. Aus der Sicht der Gläubigerländer war dies sicher sinnvoller, als sie wegen nicht bezahlter Altschulden auf Dauer als Handelspartner zu verlieren.

Leistungsbilanzausgleich und J-Kurven-Effekt

Was soll man nun aus all dem für einen Schluß hinsichtlich des wünschenswerten Handelsbilanzsaldos ziehen? Offenbar sind sowohl ständige Exportüberschüsse als auch permanente Handelsbilanzdefizite problematisch aus der Sicht des betreffenden Landes. Somit liegt es nahe, zumindest auf längere Sicht den Ausgleich von Export- und Importwert zu verlangen, d.h. ein Handelsbilanzgleichgewicht anzustreben.

Tatsächlich wird außenwirtschaftliches Gleichgewicht vielfach auch in dieser Weise interpretiert. Man stellt dabei allerdings meistens auf die sogenannte Leistungsbilanz ab, die etwas weiter gefaßt ist als die Handelsbilanz. Sie enthält nämlich neben den reinen Warenströmen insbesondere noch den internationalen Dienstleistungsaustausch. Beispielsweise geben die Deutschen traditionell sehr viel Geld im Ausland für Urlaubsreisen aus. Ökonomisch hat das die gleichen Wirkungen, wie wenn sie Armbanduhren aus der Schweiz oder Käse aus Holland importieren würden. Eine ausgeglichene Leistungsbilanz würde also - etwas vereinfacht ausgedrückt - bedeuten, daß Deutschlands Einnahmen aus dem Güterexport genauso hoch sind wie seine Ausgaben für Güterimporte und Auslandsreisen zusammengenommen.

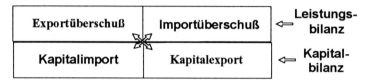

Ein Exportüberschuß im Warenverkehr bedeutet immer auch den Export von Kapital. Daher müssen sich die Salden der Leistungsbilanz und der Kapitalbilanz entsprechen. Zusammen ergeben sie die Zahlungsbilanz.

Nehmen wir jetzt an, die deutsche Leistungsbilanz sei eben nicht ausgeglichen, sondern weise zum Beispiel erneut einen Überschuß von 200.000 Dollar auf. Was könnte man dann tun, um sie wieder ins Gleichgewicht zu bringen?

Nun, gar nicht einmal die schlechteste Möglichkeit wäre es, einfach abzuwarten! Denn wenn die deutschen Exporteure ständig Dollarüberschüsse erwirtschaften, dann werden sie diese Bestände früher oder später zumindest teilweise gegen D-Mark eintauschen wollen. Schließlich müssen sie ja auch ihre Arbeitskräfte in deutscher Währung bezahlen. Ein steigendes Dollarangebot an den Devisenmärkten wird aber dazu führen, daß der Dollarkurs sinkt. Er wird dann vielleicht nur noch 90 Pfennig wert sein und nicht mehr 1 DM, wie wir bisher angenommen haben.

Dadurch entsteht aber eine quasi automatische Tendenz zum Ausgleich der Leistungsbilanz! Denn ein sinkender Dollarkurs bedeutet, daß z.B. amerikanische Computer, in D-Mark gerechnet, jetzt billiger werden. Somit können sie in Deutschland nunmehr in höheren Stückzahlen abgesetzt werden. Selbst wenn die amerikanischen Hersteller die steigende Nachfrage nicht zu Preiserhöhungen nutzen, wird dadurch der Wert der deutschen Importe, in Dollar gerechnet, zweifellos zunehmen. Das trägt schon einmal dazu bei, daß der deutsche Leistungsbilanzüberschuß geringer wird.

Etwas verzwickter verhält es sich mit den deutschen Exporterlösen, der zweiten Seite der Medaille. Hier stehen sich zwei gegenläufige Effekte gegenüber: Einerseits wird der gesunkene Dollarkurs deutsche Produkte in Amerika verteuern, weil die deutschen Hersteller ja jetzt nur noch 90 Pfennig für einen Dollar bekommen. Sie werden daher ihre Preise in den USA erhöhen müssen. Andererseits wird dies aber den dortigen mengenmäßigen Absatz senken. Die Entwicklung der Exporterlöse, die sich ja aus Preis mal Menge ergeben, ist deshalb unsicher. Es kann letztlich sowohl ein niedrigerer als auch ein höherer Betrag - in Dollar gerechnet - dabei herauskommen.

Was bedeutet das alles unter dem Strich für die Reaktion der Leistungsbilanz? Im ersten Fall würde der deutsche Leistungsbilanzüberschuß eindeutig sinken, da ja dann die deutschen Exporterlöse zurückgehen, während gleichzeitig die Importausgaben steigen. Das wäre die normale Reaktion der Leistungsbilanz. Im zweiten Fall kann es dagegen vorkommen, daß sich der deutsche Leistungsbilanzüberschuß sogar noch vergrößert. Die Exporterlöse müßten dazu allerdings so stark steigen, daß sie den Effekt der ebenfalls steigenden Importausgaben mehr als aufwiegen. Dies bezeichnet man als eine anomale Reaktion der Leistungsbilanz, die zumindest kurzfristig keineswegs ausgeschlossen ist.

Die genaue Bedingung dafür, daß die Leistungsbilanz auf eine Wechselkursänderung anormal reagiert, hat Alfred Marshall schon 1923 in einer einfachen Formel dargelegt. Sie wurde später von Abba P. Lerner wiederentdeckt und wird seitdem als Marshall-Lerner-Bedingung bezeichnet. Im Kern besagt sie, daß die Importnachfrage in den beteiligten Ländern dazu relativ unelastisch auf steigende Preise reagieren muß. Das kann man sich an unserem Beispiel auch sofort klarmachen. Die anomale Reaktion der Leistungsbilanz ist in diesem Beispiel ja nur möglich, wenn die amerikanische Nachfrage nach deutschen Produkten trotz steigender Preise nur wenig zurückgeht. Genau das bedeutet aber eine "unelastische" Nachfrage, ein Begriff, der übrigens von Marshall in die Ökonomie eingeführt wurde.

Die Analyse der möglichen Leistungsbilanzreaktionen ist 1947 von der englischen Ökonomin Joan Robinson (geb. 1903) weiter verfeinert worden. Wie die nach ihr benannte Robinson-Bedingung zeigt, ist eine anomale Leistungsbilanzreaktion noch unwahrscheinlicher, als Marshall und Lerner dies angenommen hatten. Das ganze Problem ist daher eigentlich mehr von theoretischem als von praktischem Interesse. Schon Marshall hatte erkannt, daß es sich dabei im Grunde nur um vorübergehende Situationen handeln kann.

Tatsächlich beobachtet man als Folge einer Währungsabwertung oft zunächst eine Verschlechterung der Leistungsbilanz des betreffenden Landes, die dann aber nach einer gewissen Zeit in eine Verbesserung umschlägt. Da dieser Verlauf in einem Zeitdiagramm ähnlich wie ein J aussieht, spricht man in diesem Zusammenhang auch von dem sogenannten J-Kurven-Effekt.

Handel und Wandel in der Weltwirtschaft

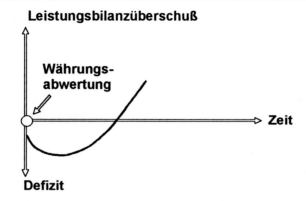

Nach einer Währungsabwertung verschlechtert sich oft erst einmal der Leistungsbilanzsaldo, bevor die angestrebte Verbesserung eintritt. Man nennt dies auch den J-Kurven-Effekt.

Wir können ihn nach allem vorher gesagten jetzt leicht erklären: Auf kurze Sicht reagiert die Nachfrage auf Preisänderungen relativ unelastisch. Bestehende Lieferverträge müssen ja zunächst noch erfüllt werden, und die Nachfragegewohnheiten ändern sich nur langsam. Auf längere Sicht greifen die Nachfrager dann aber doch zu Alternativen und kaufen zum Beispiel verstärkt amerikanische statt der teurer gewordenen deutschen Fahrzeuge, um bei unserem Beispiel zu bleiben. Die Nachfrage wird also mit der Zeit elastischer reagieren, und damit kommt es letztlich zu der erhofften Verbesserung der amerikanischen Leistungsbilanz.

Sind Leistungsbilanzdefizite ein Zeichen von Schwäche?

Bisher haben wir immer unterstellt, daß Ungleichgewichte in der Leistungsbilanz ursächlich vom Waren- und Dienstleistungshandel ausgehen. Die daraus entstehenden Kapitalbewegungen sind dann gewissermaßen ein Reflex der vorausgegangenen Güterströme. So hatten in unserem einfachen Beispiel die deutschen Unternehmen nur deswegen in den USA investiert, weil sie ihre im Warenhandel erzielten Dollarüberschüsse sinnvoll anlegen wollten.

Es kann aber auch genau umgekehrt laufen. Nehmen wir an, die deutschen Exporte und Importe seien wertmäßig zunächst ausgeglichen, d.h. es herrscht Gleichgewicht in der Leistungsbilanz. Nun möge ein deutscher Kapitalanleger von sich aus auf die Idee kommen, Geld in den USA anzulegen. Dazu muß er am Devisenmarkt D-Mark in Dollar umtauschen, und infolgedessen steigt der Dollarkurs. Dies wiederum wird aus genau den gleichen Gründen, die wir soeben behandelt haben, die deutschen Exporte in die USA begünstigen, während die amerikanischen Exporte nach Deutschland vermutlich zurückgehen werden.

Es kommt also auch in diesem Fall zu einem deutschen Leistungsbilanzüberschuß in Kombination mit einem gleich hohen Kapitalexport in die USA. Aber diesmal ist der Kapitalstrom der auslösende Faktor gewesen, während die Güterströme ihm nur folgen. Man spricht in diesem Zusammenhang auch von einem autonomen Kapitalexport. Das ist nun weit mehr als ein belangloser Unterschied in der Reihenfolge der Ereignisse - die wirtschaftspolitische Bewertung des Leistungsbilanzungleichgewichts ist vielmehr in den beiden Fällen eine völlig andere!

Dies wird vielleicht am deutlichsten, wenn wir die Situation aus der Sicht des Defizitlandes betrachten, in unserem Beispiel also aus der Sicht der USA. Wenn das amerikanische Leistungsbilanzdefizit seine Ursache in den Handelsströmen hat, dann ist dies tendenziell ein negatives Signal. Das Defizit könnte zum Beispiel auf mangelnde Wettbewerbsfähigkeit der amerikanischen Exportgüter hindeuten. Zwar ließe sich dieses Problem durch einen sinkenden Dollarkurs scheinbar leicht aus der Welt schaffen. Aber eine solche Lösung hätte ihre Tücken, wie wir später bei der Behandlung der Wechselkurse noch sehen werden. Im allgemeinen kommt man auch nach einer Abwertung nicht daran vorbei, einschneidende Maßnahmen zur Verbesserung der Wettbewerbsfähigkeit zu treffen.

Betrachten wir im Vergleich dazu den Fall, daß ein autonomer Kapitalzustrom aus dem Ausland das Leistungsbilanzdefizit verursacht. Dies ist offenbar als ein Vertrauensbeweis für das betreffende Land zu werten und daher im Prinzip ein positives Signal. Vorausgesetzt, das zuströmende Kapital wird sinnvoll investiert, werden Wirtschaftswachstum und Beschäftigung dadurch tendenziell positiv beeinflußt werden.

Man kann einem Leistungsbilanzdefizit daher nicht ohne weiteres ansehen, ob sich dahinter eher Exportschwächen verbergen oder aber besonders günstige Investitionsbedingungen in dem betreffenden Land. Ein Leistungsbilanzdefizit kann, muß aber nicht unbedingt bedeuten, daß die betreffende Volkswirtschaft über ihre Verhältnisse lebt. Genausogut kann es anzeigen, daß sie von den internationalen Kapitalanlegern als besonders attraktiv eingeschätzt wird, so daß man ihr gerne sein Kapital anvertraut.

Wem diese Zusammenhänge zu verwickelt erscheinen, dem hilft vielleicht die Überlegung, daß es in unserem Privatleben nicht anders ist. Wer ständig mehr für seinen laufenden Verbrauch ausgibt, als er einnimmt, wird auf Dauer allen Kredit verlieren und in entsprechende Schwierigkeiten geraten. Umgekehrt sind hohe Schulden aber dann unproblematisch, wenn man sie sinnvoll investiert, beispielsweise in eine Unternehmung oder in ein Eigenheim. Denn dadurch entstehen ja später entsprechende Erträge bzw. Mieterspanisse, aus denen die Zinsen auf den anfänglichen Kredit bezahlt werden können. Die Kreditwürdigkeit kann aufgrund des inzwischen erworbenen

Vermögens sogar noch steigen. Nicht anders verhält es sich mit den Schulden bzw. Kapitalimporten, welche eine Volkswirtschaft von der übrigen Welt aufnimmt.

Gerade für wenig entwickelte Volkswirtschaften wie z.B. die Entwicklungsländer ist dies sogar ein unbedingtes Muß. Denn da sie zumeist eine sehr begrenzte eigene Sparfähigkeit haben, können sie nur mithilfe von Auslandskapital die Produktivität ihrer Arbeitsplätze erhöhen und damit langfristig ihren Wohlstand erhöhen.

Ein gutes Beispiel für diesen Weg haben lange Zeit die sogenannten "Vier kleinen Tiger" gegeben. So bezeichnete man in den 80er Jahren die aufstrebenden ostasiatischen Länder Südkorea, Singapur, Hongkong und Taiwan. Noch in den 50er Jahren gehörten sie zu den ärmsten Ländern der Erde, und namentlich Südkorea hatte lange Zeit mit hohen Auslandsschulden zu kämpfen. Obwohl keines der vier Länder über nennenswerte Rohstoffvorkommen verfügt, sind sie durch kluge Investitionen und eine vergleichsweise marktwirtschaftliche Wirtschaftspolitik inzwischen zu erfolgreichen Industrienationen geworden. Zwar sind Ende der 90er Jahre durch Spekulation und lange verschleppte Reformen - vor allem im Bankwesen - einige Schatten auf den Erfolg dieser Länder gefallen. Trotzdem sind sie insgesamt erfolgreiche Beispiele einer durch Kapitalimporte finanzierten Entwicklungsstrategie. Ähnliches gilt für Chile und Malaysia, die sich aus eigener Kraft aus ihren früheren Schuldenbergen herausarbeiten konnten.

Auch Westdeutschland kann als positives Beispiel in diesem Zusammenhang genannt werden. Nach dem verlorenen Zweiten Weltkrieg mußten für einige Zeit Auslandsschulden gemacht und Hilfsmittel aus dem sogenannten Marshallplan in Anspruch genommen werden. Schon ab 1951 kehrte sich jedoch das Leistungsbilanzdefizit in einen Überschuß um, und fortan ist Deutschland überwiegend Nettoexporteur von Kapital gewesen.

Erst nach der Vereinigung mit dem vormals sozialistischen Ostdeutschland im Jahre 1990 kam es zeitweilig erneut zu Leistungsbilanzdefiziten. Dahinter verbarg sich aber überwiegend der Kapitalbedarf für die Modernisierung der maroden ostdeutschen Wirtschaft, der nur unter Zuhilfenahme von Auslandskapital bewältigt werden konnte. Insofern waren auch diese Leistungsbilanzdefizite nicht als Zeichen einer Exportschwäche zu deuten.

Auch die anderen Länder im ehemals sozialistischen Osteuropa brauchen große Beträge an Auslandskapital, um ihre heruntergewirtschafteten Volkswirtschaften neu aufzubauen. Man darf nicht den Fehler machen zu glauben, daß dieser Kapitalbedarf etwa durch das Drucken eigenen Geldes gedeckt werden könnte. Denn dadurch entstehen weder Investitionen noch Arbeitsplätze, sondern nur Inflation. Diese bittere Erfahrung hat man in Osteuropa Anfang der 90er Jahre in vielen Ländern machen müssen. Nur mithilfe von Auslandskapital kann es diesen Ländern gelingen, sich die nötigen Investitionsgüter zu beschaffen und damit neue, moderne Produktionsanlagen aufzubauen.

Hinweise zum Weiterlesen:

Nach wie vor lesenswert ist der 1929 erschienene Beitrag von G. Colm, "Über den Inhalt und Erkenntniswert der Zahlungsbilanz", in: Weltwirtschaftliches Archiv, Bd. 29.

Die verschiedenen Reaktionsmöglichkeiten der Zahlungsbilanz werden diskutiert bei W. Fuhrmann, "Zur Verbindung von Elastizitätsansatz und J-Kurve", in: Jahrbücher für Nationalökonomie und Statistik, Bd. 200 (1985).

Eine umfassende Darstellung der Zusammenhänge findet sich bei H.-J. Jarchow, "Theorie und Politik des Geldes", 9. Aufl., Göttingen 1993.

Führt der internationale Wettbewerb zu sinkenden Löhnen?

Das Faktorproportionentheorem

Viele Menschen haben Angst vor dem internationalen Wettbewerb. Weit verbreitet ist vor allem die Sorge, daß die billigen Arbeitskräfte in anderen Ländern uns die Arbeitsplätze wegnehmen. Schließlich könne der deutsche Arbeiter, so wird gesagt, nicht mit den niedrigen Löhnen in Korea oder in Tschechien konkurrieren, zumal er ja auch viel höhere Lebenshaltungskosten hat.

Um die Berechtigung dieser Sorgen zu prüfen, müssen wir etwas weiter ausholen. Fragen wir uns zunächst, wieso bestimmte Güter in einem Land überhaupt billiger produziert werden können als in anderen Ländern. David Ricardo hatte dafür Unterschiede in den natürlichen und technischen Produktionsbedingungen verantwortlich gemacht. Es schien einleuchtend, daß beispielsweise Portugal besser Wein produzieren konnte als England, einfach weil die klimatischen Verhältnisse dort günstiger waren. Umgekehrt waren die englischen Arbeiter besser ausgebildet als ihre portugiesischen Kollegen, und England verfügte auch über modernere Maschinen und Produktionstechniken. Es war naheliegend, Englands komparative Kostenvorteile bei der Tuchherstellung auf diese Gründe zurückzuführen.

Im Laufe der Zeit ist nun aber der Anteil landwirtschaftlicher Produkte am Welthandel immer weiter zurückgegangen. Klimatische Vorteile und Unterschiede in der Fruchtbarkeit des Bodens wurden damit immer weniger wichtig. Zudem verbreiteten sich auch neue Techniken wie etwa die Dampfmaschine und der mechanische Webstuhl recht schnell in der Welt. Daher wurden auch die Unterschiede in der Produktionstechnik der einzelnen Länder geringer. Der Welthandel aber nahm deswegen nicht etwa ab, sondern er wurde im Gegenteil immer intensiver betrieben. Man brauchte also eine tiefergehende Erklärung für die komparativen Kostenunterschiede zwischen den Ländern.

Eine solche Erklärung wurde 1919 von dem Stockholmer Ökonomen Eli Heckscher (1879 - 1952) geliefert. Heckscher war eigentlich Wirtschaftshistoriker und hat ein bis heute unübertroffenes Standardwerk über den Merkantilismus geschrieben. Wirklich berühmt wurde er aber erst durch einen Aufsatz von 1919. Dieser Beitrag war zwar zunächst nur in schwedischer Sprache erschienen, aber Heckschers Schüler Bertil Ohlin (1899 - 1979) griff die dort entwickelten Ideen 1933 in einem in englischer Sprache geschriebenen Buch wieder auf und führte sie weiter. Ohlin wurde 1977 der Nobelpreis für Wirtschaftswissenschaften verliehen, und das Heckscher-Ohlin-Theorem gehört noch heute zum Standardrepertoire der Volkswirtschaftslehre bei der Erklärung des internationalen Handels.

Heckscher und Ohlin nahmen an, daß alle Volkswirtschaften über die gleichen Produktionstechniken verfügen. Darüber hinaus sollten auch alle Arbeiter gleich gut ausgebildet sein und Unterschiede in der Bodenqualität keine Rolle spielen. Ihre große Leistung bestand darin, zu zeigen, daß es auch unter solchen Umständen noch zu einem sinnvollen Außenhandel kommen kann.

Die Begründung dafür liegt in der jeweiligen Ausstattung der Volkswirtschaften mit Kapital und Arbeit. Nehmen wir beispielsweise an, daß Deutschland über relativ viel Kapital verfügt, während China zwar viele Arbeitskräfte hat, aber wenig Kapital. Es sei außerdem unterstellt, daß Kapital und Arbeit immobil sind, also nicht von Deutschland nach China wandern können oder umgekehrt. Unter diesen Umständen wird sich Deutschland sinnvollerweise auf solche Produkte spezialisieren, die nur mit hohem Kapitalaufwand erstellt werden können, wie etwa Automobile oder Erzeugnisse der chemischen Industrie. Umgekehrt wird China vorzugsweise Güter produzieren, die relativ arbeitsintensiv sind, beispielsweise Vorprodukte oder einfache Konsumgüter wie Plastikspielzeug und Krawatten.

Obwohl China im Prinzip auch Automobile mit den gleichen Techniken produzieren könnte wie Deutschland, wird es dies nicht tun. Der Grund liegt darin, daß diese Techniken eben einen hohen Kapitalbedarf erfordern. Kapital aber ist in Deutschland relativ reichlich vorhanden und damit vergleichsweise billig, während umgekehrt Arbeit im Vergleich zu China knapp und damit teurer ist. Das heißt aber nichts anderes, als daß Deutschland einen komparativen Vorteil bei kapitalintensiven Gütern hat und China dementsprechend einen komparativen Vorteil bei Gütern, deren Herstellung relativ viel Arbeit erfordert.

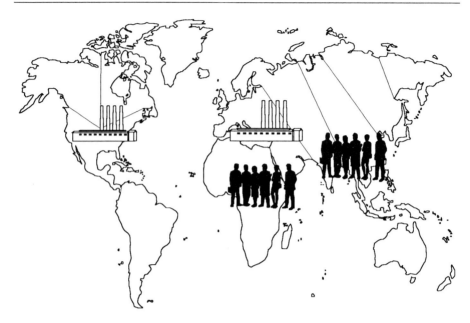

Das Faktorproportionentheorem besagt, daß kapitalreiche Länder kapitalintensive Güter Güter exportieren werden, während Länder mit vielen Arbeitskräften arbeitsintensive Güter ausführen.

Heckscher und Ohlin konnten zeigen, daß sich aus solchen Unterschieden in der rein mengenmäßigen Verfügbarkeit von Produktionsfaktoren in gleicher Weise Freihandelsvorteile ableiten lassen wie aus unterschiedlichen Produktionstechniken. Man bezeichnet ihre Entdeckung auch als das Faktorproportionentheorem. Wohlgemerkt, es geht hier nicht darum, welches Land absolut gesehen über mehr Arbeiter oder Kapital verfügt. Entscheidend ist allein das Verhältnis, in dem diese Faktoren in den betreffenden Ländern jeweils zur Verfügung stehen. Relativ kapitalreiche Länder sollten und werden nach Heckscher und Ohlin relativ kapitalintensive Güter exportieren, während relativ arbeitsreiche Länder sich eben auf relativ arbeitsintensive Güter konzentrieren werden.

Ausgleich der Faktorpreise und Stolper-Samuelson-Theorem

Diese Erklärung des Außenhandels aus unterschiedlichen Ausstattungen mit Kapital und Arbeit warf aber ein ganz neues Problem auf. Es stellte sich nämlich die Frage, ob und wie der Außenhandel die Höhe von Lohn und Zins in den einzelnen Volkswirtschaften beeinflussen würde. Diese Frage beantwortet das Theorem vom Faktorpreisausgleich. Obwohl es sich fast unmittelbar aus dem Faktorproportionentheorem ergibt, sollte es noch drei

Jahrzehnte nach der Veröffentlichung von Heckschers bahnbrechendem Aufsatz in Anspruch nehmen, bis dieser Zusammenhang in seiner vollen Komplexität geklärt war.

Das Grundprinzip hatten schon Heckscher und Ohlin erkannt, und aus heutiger Sicht scheint es nahezu trivial zu sein. Nehmen wir an, daß das kapitalreiche Deutschland tatsächlich beginnt, sich auf die Produktion von kapitalintensiven Gütern wie Automobilen und Maschinen zu spezialisieren. Dann wird das ursprünglich reichlich vorhandene Kapital in Deutschland offenbar vermehrt benötigt und somit immer knapper. Infolgedessen wird der Zinssatz in Deutschland steigen.

Umgekehrt ist es in China, das sich ja auf arbeitsintensive Güter spezialisieren wird. Hier wird die ursprünglich reichlich vorhandene Arbeitskraft immer knapper und somit muß in China der Lohnsatz steigen. Von der Aufnahme des Außenhandels profitiert also vor allem derjenige Produktionsfaktor, der in dem betreffenden Land relativ reichlich vorhanden ist. Denn genau dieser Faktor wird nunmehr verstärkt benötigt und damit teurer.

In Deutschland wird also in unserem Beispiel der Zinssatz steigen, während sich in China die Entlohnung der Arbeiter erhöht. Damit führt aber der Außenhandel zu einer tendenziellen Angleichung der Faktorpreise in den beteiligten Ländern! Denn da die Arbeit ursprünglich in Deutschland knapper war als in China, ist davon auszugehen, daß Deutschland auch ein höheres Ausgangslohnniveau hatte, jedenfalls relativ zum Zinssatz. Umgekehrt war in China ursprünglich das Kapital relativ knapp und damit teuer. Da nun aber nach Aufnahme des Außenhandels in Deutschland die Zinsen steigen und in China die Löhne, gleichen sich die Faktorpreise offenbar tendenziell an.

Interessanterweise passiert dies, obwohl nicht ein einziger Produktionsfaktor seinen Standort wechselt! Der Handel mit Gütern ersetzt also in gewisser Weise die Mobilität der Produktionsfaktoren, die ja ganz ähnliche Wirkungen haben müßte.

Wenn in Deutschland der Zinssatz relativ zum Lohnsatz steigt, dann bedeutet dies offensichtlich, daß die Entlohnung der deutschen Arbeiter relativ zur Entlohnung des deutschen Kapitals sinken wird. Betrug beispielsweise der deutsche Lohnsatz ursprünglich 30 DM und der deutsche Zinssatz 10%, so entsprach dies einem Lohn-Zins-Verhältnis von 3 zu 1. Das Faktorpreisausgleichstheorem besagt nun, daß sich dieses Verhältnis nach Aufnahme des Außenhandels verringern wird, sagen wir auf 2 zu 1.

Damit ist aber noch offen, ob der deutsche Lohnsatz nur relativ zum Zinssatz sinken wird, oder auch absolut gesehen. Das neue Lohn-Zins-Verhältnis von 2 zu 1 kann sich ja auf durchaus verschiedene Weise ergeben. Günstig wäre es, wenn beispielsweise der Lohn auf 40 DM und der Zins auf 20% steigen würde, denn dann hätten beide Produktionsfaktoren dabei gewonnen. Das scheint im Prinzip durchaus vorstellbar, weil ja der Außenhandel jedem Land insgesamt Wohlstandsgewinne erbringt, wie wir schon gesehen haben.

Genausogut kann man sich aber auch vorstellen, daß der Lohn absolut auf 25 DM sinkt, während der Zins auf 12,5% steigt. Auch in diesem Fall hätte sich das Lohn-Zins-Verhältnis auf 2 zu 1 verringert, aber jetzt gäbe es einen Gewinner und einen Verlierer: Das deutsche Kapital hätte nach wie vor absolut gesehen profitiert, aber die Entlohnung der deutschen Arbeiter wäre absolut gesehen geringer geworden.

Welcher der beiden Fälle wird nun tatsächlich eintreffen? Auch hierauf wurde im Laufe der Diskussion um den Faktorpreisausgleich schließlich eine Antwort gegeben, und zwar in einem gemeinsamen Aufsatz von Wolfgang F. Stolper und Paul A. Samuelson im Jahre 1941. Sie wurden beide an der amerikanischen Harvard-Universität ausgebildet und gehörten zu den ersten Ökonomen, die den komplizierten Problemen der Außenwirtschaftstheorie mithilfe eines rigorosen Einsatzes der Mathematik zu Leibe rückten. Paul Samuelson, der auf zahlreichen Gebieten der Ökonomie bahnbrechendes geleistet hat, wurde 1970 als drittem Ökonomen überhaupt der Nobelpreis verliehen. Sein Lehrbuch zur allgemeinen Volkswirtschaftslehre wurde so populär, daß es ihn zum mehrfachen Millionär machte.

Leider läßt sich das Stolper-Samuelson-Theorem nicht ohne Zuhilfenahme der Mathematik ableiten. Das ist um so bedauerlicher, als es zu einer sehr pessimistischen Schlußfolgerung kommt, die den deutschen Arbeitnehmern in unserem Beispiel kaum gefallen wird. Das Theorem besagt nämlich, daß ihr Lohnsatz nach Aufnahme des Außenhandels mit China nicht nur relativ zum Zinssatz, sondern auch absolut gesehen sinken wird! Zwar wird die Volkswirtschaft insgesamt von der Aufnahme des Außenhandels profitieren, d.h. wenn jeder Bürger gleichermaßen Arbeiter wie Kapitalbesitzer wäre, würde sein Einkommen dadurch steigen. Aber Arbeiter, die nicht gleichzeitig auch Kapitaleinkommen beziehen, werden absolute Einkommensnachteile erleiden. Sie profitieren zwar auch von sinkenden Güterpreisen, aber dieser Effekt ist keinesfalls stark genug, um die Senkung ihres Lohnsatzes auszugleichen.

Daraus könnte man nun die Schlußfolgerung ziehen, daß die Arbeitnehmer in den kapitalreichen Industrieländern sich besser stehen würden, wenn man auf jeden Außenhandel mit den arbeitsreichen Entwicklungsländern verzichten würde! Das würde augenscheinlich auch gut zu den weitverbreiteten Thesen passen, die heutzutage im Zusammenhang mit der sogenannten Globalisierung des Welthandels vertreten werden. Denn scheinbar würde der Güterhandel mit den Niedriglohnländern die Arbeitnehmer in den Industrieländern ja letztlich zwingen, ihre Arbeitskraft zu Hungerlöhnen anzubieten, während die Kapitalisten im eigenen Land den Vorteil davon haben.

Diese pessimistische Aussage des Stopler-Samuelson-Theorems ist jedoch mit großer Vorsicht zu genießen. Zunächst sollte uns zu denken geben, daß trotz zwei Jahrhunderten intensiven Welthandels die Löhne gerade in den kapitalreichen Industrieländern keineswegs gesunken sind. Sie sind vielmehr in dieser Zeit dramatisch gestiegen, und zwar viel stärker als in den arbeitsreichen Entwicklungsländern. Der technische Fortschritt und die ständige Verbesserung der Kapitalausstattung pro Arbeitsplatz haben dabei eine entscheidende Rolle gespielt. Außerdem wickeln die Industrieländer etwa drei Viertel ihres Außenhandels untereinander ab und nicht etwa mit den Niedriglohnländern der sogenannten Dritten Welt. Schon aus diesem Grund würde man es sich zu einfach machen, wenn man beispielsweise die Arbeitslosigkeit in den Industrieländern mit dem Stolper-Samuelson-Theorem erklären wollte.

Das Theorem behauptet nun allerdings auch gar nicht, daß die Löhne in den Industrieländern im Zeitverlauf immer weiter sinken müßten. Es besagt lediglich, daß der Lohnanstieg zumindest für wenig qualifizierte Arbeiter stärker ausgefallen wäre, wenn kein Außenhandel mit den Niedriglohnländern betrieben worden wäre. Und auch diese Aussage gilt nur unter ganz bestimmten Annahmen. So muß vor allem unterstellt werden, daß die Industrieländer auch nach Aufnahme des Außenhandels noch fortfahren, arbeitsintensive Güter zu produzieren, wenngleich in geringerer Menge als zuvor. Die Spezialisierung der Länder auf bestimmte Güter muß m.a.W. unvollständig bleiben. In unserem Beispiel würde das bedeuten, daß Deutschland auch nach Aufnahme des Güteraustausches mit China noch weiterhin einfaches Spielzeug und Krawatten in gewissen Mengen produziert. Nur für diesen Fall gilt das Stolper-Samuelson-Theorem.

Wenn dagegen die komparativen Kostenunterschiede so groß sind, daß die Industrieländer schließlich die Produktion der arbeitsintensiven Güter ganz einstellen, kommt man zu anderen Ergebnissen. Es kann dann durchaus sein, daß die Reallöhne auch der gering qualifizierten Arbeiter in den Industrieländern aufgrund des Außenhandels steigen und nicht abnehmen. Erst recht gilt das, wenn sie ihre Qualifikation verbessern und damit produktiver werden als zuvor. Für die Produktion von kapitalintensiven Gütern wie Automobilen und Maschinen braucht man ja im allgemeinen hoch qualifizierte Arbeitskräfte, und diese kann man dann auch entsprechend besser bezahlen.

Außenhandel und dynamischer Wettbewerb

Es kommt aber noch ein weiterer Gesichtspunkt hinzu. Das Stolper-Samuelson-Theorem beruht ebenso wie die Überlegungen von Heckscher und Ohlin auf einer sehr statischen Betrachtung der Wirtschaft. Das bedeutet, daß mögliche Rückwirkungen des Außenhandels auf den technischen Fortschritt und auf die Kapitalbildung nicht beachtet werden. Dieser Vorwurf war zu Recht schon gegen die klassische Außenhandelstheorie erhoben worden, unter anderem von Friedrich List.

List hatte darauf hingewiesen, daß gerade der intensive Wettbewerb mit dem Ausland nationale Produktivkräfte freisetze, die andernfalls nicht zur Entfaltung kommen würden. Er hatte diese Überlegung zwar mit der problematischen Forderung nach Erziehungszöllen verbunden, um die nationalen Produktivkräfte quasi erst einmal in einem protektionistischen Schutzgehege hochzupäppeln. Aber sein Grundgedanke, daß man den Kapitalbestand und das technische Wissen einer Volkswirtschaft nicht einfach als gegebene Größen betrachten konnte, war vollkommen richtig. Diese Größen hängen vielmehr selbst wiederum von den wirtschaftlichen Rahmenbedingungen ab, unter anderem eben auch von der Intensität des Wettbewerbs mit anderen Volkswirtschaften. Wenn dieser Wettbewerb die Anstrengungen zur Erhöhung der Arbeitsproduktivität beflügelt, dann werden davon letztlich auch die Arbeitnehmer in den Industriestaaten profitieren. Die bisherigen historischen Erfahrungen deuten darauf hin, daß dieser positive Effekt im Endeffekt dominiert.

Eine dynamische Betrachtung des internationalen Wettbewerbs kann auch erklären, warum beispielsweise gleichzeitig Autos von Deutschland nach Italien wie auch in umgekehrter Richtung exportiert werden. Man spricht in diesem Zusammenhang von intrasektoralem Handel, im Gegensatz zum intersektoralen Austausch ganz verschiedener Güter, mit dem sich die klassische Außenhandelstheorie vor allem beschäftigt hatte. Der intrasektorale Handel zwischen den Industrieländern ist heute sogar viel bedeutender geworden als der klassische Fall des Austauschs von verschiedenen Güterarten. Das hängt damit zusammen, daß zum einen die Konsumentenwünsche immer differenzierter werden und daß zum anderen der technische Fortschritt zu immer neuen Produktvariationen und Innovationen führt. Daher tauschen England und Portugal heute nicht mehr einfach Textilien gegen Wein wie zu Ricardos Zeit, sondern sie handeln in großem Umfang mit Gütern, die sich sehr ähnlich sind und die in beiden Ländern gleichzeitig produziert werden.

Was bedeutet diese Entwicklung für die Entwicklung der Löhne? Offensichtlich haben es die kapitalreichen Länder weitgehend selbst in der Hand, wie sich der internationale Wettbewerb auf die Entlohnung ihrer Arbeiter auswirkt. Insbesondere müssen sie ständig innovativ bleiben und sich dabei auf solche Produkte konzentrieren, bei denen sie ihre spezifischen Vorteile voll zur Geltung bringen können. Dagegen hat es für kapitalreiche Länder wenig Sinn, aus vordergründigen Beschäftigungsgesichtspunkten an arbeitsintensiven Industrien wie etwa der Textilindustrie festzuhalten. Wenn die betreffenden Produkte anderswo billiger produziert werden können, dann sollte man sie von dort importieren.

Wenn dies nicht zum Schaden der Arbeitnehmer sein soll, dann müssen die Industrieländer ihre Arbeitskräfte ständig fortbilden und ggfs. umschulen. Nur so können sie ihr Lohnniveau trotz des internationalen Konkurrenzdrucks hoch halten. Diejenigen Arbeitnehmer, die aus irgendwelchen Gründen nur für einfache Arbeiten in Frage kommen, kann man dann immer noch im Dienstleistungssektor einsetzen, beispielsweise in der Altenpflege oder im Gaststättengewerbe. Denn da solche Dienstleistungen nicht exportiert werden können, unterliegen sie auch nicht dem unmittelbaren Konkurrenzdruck der Niedriglohnländer. Gott sei Dank können sich gerade die reichen Länder auch einen entsprechend umfangreichen Dienstleistungssektor leisten.

Ganz falsch wäre es dagegen, sich durch protektionistische Handelsbarrieren vor der Konkurrenz der Niedriglohnländer schützen zu wollen. Das wäre zum einen unfair gegenüber den dortigen Arbeitskräften, die ja in viel größerer Armut leben als wir. Es wäre aber auch aus unserer eigenen Interessenlage heraus sehr kurzsichtig. Denn da der Wohlstand einer Volkswirtschaft insgesamt im Falle einer Abschottung von den Weltmärkten eindeutig sinkt, würde man gerade dadurch die Möglichkeiten verringern, den Randgruppen der Gesellschaft zu helfen. Die Arbeiter würden dadurch vielleicht einen größeren Anteil am Kuchen des Sozialprodukts erhalten, aber dieser Kuchen wäre eben insgesamt viel kleiner als im Falle offener Grenzen. Es gibt denn auch kein einziges Beispiel für ein Land, das durch die Abschottung vom Weltmarkt den Lebensstandard seiner Arbeitnehmer hätte erhöhen können. Gerade die protektionistisch orientierten Länder haben diese Politik vielmehr regelmäßig mit Produktivitätseinbußen und sinkendem Lebensstandard bezahlen müssen.

Hinweise zum Weiterlesen:

Ergänzend zu den im vorhergehenden Abschnitt empfohlenen Lehrbüchern zur Außenwirtschaftstheorie sei hier verwiesen auf das umfassende Werk von K. Rose und K. Sauernheimer, "Theorie der Außenwirtschaft", 11. Aufl., München 1992.

Eine sehr schöne, auch die historische Entwicklung beschreibende Darstellung der Zusammenhänge findet man bei J. Niehans, "Geschichte der Außenwirtschaftstheorie im Überblick", Tübingen 1995.

Globalisierung und Standortwettbewerb

Mobiles Kapital – sinkende Löhne?

Bisher haben wir uns hauptsächlich mit dem internationalen Güterhandel beschäftigt. Aber nicht nur die Güter, sondern auch die Produktionsfaktoren Kapital und Arbeit sind international mobil. Insbesondere das Kapital kann heutzutage seinen Standort in der Welt fast beliebig wählen. Aber auch die Arbeitnehmer sind nicht unbedingt an ihr Heimatland gebunden, wenn sie Arbeit suchen. Das gilt vor allem für diejenigen unter ihnen, die gut ausgebildet sind. Wir werden sehen, daß gerade die Mobilität der Arbeitnehmer Probleme schafft, welche im Falle des reinen Güterhandels nicht auftreten.

Wenden wir uns aber zunächst den Folgen der internationalen Mobilität des Kapitals zu. Die Klassiker der Nationalökonomie waren überwiegend der Ansicht, internationale Kapitalbewegungen seien sowohl für das Ursprungsland als auch für das Empfängerland stets von Nutzen. Nehmen wir beispielsweise an, daß deutsches Kapital in die USA fließt. Dies wird offenbar nur dann der Fall sein, wenn man dort eine höhere Rendite erzielen kann als in Deutschland. Insoweit tun die deutschen Sparer also gut daran, ihr Geld im Ausland statt zu Hause anzulegen. Aber auch die USA profitieren davon, denn dort können aufgrund des Kapitalzuflusses neue Investitionen und Arbeitsplätze geschaffen werden. Insoweit scheinen also letztlich beide Länder dabei zu gewinnen.

Aus klassischer Sicht erhöhte die Mobilität des Kapitals daher den weltwirtschaftlichen Wohlstand. Denn im Sinne der internationalen Arbeitsteilung konnte es ja eigentlich nur gut sein, wenn das Kapital stets dorthin wandert, wo es den höchsten Ertrag erzielt. Allerdings wurden solche Überlegungen von Adam Smith, David Ricardo und John Stuart Mill nur am Rande angestellt. Denn das Kapital war im 19. Jahrhundert noch lange nicht so mobil wie in unserer Zeit. Hauptsächlich flossen Kapitalströme aus den europäischen Ländern in deren jeweilige Kolonien. Im übrigen waren aber die Risiken von Auslandsinvestitionen sehr hoch, und zusätzlich gab es gesetzliche Hindernisse für die Aus- und Einfuhr von Kapital zwischen den industrialisierten Ländern. Solche Kapitalverkehrskontrollen sind bis in die jüngste Zeit sogar innerhalb Europas noch ein bedeutendes Hindernis für den internationalen Kapitalverkehr gewesen.

Und in der Tat ist mobiles Kapital keineswegs so unproblematisch, wie es zunächst den Anschein hat. Schon Adam Smith hatte erkannt, daß es dadurch zu Änderungen der Einkommensverteilung in den beteiligten Ländern kommen kann. Es wird also möglicherweise wiederum Gewinner und Verlierer in den beteiligten Ländern geben, ebenso wie dies ja auch schon im Falle des reinen Güteraustausches der Fall ist.

Machen wir uns die Zusammenhänge an unserem Beispiel deutscher Kapitalexporte in die USA klar. Als Anlaß dafür hatten wir ja eine höhere Rendite in den USA angenommen. Wenn nun aber daraufhin ein entsprechender Kapitalstrom aus Deutschland nach Amerika zu fließen beginnt, so muß schließlich der Zinssatz in den USA sinken, während er in Deutschland steigt. Denn das Kapital wird in Deutschland dann offenbar immer knapper, während es in den USA weniger knapp wird.

Damit aber nicht genug. Auch die Lohnsätze werden sich in den beiden Ländern ändern, und zwar jeweils in entgegengesetzter Richtung zu den Zinsen. Das bedeutet, daß ein Kapitalstrom von Deutschland in die USA die deutschen Löhne tendenziell senken wird, während die amerikanischen Löhne steigen! "Tendenziell" heißt, daß dieser Effekt natürlich von anderen Einflüssen wie beispielsweise dem technischen Fortschritt überlagert werden kann. Trotzdem wird das Grundproblem sofort deutlich: Offensichtlich ist es nicht gerade im Interesse der Arbeitnehmer eines Landes, wenn Kapital ins Ausland abfließt. Denn dadurch gehen möglicherweise Arbeitsplätze im Inland verloren, und die verbleibenden Arbeitsplätze werden weniger produktiv sein, als wenn das Kapital im Inland geblieben wäre. Beide Effekte können bedeuten, daß die Arbeitnehmer des Kapitalexportlandes Zugeständnisse beim Lohn machen müssen, um ihre Arbeitsplätze zu behalten.

Vor diesem Hintergrund wird vielleicht verständlich, warum mit dem Phänomen der sogenannten Globalisierung der Finanzmärkte so viele Ängste verbunden sind. Im Zeitalter der Computer und des Internet ist es für einen Kapitalanleger kein Problem mehr, seine Ersparnisse in Sekundenschnelle von einem Land in irgendein anderes Land der Welt umzuleiten. Erst recht können multinationale Konzerne ihre Investitionen fast nach Belieben in diejenigen Länder umschichten, in denen sich die höchsten Renditen erzielen lassen. Insbesondere in den europäischen Ländern macht man sich daher Sorgen, daß sich die hier herrschenden hohen Löhne und Sozialleistungen auf Dauer nicht werden halten lassen.

Standortwettbewerb als Nullsummenspiel?

Der internationale Standortwettbewerb ist in der Tat heute vor allem ein Wettbewerb der immobilen Produktionsfaktoren um die mobilen Produktionsfaktoren, insbesondere um das Kapital. Im Gegensatz zum 19. Jahrhundert ist in unserer modernen Welt das technische Wissen im Prinzip in allen Ländern in gleicher Weise verfügbar. Die gleiche Automobilfabrik, die in Deutschland Arbeitsplätze schafft, kann man daher im Prinzip auch irgendwo anders in der Welt bauen. Da gleichzeitig das Kapital heute viel mobiler ist als früher, kommt es um so mehr darauf an, im eigenen Land günstige Investitionsbedingungen zu schaffen.

Man kann sich das anschaulich vielleicht wie folgt klarmachen. Betrachten wir die einzelnen Länder als Inseln, welche die immobilen Arbeiter nicht verlassen können. Das internationale Kapital gleicht dagegen einem amphibischen Nutztier, das von Insel zu Insel schwimmen kann, ähnlich etwa einer Robbe. Für die Inselbewohner kommt nun alles darauf an, einen optimalen Robbenbestand auf ihrem Eiland zu erzielen. Sie können das tun, indem sie entweder selbst Robben züchten oder vorbeischwimmende Robben anlokken. In beiden Fällen müssen sie aber dafür sorgen, daß die Robben stets genügend Futter bekommen und sich auch sonst auf ihrer Insel wohlfühlen. Andernfalls würden die vorbeischwimmenden Tiere die Insel meiden, und auch die vorhandenen Bestände müßten schließlich verkümmern. Keinesfalls aber dürfen die Inselbewohner versuchen, die Tiere gewaltsam einzusperren. Denn nichts vertragen die Robben weniger als die Unfreiheit, vor allem wenn sie auch noch mit schlechten Lebensbedingungen verbunden sein sollte.

Nicht anders ist es mit dem internationalen Kapital. Es verlangt einerseits hinreichend hohe Renditen, andererseits aber auch die Gewißheit, das Land wieder verlassen zu können, wenn die Rentabilität einmal nicht mehr stimmen sollte. Gelegentlich wird die Forderung erhoben, das Kapital solle gefälligst in dem Land bleiben, in dem es erwirtschaftet wurde, und dort für neue Arbeitsplätze sorgen. Das ist einerseits verständlich, andererseits aber ziemlich naiv. Man kann die Kapitaleigner letztlich nur zu Investitionen im Inland veranlassen, wenn man ihnen dafür die Erzielung ausreichender Renditen ermöglicht.

Es wäre nun allerdings ein Irrtum zu glauben, daß man dazu die Löhne und Sozialleistungen immer weiter herunterschrauben müßte. Schon gar nicht wird es notwendig sein, sich etwa in den Industrieländern auf das Lohnniveau der Entwicklungsländer herunterzubegeben, wie manchmal befürchtet wird. Die Investitionsbedingungen hängen nämlich auch noch von ganz anderen Einflußfaktoren ab, beispielsweise vom Ausbildungsstand der Arbeitnehmer, von der Ausstattung mit Straßen und anderer Infrastruktur und nicht zuletzt von der sozialen und politischen Stabilität des betreffenden Landes. Denn was nützt den internationalen Investoren ein niedriges Lohnniveau, wenn die Arbeitskräfte schlecht ausgebildet oder unzuverlässig sind und wenn gleichzeitig womöglich auch noch Streiks und politische Unruhen an der Tagesordnung sein sollten? Auch die Robben in unserem Inselbeispiel werden ja nicht nur auf das Futter sehen, sondern auch auf die übrigen Lebensbedingungen.

Hier haben die alten Industriestaaten meist deutliche Vorteile gegenüber ihren neuen Konkurrenten auf den Weltmärkten. Sie können eine gut ausgebaute Infrastruktur, qualifizierte Arbeitskräfte und stabile ökonomische und politische Rahmenbedingungen in die Waagschale werfen. Je sorgsamer sie diese Vorteile wahren und ausbauen, desto weniger Sorgen müssen sie sich wegen eines möglichen Kapitalabflusses machen.

Es kommt aber noch ein anderer, sehr wichtiger Gesichtspunkt hinzu. Das internationale Kapital ist nämlich keine gegebene Größe, bei der das eine Land zwangsläufig das verlieren würde, was das andere Land gewinnt. Vielmehr wird um so mehr Kapital in der Welt gebildet werden, je mehr rentable Investitionsmöglichkeiten insgesamt entstehen. Auch führt ein wachsender Wohlstand in den aufstrebenden Volkswirtschaften dazu, daß dort mit der Zeit immer mehr gespart werden kann. Daher können sie ihren Kapitalbedarf über kurz oder lang weitgehend aus eigenen Ersparnissen decken oder sogar selbst zu Kapitalexporteuren werden. Der internationale Standortwettbewerb ist also ebensowenig ein "Nullsummenspiel" wie der internationale Wettbewerb auf den Gütermärkten. Auf Dauer können vielmehr tatsächlich alle beteiligten Länder davon profitieren.

Allerdings kommt es dabei nicht zuletzt auch darauf an, das ins eigene Land fließende Kapital möglichst sinnvoll zu investieren und nicht etwa für die Finanzierung kurzfristiger Konsumwünsche zu verschwenden. Leider gibt es in der Wirtschaftsgeschichte zahlreiche negative Beispiele in dieser Hinsicht. Sie betreffen keineswegs nur die Entwicklungsländer oder die osteuropäischen Reformstaaten nach dem Untergang des Sozialismus. Auch ein so reifes Industrieland wie die USA hat es sich zu Beginn der 80er Jahre geleistet, seine hohen Kapitalimporte vorwiegend für die Finanzierung seines Staatshaushaltes zu verwenden statt für die Schaffung von Investitionen und Arbeitsplätzen. Es war die Zeit des sogenannten Zwillingsdefizits in den USA, nämlich eines Defizites sowohl in der Leistungsbilanz als auch im Staatshaushalt. Erst nachdem entschlossene Maßnahmen zur Sanierung der Staatsfinanzen ergriffen worden waren, begann in der zweiten Hälfte der 80er Jahre die Zahl der Arbeitsplätze in den USA wieder kräftig zu steigen.

Man sollte die Mobilität des Kapitals daher nicht bedauern. Sie kann sogar als heilsamer Zwang betrachtet werden, eine vernünftige Wirtschaftspolitik im eigenen Land zu betreiben. Ebenso wie der Wettbewerb die Unternehmen daran hindert, in Schlendrian und Mißwirtschaft zu verfallen, zwingt nämlich der Standortwettbewerb die Regierungen dazu, bei ihrer Wirtschaftspolitik die gebotene Rücksicht auf Investitionen und Arbeitsplätze zu nehmen.

Migration der Arbeitskräfte?

Kommen wir nun zu dem Problem der Migration von Menschen zwischen den Ländern. Nicht nur das Kapital ist im Laufe der Zeit mobiler geworden, auch für die Arbeitskräfte gilt dies in gewissem Umfang. So sind beispielweise innerhalb der Europäischen Union inzwischen fast alle rechtlichen Hindernisse beseitigt worden, die früher etwa der Beschäftigung eines Franzosen in Deutschland entgegenstanden. Auch der Wohnort kann innerhalb der Europäischen Union heute frei gewählt werden. In anderen Teilen der Welt sind ähnliche Bestrebungen im Gange, die Grenzen für arbeitsuchende Menschen durchlässiger zu machen. Der einzige völlig immobile Produktionsfaktor ist damit allein der Boden und allenfalls noch die bereits darauf erstellten Gebäude und Anlagen; nicht umsonst spricht man hier ja auch von Immobilien.

Die Migration der Arbeit folgt im Prinzip keinen anderen Gesetzen als die Mobilität des Kapitals, und sie hat im Prinzip auch ähnliche ökonomische Konsequenzen. Wenn beispielsweise portugiesische Maurer nach Deutschland einwandern, dann werden die Löhne auf deutschen Baustellen tendenziell sinken, während sie in Portugal steigen. Nun werden die Portugiesen in der Regel nur dann nach Deutschland kommen, wenn hier das Lohnniveau höher ist als in Portugal. Also werden sich die Löhne in den beiden Ländern annähern und im Extremfall sogar völlig angleichen, und zwar auf einem mittleren Niveau.

Allerdings ist schon aus Gründen der Heimatverbundenheit und unterschiedlicher Sprachen die internationale Mobilität der Arbeitnehmer begrenzt. Die Angleichung der Löhne wird deshalb in aller Regel nur unvollständig sein. Trotzdem wehren sich die Gewerkschaften in den Hochlohnländern oft gegen die Zuwanderung von Arbeitskräften. Sie versuchen, das Lohnniveau im eigenen Land mithilfe entsprechender Tarifverträge hochzuhalten, oder sie üben sogar Druck auf den Gesetzgeber aus, gesetzliche Mindestlöhne vorzuschreiben. Aus ihrer Sicht ist das vielleicht verständlich, aber gesamtwirtschaftlich ist es ziemlich fragwürdig.

Man darf nämlich nicht übersehen, daß bei niedrigeren Löhnen am Bau auch die Preise für Eigenheime und die Mieten in dem betreffenden Land sinken werden. Also gibt es nicht nur Verlierer, sondern auch Gewinner im Zuwanderungsland. Das sind in unserem Beispiel alle dort lebenden Menschen außer den Bauarbeitern. Außerdem profitieren natürlich auch die nach Deutschland eingewanderten Portugiesen selbst von der Wanderung, da sie hier ja höhere Löhne erzielen können als in ihrem Heimatland. Auf der anderen Seite werden allerdings die Löhne und Preise für Bauleistungen in Portugal steigen. Zumindest diejenigen Portugiesen, die nicht Bauarbeiter sind, werden dadurch tendenziell Nachteile haben. Kann man aus all diesen Effekten einen Saldo ziehen, der eindeutig für oder gegen die Zulassung der Zuwanderung spricht?

Ein solcher Saldo kann nicht leicht gezogen werden, und zwar selbst dann nicht, wenn man den Wohlstand der beiden Länder insgesamt betrachtet. Es ist zwar im Normalfall davon auszugehen, daß die Wanderung der Arbeitnehmer an den Ort des jeweils höchsten Lohnsatzes sinnvoll ist, denn dort erbringen sie offenbar ihren höchstmöglichen Beitrag zum Sozialprodukt. Es sind aber noch andere Effekte auf den Wohlstand zu bedenken, die sich nicht automatisch im Lohnsatz widerspiegeln. Beispielsweise könnte es in den Zuwanderungsgebieten zu negativen Ballungserscheinungen kommen, indem die Umwelt übermäßig stark belastet wird und die Infrastruktur nicht mehr in der Lage ist, die steigende Bevölkerung zu verkraften. Umgekehrt könnte in den Abwanderungsgebieten das Pro-Kopf-Einkommen sinken und ein Teufelskreis entstehen, der letztlich zur völligen Verarmung der betreffenden Regionen führt.

Das Problem liegt darin, daß eine solche Entwicklung auch dann eintreten kann, wenn sie gesamtwirtschaftlich betrachtet eigentlich unsinnig ist. Nehmen wir einmal an, im Zuwanderungsland lebe gerade die für seine Größe optimale Zahl von Menschen, die sich deswegen des höchstmöglichen Lebensstandards erfreuen können. Im Abwanderungsland mögen dagegen zuwenig Menschen leben, um den optimalen Grad an Arbeitsteilung erzielen zu können. Dementsprechend wird der Lebensstandard dort geringer sein als im Zuwanderungsland, und es bestehen starke Anreize für seine Einwohner, dorthin auszuwandern.

Wenn es tatsächlich zu einer solchen Abwanderung kommt, wird dies aber den Wohlstand in beiden Ländern senken! Denn im Zuwanderungsland werden dann zu viele Menschen leben, um den bisherigen Lebensstandard aufrechterhalten zu können, während die Arbeitsteilung im Abwanderungsland noch schwieriger wird als zuvor. Es kann also durchaus sein, daß die Wanderung von Arbeitskräften gesamtwirtschaftlich gesehen zu Wohlstandeinbußen führt, obwohl sie aus der Sicht der wandernden Menschen vorteilhaft erscheint. Das gilt im übrigen nicht nur für Länder, sondern auch für einzelne Regionen innerhalb eines Landes, weswegen regionalpolitische Ausgleichsmaßnahmen durchaus eine ökonomische Berechtigung haben können.

Im konkreten Fall kommt es allerdings sehr darauf an, welcher Art die Zuwanderung ist. Als beispielsweise in den 60er Jahren in Deutschland Knappheit an einfachen Arbeitskräften herrschte, war es sicher sinnvoll, Gastarbeiter aus Italien, Griechenland und der Türkei ins Land zu holen. Später, als die Arbeitslosigkeit geringqualifizierter Arbeiter in Deutschland hoch war, wäre eine solche Politik dagegen problematisch gewesen. Es konnte aber gleichwohl noch attraktiv für Deutschland sein, beispielsweise gutausgebildete Ärzte oder Facharbeiter einwandern zu lassen. Viele Länder machen die Aufnahme ausländischer Arbeitnehmer denn auch davon abhängig, ob deren Qualifikation im Lande Mangelware ist.

In den 60er Jahren herrschte weitgehend Vollbeschäftigung in den Industrieländern. Hier wird gerade der millionste Gastarbeiter in Deutschland empfangen.
(Bildnachweis: BMWI (Hg), 40 Jahre soziale Marktwirtschaft, Sept. 89, S. 27)

Ähnlich differenziert ist das Problem aus der Sicht der Abwanderungsländer zu sehen. Viele Entwicklungsländer haben beispielsweise großen Mangel an qualifizierten Fachkräften, während sie über ungelernte Arbeiter im Überfluß verfügen. Nun sind aber im allgemeinen gerade die Fachkräfte besonders mobil, und viele von ihnen versuchen, in den Industrieländern mit ihrem hohen Lebensstandard Fuß zu fassen. Man spricht in diesem Zusammenhang auch von dem sogenannten brain drain. Gemeint ist damit der Abfluß ausgerechnet der klugen Köpfe aus den armen Ländern, wo sie eigentlich dringend gebraucht würden. Es kann also u.U. auch im Interesse der Abwanderungsländer sein, die eigenen Arbeitnehmer im Land zu behalten.

Zieht man ein Fazit aus diesen Überlegungen, so ist die Wanderung von Arbeitskräften also erheblich problematischer als die Mobilität des Kapitals. Im Zweifel sollte man lieber die Produktivität in den ärmeren Ländern durch entsprechende Kapitalzuflüsse dorthin erhöhen, statt Abwanderungen großer Bevölkerungsschichten in die wohlhabenderen Länder zu provozieren.

Dieser Aufgabe hat sich u.a. die Weltbank verschrieben. Sie wurde 1944 auf der berühmten Währungskonferenz von Bretton Woods gegründet, von der im nächsten Kapitel noch die Rede sein wird. Die Weltbank arbeitet nach einem ganz einfachen Prinzip, indem sie einerseits privates Kapital auf den internationalen Märkten aufnimmt, es andererseits aber sofort wieder an unterentwickelte Länder weitergibt. Der Sinn dieses Vorgehens liegt darin, daß die Weltbank kreditwürdiger ist als die Entwicklungsländer und daher das Kapital zu relativ günstigen Zinsen bekommt. Diesen Zinsvorteil gibt sie nun einfach an ihre Schuldnerländer weiter, wobei sie allerdings bemüht ist, durch entsprechende Auflagen auch eine produktive Verwendung der Mittel dort sicherzustellen. Der entwicklungspolitische Erfolg dieses Vorgehens ist nicht unumstritten, aber im Prinzip ist es sicher richtig, das Kapital anstelle der Menschen wandern zu lassen.

Nicht zuletzt ist im Falle von Migrationen auch zu beachten, inwieweit die kulturellen, religiösen und sprachlichen Verhältnisse in den beteiligten Ländern vergleichbar sind. Je mehr sie sich ähneln, desto eher wird man Bevölkerungswanderungen als Alternative zum Kapitalverkehr und zum reinen Güteraustausch zwischen den betreffenden Volkswirtschaften in Erwägung ziehen können. Insofern ist beispielsweise die Freizügigkeit der Arbeitnehmer innerhalb Westeuropas oder innerhalb Nordamerikas mit anderen Augen zu sehen als die Zuwanderung von Menschen aus anderen Kulturkreisen in diese Regionen.

Mit diesen Überlegungen sind wir allerdings an den Grenzen dessen angelangt, was sich unter rein ökonomischen Gesichtspunkten zur Bevölkerungsmigration sagen läßt. Das Problem ist in der Wissenschaft noch keineswegs ausdiskutiert, und in der Politik weckt es mitunter große Emotionen. Es wird vermutlich in der Zukunft noch an Dringlichkeit gewinnen, wenn man sich die unterschiedlichen Zuwachsraten der Bevölkerung und die massiven Wohlstandsunterschiede in der Welt vor Augen hält. Wir werden später im Zusammenhang mit der Rentenproblematik noch einmal auf diese Fragen zurückkommen.

Hinweise zum Weiterlesen:

Eine frühe Analyse der Effekte von Faktorwanderungen findet sich bei R.A. Mundell, "International Trade and Factor Mobility", in: American Economic Review, Vol. 47 (1957).

Eine der wenigen umfassenden Lehrbuchdarstellungen zum Problem mobiler Faktoren ist W. J. Ethier, "Moderne Außenwirtschaftstheorie", 2. Aufl., München/Wien 1991, Kap. II.6.

Empfehlenswert sind außerdem die Beiträge von W. Franz, "Ökonomische Aspekte der internationalen Migration", in: Hamburger Jahrbuch für Wirtschafts- und Gesellschaftspolitik, Jg. 1994, sowie G.J. Borjas, "The Economics of Immigration", in: Journal of Economic Literature, Vol. 32 (1994).

Viel historisches Anschauungsmaterial bietet das Buch von H. Körner, "Internationale Mobilität der Arbeit", Darmstadt 1990.

Eine ausgesprochen liberale Position wird vertreten von T. Straubhaar, "On the Economics of International Labor Migration", Bern/Stuttgart 1988.

Die Geschichte des Währungssystems

Die Goldwährung und ihr Ende

Im Jahre 1974 kam es erstmals seit der Weltwirtschaftskrise der 30er Jahre wieder zu einer spektakulären Bankenpleite in Deutschland. Die große Privatbank Herstatt mußte von heute auf morgen ihre Pforten schließen, weil sie sich auf den Devisenmärkten verspekuliert hatte. Hintergrund war ein massiver Verfall des Dollarkurses, und zwar in einem Ausmaß, das sich jeder ökonomischen Erklärung zu entziehen schien. Obwohl anders als in den 30er Jahren diesmal ein allgemeiner Run auf die Banken verhindert werden konnte, war es doch der größte Finanzskandal, den das Nachkriegsdeutschland bis dahin erlebt hatte. Viele Gläubiger der Herstatt-Bank verloren große Summen, und fortan wurden die Devisengeschäfte der Banken einer strengeren Kontrolle unterworfen.

Es war die Zeit unmittelbar nach dem Zusammenbruch des Weltwährungssystems, das nach dem Zweiten Weltkrieg 1944 in dem kleinen amerikanischen Dörfchen Bretton Woods auf eine völlig neue Grundlage gestellt worden war. Das Bretton Woods-System war ein Kompromiß zwischen den Vorstellungen der damals führenden Wirtschaftsmächte Amerika und England gewesen. Verhandlungsführer von Seiten der USA war Harry Dexter White, der Stellvertreter von Finanzminister Morgenthau. Die englische Seite wurde von keinem Geringeren als John Maynard Keynes vertreten. Es war einer der seltenen Fälle, in denen ein berühmter Ökonom unmittelbar an wirtschaftspolitischen Weichenstellungen von schicksalhafter Bedeutung beteiligt war. Durchgesetzt hat sich allerdings letztlich in erster Linie der White-Plan.

Auf der Konferenz von Bretton-Woods wurde 1944 die Grundlage des Währungssystems für die folgenden 30 Jahre geschaffen. In der Mitte sieht man John M. Keynes, der Verhandlungsführer für Großbritannien war.
(Bildnachweis: W. Hankel, John Manard Keynes, München/Zürich 1986, S. 73)

Um die Bedeutung des Abkommens von Bretton Woods richtig zu würdigen, muß man sich den Zustand des Weltwährungssystems in der Zeit zwischen den beiden Weltkriegen vor Augen halten. Bis zum Beginn des Ersten Weltkrieges hatte noch die alte Goldwährung bestanden. Sie beruhte auf einem ganz einfachen Prinzip. Alle Notenbanken hatten sich damals verpflichtet, die von ihnen ausgegebenen Papierwährungen jederzeit zu einem festen Kurs gegen Gold umzutauschen. Beispielsweise war 1914 eine Unze Gold in den USA 35 Dollar wert, während sie von der Deutschen Reichsbank zum garantierten Kurs von 147 Reichsmark eingelöst wurde. Daraus ergab sich automatisch ein Wechselkurs von 4,20 Reichsmark pro Dollar.

Dieser Kurs konnte nur in sehr engen Grenzen schwanken. Nehmen wir beispielsweise an, der Dollar wäre aus irgendeinem Grund am Devisenmarkt um 10% gestiegen, also auf 4,62 Reichsmark. Dann wäre es offenbar vorteilhaft gewesen, von der Deutschen Reichsbank eine Unze Gold zum Festpreis von 147 Reichsmark zu kaufen, sie in die USA zu versenden und dort der amerikanischen Zentralbank für 35 Dollar zu verkaufen. Für die 35 Dollar wiederum hätte man am freien Devisenmarkt beim Kurs von 4,62 knapp 162 Reichmark erlösen können. Aus 147 Reichsmark hätte man also auf ohne jedes Risiko und in sehr kurzer Zeit 162 Reichsmark machen können!

Klarerweise würde jedermann versuchen, durch diese sogenannte Arbitrage risikolose Gewinne zu erzielen. Es wären daher bei entsprechend hohem Dollarkurs vermehrt Dollar gegen Reichsmark auf dem Devisenmarkt angeboten worden. Genau dies aber mußte dazu führen, daß der Dollarkurs sofort wieder sank, bis er schließlich wieder bei 4,20 stand und das schöne Arbitrage-Geschäft damit nicht länger möglich war.

Daß der Dollarkurs überhaupt ein bißchen schwanken konnte, lag allein daran, daß der für das Arbitragegeschäft notwendige Goldtransport von einem Land zum anderen gewisse Kosten verursachte. Bei nur geringen Unterschieden zwischen den garantierten Kursen der Zentralbanken und dem Marktkurs lohnte sich dies aber nicht mehr. Man sprach daher auch von den sogenannten Goldpunkten, welche die untere und obere Schwankungsmöglichkeit des Dollarkurses begrenzten.

Dieser Mechanismus erforderte keinerlei internationale Vereinbarungen über den Dollarkurs oder über den Kurs irgendeiner anderen Währung! Entscheidend war allein, daß alle Zentralbanken einen festen Preis des Goldes in ihrer eigenen Währung garantierten. Alles andere regelte sich dann praktisch ganz von selbst. Darüber hinaus hatte die Goldwährung noch einen anderen Vorteil. Sie sorgte nämlich fast ebenso automatisch dafür, daß die Zahlungsbilanzen aller Länder stets zum Gleichgewicht tendierten.

Nehmen wir beispielsweise an, Deutschland hätte dem Werte nach mehr Waren importiert, als es an Exporten auf den Weltmärkten absetzen konnte. Die Folge wäre ein Überangebot von Reichsmark auf den Devisenmärkten gewesen, denn Deutschland konnte seine überzähligen Importe ja nur mit Reichsmark bezahlen. Infolgedessen wäre der Kurs der Reichsmark gesunken und der Kurs der anderen Währungen, etwa des Dollar, gestiegen. Dies wiederum mußte wegen des Arbitragemechanismus zu Goldabflüssen aus Deutschland führen. Die Deutsche Reichsbank hätte also sofort etwas unternehmen müssen, um den Verlust all ihrer Goldreserven zu verhindern.

Was aber konnte sie dagegen tun? Die naheliegendste Möglichkeit war es, ihre Zinsen zu erhöhen, vor allem den Diskontsatz, der damals das zentrale Steuerungsinstrument der Notenbanken war. Damit konnte die Reichsbank gleich zwei Effekte erzielen. Zum einen machten es höhere Zinsen für die ausländischen Besitzer von Reichsmark attraktiv, ihre Bestände am deutschen Kapitalmarkt anzulegen, statt sie der Zentralbank gegen Gold anzubieten. Zum anderen bedeuteten höhere Zinsen aber auch eine verringerte Liquiditätsnachfrage der deutschen Geschäftsbanken, d.h. die Geldmenge in Deutschland sank. Die meisten Zentralbanken waren sogar gesetzlich verpflichtet, die Geldmenge zu senken, wenn ihre Goldreserven abnahmen. Üblich war meist eine Dritteldeckung, d.h. die umlaufenden Reichsmarkbestände durften nicht mehr als das Dreifache der Goldreserven betragen. Den geldpolitischen Hintergrund dieser Vorschrift haben wir schon im Zusammenhang mit der Banking-Currency-Kontroverse des 19. Jahrhunderts behandelt.

Damit kommen wir zum letzten Schritt in der Wirkungskette der Goldwährung. Eine sinkende Geldmenge in Deutschland bedeutete nach der Quantitätstheorie ja letztlich auch ein sinkendes deutsches Preisniveau. Umgekehrt führten die Goldabflüsse in die anderen Länder dort zu einer Ausweitung der Geldmenge und damit zu steigenden Preisen. Dementsprechend wurden die deutschen Güter billiger, während die von Deutschland importierten Güter teurer wurden. Der ganze Vorgang kam erst zum Abschluß, wenn wieder Zahlungsbilanzgleichgewicht herrschte und die Goldabflüsse damit aufhörten. Wenn sich alle Notenbanken an die Spielregeln der Goldwährung hielten, waren also langanhaltende Zahlungsbilanzdefizite ebensowenig möglich wie größere Schwankungen der Wechselkurse.

Tatsächlich war die Zeit der Goldwährung eine Zeit blühenden Welthandels, stabiler Wechselkurse und weitgehender Preisniveaustabilität in den großen Industrieländern. Warum aber ist sie dann in der Zwischenkriegszeit schließlich doch zusammengebrochen? Und warum hat man 1944 in Bretton Woods nicht versucht, sie wieder neu zu installieren?

Das Ende der Goldwährung hing eng mit der Weltwirtschaftskrise zusammen. Die weltweite Depression führte dazu, daß die großen Industrieländer nacheinander ihre Währungen abwerteten und schließlich die Goldeinlösepflicht für ihre Papierwährungen ganz aufgaben. Den Anfang machte 1931 England mit der Abwertung des Pfundes. Von einem geringeren Goldwert der eigenen Währung erhoffte man sich Vorteile beim Export und damit eine Belebung der eigenen Wirtschaft. Außerdem waren die 30er Jahre durch sinkende Preisniveaus in den wichtigsten Ländern gekennzeichnet. Diese allgemeine Deflation konnte offenbar nur gestoppt werden, wenn mehr Geld in Umlauf kam. Das aber wiederum war bei gegebenen Goldreserven nur möglich, wenn mehr Papiergeld pro Goldeinheit ausgegeben wurde.

Der allgemeine Abwertungswettlauf führte aber zunächst nur dazu, daß der Welthandel schrumpfte. Der anfängliche Exportvorteil eines abwertenden Landes wurde nämlich durch entsprechende Währungsabwertungen der anderen Länder alsbald wieder zunichte gemacht. Die Folge waren wilde Währungsspekulationen und eine Renaissance des Protektionismus. Vor allem Deutschland bediente sich dabei mit besonderer Vorliebe auch unfairer Handelspraktiken. Unter Hitlers Wirtschaftsminister Hjalmar Schacht wurden neue Verordnungen über den Handel mit Gütern und Kapital schneller hintereinander verabschiedet, als sie im Ausland auch nur übersetzt werden konnten. Die entsprechenden Akten sollen sich im Büro der amerikanischen Dolmetscher höher als die Tischplatten ihrer Schreibtische gestapelt haben.

Ende der 30er Jahre war zwar vorerst das Schlimmste überstanden. Es war jetzt insgesamt wesentlich mehr Papiergeld im Umlauf, und der allgemeine Liquiditätsmangel schien vorerst behoben. Dazu hatte auch beigetragen, daß viele Länder inzwischen von der reinen Goldwährung zur Golddevisenwährung übergegangen waren. Das bedeutete, daß jetzt neben dem Gold auch ausländische Devisen als Deckung für die eigene Geldschöpfung zugelassen wurden, vor allem Dollar und das englische Pfund. Dann aber kam der Zweite Weltkrieg und damit das endgültige Ende der Goldwährung.

Bretton Woods und das Triffin-Dilemma

Auf der Konferenz von Bretton Woods im Jahre 1944 hoben die 44 daran beteiligten Nationen ein neues Weltwährungssystem aus der Taufe, das die Nachteile der alten Goldwährung vermeiden sollte. Im Prinzip handelte es sich auch dabei wieder um einen Gold-Devisen-Standard, wobei nunmehr der Dollar das wichtigste Reservemedium wurde. Nur für den Dollar gab es jetzt noch eine Einlöseverpflichtung in Gold. Sie galt im Unterschied zur Goldwährung auch nicht mehr für Privatpersonen, sondern nur noch unter den Notenbanken. Man sprach fortan daher auch vom Dollarstandard; der Dollar war zur Leitwährung des Weltwährungssystems geworden.

Das bedeutete, daß beispielsweise die englische Notenbank ihre Dollarbestände jederzeit der amerikanischen Notenbank zur Einlösung in Gold präsentieren konnte, und zwar zum Vorkriegskurs von 35 Dollar pro Feinunze Gold. Das englische Pfund und alle anderen Währungen wurden dagegen direkt an den Dollar gebunden, d.h. es wurden entsprechende Kurse bzw. Paritäten vertraglich vereinbart. Beispielsweise betrug 1951 der Kurs des Pfundes etwa 36 amerikanische Cent, während ein Dollar wiederum 4,20 DM wert war. Daraus ergab sich, daß ein Pfund knapp 12 DM kostete. Diese Kurse sollten nur im Falle gravierender Zahlungsbilanzungleichgewichte geändert werden. Lediglich relativ geringfügige Kursschwankungen von ursprünglich 1% nach oben oder unten waren zugelassen. Damit wollte man Abwertungswettläufe wie in den 30er Jahren verhindern. Zur Überwachung wurde der Internationale Währungsfonds (IWF) gegründet, ohne dessen Zustimmung eine Paritätsänderung nicht zulässig war.

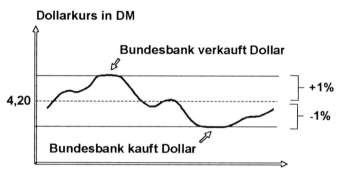

Im Bretton Woods-System mußten die Zentralbanken am Devisenmarkt intervenieren, wenn der Kurs ihrer Währung gegenüber dem Dollar stieg oder sank. Nur innerhalb enger Bandbreiten von +/- 1% um den Leitkurs waren Kursschwankungen erlaubt.

Ein wesentlicher Vorteil des Bretton Woods-Systems wurde darin gesehen, daß nunmehr die Weltgeldmenge nicht mehr durch die Goldreserven begrenzt war. Wenn der zunehmende Welthandel mehr internationale Liquidität erforderte, dann konnte diese jetzt einfach dadurch bereitgestellt werden, daß die amerikanische Notenbank mehr Dollar in Umlauf brachte. Die USA waren damit das einzige Land, das internationale Liquidität selbst schaffen konnte. Von diesem Vorteil machten sie später auch reichlichen Gebrauch. Beispielsweise wurde der Vietnamkrieg zum Teil einfach durch das Drucken neuer Dollarnoten finanziert.

Eine Gefahr für die amerikanischen Goldreserven war damit so lange nicht verbunden, wie die anderen Notenbanken die neuen Dollar als Reserven hielten und nicht zur Goldeinlösung präsentierten. Tatsächlich haben die anderen Notenbanken sich lange Zeit auch entsprechend kooperativ verhalten. Denn sie benötigten die Dollarreserven, um die vereinbarten Wechselkurse ihrer Währungen auch wirklich in den vertraglich vereinbarten Grenzen zu halten.

Kommen wir nun zu den Problemen des Bretton-Woods-Systems, die im Laufe der Zeit immer deutlicher sichtbar wurden und schließlich im Jahre 1973 zu seinem Ende führten. Man muß sich klarmachen, daß die vertragliche Einigung auf einen bestimmten Wechselkurs eine Sache ist, die tatsächliche Wertentwicklung einer Währung auf den Devisenmärkten aber eine ganz andere. Nehmen wir beispielsweise den Fall Italiens. Der ursprünglich angesetzte Kurs der Lira erwies sich schon bald als viel zu hoch. Die italienische Notenbank schaffte es nämlich nicht, die Geldentwertung im eigenen Lande wirksam zu bekämpfen. Infolgedessen wurden italienische Produkte zu teuer auf den Weltmärkten. Damit aber geriet der Kurs der Lira unter Druck. Gemäß den Regeln des Bretton Woods-Systems mußte die italienische Notenbank dem entgegenwirken.

Sie hätte zum einen ihre Zinsen erhöhen können, ähnlich wie im System der Goldwährung. Das wurde aber nicht gerne gemacht, weil dadurch die Inlandskonjunktur gedämpft worden wäre. Inzwischen waren die Notenbanken nämlich ganz im Geiste des Keynesianismus bemüht, die Geldpolitik vorrangig in den Dienst der Konjunkturpolitik zu stellen.

Die zweite Möglichkeit bestand darin, an den Devisenmärkten zugunsten der eigenen Währung zu intervenieren. Die italienische Notenbank mußte dazu Lira aufkaufen, was nur gegen Abgabe von internationaler Reservewährung aus ihren Beständen möglich war. Diese Reserven, insbesondere die Dollarbestände, waren aber begrenzt und konnten rasch zur Neige gehen. Zwar sah das Bretton Woods-System für diesen Fall die Möglichkeit vor, kurzfristige Kredite vom Internationalen Währungsfonds zu bekommen. Aber bei fundamentalen Zahlungsbilanzdefiziten wie im Falle Italiens, die nicht nur auf vorübergehenden Schwierigkeiten beruhten, konnte auch dieser Weg nicht lange beschritten werden.

Damit blieb letztlich nur noch eine dritte Möglichkeit, nämlich die Lira abzuwerten. Davon wurde auch wiederholt Gebrauch gemacht, und zwar nicht nur von Italien, sondern auch von zahlreichen anderen Ländern mit hohen Inflationsraten.

Aber auch Länder mit relativ hoher Preisniveaustabilität gerieten bald in Schwierigkeiten. Das traf vor allem für Deutschland zu. Die Deutschen waren aufgrund ihrer negativen Inflationserfahrungen von Anfang an bemüht, ein Musterland der Geldwertstabilität zu werden. Dies wurde von den Nachbarländern oft belächelt; man warf der Deutschen Bundesbank vor, sie wittere Inflation praktisch unter jedem Kieselstein. Die Erfahrung sollte ihr allerdings später recht geben.

Was war das Problem Deutschlands im Bretton Woods-System? Offenbar lag es nicht in einem Mangel an Währungsreserven, im Gegenteil: Da die D-Mark ständig unter Aufwertungsdruck stand, mußte die Bundesbank ständig D-Mark gegen Dollar an den Devisenmärkten verkaufen. Damit wuchsen ihre Währungsreserven permanent an, vor allem ihre Dollarbestände. Allzu glücklich war die Bundesbank darüber aber nicht. Denn die per Intervention abgegebenen D-Mark-Bestände erhöhten die deutsche Geldmenge und gefährdeten damit die Preisniveaustabilität.

Man sprach völlig zutreffend auch von einer importierten Inflation. Denn der Grund für den Aufwertungsdruck auf die D-Mark lag ja letztlich darin, daß die anderen Länder es nicht so genau mit der Geldwertstabilität nahmen. Just diese Währungen mußte aber die Bundesbank gegen Hergabe von D-Mark am Devisenmarkt stützen. Damit zwang das Bretton-Woods-System sie praktisch, die ausländische Inflationspolitik durch Ausweitung ihrer eigenen Geldmenge mitzumachen.

Als Alternative blieb wiederum nur die Änderung der Währungsparität, was in diesem Falle natürlich eine Aufwertung der D-Mark bedeutete. Wiederholte Male gelang es Deutschland so, dem internationalen Inflationsdruck einigermaßen auszuweichen. Das war politisch nicht leicht durchzusetzen, denn eigentlich war das Bretton Woods-System ja darauf ausgerichtet, die Währungsparitäten möglichst stabil zu halten. Es gab also einen Konflikt zwischen innerer Geldwertstabilität einerseits und äußerer Stabilität im Sinne der Stabilität des Wechselkurses andererseits.

Auch innerhalb Deutschlands war keineswegs unumstritten, welchem Ziel man dabei den Vorrang geben sollte. Insbesondere die Industrie hätte gerne an der Unterbewertung der D-Mark festgehalten, um ihre Exporterfolge nicht zu gefährden. Sie fand dabei Unterstützung in großen Teilen von Politik und Öffentlichkeit. Das ganze artete Ende der 60er Jahre zu einem handfesten Konflikt zwischen der Regierung und der von ihr unabhängigen Bundesbank aus, welche sich hauptsächlich dem Ziel der Preisniveaustabilität verpflichtet sah. Zu diesem Zeitpunkt lag das gesamte Bretton Woods-System aber schon in seinen letzten Zügen. Nach einigen letzten Aufwertungen der D-Mark und verzweifelten Reparaturversuchen des Festkurssystems ging man schließlich 1973 weltweit zu flexiblen Wechselkursen über.

Woran ist das System fester Wechselkurse, das 1944 mit so viel Enthusiasmus installiert worden war, letztlich gescheitert? Sicher spielte dabei eine Rolle, daß sich die Länder nicht an die Spielregeln hielten: Die Schwachwährungsländer werteten lieber ab, statt die eigentliche Ursache des Wertverfalls ihrer Währung, nämlich die Inflation im eigenen Land, zu bekämpfen. Und die Starkwährungsländer werteten lieber auf, statt sich mit der allgemeinen Inflationskrankheit zu infizieren. Unter diesen Umständen konnte kaum eine dauerhafte Wechselkursstabilität erwartet werden.

Darüber hinaus hat aber Robert Triffin schon 1959 auf einen grundsätzlichen Konstruktionsfehler des Systems aufmerksam gemacht. Einerseits konnte nämlich die für den Welthandel benötigte Liquidität angesichts begrenzter Goldbestände nur dadurch bereitgestellt werden, daß zusätzliche Dollar in Umlauf kamen. Andererseits bedeutete dies aber, daß die USA ständige Zahlungsbilanzdefizite aufweisen mußten. Wie anders hätten sie auch sonst ihre Dollar in die Welt fließen lassen können, außer sie einfach zu verschenken? Die amerikanischen Zahlungsbilanzdefizite untergruben aber auf Dauer das allgemeine Vertrauen in die Leitwährung.

Man diskutierte damals zwei Möglichkeiten, diesem sogenannten Triffin-Dilemma zu entrinnen. Zum einen hätte man einfach den Goldpreis erhöhen können, und zwar genau in dem Maße, wie beim geltenden Preisniveau mehr Liquidität von der wachsenden Weltwirtschaft benötigt wurde. Für jede Unze Gold hätten dann entsprechend mehr Dollar in Umlauf gebracht werden können, und damit wäre das Liquiditätsproblem gelöst gewesen. Ein wesentlicher Nachteil war dabei aber, daß dieser Weg die goldproduzierenden Länder unangemessen begünstigt hätte. Es machte die Sache nicht eben attraktiver, daß dies vor allem Südafrika und die Sowjetunion gewesen wären.

Triffin selbst schlug vor, eine künstliche Währung zusätzlich zum Gold und zum Dollar zu schaffen. Dies wurde 1969 in Form der sogenannten Sonderziehungsrechte auch verwirklicht. Dabei handelte es sich um besondere Kreditlinien beim Internationalen Währungsfonds, die den einzelnen Mitgliedsländern ohne Gegenleistung einfach zugeteilt wurden. Ein Sonderziehungsrecht entsprach ursprünglich 35 Dollar, also nach damaligem Kurs einer Feinunze Gold. Man hat daher auch treffend vom sogenannten Papiergold gesprochen. Es konnte ebenso wie das richtige Gold jederzeit zu Zahlungen verwendet werden, allerdings nur zwischen den Notenbanken.

Auch heute gibt es diese Sonderziehungsrechte noch, und insbesondere die Entwicklungsländer fordern immer wieder, ihr Volumen zu erhöhen, vorzugsweise zu ihren Gunsten. Der Wert eines Sonderziehungsrechtes ist inzwischen allerdings nicht mehr an das Gold gebunden, sondern er berechnet sich seit 1974 aus einem sogenannten Währungskorb, in den die wichtigsten Währungen der Welt eingehen.

Die Sonderziehungsrechte kamen aber zu spät, um die fatalen Folgen des Triffin-Dilemmas noch aufhalten zu können. Die Dollarschwemme war schon viel zu stark geworden, und dies bedeutete, daß seine Einlösbarkeit in Gold schon lange nur noch auf dem Papier stand. Nie und nimmer hätten die USA genug Gold aufbringen können, um dieser Verpflichtung im Ernstfall gerecht zu werden. Die anderen Zentralbanken ignorierten dieses Problem lange Zeit und hüteten sich, die Probe aufs Exempel zu machen. Man tanzte gleichsam auf einem imaginären Hochseil, das sofort verschwunden wäre, hätte man nach unten gesehen.

Feste Wechselkurse kann man nicht erzwingen

Die privaten Kapitalanleger waren jedoch weniger bereitwillig als die Notenbanken, den Kopf einfach in den Sand zu stecken. Sie verloren allmählich das Vertrauen in die Wertstabilität des Dollar. Der Goldpreis begann schließlich über die offizielle Parität von 35 Dollar zu steigen, und 1968 gaben die Währungsbehörden den Versuch auf, ihn durch Interventionen gewaltsam auf dieser Höhe zu halten. Nur für Transaktionen zwischen den Notenbanken wurde der offizielle Goldpreis noch beibehalten. Dadurch entstand ein gespaltener Goldmarkt, und dies war der Anfang vom Ende des Bretton-Woods-Systems.

Es folgte eine immer stärkere Spekulation gegen den Dollar, und schließlich verlor die französische Zentralbank als erste die Nerven. Sie verlangte die Einlösung ihrer Dollarreserven in Gold und ließ damit auch die letzten Dämme brechen. Am 15. August 1971 mußten die USA offiziell ihre Goldeinlöseverpflichtung als unerfüllbar zurückziehen, und damit war das System praktisch am Ende. Man versuchte zwar noch einige Zeit, es ohne den Goldanker und mit größeren Schwankungsbreiten von nunmehr 2,25% für die Wechselkurse fortzuführen. Die Spekulanten hatten jedoch inzwischen Blut geleckt. Der Wertverfall des Dollar setzte sich weiter fort, und nach mehrmaligen Abwertungen ging man schließlich im März 1973 zu flexiblen Wechselkursen über.

Die wichtigste Lehre aus dem Scheitern des Bretton Woods-Systems ist folgende. Wenn man feste Wechselkurse zwischen den Währungen sichern möchte, dann genügt es nicht, dies einfach zu vereinbaren. Der Kurs einer Währung ist ein Marktpreis, der letztlich von Angebot und Nachfrage bestimmt wird. Zwar können die Zentralbanken diesen Marktpreis in begrenztem Umfang beeinflussen, indem sie selbst als Anbieter und Nachfrager auf den Devisenmärkten auftreten. Wenn aber die fundamentalen Wirtschaftsdaten der beteiligten Länder, insbesondere ihre Inflationsraten, zu stark voneinander abweichen, funktioniert dies nicht mehr. Die internationalen Kapitalbewegungen entwickeln sich dann leicht zu einem reißenden

Strom, der alle künstlichen Dämme zur Verteidigung der Wechselkurse hinwegschwemmt.

Es gibt daher letztlich nur eine Möglichkeit, wirkliche Wechselkursstabilität zu gewährleisten. Man muß durch entsprechend solide Wirtschaftspolitik der einzelnen Länder übermäßige Zahlungsbilanzungleichgewichte vermeiden und insbesondere überall für eine möglichst niedrige Inflationsrate sorgen. Nur dadurch kann auf Dauer das Vertrauen der Märkte in die Stabilität der Wechselkurse gewonnen und der Spekulation ihre wichtigste Nährquelle genommen werden. Im folgenden Kapitel werden wir sehen, inwieweit diese Lehre nach dem Zusammenbruch des Bretton Woods-Systems von der Währungspolitik beherzigt wurde.

Hinweise zum Weiterlesen:

Einen guten Überblick über die Geschichte des Bretton Woods-Systems gibt H. Adebahr, "Währungstheorie und Währungspolitik", Berlin 1978.

Besonders empfehlenswert ist auch die Darstellung bei G. Dieckheuer, "Internationale Wirtschaftsbeziehungen", 3. Aufl., München/Wien 1995, Kap. G.

Eine knappe Zusammenfassung der wesentlichen Zusammenhänge bietet M. Willms, "Währung", in: D. Bender u.a. (Hg), Vahlens Kompendium der Wirtschaftstheorie und Wirtschaftspolitik, Bd. 1, 5. Aufl., München 1992.

Warum schwankt der Dollarkurs?

Die Kaufkraftparitätentheorie und ihre Grenzen

Die Geschichte des Bretton Woods-Systems ist ein Beispiel dafür, wie wenig selbst die geballte Macht aller großen Zentralbanken gegen die Kräfte des Marktes auszurichten vermag. Bis heute gelten die Erfahrungen mit Bretton Woods als Warnung vor dem Glauben, stabile Währungsverhältnisse ließen sich einfach per Gesetz verordnen.

Wie so oft, suchte man nach dem Zusammenbruch des Bretton Woods-Systems das Heil im genauen Gegenteil. Namhafte Ökonomen wie z.B. Milton Friedman hatten schon lange vorher für flexible Wechselkurse plädiert, die nur dem Gesetz von Angebot und Nachfrage folgen sollten. Auch der deutsche Sachverständigenrat, das Gegenstück zum amerikanischen Council of Economic Advisors, hatte sich dieser Forderung angeschlossen. Die Bewährungsprobe für diesen Vorschlag war jetzt gekommen.

Ein Hauptvorteil des neuen Währungssystems wurde darin gesehen, daß Starkwährungsländer wie Deutschland jetzt nicht mehr gezwungen waren, Inflation von außen zu importieren. Die Bundesbank brauchte ja bei flexiblen Kursen nicht mehr an den Devisenmärkten zu intervenieren. Sie gewann damit die Kontrolle über die Geldmenge im eigenen Land zurück. Auch wenn die Preise im Ausland weiter stiegen, mußte sich dies nun nicht mehr automatisch auf das Inland übertragen. Denn Inflation im Ausland, so argumentierte man, würde den Wechselkurs der D-Mark entsprechend steigen lassen. Damit aber müßten die ausländischen Güter, in D-Mark gerechnet, genau um so viel billiger werden, wie sie in eigener Währung teurer geworden waren. Für Deutschland würde das bedeuten, daß die in D-Mark gerechneten Importpreise praktisch unverändert blieben.

Hinter dieser Auffassung stand die sogenannte Kaufkraftparitätentheorie, die ansatzweise schon im 17. Jahrhundert vertreten worden war. Theoretisch korrekt wurde sie erstmals von dem schwedischen Ökonomen Gustav Cassel (1866 - 1945) formuliert. Cassel war der Begründer der Stockholmer Schule der Neoklassik. Zu seinen Schülern gehörten unter anderem Eli Heckscher und Bertil Ohlin, die wir im Zusammenhang mit dem Faktorproportionentheorem schon kennengelernt haben.

In ihrer absoluten Version behauptet die Kaufkraftparitätentheorie, daß die Preisniveaus zweier Länder, umgerechnet mit dem Wechselkurs, stets gleich hoch sein müßten. Beträgt der Durchschnittspreis aller amerikanischen Güter etwa 10 Dollar und der Durchschnittspreis aller deutschen Güter 20 DM, so muß demnach der Dollarkurs 2 DM betragen. Dahinter steht die Überlegung, daß der Preis eines jeden Gutes letztlich überall gleich hoch sein muß, jedenfalls wenn man von den Transportkosten einmal absieht. Man bezeichnet dies auch als den internationalen Einzelpreiszusammenhang.

Nehmen wir beispielsweise an, eine Videocassette koste in den USA 10 Dollar und in Deutschland 20 DM. Dann wäre es bei einem Dollarkurs von z.B. 1,40 DM offenbar vorteilhaft für Deutschland, die Cassetten aus den USA zu importieren. Dies wiederum würde zu einer vermehrten Dollarnachfrage auf den Devisenmärkten führen und daher den Dollarkurs nach oben treiben. Gleichgewicht auf dem Cassettenmarkt wäre erst dann erreicht, wenn der Dollarkurs den in einheitlicher Währung ausgedrückten Preis einer Videocassette in den USA und in Deutschland gerade ausgleichen würde.

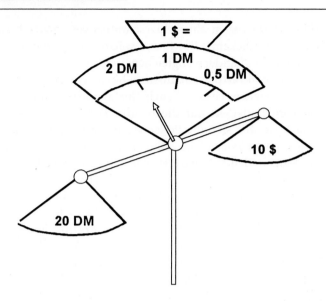

Gemäß der absoluten Kaufkraftparitätentheorie reagiert der Wechselkurs wie eine Waage: Verdoppelt sich das amerikanische Preisniveau, dann muß sich der Dollarkurs halbieren, und die amerikanischen Güter kosten in Deutschland genausoviel wie vorher!

In unserem Beispiel wäre das bei einem Dollarkurs von 2 DM der Fall. Allerdings dürfte die Verschiebung der Nachfrage zugunsten der amerikanischen Anbieter auch den Preis der Videocassetten in Dollar steigen lassen, während die deutschen Hersteller ihre Preise vermutlich etwas senken würden. Es könnte sich also auch ein Gleichgewicht der Art ergeben, daß eine Videocassette schließlich in den USA 12 Dollar und in Deutschland 18 DM kostet. Der internationale Einzelpreiszusammenhang müßte aber auch in diesem Fall gelten und würde dann offenbar einen Dollarkurs von 1,50 DM erfordern.

Nun werden in der Realität natürlich nicht nur einzelne Güter wie Videocassetten zwischen Deutschland und den USA gehandelt, sondern auch Autos, Limonade und ein paar Tausend andere Güter mehr. Daraus ergeben sich aber keine besonderen Schwierigkeiten. Die jeweiligen Inlandspreise all dieser Güter würden sich schließlich so um den gleichgewichtigen Wechselkurs gruppieren, daß am Ende für jedes von ihnen der internationale Einzelpreiszusammenhang gewahrt bliebe. Nur dann ist es möglich, daß sie nach wie vor in jeweils beiden Ländern produziert werden.

Daraus folgt aber noch keineswegs die Kaufkraftparitätentheorie in ihrer absoluten Form. Denn diese bezieht sich ja ausdrücklich auf den Durchschnittspreis aller Güter der beteiligten Länder, also auf ihr allgemeines Preisniveau. Darin sind jedoch auch Güter enthalten, die international nicht gehandelt werden, beispielsweise Dienstleistungen. Kaum jemand käme ja auf den Gedanken, etwa wegen eines Haarschnittes von Deutschland in die USA zu fliegen oder umgekehrt. Die Preise solcher Güter müssen sich also keineswegs zwischen den Ländern angleichen.

Daher kann die Kaufkraftparitätentheorie höchstens eine näherungsweise Gültigkeit beanspruchen. Dies hat auch Gustav Cassel schon erkannt. Er vertrat deswegen im Endeffekt nur die relative Form der Kaufkraftparitätentheorie. Danach werden sich die Preisniveaus zweier Länder in einheitlicher Währung gerechnet zwar nicht völlig angleichen. Aber eine Verdoppelung des Preisniveaus in den USA wird tendenziell den Dollarkurs in D-Mark auf die Hälfte reduzieren, so daß die relativen Preisniveaus in den beiden Ländern unverändert bleiben. Mehr ist offenbar auch nicht nötig, um das Inland vor einem Inflationsimport aus dem Ausland zu schützen.

Auch in ihrer relativen Version kann die Kaufkraftparitätentheorie die tatsächliche Wechselkursentwicklung nur auf lange Sicht erklären. Kurzfristig können die Wechselkurse dagegen durchaus von den Kaufkraftparitäten abweichen, und zwar ganz erheblich. Das liegt vor allem daran, daß die Handelsströme relativ träge reagieren. Wenn beispielsweise Kraftfahrzeuge in den USA preiswerter werden, dann dauert es erfahrungsgemäß eine gewisse Zeit, bis die Nachfrage aus dem Ausland entsprechend ansteigt. Schließlich kauft man nicht alle Tage ein neues Auto, und außerdem bestehen bei vielen Gütern langfristige Lieferbeziehungen. In der Zwischenzeit kann aber eine Menge mit dem Wechselkurs passieren.

Die Rolle der internationalen Kapitalströme

Es ist vor allem zu bedenken, daß der Wechselkurs auch von den internationalen Kapitalströmen beeinflußt wird. Vom Volumen her sind sie heute sogar um ein Vielfaches bedeutsamer als die Güterströme. Es stellt sich also die Frage, wovon die Kapitalströme zwischen den Volkswirtschaften abhängen und wie sie den Wechselkurs beeinflussen.

Bei der Suche nach einer Antwort stoßen wir einmal mehr auf John Maynard Keynes. Er war nicht nur ein großer Ökonom, sondern auch ein erfolgreicher Spekulant. Als einer von ganz wenigen berühmten Volkswirten neben David Ricardo hat er es auch privat zu einem ansehnlichen Vermögen gebracht. Zwar mußte er dabei einige empfindliche Rückschläge hinnehmen; aber gerade dies veranlaßte ihn, der Sache auch theoretisch näher auf den Grund zu gehen. In seiner "Abhandlung über Geldreform" von 1923 entwickelte er die sogenannte Zinsparitätentheorie des Wechselkurses. Sie steht seitdem gleichberechtigt neben der Kaufkraftparitätentheorie von Gustav Cassel.

Keynes stellte sich die Frage, unter welchen Umständen etwa ein englischer Kapitalbesitzer sein Geld in den USA anlegen würde. Man könnte meinen, daß dies nur vom Zinssatz abhängt. Höhere Zinsen in den USA müßten eigentlich dazu führen, daß ein entsprechender Kapitalstrom von England dorthin fließt, bis die Zinsen wieder ausgeglichen sind.

Es ist aber zu bedenken, daß eine Geldanlage im Ausland auch ein Wechselkursrisiko in sich birgt. Nehmen wir an, eine Geldanlage in den USA erbringe einen Zinsertrag von 10%, während der englische Zinssatz nur 6% pro Jahr beträgt. Für den englischen Kapitalanleger rechnet sich die Geldanlage in den USA aber nur dann, wenn während dieses Jahres nicht gleichzeitig der Dollarkurs entsprechend sinkt. Würde der Dollar gegenüber dem Pfund beispielsweise um 8% an Wert verlieren, dann hätte die Geldanlage in den USA, in Pfund gerechnet, letztlich nur etwa 2% an Ertrag erbracht. Also muß man bei der internationalen Geldanlage neben der Zinsdifferenz auch die voraussichtliche Entwicklung des Wechselkurses berücksichtigen.

Nun ist allerdings zum Zeitpunkt der Geldanlage noch nicht bekannt, wie sich der Wechselkurs entwickeln wird. Bei festen Wechselkursen kann man dabei vielleicht noch auf die Interventionen der Notenbanken vertrauen, die ja bemüht sind, den Wechselkurs zumindest innerhalb gewisser Bandbreiten zu halten. Bei flexiblen Wechselkursen gilt das aber nicht mehr. Hier ist die Unsicherheit über die zukünftige Wechselkursentwicklung sehr groß, und man ist dabei weitgehend auf die eigene Einschätzung angewiesen.

Nach Keynes herrscht Gleichgewicht auf dem internationalen Kapitalmarkt, wenn in unserem Beispiel der Zinsvorteil der USA gerade durch eine entsprechende Abwertungserwartung für den Dollar ausgeglichen wird. Dann werden die englischen Kapitalanleger im Durchschnitt keinen besonderen Vorteil aus einer Geldanlage in den USA erwarten, so daß ein Nettokapitalstrom zwischen den beiden Ländern nicht zustande kommt. Der Devisenmarkt ist dann insoweit ausgeglichen.

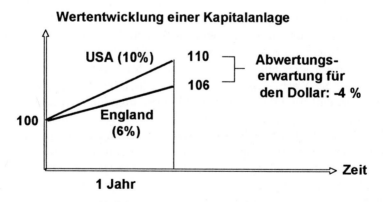

Gemäß der Zinsparitätentheorie von Keynes werden internationale Zinsdifferenzen immer durch eine entgegengesetzte Wechselkurserwartung ausgeglichen.

Man hat später die Keynessche Zinsparitätentheorie zu einer umfassenden Finanzmarkttheorie des Wechselkurses ausgebaut. Grundlage dafür war die von James Tobin entwickelte Portfoliotheorie, wofür Tobin 1981 den Nobelpreis erhalten hat. Die Finanzmarkttheorie berücksichtigt unter anderem, daß es verschiedene Formen der Kapitalanlage und auch verschiedene Zinssätze in jedem Land gibt. Außerdem sind nicht alle Schuldner gleichermaßen vertrauenswürdig, und auch die Risikobereitschaft der Kapitalanleger ist durchaus unterschiedlich. Aus diesen Gründen kann ein gegenseitiger Kapitalaustausch zwischen zwei Ländern selbst dann stattfinden, wenn ihre Zinsniveaus gleich hoch sind und die Wechselkurse als stabil gelten. Für den Nettokapitalstrom zwischen zwei Ländern gelten aber auch nach dieser Theorie ganz ähnliche Zusammenhänge, wie sie schon von Keynes beschrieben wurden.

Was bedeutet all dies nun für den Wechselkurs? Offenbar hatte man für seine Bestimmungsgründe jetzt zwei völlig unterschiedliche Erklärungen, wobei die eine allein auf den Warenströmen und die andere allein auf den Kapitalströmen beruhte. Lassen sich die Kaufkraftparitätentheorie und die Zinsparitätentheorie miteinander vereinbaren?

Die Antwort auf diese Frage hat 1976 Rudiger Dornbusch gegeben. Er wurde 1942 in Deutschland geboren, wanderte jedoch später in die USA aus. Die von ihm entwickelte, sogenannte monetäre Wechselkurstheorie verbindet nicht nur die Gedanken von Cassel und Keynes miteinander. Sie kann darüber hinaus auch das zeitweilige "Überschießen" des Wechselkurses über seinen Gleichgewichtskurs hinaus erklären.

Nehmen wir etwa an, das Preisniveau in England und in den USA sei in jeweiliger Währung gemessen gleich hoch. Nach der absoluten Kaufkraftparitätentheorie, die wir hier der Einfachheit halber einmal unterstellen wollen, müßte also ein Pfund genau einen Dollar kosten. Die USA mögen nun aber einen Zinsvorsprung von 4% gegenüber England haben. Gleichgewicht auf dem internationalen Kapitalmarkt könnte also nach der Keynesschen Zinsparitätentheorie nur vorliegen, wenn die Marktteilnehmer im Durchschnitt eine Dollarabwertung von ebenfalls 4% erwarten würden.

Damit ergibt sich offenbar ein Problem: Nach der Kaufkraftparitätentheorie wäre der Wechselkurs im Gleichgewicht, aber die Zinsparitätentheorie sagt uns, daß die Märkte gleichwohl einen sinkenden Dollarkurs erwarten. Wie kann man diesen offensichtlichen Widerspruch auflösen?

Nun, der Dollar wird nach Dornbusch in unserem Beispiel zunächst allein der Zinsparitätentheorie folgen, weil die Kapitalmärkte schneller reagieren als die Gütermärkte. Solange er auf seiner Kaufkraftparität von 1 Pfund verharrt, fließen somit Kapitalströme von England in die USA, um den Zinsvorteil zu nutzen. Dies treibt aber den Dollarkurs nach oben. Und zwar muß er so lange steigen, bis schließlich eine Abwertungserwartung in Höhe der

Zinsdifferenz von 4% entsteht. Erst dann kommt ja laut Zinsparitätentheorie der Kapitalfluß von England in die USA zum Erliegen.

Dornbusch nimmt nun an, daß sich die langfristigen Wechselkurserwartungen nach der Kaufkraftparitätentheorie richten. Also kann in unserem Beispiel eine Abwertungserwartung von 4% für den Dollar nur dadurch zustandekommen, daß er zunächst auf 1,04 Pfund steigt, denn dann ist er nach der Kaufkraftparitätentheorie genau um 4% überbewertet. Dies ist das Phänomen des überschießenden Wechselkurses. Es war auch schon von Gustav Cassel beobachtet worden, der es aber noch nicht befriedigend erklären konnte. Dies leistete erst die monetäre Wechselkurstheorie von Dornbusch: Gerade der "überschießende" Dollarkurs bringt den Kapitalmarkt gemäß der Keynesschen Zinsparitätentheorie ins Gleichgewicht!

Wie geht es dann weiter? Von den Güterpreisniveaus her gesehen ist der Dollar jetzt überbewertet, und daher werden allmählich vermehrt englische Güterexporte in die USA fließen. Dadurch sinkt nun tatsächlich der Dollarkurs, so daß sich die Abwertungserwartungen schließlich bestätigen. Gleichzeitig ist aber zu bedenken, daß der Kapitalstrom von England in die USA tendenziell zur Angleichung der Zinsniveaus in den beiden Ländern führen wird. Also wird sowohl die Abwertungserwartung als auch die Zinsdifferenz mit der Zeit immer geringer werden, jedenfalls wenn nicht neue Störungen dazwischenkommen.

Der gleichgewichtige Wechselkurs ergibt sich also letztlich simultan aus den internationalen Kapital- und Güterströmen und dem damit verbundenen Devisenhandel. Am Ende wird sich der Dollarkurs so einpendeln, daß weder die Kapitalanleger noch die Nachfrager nach Gütern Veranlassung haben, weiter zugunsten des einen oder des anderen Landes umzudisponieren: Die Kaufkraftparitätentheorie und die Zinsparitätentheorie müssen in einem langfristigen Gleichgewicht gleichzeitig erfüllt sein.

Währungsspekulation

Ziehen wir nach diesen vielleicht etwas komplizierten Überlegungen zunächst ein Zwischenfazit. Offenbar hat ein flexibler Wechselkurs auf lange Sicht erhebliche Vorteile. Er gleicht unterschiedliche Entwicklungen der nationalen Preisniveaus zumindest der Tendenz nach aus und schützt somit Länder mit niedrigen Inflationsraten vor einem Inflationsimport aus dem Ausland.

Ursprünglich war man sogar der Meinung, flexible Wechselkurse könnten das Inland auch von ausländischen Konjunkturschwankungen abkoppeln. Beispielsweise würde ein Nachfrageeinbruch in den USA sich bei flexiblen Wechselkursen nur gedämpft auf die deutsche Nachfrage übertragen. Wenn nämlich die amerikanische Nachfrage nach deutschen Exportgütern zurückgeht, müßte der Kurs der D-Mark an den Devisenmärkten sinken. Die deutschen Exportgüter würden sich dadurch verbilligen, so daß sich der Nachfrageausfall für Deutschland offenbar in Grenzen hielte.

Diese einfache Argumentation reicht aber leider nicht aus, um den komplizierten Mechanismen der internationalen Konjunkturübertragung gerecht zu werden. So ist zum Beispiel ein Konjunktureinbruch in den USA meist auch mit sinkenden Zinsen dort verbunden. Infolgedessen würde Kapital von Amerika nach Deutschland fließen mit der Folge, daß auch hier die Zinsen sinken. Das aber wirkt tendenziell anregend auf die deutsche Konjunktur und steht damit dem dämpfenden Effekt der nachlassenden Exportnachfrage als positiver Impuls gegenüber. Während also bei flexiblen Wechselkursen die Gütermärkte tendenziell zu einer gleichgerichteten Übertragung von Konjunkturimpulsen auf das Ausland führen, gehen von den Kapitalmärkten offenbar eher kompensierende Effekte aus. Es ist nicht leicht, daraus einen eindeutigen Saldo zu ziehen.

Was sagen die praktischen Erfahrungen mit den flexiblen Wechselkursen? Im großen und ganzen hat man feststellen müssen, daß der internationale Konjunkturverbund auch nach der Freigabe der Wechselkurse keineswegs verschwand. Nach wie vor neigten Konjunkturschwankungen in großen Ländern wie den USA dazu, sich auch auf andere Länder zu übertragen, und zwar im wesentlichen in der gleichen Richtung. Auch konnte keine Rede davon sein, daß etwa größere Leistungsbilanzungleichgewichte nunmehr etwa der Vergangenheit angehört hätten. Denn der internationale Kapitalverkehr lebte in der Folgezeit erst richtig auf, und auch die Wechselkursspekulation war keineswegs besiegt - im Gegenteil.

Spekulative Kursbewegungen hat es in kapitalistischen Wirtschaftssystemen schon immer gegeben, sowohl an den Börsen als auch auf den Waren- und Devisenmärkten. Ein frühes Beispiel für einen Börsencrash ist der sogenannte Südseeschwindel im Jahre 1920 gewesen. Damals wurden in London zahlreiche obskure Aktiengesellschaften gegründet, welche die sagenhaften Schätze der Südsee auszubeuten versprachen. Das Publikum zeichnete bereitwillig Aktien, deren Kurse bald schwindelerregende Höhen erreichten. Als schließlich klar wurde, daß es mit den versprochenen Gewinnen nicht weit her war und manche der Gründer mit dem Geld der Aktionäre einfach durchgebrannt waren, platzte die Spekulationsblase. Zurück blieben zahllose geprellte Anleger, unter ihnen auch das englische Königshaus.

Den "Schwarzen Freitag" des 25. Oktober 1929 an der New Yorker Aktienbörse haben wir ja bereits im Zusammenhang mit der darauf folgenden Weltwirtschaftskrise erwähnt. Auch hier war eine wilde Spekulationswelle vorausgegangen, die zudem zum großen Teil einfach auf Kredit finanziert worden war. Daher rissen die sinkenden Aktienkurse im Unterschied zu früheren Krisen auch die Geldversorgung und schließlich das gesamte Währungsgefüge mit in den Abwärtsstrudel. Mit dem Ende der Goldwährung begann ab dieser Zeit auch die Währungsspekulation zum Problem zu werden.

Ein Währungsspekulant ist weder an den Kaufkraftparitäten noch an den Zinsdifferenzen der einzelnen Währungen besonders interessiert; meist kennt er diese sogenannten Fundamentaldaten der Wechselkursentwicklung nicht einmal genau. Sein einziges Ziel besteht darin, Kursgewinne zu realisieren, indem er beispielsweise Dollar zu 1,50 DM kauft und kurze Zeit später zu 1,80 DM wieder verkauft.

Natürlich weiß er beim Kauf einer Währung noch nicht genau, wie sich ihr Kurs entwickeln wird; darin besteht ja gerade die Spekulation. Dabei lassen sich die Spekulanten manchmal von den absonderlichsten Überlegungen leiten, die wenig mit den ökonomischen Fundamentaldaten der betreffenden Volkswirtschaften zu tun haben. Der frühere deutsche Bundeskanzler Helmut Schmidt hat einmal beklagt, daß auf diese Weise schneidige junge Leute mit bunten Krawatten und wenig ökonomischem Sachverstand die Geschicke der Weltwirtschaft beeinflussen, indem sie in den Devisenabteilungen der Banken regelrechte Glücksspiele veranstalten. Weit verbreitet ist dabei die sogenannte Chartanalyse. Hier wird der künftige Kurs einer Währung praktisch ausschließlich aus ihrer Wertentwicklung in der Vergangenheit abgeleitet. Aber auch schon eine einzige unbedachte Äußerung etwa des amerikanischen Notenbankchefs zur künftigen Konjunkturentwicklung kann mitunter spekulative Wellen des Dollarkurses auslösen.

Nun kann man der Auffassung sein, daß eine Spekulation entgegen den ökonomischen Fundamentalfaktoren letztlich keinen Bestand haben wird. Das mag wohl sein, aber gleichwohl kann es zu relativ langanhaltenden Spekulationsblasen - sogenannten bubbles - kommen, in denen sich die Währungen immer weiter von ihren Gleichgewichtskursen entfernen.

Nehmen wir etwa an, aus irgendeinem Grund steige der Dollarkurs um einige Pfennige. Dies möge einige Spekulanten veranlassen, Dollar zu kaufen, weil sie auf eine Fortsetzung dieser Kursentwicklung setzen. Ihre Dollarkäufe werden nun aber tatsächlich zu weiteren Kurssteigerungen führen, so daß möglicherweise weitere Spekulanten auf den fahrenden Zug aufspringen. Die Hausse nährt die Hausse, wie man an der Börse sagen würde. Das Ganze endet erst, wenn aus irgendeinem, vielleicht ganz unbedeutenden Grund die Erwartungen plötzlich umschlagen. Schon ein leichter Kursverlust des Dollar mag dann eine spekulative Baisse-Bewegung in Gang bringen, und diese kann wiederum weit über die Korrektur der inzwischen eingetretenen Überbewertung des Dollar hinausgehen.

Derartige Achterbahnfahrten des Dollarkurses haben offenbar wenig mit den ökonomischen Fundamentaldaten zu tun. Schlimmer noch, sie verzerren die internationalen Güterpreisrelationen und werden daher vor allem von den Exportindustrien derjenigen Länder nicht gerne gesehen, deren Währungen unter Aufwertungsdruck geraten. Denn ein steigender Kurs ihrer

Währung verteuert ja die Exporte der entsprechenden Länder auf den Weltmärkten, und zwar im Falle spekulativer Ursachen um weit mehr, als es zum Ausgleich entsprechender Inflationsunterschiede gegenüber anderen Ländern sinnvoll und notwendig wäre.

Schon bald nach Freigabe der Wechselkurse zu Beginn der 70er Jahre sind daher viele Länder darangegangen, zumindest die stärksten Kursausschläge durch gegenläufige Zentralbankinterventionen zu dämpfen. Man sprach in diesem Zusammenhang auch von dem sogenannten schmutzigen Floaten, denn ein reines System flexibler Kurse wäre ja mit Eingriffen in die Devisenmärkte nicht vereinbar gewesen. Die Länder der Europäischen Gemeinschaft versuchten sogar eine Zeit lang, zumindest untereinander ein System fester Wechselkurse aufrechtzuerhalten. Dies war die sogenannte europäische Währungsschlange, die jedoch schon bald wieder zerbrach.

Erst 1979 gelang es, mit dem Europäischen Währungssystem (EWS) wieder ein einigermaßen funktionsfähiges Festkurssystem in Europa zu installieren. Im Unterschied zum Bretton Woods-System gab es im EWS zunächst keine Leitwährung, sondern alle daran beteiligten Währungen waren prinzipiell gleichberechtigt. In der Praxis erwies sich aber schon bald die D-Mark als die heimliche Ankerwährung des Systems, denn Deutschland hatte nicht nur die größte Wirtschaftskraft, sondern auch die geringste Inflationsrate in Europa.

Kann eine Währungsunion helfen?

Das EWS war so raffiniert konstruiert, daß die anderen Teilnehmerländer schließlich nur noch die Wahl hatten, entweder selbst zur Geldwertstabilität zu finden oder aus dem System auszuscheren. Denn die Interventionsverpflichtung an den Devisenmärkten lagen im EWS de facto allein bei den Schwachwährungsländern. Daher war beispielsweise Deutschland im Unterschied zum Bretton-Woods-System nicht mehr gezwungen, durch den Ankauf von Schwachwährungen Inflation zu importieren. Nach anfänglichen Turbulenzen und politischen Auseinandersetzungen schien das EWS Anfang der 90er Jahre schließlich so gefestigt, daß man im Vertrag von Maastricht sogar beschloß, es bis 1999 zur Europäischen Währungsunion weiterzuentwickeln.

Eine Währungsunion hat auf den ersten Blick erhebliche Vorteile. So entfallen zum Beispiel die Kosten und Gebühren des ständigen Währungsumtausches zwischen den betreffenden Ländern. Es ist errechnet worden, daß von 100 DM kaum noch 20 DM übrigblieben, wenn man damit durch alle Länder der Europäischen Union reiste und dort jeweils nichts anderes tat, als das Geld nur immer in die jeweilige Landeswährung umtauschen. Noch wichtiger ist, daß für die exportierenden Unternehmen das Wechselkursrisiko entfällt, zumindest innerhalb von Euroland. Und auch gegenüber anderen Währungen wie Dollar oder Yen könnte der Euro eine größere Kursstabilität aufweisen, als dies im Durchschnitt der europäischen Einzelwährungen der Fall war. Ein großes Schiff liegt eben entsprechend ruhiger im Fahrwasser der Kapitalströme als ein kleines Boot.

Ob die Europäische Währungsunion deshalb aber wirklich schon ein guter Gedanke war, ist nach wie vor umstritten. Immerhin wird mit der Einführung der gemeinsamen europäischen Währung ja die D-Mark als die neben dem Schweizer Franken wertstabilste Währung in Europa abgeschafft und durch den Euro ersetzt, der seine Wertbeständigkeit erst noch erweisen muß. Zwar ist die europäische Zentralbank nach dem Vorbild der Deutschen Bundesbank als eine von den Regierungen unabhängige Institution konstruiert worden, die vorrangig dem Ziel der Geldwertstabilität verpflichtet ist. Aber in konkreten Streitfällen entscheiden letztlich einzelne Personen, und dabei dürfte ihr kultureller und ökonomischer Hintergrund eine zentrale Rolle spielen. Es bleibt abzuwarten, inwieweit sich die Vertreter der traditionell stabilitätsbewußten Länder dabei durchsetzen werden.

Vor allem aber erfüllen die Länder der Europäischen Union keineswegs die Anforderungen, welche die ökonomische Theorie an eine funktionsfähige Währungsunion stellt. Ein wichtiges Kriterium dafür wurde schon 1961 von Robert A. Mundell in seiner Theorie des optimalen Währungsraumes formuliert. Mundell argumentierte wie folgt: Angenommen, es erfolge aus irgendwelchen Gründen eine Verlagerung der Nachfrage von Frankreich nach Deutschland. Beispielsweise könnte die Nachfrage im Maschinenbau steigen, der in Deutschland eine weitaus größere Rolle spielt als im französischen Nachbarland. Man spricht in einem solchen Fall auch von einem sogenannten asymmetrischen Schock. Dann müßten eigentlich die Einkommen in Deutschland steigen und in Frankreich sinken, namentlich auch die Löhne. Nun wehren sich aber erfahrungsgemäß die Arbeitnehmer gegen sinkende Löhne, und es könnte daher leicht zu Arbeitslosigkeit in Frankreich kommen. Denn wenn die französischen Löhne sich den neuen Marktgegebenheiten nicht anpassen, dann ist der naheliegende Ausweg versperrt, den sinkenden Absatz französischer Produkte durch niedrigere Preise abzufangen.

Nach Mundell hat man dann nur noch zwei Möglichkeiten, um die Vollbeschäftigung zu sichern. Die eine Möglichkeit besteht darin, einen flexiblen Wechselkurs zuzulassen. In diesem Falle würde der Kurs des Franc sinken und damit die französischen Produkte in Deutschland verbilligen, ohne daß die Löhne in Frankreich gesenkt werden müßten. Sie würden zwar real durchaus an Wert verlieren, weil die französischen Arbeitnehmer wegen des sinkenden Franc-Kurses jetzt höhere Peise für importierte Güter bezahlen müßten. Aber eine solche quasi geräuschlose Reallohnsenkung läßt sich im allgemeinen politisch leichter bewerkstelligen als eine Herabsetzung der Nominallöhne.

Im Falle einer Währungsunion gibt es aber keinen Wechselkurs mehr zwischen Frankreich und Deutschland! In beiden Ländern wird stattdessen mit Euro bezahlt. Damit bleibt im Falle einer Nachfrageverschiebung zugunsten Deutschlands nach Mundell nur noch ein Weg übrig, um die Vollbeschäftigung zu sichern: Es müßten französische Arbeitnehmer nach Deutschland auswandern oder sich zumindest dort neue Arbeit suchen. Auf diese Weise kämen Angebot und Nachfrage nach Arbeitskräften auch ohne große Lohnänderungen in beiden Ländern wieder zum Ausgleich.

Mundells Schlußfolgerung aus diesen Überlegungen liegt auf der Hand: Auf den Mechanismus des beweglichen Wechselkurses kann nur verzichtet werden, wenn die Arbeitnehmer zwischen den beteiligten Ländern relativ mobil sind. Nur in diesem Falle kann man es riskieren, zwischen ihnen eine Währungsunion zu bilden. Offensichtlich bilden die Länder der Europäischen Union nach diesem Kriterium alles andere als einen optimalen Währungsraum. Zwar sind im Zuge des europäischen Binnemarktprogramms die meisten rechtlichen Barrieren für die zwischenstaatliche Mobilität der Arbeitnehmer beseitigt worden. Aber die kulturellen und sprachlichen Unterschiede etwa zwischen Frankreich und Deutschland sind nach wie vor sehr groß.

Es kommt hinzu, daß in einer Währungsunion Lohndifferenzen zwischen den Teilnehmerländern unmittelbar sichtbar werden. So liegt etwa das Lohnniveau in Portugal deutlich unter dem deutschen Lohnniveau, weil die Produktivität in Deutschland höher ist. Solange die Portugiesen in Escudo und die Deutschen in D-Mark bezahlt werden, wird dies niemanden besonders aufregen. Wenn aber alle ihren Lohn in Euro ausbezahlt bekommen, kann leicht die Forderung nach gleichem Lohn für gleiche Arbeit aufkommen. Dies müßte aber zu hoher Arbeitslosigkeit in Portugal führen, solange die dortige Produktivität eine Bezahlung auf deutschem Niveau nicht hergibt. Entsprechende Erfahrungen mußte Deutschland nach der Vereinigung mit der früheren DDR in der Tat machen. Die danach auftretende, hohe Arbeitslosigkeit in Ostdeutschland war nicht zuletzt die Folge von politisch motivierten Lohnerhöhungen dort, für die es keine ökonomische Basis gab.

Das Beispiel Ostdeutschlands zeigt auch, wie es dann weitergehen könnte. Steigende Arbeitslosigkeit in Portugal könnte die Forderung nach sich ziehen, das Land aus Mitteln der Europäischen Gemeinschaft bei der Bekämpfung seines Beschäftigungsproblems zu unterstützen. Dies wiederum würde die Gefahr heraufbeschwören, daß nur an den Symptomen herumkuriert wird, statt die Ursachen zu bekämpfen, in unserem Beispiel also das zu hohe Lohnniveau in Portugal. Womöglich würden die Löhne aufgrund der finanziellen Unterstützung der anderen Länder erst recht angehoben werden, womit ein gefährlicher Teufelskreis entstünde. Leider sind die Erfahrungen mit der deutschen Vereinigung durchaus geeignet, derartige Befürchtungen ernst zu nehmen.

Währungspolitik im Hotel-Foyer

Was den Dollar selbst betrifft, so ist hier bis auf weiteres wohl nicht an die Rückkehr zu festen Wechselkursen zu denken. Die negativen Erfahrungen des Bretton Woods-Systems haben die internationalen Notenbanken bewogen, stattdessen einen anderen Weg einzuschlagen, um seine Kursausschläge zu dämpfen. Mitte der 8oer Jahre begann unter dem amerikanischen Präsidenten Ronald Reagan der Dollarkurs plötzlich zu steigen und erreichte im Frühjahr 1985 mit fast 3,50 DM seinen höchsten Wert. Das war weitaus höher, als es sich durch die ökonomischen Fundamentalfaktoren erklären ließ. Die genauen Gründe für den damaligen Kursanstieg des Dollar sind bis heute umstritten. Sicher hat dabei das neu erwachte Vertrauen in die Stärke der amerikanischen Wirtschaft eine Rolle gespielt. Es war die Zeit der sogenannten Reagonomics, einer angebotsorientierten Wirtschaftspolitik, die mehr auf Steuersenkungen und Deregulierung setzte als auf die inzwischen arg in Verruf geratenen keynesianischen Rezepte. Allerdings war es auch eine Zeit hoher Defizite sowohl in der Leistungsbilanz als auch im Staatshaushalt der USA. Man war sich einig, daß dies nicht lange gut gehen könne und daß es angezeigt sei, den Dollar allmählich wieder auf einen realistischeren Kurs herunterzuschleusen.

Es kam schließlich im Herbst 1985 zu einem berühmt gewordenen Treffen der fünf führenden Wirtschaftsnationen im New Yorker Plaza-Hotel. Dabei überlegte man sich folgendes: Wenn schon die Spekulanten auf jedes unbedachte oder bedachte Wort der Politiker reagierten, dann könne man sich dieses Verhalten doch auch gezielt zunutzemachen. Und tatsächlich: Schon allein die Ankündigung zum Abschluß dieses Treffens, den Dollarkurs durch Interventionen senken zu wollen, unterstützte nachhaltig seine danach folgende Abwärtsbewegung, die freilich schon kurz zuvor begonnen hatte. Es war die Geburt der sog. "open mouth policy", die darauf setzte, durch bloße Absichtserklärungen die Devisenmärkte in die gewünschte Richtung zu lenken, ohne tatsächlich in großem Umfang intervenieren zu müssen.

Ermutigt durch den Erfolg des Plaza-Agreements wurde diese Politik im Februar 1987 mit dem nicht minder berühmten Louvre-Akkord fortgesetzt. Daran waren die Vertreter der sieben größten Industrieländer beteiligt, die sich im französischen Finanzministerium trafen. Dem Umstand, daß dieses Ministerium im gleichen Gebäude wie der Louvre lag, verdankt das Treffen seinen Namen. Diesmal ging es darum, die inzwischen allzu rasant gewordene Talfahrt des Dollar zu stoppen. Wiederum gelang es durch bloße Ankündigung, den Dollar bei einem Kurs von etwa 1,80 DM zu halten, wobei dieser

Kurs aber offiziell nicht als Ziel genannt wurde. Zu groß wäre die Gefahr gewesen, daß bei einer Verfehlung des Kurszieles die Spekulanten sofort wieder den Respekt vor der Macht der Zentralbanken verloren hätten.

In der Folgezeit wurde diese vorsichtige Wechselkurspolitik mit unterschiedlichen Erfolgen fortgesetzt. Man behandelte die Wechselkurse gleichsam wie einen Tiger, den man einerseits niemals aus den Augen lassen, andererseits aber auch nicht in einen allzu engen Käfig stecken darf, aus dem er früher oder später doch ausbrechen würde. Auch bei den Spekulanten schienen eine lange Leine und viel gutes Zureden besser zu wirken als starre Wechselkursschranken.

Eine solche Politik kann allerdings nur dann gelingen, wenn die Wirtschaftspolitik der beteiligten Länder einigermaßen aufeinander abgestimmt ist. Insbesondere sollten keine allzu großen Differenzen in den Inflationsraten entstehen, und am besten wäre es natürlich, wenn die Inflation ganz vermieden werden könnte. In diesem Fall wäre es fast egal, ob man ein System fester oder flexibler Wechselkurse hat, denn der Spekulation wäre damit ihr wichtigster Nährboden entzogen.

Hinweise zum Weiterlesen:

Eine sehr anschauliche und ebenso kompetent wie vergnüglich geschriebene Darstellung der Spekulationsproblematik bietet das Buch von W. Engels, "Der Kapitalismus und seine Krisen", Düsseldorf 1996.

Speziell mit den Krisen der Devisenmärkte befaßt sich P. Krugmann, "Exchange Rate Instability", Cambridge/London 1989.

Eine gute Lehrbuchdarstellung der verschiedenen Wechselkurstheorien findet man bei K. Rose/K. Sauernheimer, "Theorie der Außenwirtschaft", 11. Aufl., München 1992, Kap. II.3.

Kapitel 4
Der Staat und das Soziale
(Finanzwissenschaft)

Der Sozialphilosoph John Stuart Mill (1806 - 1873) vollendete das Gedankengebäude der klassischen Ökonomie. Ein besonderes Anliegen war es ihm, ökonomische Vernunft mit sozialem Ausgleich in Übereinstimmung zu bringen.

Der Staat und seine Rolle in der Wirtschaft

Rechtsstaat oder Herrschaft der Elite?

Wenn irgend etwas schief läuft in der Marktwirtschaft, sind wir meist rasch geneigt, nach dem Staat zu rufen. Als vor einigen Jahren ein großer Reiseveranstalter in Deutschland in Konkurs ging und seine Kunden auf Mallorca festsaßen, wurde sofort gefordert, der Staat müsse für einen besseren Schutz der Konsumenten sorgen. Und wenn ein großes Unternehmen Arbeitnehmer entläßt, wird ebenfalls oft Hilfe vom Staat erwartet. Schließlich ist ja im deutschen Stabilitäts- und Wachstumsgesetz von 1967 ein hoher Beschäftigungsstand als eines der vier Ziele des sogenannten magischen Vierecks aufgeführt.

Die anderen drei Ziele dieses Gesetzes betreffen die Geldwertstabilität, ein angemessenes und stetiges Wirtschaftswachstum sowie das außenwirtschaftliche Gleichgewicht. Auch dafür hat der Staat somit die Verantwortung übernommen. Darüber hinaus gilt es von jeher als Aufgabe des Staates, für eine gerechte Einkommens- und Vermögensverteilung zu sorgen. All dies wird einer sich selbst überlassenen Marktwirtschaft nicht zugetraut. Adam Smiths unsichtbarer Hand des Marktes soll daher die durchaus sichtbare Hand des Staates zur Seite gestellt werden.

Nun haben allerdings auch die Klassiker der Ökonomie den Staat keineswegs etwa als überflüssig betrachtet. Adam Smith erkannte zum Beispiel durchaus an, daß gewisse Aufgaben nicht vom Markt erfüllt werden können. Zu diesen Aufgaben zählte er neben der Landesverteidigung und der inneren Sicherheit auch die Bereitstellung der Infrastruktur und das Gerichtswesen. Die Gründe dafür haben wir bereits erörtert: Es handelt sich hier um Güter, deren Nutzen sich nicht oder nur unzureichend in den Marktpreisen widerspiegelt, weil man nämlich daran auch teilhaben kann, ohne dafür zu zahlen. Beispielsweise kann aus naheliegenden Gründen niemand vom Nutzen der Straßenbeleuchtung ausgeschlossen werden, nur weil er sich weigert, sich an ihrer Finanzierung zu beteiligen. Diese mangelnde Anwendbarkeit des Ausschlußprinzips war für die Klassiker der wesentliche Grund für ein Tätigwerden des Staates.

John Stuart Mill, der Vollender des klassischen Gedankengebäudes, ging noch etwas weiter. Er plädierte zum Beispiel bereits für eine Erbschaftsteuer sowie für eine proportionale Einkommensteuer, um die Einkommensunterschiede in der Bevölkerung nicht zu groß werden zu lassen. Allerdings hatte er bei der Einkommensteuer weit geringere Steuersätze im Auge, als sie heute allgemein üblich sind. So geht denn die ökonomische Diskussion auch weniger darüber, ob man überhaupt einen Staat braucht oder nicht. Umstritten sind vielmehr vor allem der notwendige Umfang der staatlichen Eingriffe in den Markt und die Art und Weise, in der man dabei vorgehen sollte.

Dieser Streit läßt sich letztlich auf zwei gegensätzliche Grundpositionen zurückführen. Wir können sie schon bei den beiden großen griechischen Philosophen finden, nämlich bei Platon (427 v.Chr. - 347 v. Chr.) einerseits und seinem Schüler Aristoteles (384 v. Chr. - 322 v. Chr.) andererseits. Alle ökonomischen Denkrichtungen späterer Zeiten lassen sich mehr oder weniger dem Gedankenansatz jeweils eines dieser beiden Philosophen zuordnen.

Platon war ein Schüler des Sokrates (470 v. Chr. - 399 v. Chr.), welcher uns jedoch nichts schriftliches hinterlassen hat. Sokrates unterrichtete seine Anhänger vielmehr rein mündlich, indem er mit ihnen kritische Dialoge über Philosophie, Mathematik und Staatskunst führte. Der Ort dieser Gespräche war der Akademos-Hain, benannt nach einem Held der griechischen Sage. Wenn wir heute von Akademikern sprechen, so hat dies darin seinen Ursprung.

Wie Sokrates war auch Platon auf der Suche nach dem Idealen, zeitlos Schönen, Guten und Wahren. Dementsprechend beschrieb sein Staatsmodell eine utopische Gesellschaft, geleitet von der Vorstellung eines idealen Menschen. Allerdings unterteilte Platon die Menschen in drei Klassen mit durchaus unterschiedlichen Fähigkeiten, Rechten und Pflichten. Er sah nämlich eine Analogie zwischen dem Aufbau der Gesellschaft und dem Organismus des menschlichen Körpers. Diese Ableitung gesellschaftlicher und ökonomischer Gesetze aus den Gesetzen der Natur war etwas sehr typisches für die griechische Philosophie.

Auf der untersten Hierarchiestufe stehen bei Platon die Erwerbstätigen, also Handwerker, Bauern und Händler. Platon vergleicht sie mit dem Magen, denn sie decken nur die rein physischen Bedürfnisse wie Hunger, Durst und andere Begierden ab. Auf der mittleren Stufe siedelt Platon die Krieger an. Sie werden mit dem menschlichen Herz verglichen, denn sie symbolisieren die höherstehenden Tugenden wie Mut und Heldentum. Auf der höchsten Stufe schließlich finden sich die Philosophen und die weisen Staatslenker. Sie stehen für Klugheit und Weisheit, weswegen sie natürlicherweise den Kopf der Gesellschaft bilden müssen.

Im idealisierten Staat des Platon stehen die Erwerbstätigen auf der untersten Stufe. Nur innerhalb der einzelnen Klassen sollten die Menschen gleich sein.

Innerhalb dieser drei Klassen sind nach Platon jedoch alle Menschen gleich. Das drückt sich unter anderem darin aus, daß sein Staatsmodell auch den gemeinschaftlichen Besitz von Gütern, Kindern und Frauen beinhaltete. Allerdings galt dies nur für die Klasse der Krieger, da diese nicht durch persönliches Besitzstreben von ihrer wichtigen Aufgabe der Landesverteidigung abgelenkt werden sollten. Für die Klasse der Philosophen sah Platon dagegen keine Besitzgemeinschaft dieser Art vor.

Der Platonsche Gesellschaftsentwurf verbindet also die Merkmale einer Klassengesellschaft mit der Idee der Gleichheit (fast) aller Menschen. Man hat ihn deshalb auch als aristokratischen Kommunismus bezeichnet. Oberstes Ziel ist die Erfüllung des staatlich gesetzten Rechtes, das die Weisen an der Spitze der Gesellschaft als gut und wahr erkannt haben. Alle Aktivitäten der Bürger sind daran zu messen, ob sie dem Gemeinwohl in diesem Sinne dienen. Jede Form von Eigennutz wird dagegen verdammt. Diese Grundidee ist später vor allem in den Wirtschaftssystemen des Merkantilismus und des Sozialismus wieder aufgegriffen worden. Im Merkantilismus traten allerdings die Fürsten und Könige an die Stelle der Philosophen als Lenker des Staates, und im Sozialismus sollten es die Führer der Arbeiterklasse sein.

Ganz anders ging Aristoteles an das Problem heran. Er war eher Pragmatiker als Idealist und bemühte sich, die Menschen so zu sehen, wie sie waren. Weisheit, Mut und Begierden lassen sich nach Aristoteles nicht auf irgendwelche Klassen beschränken. Sie sind vielmehr verschiedene Formen des Glücks, die von jedem Menschen angestrebt werden, wenn auch nicht jedermann sie gleichermaßen erreicht. Aristoteles hält es für ein Naturrecht aller Menschen, persönliches Glück in diesem Sinne anzustreben. Der Staat hat vor allem die Aufgabe, ihnen dieses Streben zu ermöglichen. Keinesfalls darf er den einzelnen im Sinne irgendwelcher höherer Ziele daran hindern, auch nicht mit Rückendeckung durch die Mehrheit des Volkes.

Damit setzt Aristoteles den Rechtsstaat an die Stelle der allmächtigen Staatslenker des Platon. Das Gemeinwohl läßt sich bei Aristoteles nur aus dem Glück der einzelnen Menschen heraus definieren und nicht aus staatlich gesetzten Zielen, selbst wenn diese von einer noch so klugen und wohlmeinenden Führungselite vorgegeben werden. Das bedeutet nun freilich nicht, daß Aristoteles etwa die Notwendigkeit staatlicher Gesetze in Frage gestellt hätte. Aber ihre philosophische Begründung ist eine ganz andere als bei Platon, und daraus ergeben sich auch viel engere Grenzen für den Staat hinsichtlich der Lenkung des Wirtschaftsgeschehens. Während bei Platon der (gute) Zweck fast jeden Eingriff rechtfertigt, hat der Staat nach Aristoteles nur einen geeigneten Gesetzesrahmen zu setzen, innerhalb dessen jedermann sein eigenes Glück suchen kann. Dieser Gedanke wurde später im Liberalismus wieder aufgegriffen und leitete auch die Väter der sozialen Marktwirtschaft, wie sie in Deutschland nach dem Zweiten Weltkrieg verwirklicht wurde.

Wenn es um Philosophie und Menschenbild geht, mögen die Meinungen über den richtigen Ansatz durchaus auseinandergehen. Es ist kaum möglich, hier eine objektive Entscheidung im Sinne von falsch oder richtig zu treffen. Aristoteles und Platon hatten eben ganz unterschiedliche Vorstellungen darüber, wie die Menschen sind bzw. wie sie eigentlich sein sollten.

Das betraf insbesondere auch ihr Politikerbild: Platon sah den Politiker als eine Art wohlmeinenden Diktator, der nur das beste für die Menschen wollte und der auch wußte, was das war. Aristoteles war in dieser Hinsicht viel skeptischer. Er sah durchaus die Gefahr, daß sowohl die Monarchie als auch die Demokratie zur Tyrannei ausarten konnte, in der Minderheiten oder sogar alle Menschen unterdrückt wurden. Zumindest in dieser Hinsicht hat die geschichtliche Erfahrung Aristoteles eindeutig recht gegeben: Gerade diejenigen Gesellschaftsordnungen, die dem Platonschen Ideal folgten oder zu folgen vorgaben, endeten praktisch immer in unmenschlichen Diktaturen und in einem ökonomischen Desaster, zuletzt die kommunistischen Staaten des früheren Ostblocks.

Kirche und Staat

Im Mittelalter trat noch ein weiterer Ideenkomplex hinzu, nämlich die Lehre des Christentums. Die kirchlichen Denker versuchten, sie mit der griechischen Philosophie zu verbinden und daraus eine eigene Staatslehre zu entwickeln. Augustinus (354 - 430) hielt es dabei vor allem mit Platon. An die Stelle der Platonschen Ideale trat bei ihm allerdings der Wille Gottes, an dem auch das staatliche Handeln zu messen sei. Gut und böse wurden so zu zentralen Begriffen des Wirtschaftens. Idealerweise sollte die reale Welt dem entsprechen, was Gott sich vor ihrer Erschaffung darunter vorgestellt hatte.

Das war natürlich nicht weniger utopisch als der Platonsche Idealstaat. Und auch den Ständegedanken übernahmen die christlichen Denker von Platon, freilich mit etwas anderer Besetzung der drei Gesellschaftsklassen. An der Spitze der Gesellschaft sollten nunmehr - wenig überraschend - die Kirchenfürsten stehen. Nur sie waren ja in der Lage, Gottes Willen zu erkennen! An die Stelle von Platons Kriegern trat jetzt der weltliche Adel als mittlere Klasse, was wohl auch ein Zugeständnis an die tatsächlichen Machtverhältnisse im Mittelalter war. Nur auf der untersten Gesellschaftsstufe blieb alles unverändert. Dort wurden weiterhin die Bauern und Gewerbetreibenden angesiedelt, obwohl sie den größten Teil des Sozialproduktes erwirtschafteten.

Auch die späteren Scholastiker, also insbesondere Albertus Magnus (1193 - 1280) und sein Schüler Thomas von Aquin (1225 - 1274), waren weit davon entfernt, etwa eine klassenlose Gesellschaft zu propagieren. Es galt vielmehr weiterhin der Satz: Ein jeder lebe nach seinem Stande. Immerhin trat jetzt aber der einzelne Mensch wieder stärker in den Vordergrund, ähnlich wie es bei Aristoteles der Fall gewesen war. Das Individuum war für die Scholastiker der direkte Adressat der göttlichen Botschaft. Nicht an den Zielen des Staates, sondern an seinem Gewissen und an der kirchlichen Lehre sollte sich der Mensch in erster Linie orientieren.

Folgerichtig stand nach kirchlicher Lehre das göttliche Gesetz (lex divina) an oberster Stelle, gefolgt von dem Naturrechtsgedanken des Aristoteles (lex naturalis), der zum Beispiel auch das Recht auf persönliches Eigentum enthielt. Erst an dritter Stelle folgte das staatlich gesetzte Recht (lex positiva), also beispielsweise die Verpflichtung, Steuern zu entrichten. Die Scholastiker unterschieden auch durchaus zwischen gerechten und ungerechten Staatsgesetzen; nur der Verstoß gegen erstere galt ihnen dabei als Sünde. Die Hinterziehung einer ungerechten Steuer war zum Beispiel erlaubt; die Sünde lag in diesem Fall darin, solche Steuern überhaupt zu erheben!

Man sieht schon, daß die Scholastiker durchaus ihre Vorbehalte gegen die staatliche Weisheit hatten; der gute Hirte des Menschen war nicht der Politiker, sondern Gott. Freilich standen sie auch dem individuellen Glücksstreben, dem sogenannten Hedonismus, reserviert gegenüber. So war der persönliche Erwerb von Reichtum nur dann erlaubt, wenn er der Unterstützung der Armen (oder der Kirche) diente. Dieser Gedanke der Sozialpflichtigkeit des Eigentums prägt bis heute sehr stark die ökonomische Ethik der Kirche.

Dafür wurde jetzt der Arbeit ein hoher Wert zugeschrieben. Ora et labora, bete und arbeite, so lautete das Gebot. Nur zum Teil stand die Sicherung des eigenen Lebensunterhalts als Zweck dahinter. Nicht minder wichtig war, daß nur derjenige, der arbeitete, auch Mittel für die Unterstützung der Armen aufbringen konnte. Vor allem aber war die Arbeit auch ein Wert an sich, was vor allem Thomas von Aquin betonte. Selbst wenn sie nur wenig Ertrag abwarf, so schützte sie doch jedenfalls vor Müßiggang und Laster.

Der Soziologe und Ökonom Max Weber (1864 - 1920) hat später die berühmte These aufgestellt, der geringe wirtschaftliche Fortschritt im Mittelalter habe seine Ursache nicht zuletzt in dieser christlich geprägten Wirtschaftsethik gehabt. Die Verdammung des persönlichen Gewinnstrebens durch die Kirche habe nämlich die Menschen daran gehindert, Kapital zu bilden und erfolgreichen Handel zu betreiben. Erst der Calvinismus hat nach Weber die geistige Grundlage für den Kapitalismus und damit für Wohlstand und Wachstum gelegt. Der Schweizer Religionsgründer Johannes Calvin (1509 - 1564) hatte nämlich die sogenannte Prädestinationslehre vertreten. Danach kündigte sich das spätere Erreichen des Himmelreiches schon durch materiellen Wohlstand der Betreffenden auf der Erde an. Erst der Wunsch nach dieser "Gnadengewißheit", so Weber, habe die Menschen angespornt, nicht nur emsig zu arbeiten, sondern dabei auch Vermögen zu bilden und es durch kluge Anlage möglichst zu vermehren.

Diese sogenannte Max Weber-These ist allerdings umstritten; Schumpeter beispielsweise hielt sie für unhaltbar, denn schließlich habe die Kirche ja den Fleiß gelobt und auch das persönliche Eigentum befürwortet. Aber ein Körnchen Wahrheit enthält die Weber-These wohl doch. Immerhin wissen wir ja inzwischen aus der leidvollen Geschichte der sozialistischen Staaten, daß auch noch so fleißiges Arbeiten den Menschen letztlich wenig nützt, wenn gleichzeitig Gewinnstreben und private Kapitalbildung unterbunden werden. Und es hat sich auch gezeigt, daß diese wirtschaftlichen Antriebskräfte letztlich durch nichts ersetzt werden können, weder durch christlichen Lebenswandel noch durch einen lenkenden Staat.

Merkantilismus und Sozialismus

Im Zeitalter des Merkantilismus rückte die Religion wieder in den Hintergrund. Stattdessen gewannen die weltlichen Fürsten an Einfluß, und namentlich in Frankreich griff der Staat immer stärker in das wirtschaftliche Leben ein. Kennzeichnend für das absolutistische Denken der damaligen Zeit war der berühmte Satz des "Sonnenkönigs" Ludwig XIV. (1638 - 1715): "Der Staat bin ich". Dementsprechend gering wurden die Bedürfnisse des Volkes oder gar das individuelle Glückstreben geschätzt.

Haupteinnahmequelle des Staates waren damals hohe Zölle, die außerdem verhindern sollten, daß zu viel Geld ins Ausland floß. Gleichzeitig wurde gemäß der Lehre von der aktiven Handelsbilanz der Export von Gütern forciert, um möglichst hohe Erlöse in Form von Gold und Silber ins eigene Land fließen zu lassen. Vor allem mithilfe von zahlreichen Verbrauchsteuern, den sogenannten Akzisen, knöpfte der Staat seinen Bürgern dann einen Gutteil ihres Einkommens wieder ab. Neben der kostenträchtigen Kriegsführung war es auch die immer aufwendigere Hofhaltung des Adels, die den schier unersättlichen Finanzhunger des Staates hervorrief. Nicht verschwiegen werden darf allerdings dabei, daß der Staat damals auch sehr nützliche Investitionen tätigte und beispielsweise viel Geld in die Errichtung von Manufakturen sowie in die Verkehrsinfrastruktur steckte. Die meisten unserer Kanäle haben ihren Ursprung in der damaligen Zeit.

Das Titelbild des 1651 erschienenen Buches „Leviathan" von Thomas Hobbes (1588-1679) zeigt den Staat noch als mächtigen, aber gütigen Herrscher. Später wurde der Leviathan zum Sinnbild des übermächtigen Willkürstaates.
(Bildnachweis: Leviathan-Ausgabe „Klassiker der Nationalökonomie" 1990)

Der Merkantilismus war am stärksten in Frankreich ausgeprägt und hat im wirtschaftspolitischen Denken dieses Landes bis heute tiefe Spuren hinterlassen. Während beispielsweise Deutschland nach dem Zweiten Weltkrieg zu einer marktwirtschaftlichen, zunächst nur wenig vom Staat beeinflußten Wirtschaftsordnung überging, blieb es in Frankreich weiterhin bei einer starken staatlichen Einflußnahme in Form der sogenannten planification. Im 17. und 18. Jahrhundert hatten allerdings auch in Preußen die merkantilistischen Ideen dominiert. Die deutsche Form des Merkantilismus nennt man auch Kameralistik, abgeleitet aus dem lateinischen Wort camera, das so viel wie fürstliche Schatztruhe bedeutet. Noch heute bezeichnet man die einseitige Orientierung der Wirtschaftspolitik an den Finanzbedürfnissen des Staates als kameralistisches Denken.

Der wohl bekannteste Ökonom des Merkantilismus ist Jean Babtiste Colbert (1619 - 1683) gewesen, obwohl er kaum etwas zur theoretischen Analyse beigetragen hat. Als Generalcontrolleur der Finanzen unter Ludwig XIV. brachte er aber das interventionistische Wirtschaftssystem des Merkantilismus zu solcher Perfektion, daß man diese Epoche später auch als Colbertismus bezeichnete. Colbert war es auch, der mit der sogenannten taille die Einkommensteuer in Frankreich einführte. Trotzdem reichte das Geld des Staates praktisch niemals aus. Am Ende verkrachte sich Colbert mit seinem König über die Kosten von Versailles dermaßen, daß er vor lauter Ärger und Aufregung starb. Seine letzten Worte sollen gewesen sein: "Hätte ich für Gott so viel getan wie für diesen Mann, so wäre ich zweimal gerettet."

Das intellektuelle Ende des merkantilistischen Wirtschaftssystems wurde durch das Erscheinen von Adam Smiths "Wohlstand der Nationen" im Jahre 1776 eingeleitet, und politisch wurde der Merkantilismus mitsamt der Monarchie durch die französische Revolution im Jahre 1789 hinweggefegt. Es folgte eine etwa 100jährige Periode des wirtschaftlichen Liberalismus in ganz Europa. Privates Unternehmertum und freier Warenaustausch im Binnen- und Außenhandel traten an die Stelle des bisherigen Staatsinterventionismus, und gleichzeitig veränderte die industrielle Revolution von Grund auf die Bedingungen der Güterproduktion - das Zeitalter des Kapitalismus war angebrochen.

Bei der Beurteilung der Frühzeit der Industrialisierung darf man zwei Dinge nicht übersehen. Zum einen war der weitgehende Rückzug des Staates aus der Wirtschaft sicher eine Überreaktion auf die Auswüchse des Merkantilismus. In der allgemeinen Euphorie über das scheinbar perfekte Wirken von Adam Smiths unsichtbarer Hand des Wettbewerbs übersah man, daß auch eine rein marktwirtschaftlich gelenkte Wirtschaftsordnung ihre Schattenseiten hatte. Das betraf vor allem auch den Schutz des Wettbewerbs selbst, der stets in Gefahr ist, durch mächtige Kartelle oder Monopole außer Kraft gesetzt zu werden. Als erstes Industrieland zogen die USA Ende des 19. Jahrhunderts daraus die Konsequenz, entsprechende Wettbewerbsgesetze und

Kartellbehörden zu schaffen. In Europa ist man diesem Beispiel überwiegend erst nach dem Zweiten Weltkrieg gefolgt.

Zudem stellte sich bald heraus, daß die Wohlstandsgewinne aus dem freien Handel sich im Kapitalismus sehr ungleich verteilten. Während auf der einen Seite die Kapitalbesitzer und Unternehmer riesige Vermögen anhäuften, lebten die Arbeiter vielfach an der Armutsgrenze oder sogar darunter. Sie hatten nämlich nichts anderes als ihre Arbeitskraft auf dem Markt anzubieten. Arbeitskräfte aber waren damals im Überfluß vorhanden, und entsprechend niedrig war ihr Lohn. Dies war freilich kein Naturgesetz, sondern es beruhte auf einer zweiten Besonderheit der damaligen Zeit. Aufgrund des medizinischen Fortschritts und der nachlassenden Kriegslust der Staaten begannen nämlich im 19. Jahrhundert die Bevölkerungszahlen explosionsartig zu steigen. In der landwirtschaftlichen Produktion konnten die arbeitsuchenden jungen Leute nicht mehr sinnvoll untergebracht werden, und so wanderten sie in die Städte ab, um sich in den neu entstehenden Fabriken als Arbeitskräfte zu verdingen.

Das wäre an sich kein Problem gewesen; auch heutzutage wird der größte Teil des Sozialprodukts in den nicht-landwirtschaftlichen Sektoren Industrie, Handel und Dienstleistungen erwirtschaftet. Aber um solche Arbeitsplätze zu schaffen, braucht man Kapital, und Kapital war im 19. Jahrhundert ein extrem knappes Gut. So konnte es nicht ausbleiben, daß die Kapitaleinkommen hoch und die Arbeitseinkommen - die Löhne - niedrig waren. Andererseits gilt: Ohne die extrem hohen Gewinne der Gründerzeit und die daraus resultierenden Anreize, vermehrt Kapital zu bilden, wären große Teile der Bevölkerung damals arbeitslos und damit ohne jedes Einkommen geblieben. Auch der Staat und die Gewerkschaften hätten daran wenig ändern können.

Wenn sich daher zum Ende des 19. Jahrhunderts die Lage der Arbeiter besserte, so lag dies nur zum Teil daran, daß sie sich gewerkschaftlich zu organisieren begannen und daß auch der Staat allmählich sein soziales Gewissen entdeckte. Der Hauptgrund war vielmehr, daß inzwischen aufgrund der Kapitalakkumulation auch die Arbeitsproduktivität entsprechend gestiegen war. Anders hätten weder höhere Löhne noch die schrittweise eingeführten sozialen Sicherungssysteme finanziert werden können. Selbst Karl Marx, der schärfste Kritiker des Frühkapitalismus, hat dies ähnlich gesehen. Er glaubte zwar, daß der Kapitalismus aufgrund innerer Widersprüche zur Selbstzerstörung verurteilt sei. Aber gleichzeitig baute er seine Vision der dann folgenden Diktatur des Proletariats auf den Segnungen des Kapitalismus auf. Die Kapitalakkumulation werde nämlich schließlich eine so hohe Arbeitsproduktivität hervorgebracht haben, daß im dann folgenden Kommunismus ein hoher Lebensstandard für alle bei sehr viel geringerer Arbeitszeit möglich sei.

Was Marx dabei freilich übersehen hat war die Tatsache, daß der Kommunismus die Kapitalakkumulation und damit seine eigene wirtschaftliche

Grundlage zwangsläufig wieder zerstören würde. Zwar wurde auch in den sozialistischen Staaten des späteren Ostblocks viel investiert, aber eben nur auf staatliche Anordnung und ohne die Lenkungskraft des Wettbewerbs. Das Ergebnis ist bekannt: Fehlinvestitionen, Mißwirtschaft und Bürokratie haben alle diese Staaten zunächst in den wirtschaftlichen und schließlich auch in den politischen Ruin getrieben. Man kann den Sozialismus als erneuten, wiederum extremen Pendelschlag des Staatseinflusses auf die Wirtschaft deuten. Er ist eine zwar verständliche, aber gleichwohl falsche Antwort auf die Auswüchse des unbeschränkten Liberalismus gewesen.

Ordoliberalismus

Eine andere Antwort darauf haben die Ordoliberalen um Walter Eucken (1891 - 1950) und Franz Böhm (1895 - 1977) gegeben. Die Ordoliberalen waren eine Gruppe von Ökonomen und Juristen, die sich in den 30er Jahren Gedanken darüber machten, wie es mit der deutschen Wirtschaft nach dem Spuk des Nationalsozialismus weitergehen könnte. Ihr theoretischer Ausgangspunkt waren die Lehren von Adam Smith und den anderen Klassikern der Nationalökonomie.

Zum anderen fußte der Ordoliberalismus aber auch auf den praktischen Erfahrungen mit dem Staatsinterventionismus in der ersten Hälfte des 20. Jahrhunderts, die Eucken und seine Mitstreiter ja persönlich miterlebt hatten. Schon in der Weimarer Republik und erst recht zur Zeit des Nationalsozialismus war es in Deutschland zu einer zunächst immer stärkeren Vermischung, später dann sogar zur Gleichschaltung von Staat und Wirtschaft gekommen. Sowohl politisch als auch ökonomisch hatte dies schlimme Folgen. Für die Ordoliberalen war darum eine freiheitliche Staatsverfassung untrennbar mit einer freiheitlichen Wirtschaftsordnung verbunden.

Im Gegensatz zu den Klassikern sahen die Ordoliberalen aber die Notwendigkeit, dem privatwirtschaftlichen Wettbewerb einen staatlichen Rahmen vorzugeben, innerhalb dessen Grenzen er sich abzuspielen hatte. Ordo heißt so viel wie Ordnung, und genau darum ging es. Der Staat sollte zwar nicht direkt in das Wirtschaftsgeschehen eingreifen, wohl aber einen gesetzlichen "Datenkranz" vorgeben, an den sich alle Unternehmen und Haushalte zu halten haben. Auf diese Weise sollten die Vorteile des freien Wirtschaftens mit der Notwendigkeit einer gewissen staatlichen Aufsicht verbunden werden.

Am klarsten hat Walter Eucken diesen Ordnungsrahmen in seinem Buch "Grundsätze der Wirtschaftspolitik" von 1952 herausgearbeitet. Er unterschied dabei zwischen sieben konstituierenden und vier regulierenden Prinzipien der Marktwirtschaft. Die konstituierenden Prinzipien bildeten das ordnungspolitische Grundgerüst, also quasi die Grundregeln für das Spiel der Marktkräfte. Dagegen beinhalteten die regulierenden Prinzipien staatliche Korrekturmaßnahmen der Marktergebnisse, die mit gewissen Unzulänglichkeiten des reinen Wettbewerbsprinzips begründet wurden.

Etwas verkürzt lassen sich Euckens konstituierende Prinzipien in folgenden Punkten zusammenfassen: Wettbewerb als Grundprinzip der Wirtschaftsordnung, Sicherung der Geldwertstabilität durch eine unabhängige Notenbank, offener Marktzugang für jedermann (insbesondere auch für ausländische Anbieter), Privateigentum, Vertragsfreiheit, Haftungsprinzip für wirtschaftliche Entscheidungen (vor allem durch den Sanktionsmechanismus von Gewinn und Verlust) sowie Konstanz der Wirtschaftspolitik. Der letztgenannte Punkt bezog sich nicht nur auf die Vermeidung konjunktureller Schwankungen, sondern vor allem darauf, daß der Staat nicht ständig seine Gesetze ändern sollte. Es hat ja auch keinen Sinn, während eines Spiels dauernd die Regeln zu ändern; andernfalls würden letztlich Willkür und Planungsunsicherheit an die Stelle wettbewerbsbestimmter Märkte treten. Die Ordoliberalen traten daher dafür ein, auch dem Staat klare Grundsätze für sein Handeln vorzugeben, von denen dann auch eine politische Mehrheit nicht einfach abweichen dürfe. Insbesondere sollten die konstituierenden Prinzipien der Marktwirtschaft nicht angetastet werden, was den Ordoliberalen oft den Vorwurf einer gewissen Dogmatik eingebracht hat.

Euckens regulierende Prinzipien betreffen folgende vier Korrekturmaßnahmen des Staates: Sicherung des Wettbewerbs durch Monopolaufsicht und Kartellgesetzgebung, eine begrenzte Umverteilung der am Markt erzielten Einkommen nach sozialen Gesichtspunkten, Korrektur der Marktpreise, wenn sie wie z.B. im Falle umweltbelastender Güter nicht die wahren volkswirtschaftlichen Kosten widerspiegeln, sowie schließlich Korrekturmaßnahmen im Falle sogenannter anomaler Angebotsreaktionen, wie sie auf bestimmten Märkten vorkommen können.

Eucken war nun allerdings weit davon entfernt, aus solchen Problemen etwa die Berechtigung einer umfassenden staatlichen Strukturpolitik abzuleiten. Er war nur realistisch genug, um zu erkennen, daß es eben Ausnahmen von der Regel eines reibungslos funktionierenden Marktmechanismus geben kann. Dieser Realismus ist überhaupt ein hervorstechendes Merkmal des Ordoliberalismus. Er unterscheidet sich vor allem in dieser Hinsicht von der abstrakten Modellwelt der Neoklassik und hat wohl nicht zuletzt deswegen großen Einfluß auf die praktische Wirtschaftspolitik ausgeübt, namentlich im Deutschland der Nachkriegszeit.

Dabei ist der Ordoliberalismus jedoch alles andere als ein Kompromißansatz. Ausdrücklich wendet sich Eucken gegen eine "Wirtschaftspolitik der Mittelwege", die keine klaren Grenzen zwischen den Aufgaben des Marktes und des Staates zieht. Ein punktuelles Eingreifen in die Marktergebnisse werde aufgrund der komplexen Verflechtung aller Märkte miteinander stets scheitern. Man kann das Problem vielleicht am besten anhand des physikalischen Modells der kommunizierenden Röhren klarmachen: Drückt man eine der über den Wasserdruck miteinander verbundenen Röhren hinunter, so werden notwendigerweise andere Röhren dadurch aufsteigen. Daher läßt sich das Gesamtsystem der Volkswirtschaft nur durch ein geschicktes Regelwerk beeinflussen und nicht durch immer neue Einzelinterventionen. Dies ist der eigentliche Ordo-Gedanke.

Hinweise zum Weiterlesen:

Die vorklassischen Ansichten zur Rolle des Staates kann man kurz gefaßt nachlesen bei F. Schinzinger, "Vorläufer der Nationalökonomie", in: O. Issing (Hg.), Geschichte der Nationalökonomie, 3. Aufl., München 1994, S. 15 - 35.

Zur klassischen Auffassung in dieser Frage empfiehlt sich die Lektüre von J. Starbatty, "Die englischen Klassiker der Nationalökonomie", Darmstadt 1985, Kap. III.

Die Konzeption des Merkantilismus wird anschaulich und kurz beschrieben bei K.E. Born, "Jean Babtiste Colbert", in: J. Starbatty (Hg.), Klassiker des ökonomischen Denkens, Bd. I, München 1989, S. 96 - 113.

Zum Ordoliberalismus vgl. den Beitrag von J. Starbatty, "Ordoliberalismus", in: O. Issing (Hg.), Geschichte der Nationalökonomie, 3. Aufl., München 1994, S. 239 - 254, sowie die ausführliche Darstellung bei H. Grossekettler, "Die Wirtschaftsordnung als Gestaltungsaufgabe". Münster/Hamburg 1977.

Demokratie und Marktwirtschaft

Gibt es einen "Dritten Weg"?

Demokratie bedeutet Herrschaft des Volkes. Sie ist uns heute zur selbstverständlichen Staatsform geworden und wurde inzwischen auch in den ehemals diktatorisch regierten Ländern Osteuropas eingeführt. Viele Menschen verstehen allerdings nicht, wieso man so etwas wichtiges wie die Entscheidungen über Preise und Produktion dem anonymen Marktmechanismus überläßt. Müßte nicht eigentlich auch die Wirtschaft demokratisiert werden? Und gäbe es dafür nicht noch andere Möglichkeiten als die offensichtlich gescheiterte sozialistische Planwirtschaft?

Schon in den 30er Jahren unseres Jahrhunderts bemühten sich einige Ökonomen, eine stärker demokratisch legitimierte Wirtschaftsordnung zu entwerfen. Zu ihnen gehörten auch der Pole Oskar Lange (1904 - 1965) und der gebürtige Russe Abba P. Lerner, die damals beide an amerikanischen Universitäten lehrten. Die Grundidee des von ihnen entwickelten sogenannten Konkurrenzsozialismus war folgende: Alle Produktionsanlagen werden in Gemeineigentum überführt und die Betriebsleiter haben nur noch die Aufgabe, die Kosten zu minimieren und die Güter zu Selbstkostenpreisen an die Konsumenten abzugeben. Was und wieviel in die einzelnen Produktionszweige investiert wird, entscheidet eine staatliche Planungsbehörde, die auf diese Weise indirekt auch die Preise beeinflussen kann. Dadurch sollten die Vorteile einer dezentralen Produktionssteuerung im Detail mit dem Ziel einer staatlichen Investitionslenkung in die gesellschaftlich erwünschte Richtung kombiniert werden.

Der Konkurrenzsozialismus ist allerdings nur ein theoretischer Entwurf geblieben, denn er ließ viele Fragen offen. Was sollte z.B. passieren, wenn die Konsumenten am Markt andere Produkte nachfragten, als es den staatlichen Produktionswünschen entsprach? Offenbar mußte es dann zu Übernachfrage auf einigen Märkten und zu Mangellagen auf anderen Märkten kommen. Das aber war nicht mit der Forderung vereinbar, daß die vergesellschafteten Unternehmen weder Gewinne noch Verluste erzielen sollten. Zudem war zu befürchten, daß ohne die Sanktionsmechanismen Gewinn und Verlust alsbald Bürokratie und Mißwirtschaft an die Stelle unternehmerischen Effizienzstrebens treten würden. Die öffentlichen Versorgungsunternehmen wie Eisenbahnen, Wasser- und Stromversorger sowie die staatlichen Postgesellschaften boten hierfür reichlich Anschauung. Auch Oskar Lange selbst war als späterer Wirtschaftsminister Polens nicht erfolgreich bei dem Versuch, seine Ideen dort zu verwirklichen. Letztlich lief alles wieder auf eine Planwirtschaft hinaus.

Großes Aufsehen erregte in den 60er Jahren der Versuch im damaligen Jugoslawien, eine sozialistische Marktwirtschaft als sogenannte Arbeiterselbstverwaltung zu errichten. Man übereignete die Betriebe den in ihnen beschäftigten Arbeitnehmern, die in eigener Verantwortung über Investitionen und Produktionsstruktur entscheiden sollten. Auch dieses Modell ist nach anfänglicher Euphorie über diesen "Dritten Weg" zwischen Sozialismus und Marktwirtschaft letztlich gescheitert. Eines der Hauptprobleme war, daß die Investitionstätigkeit der Betriebe zu gering blieb. Die Arbeitnehmer verwendeten die Gewinne lieber für Lohnerhöhungen oder für die Ausschüttung von Gewinnbeteiligungen, als sie in eine unsichere Zukunft zu investieren. Dazu trug auch bei, daß der einzelne Arbeitnehmer beim Ausscheiden aus seinem Betrieb seinen Kapitalanteil nicht mitnehmen konnte. Vielfach unterblieben auch notwendige Neueinstellungen, weil die bisherigen "Arbeitnehmerkapitalisten" ihre Gewinnansprüche nicht mit neuen Kollegen teilen wollten, die am Aufbau des Betriebes nicht beteiligt gewesen waren. Letztlich wurden aus diesen Gründen Neuinvestitionen überwiegend mit Fremdkapital, d.h. mithilfe von Bankkrediten finanziert. Am Ende hatten deshalb nicht mehr die Arbeiter, sondern die Banken das Sagen in den Betrieben.

In Deutschland war die Demokratisierung der Wirtschaft nur unmittelbar nach dem Zweiten Weltkrieg ein Thema; sogar die bürgerlich orientierte CDU schrieb damals die Vergesellschaftung wichtiger Schlüsselindustrien in ihr Parteiprogramm. Nachdem die von Ludwig Erhard durchgesetzte marktwirtschaftliche Wirtschaftsordnung sich aber als erfolgreich erwiesen hatte und breite Schichten der Bevölkerung am Wirtschaftswunder der 50er und 60er Jahre teilhatten, war davon bald keine Rede mehr.

Anfang der 70er Jahre gewann die Diskussion um die demokratische Legitimation der Marktwirtschaft in Deutschland neue Aktualität. Unter dem Stichwort "Investitionslenkung" wurden verschiedene Vorschläge gemacht, wie der Staat stärkeren Einfluß auf die Produktionsstruktur gewinnen könnte, ohne damit gleichzeitig das marktwirtschaftliche System zu zerstören. Paradoxerweise war es gerade der Erfolg der Marktwirtschaft, der dazu beitrug. Nicht der Gütermangel, sondern der Überfluß an Gütern, den sie hervorgebracht hatte, wurde jetzt kritisiert. War es vertretbar, daß so überflüssige Dinge wie elektrische Eierkocher und farbige Männerunterhosen in Massen produziert wurden, während es gleichzeitig an Kindergärten, Schulen und Universitäten fehlte? Von Konsumterror war die Rede und von dem unheilvollen Einfluß der Werbung, welche die Menschen zu unsinnigem Luxuskonsum verführte, den sie bei Lichte betrachtet eigentlich gar nicht wollten. Die aufkommende ökologische Bewegung lieferte zusätzliche Argumente für eine staatliche Investitionslenkung.

Mitbestimmung der Arbeitnehmer

Die damalige Debatte brachte im wesentlichen die gleichen Argumente und Gegenargumente hervor, die schon aus der Diskussion um den Konkurrenzsozialismus der 30er Jahre bekannt waren. Politisch blieb sie ohne nennenswerte Auswirkungen, jedenfalls was die Investitionslenkung betraf. Inzwischen war mit der wachsenden Arbeitslosigkeit ein sehr viel drängenderes Problem in den Vordergrund des Interesses getreten. Die Arbeitslosen und die um ihren Arbeitsplatz bangenden Arbeitnehmer hatten andere Sorgen als die Frage, ob die Produktion von farbigen Dessous demokratisch legitimiert war.

Immerhin haben die damaligen Diskussionen aber eine stärkere Mitbestimmung der Arbeitnehmer in den deutschen Unternehmen zur Folge gehabt. Zunächst wurde 1972 das damals gerade 20 Jahre alte Betriebsverfassungsgesetz novelliert. Schon in seiner ursprünglichen Fassung von 1952 hatte es eine Drittelbeteiligung der Arbeitnehmer im Aufsichtsrat von Kapitalgesellschaften vorgesehen. Nunmehr wurde für alle Betriebe mit mindestens fünf Arbeitnehmern - unabhängig von der Rechtsform - zusätzlich ein Betriebsrat Pflicht, sofern die Beschäftigten dies wünschten. Seitdem können die Arbeitnehmer auch unmittelbar Einfluß auf betriebliche Abläufe und Entscheidungen nehmen. Dazu gehören insbesondere die Einstellung und Kündigung von Arbeitnehmern, aber auch organisatorische Fragen und die Gestaltung der einzelnen Arbeitsplätze.

An Tarifverhandlungen darf der Betriebsrat dagegen nicht teilnehmen, denn dies gilt in Deutschland als Sache der Gewerkschaften und Unternehmerverbände, nicht als Aufgabe einzelner Unternehmen und ihrer Belegschaften. Selbst wenn ein großes Unternehmen wie z.B. die Volkswagen AG einen eigenen Haustarifvertrag abschließt, muß es dies mit einer Gewerkschaft tun und darf sich dazu nicht etwa den eigenen Betriebsrat als Verhandlungspartner wählen.

Im Jahre 1976 wurde dann nach langer, kontroverser Diskussion das Mitbestimmungsgesetz für große Kapitalgesellschaften verabschiedet. Die Arbeitnehmer waren fortan mit gleicher Anzahl und gleichen Rechten im Aufsichtsrat vertreten wie die Kapitaleigner. Allerdings hat der Aufsichtsratsvorsitzende in Patt-Situationen zwei Stimmen und kann daher letztlich den Ausschlag geben.

Da der Aufsichtsratsvorsitzende laut Gesetz immer von der Kapitalgeberseite gestellt wird, handelt es sich nicht wirklich um eine paritätische Mitbestimmung. Dies ist der wesentliche Unterschied zu dem Montanmitbestimmungsgesetz, das schon 1952 für die Großunternehmen der Bergbau- und Stahlindustrie erlassen worden war. Im Montanmodell gibt es statt des doppelten Stimmrechts für den Vorsitzenden einen "neutralen Mann", der im Regelfall gemeinsam von den Arbeitnehmer- und Kapitalgebervertretern gewählt wird. Das Mitbestimmungsgesetz von 1976 blieb also hinsichtlich der Arbeitnehmerparität etwas hinter dem Montangesetz von 1952 zurück. Aber immerhin: Sollte sich die Kapitalseite einmal nicht einig sein, so konnten die Arbeitnehmervertreter nunmehr in allen großen Kapitalgesellschaften ihre Vorstellungen von der Unternehmenspolitik durchsetzen. Zudem waren sie jetzt stets über alle wichtigen Vorgänge im Unternehmen informiert und konnten ihre Vorstellungen direkt in der Unternehmensspitze einbringen.

Die Arbeitgeberseite kämpfte vergeblich gegen das Mitbestimmungsgesetz und scheiterte 1979 schließlich endgültig vor dem Bundesverfassungsgericht. Seitdem hat sich freilich die Aufregung weitgehend gelegt. In der Praxis wurden die mitbestimmten Unternehmen nicht viel anders geführt als zuvor, was auch kaum verwundern kann. Denn letztlich gibt es eine viel mächtigere Instanz für wichtige Unternehmensentscheidungen als die Aufsichtsratmitglieder, und das ist der Markt. Ein im Wettbewerb stehendes Unternehmen kann es sich gar nicht leisten, etwa überhöhte Löhne auf Kosten der Rentabilität zu zahlen oder Sozialleistungen zu gewähren, die letztlich nicht bezahlbar sind. Das haben auch die Arbeitnehmervertreter im Aufsichtsrat schnell eingesehen. Mitunter wurde ihnen von ihren Kollegen sogar vorgeworfen, sie seien mit der Zeit schließlich mental selbst zu Kapitalisten mutiert.

Die Erfahrungen mit der Mitbestimmung beleuchten das Grundproblem jedes Demokratisierungsversuchs wirtschaftlicher Entscheidungen. Letztlich kann niemand zwei Herren gleichzeitig dienen, und das gilt auch für Unternehmen. Entweder müssen sie sich im Wettbewerb behaupten - dann gibt es nur wenig Spielraum für demokratische Entscheidungen, denn der Markt diktiert weitgehend, was zu tun ist. Oder die Unternehmen versuchen bewußt, sich dem Diktat des Marktes zu entziehen, indem sie beispielsweise notwendige Betriebsschließungen unterlassen oder ihren Arbeitnehmern kostspielige Sozialleistungen gewähren, die über das übliche Maß hinausgehen. Ein solches Verhalten werden sich nur Unternehmen erlauben können, die entweder Monopolstellungen innehaben oder die staatlich subventioniert werden. Beides ist mit Markt und Wettbewerb aber nicht vereinbar.

Betrachten wir dazu kurz die Geschichte der mitbestimmten Montanindustrie in Deutschland. Schon seit den 60er Jahren kann Steinkohle in Deutschland nicht mehr rentabel gefördert werden. Denn während sie in Übersee teilweise noch im Tagebau gewonnen wird, sind die günstig liegenden Flöze in Deutschland längst erschöpft, so daß man hier in Tiefen von 1000 Metern und mehr nach Kohle graben muß. In den 90er Jahren lagen die Gewinnungskosten deutscher Steinkohle bereits beim Dreifachen des Weltmarktpreises.

Nichtsdestoweniger setzten Arbeitnehmervertreter und Kapitaleigner einträchtig immer neue Subventionen zugunsten der Steinkohle durch. In der Gesamtsumme beliefen sich diese Subventionen schließlich auf weit über 200 Milliarden DM, ohne daß daran gedacht werden konnte, daß die deutsche Steinkohle je wieder wettbewerbsfähig werden würde. Hätte man die gleiche Summe in wettbewerbsfähige Unternehmen über Tage investiert, so wären mit Sicherheit weit mehr Arbeitsplätze entstanden, als man sie in der Kohleindustrie künstlich erhalten hat. Diesen Arbeitsplätzen fehlte allerdings die politische Lobby.

Das Arrow-Paradoxon

Zur Entwicklung des Subventionsunwesens hat freilich auch das politische System der Demokratie selbst beigetragen. Wann immer ein größeres Unternehmen in Schwierigkeiten gerät, finden sich alsbald auch Politiker, die Arbeitsplätze retten wollen. Wenn sie staatliche Hilfen gewähren, so werden es ihnen die betroffenen Arbeitnehmer sicher danken. Die Kosten dieser Hilfe verteilen sich dagegen auf die anonyme Masse aller Steuerzahler und werden den betreffenden Politikern daher nicht gefährlich. Niemand kann ja seine

Abgabenlast gerade der Subventionierung dieses oder jenes Unternehmens zurechnen, auch wenn sie ihn in der Summe letztlich noch so drückt.

Die Ökonomen haben lange gebraucht, bis sie diese politischen Mechanismen erkannt haben. Noch in den 60er Jahren gingen sie überwiegend davon aus, daß die Politiker stets das beste für das Volk im Auge haben. Viele Volkswirte verstanden ihre Aufgabe in der Gesellschaft so, daß sie den Politikern nur die richtigen Instrumente für die Erreichung der politischen Ziele zu liefern hätten. Die politischen Ziele selbst nahmen sie als demokratisch legitimierte Vorgaben für ihre Arbeit hin. Allenfalls gingen sie so weit, den Politikern die volkswirtschaftlichen Kosten ihrer Entscheidungen vorzurechnen.

Inzwischen hat sich dies allerdings geändert. Aufgeschreckt durch zahlreiche politische Fehlentscheidungen gingen die Ökonomen daran, auch die politischen Entscheidungsprozesse selbst zu analysieren. Es entstand das Spezialgebiet der sogenannten "Neuen politischen Ökonomie". Die Politiker wurden nicht mehr unbesehen als wohlmeinende Volkstribunen betrachtet, sondern als durchaus egoistische Individuen, deren vorrangiges Ziel ihre Wiederwahl ist - unabhängig davon, was dem Volk wirklich nützt!

Das Bild des gewinnmaximierenden Unternehmers wurde ergänzt durch die Vorstellung des stimmenmaximierenden Politikers. Seit Adam Smith wußte man, daß die Gewinnmotive der Unternehmer gleichzeitig dem allgemeinen Wohl dienen, wenn die Rahmenbedingungen richtig gesetzt werden. Welche unsichtbare Hand aber steht zur Verfügung, um auch die egoistischen Motive der Politiker letztlich dem allgemeinen Wohl dienstbar zu machen?

Um diese Frage zu beantworten, mußte erst einmal geklärt werden, was sinnvollerweise unter dem allgemeinen Wohl zu verstehen ist. Die naheliegende Antwort lautet: Das Allgemeinwohl entspricht den demokratisch legitimierten Zielen der Politik und ergibt sich damit letztlich aus dem Willen der Mehrheit. Aber ganz so einfach ist die Sache leider nicht.

Im Jahre 1951 veröffentlichte ein junger amerikanischer Ökonom, Kenneth Arrow, seine Dissertation zu diesem Thema, die ihn auf einen Schlag berühmt machte. Arrow wies in dieser Arbeit nach, daß es logisch unmöglich ist, aus der Summe der individuellen Einzelziele eine widerspruchsfreie gemeinsame Zielfunktion abzuleiten. Man spricht auch vom Arrowschen Unmöglichkeitstheorem oder einfach vom Arrow-Paradoxon. Der Beweis selber ist ziemlich kompliziert, aber Arrows Grundgedanke läßt sich an einem einfachen Beispiel demonstrieren. Nehmen wir etwa an, eine Familie mit drei Personen - Vater, Mutter und Kind - wolle demokratisch darüber entscheiden, ob ein Hund, eine Katze oder ein Wellensittich angeschafft werden soll. Jedes Familienmitglied habe in dieser Frage eine andere Präferenzordnung, die der folgenden Tabelle entsprechen möge:

Vater: Hund > Katze > Wellensittich
Mutter: Katze > Wellensittich > Hund
Kind: Wellensittich > Hund > Katze

Egal, welches Tier die Familie letztlich anschafft, stets wird in diesem Beispiel eine Mehrheit der Familienmitglieder mit der Entscheidung unzufrieden sein! Kommt beispielsweise ein Hund ins Haus, dann werden Mutter und Kind enttäuscht sein, denn beide hätten lieber einen Wellensittich gehabt. Würde aber ein Wellensittich gekauft, so wären nunmehr Vater und Mutter unzufrieden, denn beide hätten lieber eine Katze. Auch die Anschaffung einer Katze löst aber das Problem nicht, denn sowohl der Vater als auch das Kind ziehen der Katze den Hund vor! Es ergibt sich also ein unendlicher Zirkelschluß, der durch Mehrheitsentscheidung nicht aufzulösen ist.

Die Schlußfolgerung aus Arrows Analyse lautet, daß sich das allgemeine Wohl schon aus theoretischen Gründen nicht ohne weiteres durch demokratische Abstimmungen ermitteln läßt. Neben der Möglichkeit widersprüchlicher Abstimmungsergebnisse wie in unserem Beispiel sind auch noch andere Gefahren dabei zu bedenken, insbesondere die Unterdrückung von Minderheiten.

Dagegen kann auf dem Markt jeder Konsument frei darüber entscheiden, welche Güter er konsumieren möchte, ohne daß er dazu die Zustimmung von irgend jemand anderem einholen müßte. Gerade weil der Markt ein anonymer Mechanismus ist, der unter Wettbewerbsbedingungen von niemandem manipuliert werden kann, ist er deshalb in gewisser Weise demokratischer als jedes noch so ausgeklügelte politische Abstimmungssystem.

Nicht alles läßt sich freilich über den Markt lösen. Es könnte ja sein, daß sich in unserem einfachen Familienbeispiel Hund, Katze und Wellensittich nicht miteinander vertragen oder daß das Haushaltsbudget eben nur für ein einziges Tier ausreicht. In diesem Fall käme man um irgendeine Form der Abstimmung nicht herum, ebenso wie dies bei öffentlichen Gütern wie z.B. Dämmen oder der Landesverteidigung der Fall ist. Wann immer jedoch eine marktmäßige Lösung ökonomischer Wahlprobleme möglich ist, ist sie der politischen Lösung über Mehrheitsabstimmungen grundsätzlich vorzuziehen.

Für die Wirtschaftspolitik bedeutet dies, daß die demokratische Legitimation sich vor allem darauf bezieht, einen Ordnungsrahmen mit gewissen Spielregeln zu setzen, innerhalb dessen sich dann die individuellen Entscheidungen abzuspielen haben. Hat man zum Beispiel einmal erkannt, daß Unternehmen im Wettbewerb letztlich bessere Ergebnisse bringen als subventionierte Unternehmen, dann sind Subventionen eben ein für allemal zu verbieten. Davon dürfte auch dann keine Ausnahme gemacht werden, wenn vordergründige Beschäftigungserwägungen dies politisch opportun erscheinen lassen. Man kann eben nicht gleichzeitig die Spielregeln und das Spielergebnis bestimmen! Leider ist die Neigung der auf ihre Wiederwahl bedachten Politiker groß, im konkreten Problemfall diesen Grundsatz immer wieder zu mißachten.

Friedrich A. von Hayek hat als Vorkehrung dagegen den Vorschlag eines politischen Zweikammer-Systems gemacht. Die erste Kammer soll sich nur mit der Gestaltung des grundsätzlichen Ordnungsrahmens befassen und diesen für lange Zeit verbindlich beschließen. Die zweite Kammer ist dagegen nur für die Tagespolitik zuständig und dabei an den von der ersten Kammer beschlossenen Ordnungsrahmen gebunden. In einem solchen System wäre es naturgemäß nur sehr schwer möglich, um kurzfristiger Wahlerfolge willen gegen Grundsätze zu verstoßen, die sich auf längere Sicht als vorteilhaft für alle Bürger erwiesen haben.

Der Ordnungsrahmen müßte dabei möglichst losgelöst von der aktuellen Tagesproblematik beraten werden. Nur so könnte verhindert werden, daß einflußreiche Interessengruppen ihre kurzfristigen und egoistischen Motive dabei geltend machen. Der theoretische Idealfall wäre, daß zwar alle Mitglieder der Gesellschaft daran mitwirken, aber ohne dabei schon zu wissen oder auch nur zu ahnen, in welcher konkreten Lage sie selbst in der Gesellschaft einmal sein werden. Auf diese Weise wäre am ehesten zu erwarten, daß dabei faire und auf lange Sicht effiziente Spielregeln herauskommen. Man spricht in diesem Zusammenhang auch von einem "Schleier des Nichtwissens" als Voraussetzung für faire Entscheidungen.

Diese Idee des freiwilligen Gesellschaftsvertrages mit langfristiger Bindungswirkung ist von vielen liberalen Ökonomen und Philosophen befürwortet worden, angefangen von Thomas Hobbes (1588 - 1679) und John Lokke (1632 - 1704) in merkantilistischer Zeit bis hin zu James Buchanan (geb. 1919) und Gordon Tullock (geb. 1922), die den Gedanken in den 60er Jahren erneut aufgegriffen haben. Die Probleme liegen in der praktischen Verwirklichung dieser Idee. In der Realität wissen die Betroffenen ja ziemlich genau, in welcher konkreten sozialen Situation sie sind und welche Regeln ihnen daher am ehesten von persönlichem Nutzen wären. Wir befinden uns bei der Verabredung der Spielregeln gewissermaßen schon mitten im Spiel! Außerdem ist naturgemäß die Bereitschaft der amtierenden Politiker gering, ihre eigenen Entscheidungsspielräume in der Zukunft durch langfristig verbindliche Gesetze selbst zu beschränken.

Trotzdem ist es in einigen Fällen gelungen, solche Beschränkungen zu vereinbaren. Ein Beispiel dafür ist die Unabhängigkeit der Notenbanken von der Regierung, die inzwischen in vielen Industrieländern verwirklicht ist und die auch für die Europäische Zentralbank vereinbart wurde. Hier wurde bewußt der Einfluß der Tagespolitik auf die geldpolitischen Entscheidungen ausgeschlossen, um das Ziel der Preisniveaustabilität nicht zu gefährden. Ein anderes Beispiel ist der Stabilitätspakt der an der europäischen Währungsunion beteiligten Staaten, in dem sie sich verpflichtet haben, die staatliche Verschuldung in gewissen Grenzen zu halten.

Man könnte sich darüber hinaus zum Beispiel auf ein generelles Subventionsverbot - vielleicht ergänzt um genau begrenzte Ausnahmeregelungen - einigen, und auch Höchstgrenzen für den Staatsanteil am Sozialprodukt und für die Steuerlast des einzelnen Bürgers wären durchaus erwägenswert. Der Idealfall wäre eine Art wirtschaftspolitisches Grundgesetz, das die wichtigsten Prinzipien der Marktwirtschaft zusammenfaßt und das nur noch mit Zwei-Drittel-Mehrheit geändert werden könnte. Ob die Politik jemals die Kraft zur Verabschiedung eines solchen Gesetzes aufbringen wird, steht freilich dahin.

Föderalismus als Ausweg?

Es gibt noch einen anderen Weg, um die stimmenmaximierenden Politiker zu einem Verhalten zu bewegen, das den tatsächlichen Interessen der von ihnen vertretenen Bevölkerung wenigstens einigermaßen entspricht. Dieser Weg wurde 1956 von Charles Tiebout vorgeschlagen und wird seitdem unter dem Stichwort "fiskalischer Föderalismus" diskutiert. Tiebout schlug vor, die Staatsaufgaben nicht mehr nur einer zentralen Regierung, sondern vielen miteinander konkurrierenden Gebietskörperschaften zu übertragen. Beispiele für föderativ organisierte Staaten sind neben den USA vor allem Deutschland und die Schweiz, wo es traditionell neben dem Zentralstaat noch Bundesländer bzw. Kantone gibt. Aber auch die Gemeinden können nach Tiebout in sinnvoller Weise miteinander in Konkurrenz treten.

In einem föderativen System haben die Bürger weitaus bessere Möglichkeiten als in einem zentralistischen Staat, ihren Präferenzen gegenüber den Politikern Geltung zu verschaffen. Neben dem demokratischen Wahlrecht steht ihnen dann nämlich zusätzlich die Möglichkeit des Wohnortwechsels in eine andere Region offen. Der amerikanische Ökonom Albert O. Hirshman hat diese beiden Sanktionsmechanismen anschaulich als "exit and voice" (Abwanderung und Widerspruch) bezeichnet. Die lokalen Regierungen müssen sich daher mehr anstrengen und insbesondere auch stärkere Rücksicht auf die Interessen von Minderheiten nehmen als eine Zentralregierung. Außerdem bietet der Föderalismus nach Tiebout die Chance, daß tendenziell Menschen mit gleichen Interessen zusammenziehen. Daher wird sich insgesamt eine bessere Übereinstimmung zwischen dem Angebot und der Nachfrage nach öffentlichen Gütern ergeben, als dies bei zentraler Bereitstellung solcher Güter möglich wäre. Es könnte zum Beispiel Gegenden geben, in denen das Halten von großen Hunden erlaubt ist, und solche, in denen man es verbietet. Je nachdem, ob man Hundefreund ist oder nicht, hätte man somit entsprechende Alternativen bei der Auswahl seines Wohnortes.

Kritiker des Föderalismus sehen die Gefahr, daß die miteinander konkurrierenden Gebietskörperschaften schließlich ein "race to the bottom" veranstalten, einen ruinösen "Bürgermeisterwettbewerb" mit immer niedrigeren Steuersätzen und Sozialstandards, um möglichst viele Unternehmen anzulocken. Dem steht allerdings gegenüber, daß ohne Steuereinnahmen auch keine öffentlichen Güter bereitgestellt werden könnten. Jede lokale Regierung wird also versuchen, ein Optimum von Steuerbelastung und Infrastruktur anzubieten, und genau das ist ja der Sinn des föderativen Wettbewerbs. Er wird zwar aus mancherlei Gründen niemals so gut funktionieren wie der Wettbewerb zwischen Unternehmen - dies schon deswegen nicht, weil Politiker eben keine Unternehmer sind. Aber verglichen mit der Alternative eines zentralistischen Staates bietet der Föderalismus sicher deutliche Vorteile sowohl hinsichtlich seiner Effizienz als auch im Hinblick auf seine demokratische Legitimation.

Hinweise zum Weiterlesen:

Eine sehr schöne, kurz gefaßte Darstellung der Diskussion um sozialistische Marktwirtschaften und Investitionslenkung bietet V. Nienhaus, "Kontroversen um Markt und Plan", Darmstadt 1984.

Eine ausführliche Darstellung unterschiedlicher wirtschaftspolitischer Konzeptionen in einzelnen Ländern enthält der Sammelband von D. Cassel (Hg.), "Wirtschaftspolitik im Systemvergleich", München 1984.

Eine hervorragende Darstellung der Problematik von Mehrheitsentscheidungen findet man bei J. Weimann, "Wirtschaftspolitik", Berlin u.a. 1996, Kap. 5.

Zur Theorie des Föderalismus ist besonders empfehlenswert D. Sauerland, "Föderalismus zwischen Freiheit und Effizienz", Berlin 1997.

Das Soziale in der Marktwirtschaft

Vom Büchsenpfennig zum Sozialstaat

Der marktwirtschaftlichen Wirtschaftsordnung wird oft vorgeworfen, daß sie nur den Starken nutzt. Erfolgreiche Unternehmen machen gute Gewinne, und wer tüchtig ist und eine gute Ausbildung hat, kann sich damit meistens einen hohen Lebensstandard leisten. Was aber ist mit den Schwachen, die im Wettbewerb nicht bestehen können? Was ist mit den Alten und Kranken, die nicht mehr leistungsfähig im Sinne des Marktes sind? Und wovon soll etwa eine alleinerziehende Mutter leben, die alle Hände voll damit zu tun hat, ihre Kinder großzuziehen?

Nun darf man nicht den Fehler machen zu glauben, solche Probleme träten nur in kapitalistischen Wirtschaftssystemen auf. Vielmehr müssen sie in jeder Gesellschaft gelöst werden, egal welche Wirtschaftsform dort herrscht. Auch die alten Griechen und die Römer hatten schon damit zu kämpfen. Im antiken Griechenland gab es zum Beispiel eine staatliche Kriegsopferfürsorge, die angesichts der damaligen Streitlust der Staaten auch bitter nötig war. Man kannte auch Armenärzte, die aus einer speziellen Ärztesteuer für die Reichen finanziert wurde. Und sogar für Arbeitslose gab es genau begrenzte Sachleistungen sowie eine bescheidene finanzielle Unterstützung. Vergleichsweise gut ging es ironischerweise in dieser Hinsicht den Sklaven. Da sie ja Eigentum ihrer Arbeitgeber waren, hatten diese ein natürliches Interesse daran, sie gesund und arbeitsfähig zu erhalten.

Es finden sich in der Antike durchaus auch schon Ansätze von privaten Versicherungsgesellschaften. So gab es beispielsweise Begräbnisgesellschaften, die sich nach dem Ableben eines Mitgliedes um die Finanzierung des Grabmals kümmerten und sogar Waisenrenten zahlten. Der Eintritt in eine solche Versicherung war allerdings nur bis zu einem bestimmten Lebensalter möglich, und man mußte außerdem dabei seine Rüstigkeit nachweisen, um nicht abgelehnt zu werden. All dies waren natürlich nur sehr bescheidene und lückenhafte Formen der sozialen Absicherung.

Auch im Frühkapitalismus des 19. Jahrhunderts wurde noch nicht viel Federlesens um diese Fragen gemacht. Wer sich nicht selbst ernähren konnte, war meist auf seine Familie oder auf die Hilfe karitativer Organisationen angewiesen. Diese Organisationen hatten eine lange, stark von der Kirche geprägte Tradition. Im Mittelalter hatten sich vor allem die Klöster der Armen angenommen, daneben auch Ritterorden wie der Johanniter-Bund, die sich vor allem um die Krankenpflege kümmerten. Hinzu kam eine ebenfalls christlich motivierte staatliche Fürsorge, die Caritas. Sie finanzierte sich aber noch nicht aus Steuern, sondern aus freiwilligen Spenden der Gemeindemitglieder, den sogenannten "Sparpfennigen der Gottseligkeit". Die Spender durften dafür nämlich auf Vergebung ihrer Sünden hoffen. Nur vereinzelt gab es auch städtische Spitäler, die zudem oftmals unter Mißwirtschaft litten.

Einen Sonderfall bildet das Rote Kreuz. Es wurde erst Mitte des 19. Jahrhunderts von Henri Dunant (1828 - 1910) gegründet, dem ersten Träger des Friedensnobelpreises. Den Anstoß dazu gaben Dunants schreckliche Erlebnisse während der Schlacht bei Solferino, in der Frankreich gegen Österreich kämpfte, allerdings auf Schweizer Terrain. Die berühmte Flagge des Roten Kreuzes entspricht deswegen der Schweizer Nationalflagge, nur mit vertauschten Farben.

Nach dem 30jährigen Krieg (1618 - 1648) kamen allmählich auch genossenschaftliche Formen der sozialen Sicherung auf. Vor allem der Bergbau ging hier als Pionier voran, denn die Arbeit in den Stollen war gefährlich und spielte sich oft weit entfernt von den Siedlungen ab. Anfangs wurden die Leistungen aus freiwilligen Spenden der Bergarbeiter finanziert, später dann aus einem regelmäßigen Beitrag, dem sogenannten Büchsenpfennig. Bis heute liegt die soziale Sicherung des Bergbaus in Deutschland in den Händen einer eigenständigen Organisation, der sogenannten Knappschaft.

Im Kapitalismus des 19. Jahrhunderts gab es durchaus einige Großunternehmen wie zum Beispiel Krupp, die eine für die damalige Zeit vorbildliche betriebliche Sozialpolitik betrieben. Das Motiv war freilich oft weniger der soziale Gedanke als vielmehr die Aufrechterhaltung der Arbeitskraft und vor allem die Abwehr der Gewerkschaften. Insgesamt aber herrschten damals wirklich untragbare Zustände. Die Arbeiter mußten 80 Stunden und mehr pro Woche schuften, und dies wurde sogar noch als Schutzmaßnahme gegen Alkoholismus und andere Laster gerechtfertigt! Selbst Kinder hatten mitunter 14stündige Arbeitstage in den Fabriken abzuleisten, bis staatliche Vorgaben wie das preußische Kinderschutzgesetz von 1839 hier erste Einschränkungen verfügten. Auch dabei war weniger der soziale Gedanke ausschlaggebend als vielmehr die Sorge, daß die harte Arbeit der Militärtauglichkeit der Kinder schaden könnte.

Mit fortschreitender Industrialisierung begann dann allmählich der Staat, sich intensiver der sozialen Probleme anzunehmen. Wiederum hat dabei die Angst vor Revolution und Aufruhr eine große Rolle gespielt. So wurden 1920 in England die bis dahin verbotenen Gewerkschaften wieder erlaubt und neue Gesetze zum Schutz der Arbeiter erlassen, nachdem es 1919 zu einem großen Arbeiteraufstand in Manchester gekommen war. Und in Preußen entstand 1849 der erste Ansatz eines gesetzlich geregelten Krankenkassenwesens, sicher auch in Reaktion auf Ereignisse wie den schlesischen Weberaufstand von 1844 und die Revolution von 1848. Dieses Motiv wurde durchaus zugegeben. So ist zum Beispiel in der Kaiserlichen Botschaft Wilhelms I. von 1881, die den Aufbau des preußischen Sozialversicherungssystems einleitete, ganz offen von der "Repression sozialdemokratischer Ausschreitungen" die Rede.

Die Grundlagen der heutigen Sozialversicherung in Deutschland wurden dann schließlich durch die Bismarcksche Sozialgesetzgebung gelegt. Den Anfang machte 1883 das gesetzliche Krankenversicherungssystem, 1884 folgte die gesetzliche Unfallversicherung und 1889 schließlich die gesetzliche Alters- und Invaliditätsversicherung. Die Arbeitslosenversicherung gehörte allerdings noch nicht dazu; sie wurde in Deutschland erst 1927 eingerichtet.

Die Nationalökonomen haben erst relativ spät damit begonnen, sich systematisch mit der Sozialpolitik zu beschäftigen. Das Interesse der Klassiker galt vor allem der Mehrung des Volkswohlstandes und der Vollbeschäftigung. Selbst Ludwig Erhard, der Vater des deutschen Wirtschaftswunders nach dem Zweiten Weltkrieg, hielt die soziale Problematik noch für ein Problem, das mit steigendem Wohlstand immer mehr an Bedeutung verlieren würde. Dies erwies sich in der Folgezeit jedoch als Irrtum. Die Sozialleistungsquote, also der Anteil des Sozialprodukts, der für soziale Leistungen ausgegeben wird, stieg nämlich mit steigendem Einkommen in praktisch allen Industrieländern deutlich an. Hatte sie beispielsweise in Deutschland 1960 noch bei knapp 22% gelegen, so war sie bis 1975 bereits auf rd. ein Drittel gestiegen, wo sie seitdem mit einigen Schwankungen verharrt.

Damit war auf der einen Seite ein Ausmaß an sozialer Sicherheit entstanden, das sich die Menschen im 19. Jahrhundert niemals hätten träumen lassen. Neben die Absicherung der sozialen Grundrisiken wie Krankheit, Arbeitslosigkeit und Alter ist inzwischen in Deutschland noch eine obligatorische Pflegeversicherung getreten, und auch das Niveau der anderen sozialen Leistungen ist auf eine nie zuvor erreichte Höhe angestiegen. Auf der anderen Seite hatte dies aber immer höhere Steuern und Sozialabgaben zur Folge, denn die Leistungen müssen ja auch finanziert werden. Heute geht in Deutschland im Durchschnitt jede zweite Mark zunächst einmal an den Staat, der sie dann für seine eigenen Ausgaben verwendet. Neben der Finanzierung der Sozialversicherung gehören auch umfangreiche Subventionen dazu, beispielsweise für die notleidende Kohleindustrie, für den sozialen Wohnungsbau, für die Unterstützung der Landwirte und vieles andere mehr. Man mag eine derart stark vom Staat beeinflußte Wirtschaft begrüßen oder auch ablehnen - mit dem Kapitalismus des 19. Jahrhunderts hat sie jedenfalls nicht mehr viel gemein.

Damals war es vor allem um die Absicherung der größten Lebensrisiken gegangen, namentlich für die Arbeiter, die praktisch über keinerlei Privateigentum verfügten, auf das sie im Notfall hätten zurückgreifen können. Außerdem war es dringend geboten, ihnen einigermaßen erträgliche Arbeitsbedingungen und ein Mindestmaß an rechtlichem Schutz gegen Ausbeutung oder willkürliche Entlassung zu verschaffen. Von nationalökonomischer Seite hatte sich vor allem der 1872 gegründete Verein für Socialpolitik dafür eingesetzt, dem so namhafte Ökonomen wie Gustav Schmoller (1838 - 1917) und Adolf Wagner (1835 - 1917) angehörten. Ihr politischer Einfluß war allerdings begrenzt, und schon bald hatten sie sich die geringschätzige Bezeichnung als "Kathedersozialisten" eingefangen. Heute ist der Verein für Socialpolitik die wichtigste ökonomische Vereinigung im deutschsprachigen Raum, zu deren Tagungen und Ausschußsitzungen alles zusammenkommt, was in der Ökonomie Rang und Namen hat. Er hat sein Forschungsfeld aber längst auf alle Gebiete der ökonomischen Wissenschaft erweitert und ist zu einem wissenschaftlichen Diskussionsforum geworden, in dem die Sozialpolitik nur noch ein Thema unter vielen ist.

Inzwischen weiß man sehr viel mehr darüber, wie beispielsweise ein Rentenversicherungssystem finanziert werden sollte oder wie man eine Krankenversicherung organisieren muß, damit sie auf Dauer funktioniert. Die Ökonomen haben sich auch viele Gedanken darüber gemacht, auf welche Weise man am besten den Armen und Arbeitslosen hilft, ohne dabei gleichzeitig die Leistungsanreize oder den Wettbewerb zu zerstören. Aber bisher ist all dies Stückwerk geblieben. Eine vollständige Theorie der Sozialpolitik, die es auch nur annähernd mit dem theoretischen Wissenstand etwa hinsichtlich der Geldpolitik aufnehmen könnte, gibt es noch nicht. Wir müssen uns daher im folgenden darauf beschränken, das wiederzugeben, was bisher als einigermaßen gesicherte Erkenntnis auf diesem Gebiet gelten kann, und werden auch einige eigene Gedanken dazu hinzufügen.

Gibt es eine optimale Staatsquote?

Beginnen wir mit dem scheinbar paradoxen Tatbestand, daß der Umfang der sozialen Sicherungssysteme mit steigendem Wohlstand nicht etwa abgenommen hat, sondern im Gegenteil immer weiter ausgebaut wurde. Bei näherem Hinsehen ist dies eigentlich gar nicht so überraschend, wie es Ludwig Erhard wohl erschienen wäre. Offenbar ist Sicherheit nämlich für die meisten Menschen ein superiores Gut, d.h. ein Gut, das mit steigendem Einkommen überproportional nachgefragt wird. Wer wenig zu verlieren hat wie die Menschen in Deutschland nach dem Zweiten Weltkrieg, wird seine Anstrengungen vermutlich vor allem darauf richten, erst einmal zu einem gewissen Wohlstand zu kommen. Man kann ihm auch schlecht die Hälfte seines Einkommens als Steuern oder Sozialabgaben abziehen, ohne ihn gleich zu Beginn völlig zu demotivieren oder gar in soziale Not zu stürzen. Daher war es klug und richtig, daß der deutsche Staat damals die Preise und Märkte freigab und die Abgabenlast in Grenzen hielt, um die Leistungsbereitschaft und die Dynamik der Märkte zu stärken.

Eine entsprechend ungleiche Einkommensverteilung nahm man dafür in Kauf: Wer tüchtig war und das nötige Quentchen Glück hatte, konnte im daraufhin einsetzenden Wirtschaftswunder zum Millionär werden. Die anderen profitierten zwar auch vom wachsenden Wohlstand und der bald wiedergewonnenen Vollbeschäftigung. Hinsichtlich ihres relativen Einkommens blieben sie aber gegenüber den Erfolgreichen weit zurück. Dazu trug auch die damalige Steuergesetzgebung bei, welche einbehaltene Gewinne der Unternehmen gegenüber der Ausschüttung an die Anteilseigner stark begünstigte. Wer seine Gewinne sofort wieder investierte, wurde also bevorzugt. Vor allem die Verteilung des Vermögens bekam auf diese Weise eine starke Schlagseite. In den 60er Jahren erregte eine Untersuchung des deutschen

Ökonomen Wilhelm Krelle großes Aufsehen, wonach sich 70% des deutschen Produktivvermögens in den Händen von nur 1,7% der Haushalte befand.

Mit steigendem Wohlstand änderte sich jedoch allmählich die Interessenlage der Menschen. Jetzt hatte man plötzlich etwas zu verteidigen, nämlich einen gesicherten Arbeitsplatz und vielleicht auch das noch nicht abgezahlte Einfamilienhäuschen. Krankheit, Arbeitslosigkeit oder der Tod des Ernährers der Familie sollten die erreichten Besitzstände möglichst nicht gefährden. Außerdem war man durch die hohen Wachstumsraten der Nachkriegszeit inzwischen daran gewöhnt, daß das eigene Einkommen regelmäßig stieg, selbst wenn man nicht mehr dafür arbeitete als vorher oder wenn die Arbeitszeit sogar verringert wurde. Es lag also nahe, auch die Sozialleistungen entsprechend zu dynamisieren, denn nur so konnte auch im Krisenfall der erreichte Lebensstandard einigermaßen gehalten werden.

Die Politiker griffen diese veränderte Interessenlage der Mehrheit der Bevölkerung nur allzu gerne auf. Man muß sich dazu klarmachen, daß ein Politiker in der Demokratie nur dann erfolgreich sein kann, wenn er "etwas tut", am besten für die kleinen Leute. Schon im 19. Jahrhundert hatte Adolph Wagner ein Gesetz des steigenden Staatsanteils am Sozialprodukt formuliert, das er unter anderem mit den wachsenden sozialen Aufgaben erklärte. Die etwas vage Begründung für das Wagnersche Gesetz ist oft kritisiert worden, aber die tatsächliche Entwicklung der Staatshaushalte in den Industrieländern hat Wagner bisher recht gegeben.

Man kann dem Gedanken, die hohen Einkommen stark zu besteuern, um die Geringverdiener zu entlasten, sicher einiges abgewinnen. Schon John Stuart Mill, der sozialste aller klassischen Ökonomen, hatte ja u.a. für eine radikale Erbschaftsteuer plädiert. Nun wurde aber der Umfang der Staatsausgaben nach dem Zweiten Weltkrieg so groß, daß man zu ihrer Finanzierung auch immer mehr mittlere und schließlich sogar kleine Einkommen hoch besteuern mußte. In zunehmendem Ausmaß finanzierten also die kleinen Leute die sozialen Leistungen, die der Staat ihnen zukommen ließ, in Wirklichkeit selbst.

Wegen der hohen Inflationsraten in den 70er Jahren und Anfang der 80er Jahre stieg die Steuerbelastung sogar automatisch, ohne daß man dazu die Steuersätze entsprechend anheben mußte. Der Grund lag in dem progressiven Steuertarif, der für kleine Einkommen vielleicht nur 20%, für hohe Einkommen aber in vielen Ländern weit über 50% betrug. Das allgemein steigende Einkommensniveau führte daher dazu, daß immer mehr Menschen in die hoch besteuerten Einkommenszonen gerieten. Da sich hinter den steigenden Nominaleinkommen zudem zu einem wesentlichen Teil nur reine Geldentwertung verbarg, stieg die Steuerbelastung der Bevölkerung sogar, ohne daß sich ihr reales Einkommen entsprechend erhöht hätte. Nur wenigen war dieser Effekt der sogenannten kalten Progression bewußt, und so blieben die Steuerwiderstände zunächst gering.

Es kam hinzu, daß mit der steigenden Steuerbelastung verständlicherweise wiederum die Ansprüche an die staatlichen Leistungen stiegen - ein Teufelskreis! Kaum jemand machte sich klar, daß die Subventionen und Beihilfen, die er beispielsweise für seine Wohnung erhielt, gleichzeitig eine entsprechend hohe Steuerlast für alle bedeutete. Und wenn schon - es zahlten ja in solchen Fällen scheinbar immer die anderen. Erst in der Summe aller Staatsausgaben zeigte sich, daß auch viele der scheinbar Begünstigten dafür letztlich mit zur Kasse gebeten wurden.

In der Ökonomie bezeichnet man solche Konfliktfälle als ein sogenanntes Moral Hazard-Problem: Was für den einzelnen zunächst gut erscheint, schadet hier letztlich auch ihm selbst, weil alle anderen genauso handeln. Insgesamt kommt dabei ein für alle nachteiliges Ergebnis heraus. Verdeutlichen wir uns etwa die Art und Weise, wie ein staatliches Gesundheitswesen finanziert wird. Im Extremfall sind die Arztleistungen und Medikamente für die Patienten frei erhältlich, und die Kosten werden über Versicherungsbeiträge oder über Steuern finanziert. Das hat zur Folge, daß viele unnötige Leistungen in Anspruch genommen werden: Es werden zu viele Medikamente in zu großen Packungen verschrieben, die Zahl der Arztbesuche wird relativ hoch sein, und es wird im Zweifel lieber eine Röntgenaufnahme und ein EKG zu viel als zu wenig gemacht werden. Wer das nicht glaubt, sehe einmal in seiner Medikamentenschublade nach, wie viele kaum oder gar nicht benutzte Packungen sich darin stapeln.

Niemand hat in einem solchen System ein Interesse daran, auf die Kosten zu achten: Der Patient nicht, da er für seine Behandlung unmittelbar nichts zahlt, und der Arzt erst recht nicht, weil er um so mehr verdient, je umfangreicher seine Leistungen ausfallen. Am Ende werden zwar alle über steigende Beiträge oder über zu hohe Steuern klagen. Aber das Verhalten des einzelnen wird dennoch nicht kostenbewußter werden, weil er dadurch hauptsächlich andere entlasten würde - ein klassisches Moral Hazard-Problem!

Dieses Problem tritt in jeder Art von solidarischem Finanzierungssystem auf, bei dem die von dem einzelnen verursachten Kosten auf alle Mitglieder umgelegt werden. Auch private Versicherungen sind davon betroffen. Die Situation ist vergleichbar mit einem kalten Buffet, an dem man sich zu einem Festpreis sattessen kann. Jeder, der an so etwas schon einmal teilgenommen hat, wird bestätigen können, daß die Leute sich dabei den Bauch so voll wie irgend möglich schlagen. Entsprechend hoch werden auch die Kosten sein. Müßten die Häppchen dagegen einzeln bezahlt werden, so würde mancher feststellen, daß er eigentlich gar nicht so hungrig ist.

Das spricht nun nicht grundsätzlich gegen eine solidarische Finanzierung gewisser Leistungen. Aber es kommt dabei sehr darauf an, wie man es macht. Schon eine geringe Selbstbeteiligung der Patienten an den von ihnen verursachten Kosten kann unter Umständen Wunder wirken. Zum Beispiel hat man in vielen Ländern sogenannte Karenztage eingeführt, d.h. im Krankheitsfall wird der Lohn in den ersten Tagen gar nicht oder nur zu einem Teil weitergezahlt. Daraufhin sanken in vielen Fällen prompt die krankheitsbedingten Ausfallzeiten. Ähnliche Wirkungen kann man erzielen, wenn man die Patienten an den Kosten des Arztbesuches oder ihrer Medikamente direkt beteiligt, statt sie ihnen nur nachträglich über die Beitragsrechnung anzulasten. Viele private Versicherungen bieten auch die Rückerstattung von Beiträgen für Versicherte an, die in dem betreffenden Jahr nur wenige oder gar keine Leistungen in Anspruch genommen haben.

All dies muß natürlich sozial gut austariert sein, wenn der Grundgedanke der Solidarität dabei erhalten bleiben soll. Es darf auch nicht dazu kommen, daß nun etwa Krankheiten aus finanziellen Gründen verschleppt werden, denn das könnte die Kosten letztlich erhöhen. Hier ist viel Fingerspitzengefühl und Phantasie in der Ausgestaltung der Versicherungsbedingungen gefragt. Eines aber hat die Entwicklung der sozialen Sicherungssysteme klar gezeigt: Wenn alles und jedes zum Nulltarif bereitgestellt wird, explodieren die Kosten, und niemand wird letztlich mehr gewillt sein, die daraus resultierenden Steuer- und Abgabenbelastungen zu tragen.

Insbesondere die skandinavischen Staaten, aber auch Länder wie die Niederlande oder Frankreich hatten Mitte der 80er Jahre Staatsquoten von deutlich über 50% erreicht. Die sozialen Leistungen waren so großzügig ausgestaltet, daß es sich für viele Menschen gar nicht mehr lohnte, überhaupt noch arbeiten zu gehen. Die Niederlande hatten aufgrund entsprechend großzügiger Regelungen zum Beispiel mehr als eine Million Frühinvalide bei nur 16 Millionen Einwohnern. Andere Länder wie Österreich oder auch Deutschland schickten zeitweise ihre älteren Arbeitslosen einfach in Frührente, statt ihnen bessere Einstellungschancen zu verschaffen.

Die Kehrseite dieser Politik der sogenannten Wohlfahrtsstaaten waren so hohe Steuer- und Abgabenlasten, daß diese wiederum die Entstehung neuer Arbeitsplätze behinderten. Hinzu kamen oft hohe Subventionen für nicht mehr wettbewerbsfähige Branchen. Vordergründig wurden dadurch zwar Arbeitsplätze gesichert. Aber letztlich mußten die Kosten von dem noch gesunden Teil der Wirtschaft aufgebracht werden und lähmten dort die wirtschaftliche Dynamik. Diese Politik war nur in sehr vordergründiger Betrachtung sozial. Im Endeffekt beutete schließlich jeder jeden aus, und die daraus resultierende Schwächung der Marktkräfte hat maßgeblich zum Anstieg der Arbeitslosenzahlen in Europa beigetragen.

Was den optimalen Umfang des Staatsanteils am Sozialprodukt betrifft, so wird er manchen ökonomischen Untersuchungen mit einer Größenordnung von 25 bis 30% angegeben. Die Verhältnisse in den einzelnen Ländern sind allerdings zu unterschiedlich, als daß man tatsächlich eine ein für allemal gültige Höhe der optimalen Staatsquote angeben könnte. Um so wichtiger ist es aber, die staatliche Bereitstellung von Leistungen so effizient wie eben möglich zu gestalten und auch auf Dauer finanzierbar zu machen. Vor allem müssen Vorkehrungen dagegen getroffen werden, daß der öffentliche Sektor aufgrund von Moral Hazard-Problemen in einem Maße ausufert, daß dadurch die Marktdynamik als Grundlage allen Wohlstands in Mitleidenschaft gezogen wird.

Das magische Dreieck der Sozialpolitik

Die Sozialpolitik ist kein Feld für einfache, elegante Lösungen. Man wird vielmehr in der Regel nicht darum herumkommen, zwischen verschiedenen Übeln zu wählen. Man kann die hier auftretenden Zielkonflikte gewissermaßen als magisches Dreieck der Sozialpolitik kennzeichnen.

Nehmen wir beispielsweise das Problem einer angemessenen Absicherung für den Fall der Arbeitslosigkeit. In den meisten Ländern erhalten Arbeitslose zunächst eine Versicherungsleistung in Höhe eines bestimmten Prozentsatzes ihres früheren Einkommens. Nach Auslaufen dieses Anspruches werden sie dann aus Steuergeldern unterstützt, allerdings mit geringeren Beträgen und abhängig davon, wie bedürftig sie sind. Die Dauer und Höhe der Unterstützungszahlungen ist in den einzelnen Ländern jedoch sehr unterschiedlich geregelt, und das gleiche gilt für die eigenen Anstrengungen, die den Arbeitslosen bei der Suche nach einer neuen Beschäftigung abverlangt werden. Im Prinzip kann man hier drei verschiedene Grundphilosophien unterscheiden, die sich auch auf andere sozialpolitische Zusammenhänge übertragen lassen.

In Kontinentaleuropa steht überwiegend eine möglichst gute Absicherung der Arbeitslosen im Vordergrund. Die Bezugszeiten sind relativ lang, die Höhe der Unterstützung erreicht mitunter 70% des letzten Nettoeinkommens, und die Anforderungen an die Arbeitslosen hinsichtlich der Bereitschaft, sich zu qualifizieren oder unter Umständen auch eine schlechter bezahlte Stelle anzunehmen, sind relativ gering. Man könnte dies mit einiger Berechtigung als die sozialdemokratische Lösung des Problems bezeichnen. Aus der Sicht der Arbeitslosen erscheint sie natürlich vorteilhaft, aber der Volkswirtschaft entstehen dadurch hohe Kosten in Form von Unterstützungszahlungen und langanhaltender Beschäftigungslosigkeit der Betreffenden.

Im "magischen Dreieck der Sozialpolitik" muß man nach einem Mittelweg zwischen drei Übeln suchen. Eine Optimallösung läßt sich wissenschaftlich nicht ableiten.

In den angelsächsischen Ländern, namentlich in den USA, geht man einen anderen Weg. Hier sind die Unterstützungszahlungen auf ein Minimum begrenzt und laufen nach relativ kurzer Zeit vollständig aus, was die Betreffenden unter starken Druck setzt, sich rasch nach einer neuen Arbeit umzusehen. Diesen Ansatz kann man als die liberale Lösung bezeichnen. Ihre Vorteile liegen in den geringen Kosten für die Allgemeinheit und in den starken Arbeitsanreizen, die mit diesem System verbunden sind. Der Nachteil ist die geringe soziale Absicherung des einzelnen, die durchaus zu wirklicher Not oder zu einem Abgleiten in die Kriminalität führen kann.

Ein dritter Ansatz ist die konservative Lösung, wie sie zum Beispiel in der Schweiz, aber auch in einigen skandinavischen Ländern vorherrscht. Hier werden relativ großzügige Unterstützungszahlungen mit peniblen Kontrollen gegen Mißbrauch und harten Anforderungen an die Arbeitslosen kombiniert, sich weiterzuqualifizieren und ständig für einen neuen Job bereitzuhalten, auch wenn dieser schlechter bezahlt wird als der alte. Diese Lösung kombiniert eine gute soziale Absicherung des einzelnen mit dem Versuch, die Kosten in Grenzen zu halten. Ihr Nachteil liegt darin, daß sie einen hohen bürokratischen Aufwand erfordert und den Arbeitslosen nur wenig Entscheidungsfreiheit beläßt; im Extremfall läuft sie auf einen allgemeinen Arbeitszwang hinaus.

Stellt man sich diese drei Lösungsansätze als die Ecken des "magischen" Dreiecks der Sozialpolitik vor, so liegt es nahe, nach einer sinnvollen Kompromißlösung zwischen den Extremen zu suchen. Ein Optimum im strengen Sinne läßt sich hier freilich wissenschaftlich nicht ableiten. Ein solcher Versuch müßte gleich aus zwei Gründen scheitern. Zum einen sind die konkreten sozialpolitischen Probleme viel zu komplex und unterschiedlich, als daß sich dafür eine einheitliche Optimallösung ableiten ließe. Zum anderen spielen hier aber auch Werturteile und gesellschaftspolitische Grundeinstellungen eine Rolle. Je nachdem, wie stark man die Vor- und Nachteile der beschriebenen Lösungsansätze gewichtet, wird man eben zu unterschiedlichen Regelungen kommen. Dem Ökonomen bleibt hier nicht mehr zu tun, als auf die hier beschriebenen Zielkonflikte aufmerksam zu machen und Wege aufzuzeigen, wie man diese Konflikte im konkreten Fall zumindest gering halten kann.

Hinweise zum Weiterlesen:

Zur historischen Entwicklung der Sozialpolitik finden sich viele Hinweise bei G.W. Brück, "Allgemeine Sozialpolitik", 2. Aufl., Köln 1976.

Ebenfalls sehr empfehlenswert dazu ist das Buch von H. Lampert/A. Bossert, "Sozialstaat Deutschland", München 1992.

Mit den aktuellen Problemen der Sozialpolitik in Deutschland befaßt sich eingehend J. Eekhoff, "Beschäftigung und soziale Sicherung", 2. Aufl., Tübingen 1998.

Steuern und Gerechtigkeit

Wer soll wieviel Steuern zahlen?

Bis etwa zur Mitte des 19. Jahrhunderts finanzierte sich der Staat noch vorwiegend über Zolleinnahmen. Steuern spielten demgegenüber zunächst eine untergeordnete Rolle. Nachdem die Zölle im Zeitalter des Liberalismus allgemein drastisch gesenkt worden waren, wurden die Steuern als staatliches Finanzierungsinstrument jedoch immer bedeutsamer. Zunehmend wurden sie jetzt auch mit der ungleichen Einkommensverteilung begründet. Wer ein hohes Einkommen erzielte, sollte höhere Steuern bezahlen als derjenige, der am Markt nur wenig verdiente. Gemessen an den heutigen Steuersätzen waren die Belastungen für die Bürger allerdings lächerlich gering. So lag der Spitzensteuersatz in Preußen noch Ende des 19. Jahrhunderts bei lediglich 4%, zu zahlen ab einem Einkommen von 100.000 Mark.

Es erscheint uns heute selbstverständlich, daß höhere Einkommen überproportional stark mit Steuern belastet werden. Wer doppelt so viel wie sein Nachbar verdient, zahlt also nicht nur doppelt so viel Steuern wie dieser, sondern unter Umständen den dreifachen oder vierfachen Betrag. Im Ergebnis führt eine solche progressive Einkommensteuer dazu, daß sich die relativen Einkommensunterschiede verringern. Die den Bürgern verbleibenden Nettoeinkommen divergieren weniger stark als ihre Bruttoeinkünfte. Dies ist auch ausdrücklich gewollt, denn die Einkommensteuer soll ja schließlich für mehr soziale Gerechtigkeit sorgen.

Mit einer exakten ökonomischen Begründung für ein progressives Steuersystem tut man sich allerdings schwer. Im 18. und 19. Jahrhundert wurde von vielen Staatswissenschaftlern und Ökonomen die sogenannte Assekuranztheorie der Besteuerung vertreten. Die staatlichen Leistungen wurden dabei als eine Art Versicherung für die Bürger und ihr Eigentum betrachtet. Der Staat sorgte ja z.B. für die Landesverteidigung und für Recht und Ordnung im Inneren, und davon profitierten offensichtlich diejenigen am meisten, die die höchsten Einkommen und Vermögen hatten. Nach diesem Ansatz hätte eine proportionale Enkommensteuer am nächsten gelegen, denn auch das Schutzbedürfnis stieg ja offenbar proportional mit dem Einkommen, das es zu verteidigen galt.

Tatsächlich wurde von den Klassikern der Ökonomie, vor allem von John Stuart Mill, eine Proportionalsteuer vertreten: Wer doppelt so viel verdiente wie sein Nachbar, sollte auch genau doppelt so viel Steuern bezahlen, aber nicht mehr. Auch wenn man bedachte, daß der Staat noch andere Leistungen wie Straßen und Schulen bereitstellte, konnte die Proportionalsteuer weiterhin begründet werden. Man mußte nur unterstellen, daß die Besserverdienenden diese Leistungen genau entsprechend ihrem Einkommen stärker in Anspruch nahmen als die ärmeren Bevölkerungsschichten. Nach dem Prinzip von Leistung und Gegenleistung, dem sogenannten Äqivalenzprinzip, folgte auch aus dieser Überlegung eine Proportionalsteuer.

Um die heute übliche progressive Einkommensteuer zu begründen, mußte man sich von den Äquivalenztheorien lösen. An ihre Stelle trat der Gedanke einer Besteuerung nach der Leistungsfähigkeit: Nicht die individuelle Inspruchnahme staatlicher Leistungen sollte den Steuersatz bestimmen, sondern die unterschiedliche Fähigkeit, zur gemeinsamen Finanzierung der Staatsausgaben beizutragen. Zu begründen blieb allerdings noch, wieso die steuerliche Leistungsfähigkeit überproportional mit dem Einkommen steigt und nicht nur einfach proportional zum Einkommen.

Man hat verschiedene theoretische Versuche unternommen, um diese These zu untermauern. Beispielsweise wurde argumentiert, daß es ab einer gewissen Einkommenshöhe immer leichter falle, zusätzliches Einkommen zu erwerben. Man dachte dabei vor allem an Investitionen oder an Geldanlagen auf dem Kapitalmarkt: Die erste Million ist immer die schwerste, wie man auch heute noch zu sagen pflegt. Allerdings sollte man dabei die Risiken solcher Anlagen nicht vergessen. Manches Millionenvermögen ist bei dem Versuch, es zu vermehren, stattdessen in kurzer Zeit wieder vollständig zerronnen. Zwar haben es die Betreffenden oft verstanden, durch Haftungsbegrenzung oder Übertragung von Vermögenteilen auf die Ehefrau ihr privates Schäflein trotzdem rechtzeitig ins Trockene zu bringen. Aber das ist mehr eine Frage des Haftungsrechts als der Besteuerung. Ob die zweite Million bei gleichem Risiko tatsächlich leichter zu verdienen ist als die erste und daher höher besteuert werden sollte, erscheint durchaus fraglich.

Eine andere Begründung für die Progressivsteuer liefert die sogenannte Opfertheorie, die u.a. von den beiden englischen Ökonomen Francis Edgeworth (1845 - 1926) und Arthur Cecil Pigou (1877 - 1959) vertreten wurde. Sie ist eng verbunden mit der Annahme eines sinkenden Grenznutzens des Einkommens. Erinnern wir uns dazu an das erste Gossensche Gesetz. Es besagt bekanntlich, daß der Nutzen, den wir aus dem Konsum eines Gutes ziehen, nur unterproportional mit der Menge dieses Gutes steigt: Der erste Schluck Wasser steigert unseren Nutzen stärker als jeder weitere Schluck, und bei allen anderen Gütern ist es genauso. Die Opfertheorie der Besteuerung überträgt nun diesen Gedanken auch auf das Einkommen insgesamt. Daraus folgt aber offenbar, daß der gleiche Steuerbetrag, einem Besserverdienenden abgeknöpft, eine geringere Nutzeneinbuße bedeutet als im Falle der Besteuerung eines Geringverdieners.

Strenggenommen dürfte man aber demnach überhaupt nur die höchsten Einkommen besteuern, und zwar so stark, daß das verbleibende Nettoeinkommen schließlich nicht mehr höher liegt als das Einkommen der nächstniedrigen, unbesteuerten Einkommensklasse! Nur so könnte erreicht werden, daß das mit der Steuer verbundene Gesamtopfer der Bürger minimiert wird. Zwar haben Pigou und Edgeworth diesen radikalen Schluß nicht gezogen, denn sie erkannten durchaus, wie leistungsfeindlich ein solches Steuersystem wäre. Aber immerhin liegt es nahe, aus der Opfertheorie zumindest eine progressive Einkommensteuer abzuleiten.

Die Opfertheorie wird heute allerdings überwiegend verworfen, denn sie krankt an einigen entscheidenden Schwachstellen. So ist schon zweifelhaft, ob die Gossenschen Gesetze überhaupt auf das Einkommen insgesamt übertragen werden können. Sie beziehen sich ja auf die Auswahl zwischen verschiedenen Gütern; das einzige Alternativgut zum Einkommen insgesamt aber ist die Freizeit. Demnach dürfte aber der Nutzen eines Individuums nicht nur an seinem Einkommen gemessen werden, sondern eben auch an der ihm verbleibenden Freizeit. Wer doppelt so viel verdient wie sein Nachbar, aber nur halb so viel Freizeit hat wie dieser, muß im Endeffekt dabei nicht besser stehen. Eine alleinige Bemessung der Steuerlast am Einkommen wäre also gerade auch unter dem Grundgedanken der Opfertheorie verfehlt.

Würde man aber die Freizeit zusätzlich als Bemessungsgrundlage der Besteuerung heranziehen, so geriete man rasch in unlösbare Bewertungsprobleme. Die relative Wertschätzung von Einkommen und Freizeit ist nämlich unter den Menschen ganz unterschiedlich - nicht zuletzt daraus entstehen ja die Einkommensunterschiede! Wer Freitags nachmittags ins Wochenende geht und regelmäßig sechs Wochen Urlaub im Jahr macht, hat offenbar andere Präferenzen als derjenige, der auch abends und am Wochenende arbeitet und sich damit ein entsprechend höheres Einkommen verschafft. Es ist schwer zu begründen, warum in solchen Fällen eine progressive Einkommensteuer gerecht sein soll; schon mit einer proportionalen Einkommensteuer tut man sich dabei schwer.

Grenzen der Gerechtigkeit

Zusammenfassend muß man sagen, daß sich eine "gerechte" Einkommensteuer wissenschaftlich kaum ableiten läßt. Letztlich liegen ihr immer politische Werturteile zugrunde, die man entweder teilen kann oder auch nicht. Allerdings gibt es durchaus gewisse Bandbreiten der Besteuerung des Einkommens, die unbedingt eingehalten werden sollten, und zwar in beiden Richtungen. Diese Bandbreiten resultieren nun aber nicht aus Gerechtigkeitsgesichtspunkten, sondern aus reinen Effizienzerwägungen. Es kann nämlich sein, daß eine zu "lasche" oder eine zu "scharfe" Einkommensteuer letztlich allen Mitgliedern der Gesellschaft schadet, insbesondere auch denjenigen, die eigentlich dadurch begünstigt werden sollten.

Betrachten wir zur Veranschaulichung noch einmal die extremen Schlußfolgerungen der Opfertheorie. Würde man wirklich ab einer gewissen Einkommenshöhe jede weitere verdiente Mark gänzlich wegbesteuern, so wäre jeglicher Leistungsanreiz für die Betreffenden dahin. Der Friseur würde nach Erreichen der Besteuerungsgrenze sofort die Schere fallenlassen, der Unternehmer würde auch die sinnvollste Investition nicht mehr durchführen, und Schwarzarbeit und Steuerhinterziehung würden wahrscheinlich zum Volkssport werden. In der Folge könnte das Sozialprodukt so stark sinken, daß schließlich auch die Einkommen derjenigen darunter leiden, die gar nicht der Besteuerung unterliegen. Das aber kann wohl kaum der Sinn der Sache sein.

Aber auch der umgekehrte Fall einer zu niedrigen Besteuerung wäre problematisch. Es würde dem Staat dann an Einnahmen fehlen, um beispielsweise notwendige Infrastrukturinvestitionen vorzunehmen, was wiederum auch den Besserverdienenden nicht recht sein kann. Zudem wäre die Gefahr der sozialen Unzufriedenheit sehr groß, wenn allzu extreme Einkommensunterschiede nicht staatlich korrigiert würden. Die Folge könnte Demotivation unter den weniger Begüterten bis hin zu Streiks und politischem Umsturz sein. Auch dies können die Besserverdienenden nicht wollen, und daher ist es letztlich in ihrem eigenen Interesse, mithilfe von Steuern und Sozialtransfers für einen gewissen sozialen Ausgleich zu sorgen. Zudem werden auch Besserverdienende im allgemeinen die Möglichkeit einkalkulieren, daß es ihnen oder ihren Angehörigen und Freunden einmal schlecht gehen kann; das ist ein weiterer Grund für sie, einem gewissen Maß an sozialem Ausgleich zuzustimmen.

Man kann diese Zusammenhänge mithilfe einer sogenannten Wohlstandsmöglichkeitskurve veranschaulichen, die in ihrer Grundkonstruktion auf Paul A. Samuelson zurückgeht. Auf der einen Achse wird der Wohlstand der Armen, auf der anderen Achse der Wohlstand der Besserverdienenden abgetragen. Wäre es nun so, daß Wohlstandsgewinne der einen Gruppe immer nur auf Kosten der jeweils anderen Gruppe möglich sind, dann würde man offenbar eine von links oben nach rechts unten abfallende Wohlstandsmöglichkeitskurve erhalten, so wie sie von Samuelson ursprünglich auch konstruiert wurde. Berücksichtigt man dagegen die oben genannten Gründe dafür, daß eine Wohlstandssteigerung der einen Gruppe durchaus auch im Interesse der jeweils anderen liegen kann, dann biegen sich die Kurvenenden in der Nähe der beiden Achsen zurück, so daß eine Art keulenförmiger Gesamtverlauf resultiert.

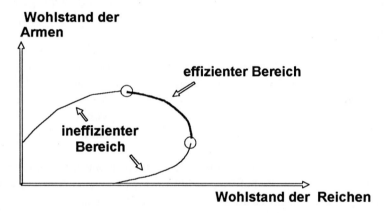

Die Wohlstandsmöglichkeitenkurve gibt alle erreichbaren Kombinationen des Wohlstands der Reichen und der Armen an. Nur auf dem fett eingezeichneten Abschnitt ist eine sinnvolle Umverteilung möglich!

Nur der fallende, nordöstlich gelegene Teil der Kurve ist effizient, denn nur hier kann man sinnvoll zwischen einem höheren Wohlstand für die Armen oder für die Besserverdienenden wählen. Welchen Punkt man auf diesem Teil der Kurve genau ansteuern sollte, läßt sich wissenschaftlich nicht näher begründen; hier müssen reine Werturteile getroffen werden. Dagegen sind die beiden ansteigenden Äste der Kurve eindeutig ineffizient. Denn hier ist es ja möglich, durch eine Bewegung nach Nordosten sowohl die Armen als auch die Reichen besserzustellen. Jede Volkswirtschaft sollte also bemüht sein, diese Bereiche schnellstmöglich zu verlassen. Auf dem oberen der beiden ansteigenden Äste könnte dies dadurch geschehen, daß man die Steuersätze für die Reichen senkt; der dadurch resultierende Anstieg des Sozialprodukts würde dann auch den Armen zu einem höheren Wohlstand verhelfen. Befindet man sich dagegen auf dem unteren ansteigenden Ast, so wäre eine stärkere Umverteilung zugunsten der Armen anzuraten. Denn die dadurch entstehende größere soziale Zufriedenheit würde Aufruhr und Streiks vermeiden, was auch im Interesse der Reichen ist.

Der amerikanische Ökonom und Gesellschaftstheoretiker John Rawls hat Anfang der 70er Jahre vorgeschlagen, denjenigen Punkt auf der Kurve zu wählen, bei dem der Wohlstand der ärmeren Bevölkerungsschichten maximiert wird. Im Klartext würde dies bedeuten, den Reichen nur gerade noch so viel Leistungsanreize wie unbedingt nötig zu belassen - alle darüber hinausgehenden Einkommensbestandteile würden weggesteuert und an die Armen verteilt werden. Aus theoretischer Sicht hat dieser Vorschlag, der als sogenanntes Maximin-Prinzip in die Literatur eingegangen ist, vielleicht einiges für sich. Maximin bedeutet nämlich in diesem Zusammenhang: Maximiere den Wohlstand der Bevölkerungsschichten mit dem geringsten ("minimalen") Wohlstandsniveau in der Ausgangssituation! Das klingt plausibel, nicht nur für Marxisten.

Das Problem liegt allerdings darin, daß der individuelle Wohlstand kaum objektiv zu messen ist. Wir haben ja schon gesehen, daß dabei nicht nur das Einkommen, sondern auch die Freizeit eine Rolle spielt, ganz zu schweigen von so schwer zu fassenden Wohlstandskomponenten wie Risiko, Gesundheit oder Zufriedenheit im Arbeitsleben. Der Vorschlag von Rawls, den Wohlstand allein am Einkommen der Menschen zu messen, ist jedenfalls kaum akzeptabel.

Außerdem ist der Rawlssche Gerechtigkeitsbegriff natürlich ebenso normativ und damit wissenschaftlich unfundiert wie jede andere Gerechtigkeitskonzeption auch. Im Grunde schlägt er vor, die Reichen zugunsten der Armen maximal auszubeuten, d.h. genau bis zu dem Grade, ab dem dies letztlich auch den Armen schaden würde. Genausogut könnte man aber umgekehrt vorgehen und den am weitesten östlich liegenden Punkt auf der Wohlstandsmöglichkeitenkurve wählen. Hier werden die Armen maximal ausgebeutet, d.h. man beläßt ihnen gerade nur so viel an Wohlstand, daß sie den sozialen Konsens nicht aufkündigen. Den meisten von uns dürfte dies weniger attraktiv erscheinen, aber vom wissenschaftlichen Standpunkt aus spräche gegen eine solche Lösung nicht mehr und nicht weniger als für das Rawlssche Maximin-Prinzip!

Wahrscheinlich ist es daher das beste, keine der beiden Extremlösungen anzusteuern, sondern bei der Einkommensbesteuerung einen moderaten Weg zu gehen, der irgendwo auf den effizienten, nordöstlichen Teil der Kurve führt. Eine moderate Steuerpolitik in diesem Sinne empfiehlt sich schon deswegen, weil die Kurve natürlich nur eine extreme Vereinfachung der komplexen sozialen Wirklichkeit darstellt und insoweit kaum mehr als ein abstraktes Denkmodell ist. Sie belegt aber in recht anschaulicher Weise, warum man sich in der Steuerpolitik vor Extremen hüten sollte.

Zur gleichen Schlußfolgerung führt ein mit unseren bisherigen Überlegungen eng verwandtes Theorem, die sogenannte Laffer-Kurve. Viele Politiker glauben, daß die Staatseinnahmen um so höher sind, je stärker die Steuerschraube angezogen wird. Der amerikanische Ökonom Arthur Laffer hat diesen Glauben zur Zeit der Reagan-Administration in den 80er Jahren anhand einer einfachen, später nach ihm benannten Kurve widerlegt. Angeblich hat er sie erstmals während eines Abendessens auf seine Serviette gemalt. Wie dem auch sei - sie gehört heute jedenfalls zum Standardwissen jedes Studenten der Volkswirtschaftslehre.

Nehmen wir zur Erläuterung von Laffers Grundgedanken einmal an, der Steuersatz sei gleich Null - dann gibt es klarerweise auch keine Steuereinnahmen. Betrachten wir nun das andere Extrem, einen Einkommensteuersatz von 100%. Auch in diesem Fall wird der Staat keine Einnahmen erzielen, weil dann nämlich niemand mehr bereit sein wird, zu arbeiten. Der optimale Steuersatz im Sinne einer Maximierung der Steuereinnahmen muß also irgendwo zwischen diesen beiden Extremen liegen. Wird er überschritten, so sinken demnach die Steuereinnahmen, statt zu steigen! Diesen einfachen Zusammenhang beschreibt die glockenförmig verlaufende Laffer-Kurve, wobei allerdings unklar bleibt, wo genau der einnahmenmaximale Steuersatz liegt.

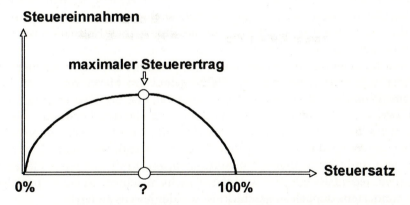

Die Laffer-Kurve zeigt, daß ein zu hoher Steuersatz die Einnahmen aus der Steuer verringert, statt sie zu erhöhen! Unsicher ist allerdings, wo genau die Grenze liegt.

Für die praktische Steuerpolitik kann man gleichwohl etwas aus diesen Überlegungen lernen. Offenbar ist es höchst unzweckmäßig, die Steuerpolitik alleine nach mehr oder weniger gut begründeten Gerechtigkeitsüberlegungen auszurichten. Wenn man dies tut, schadet man mit großer Wahrscheinlichkeit gerade denjenigen, denen man eigentlich zu einem höheren Wohlstand verhelfen will.

Pro und Contra Kopfsteuer

Noch aus einem anderen Grund sollte man sich davor hüten, die Steuern nur unter Verteilungsgesichtspunkten zu sehen. Was die Bürger an Steuern zahlen müssen, gewinnt zwar auf der anderen Seite der Staat an Einnahmen hinzu, so daß per Saldo scheinbar nichts verlorengeht. Aber so einfach liegen die Dinge nicht. Fast jede Steuer verzerrt nämlich in irgendeiner Weise die Marktsignale und führt damit zu ineffizienten Produktionsstrukturen. Deshalb sind die Wohlstandsverluste in der Privatwirtschaft in Wirklichkeit größer als der reine Entgang an privat verfügbarem Einkommen und damit auch größer als der Zugewinn des Staates. In der finanzwissenschaftlichen Literatur spricht man in diesem Zusammenhang von der sogenannten Zusatzlast, dem "excess burden" der Besteuerung.

Betrachten wir zur Veranschaulichung zwei Handwerker, sagen wir einen Gärtner und einen Installateur. Jeder von ihnen möge einen Stundenlohn von 20 DM berechnen. Wenn es keine Steuern gäbe, wäre es offenbar sinnvoll, daß sie ihre Dienste gegenseitig in Anspruch nehmen. Denn der Gärtner kann aufgrund seiner speziellen Fähigkeiten pro Stunde mehr Unkraut jäten und Rasen mähen als der Installateur, während der Installateur bei der Ausbesserung von Wasserrohren produktiver ist als der Gärtner. Also tut jeder von ihnen gut daran, den jeweils anderen mit den entsprechenden Arbeiten zu beauftragen und in der ersparten Zeit lieber seinem eigenen Gewerbe nachzugehen. Dieses Prinzip der Arbeitsteilung verschafft ihnen beiden letztlich mehr Wohlstand, als wenn sie sich im eigenen Haushalt jeweils als Heimwerker versuchen würden.

Jetzt nehmen wir an, es werde eine 50prozentige Einkommensteuer eingeführt, d.h. jedermann muß die Hälfte seines am Markt verdienten Einkommens an den Staat abführen. Das bedeutet, daß der Gärtner nun plötzlich zwei Stunden Unkraut jäten muß, um eine Handwerkerstunde des Installateurs bezahlen zu können! Dasselbe gilt natürlich auch umgekehrt. Infolgedessen wird es nun für jeden der beiden attraktiver werden, im eigenen Haus und Garten alles selbst zu machen, anstatt den teuren Kollegen zu bestellen. Jedenfalls gilt dies, solange er nicht in seinem eigenen Spezialgebiet mindestens doppelt so geschickt ist wie der jeweils andere.

Der Grad der volkswirtschaftlichen Arbeitsteilung wird also geringer werden, damit aber auch die durchschnittliche Arbeitsproduktivität und der Wohlstand unserer beiden Handwerker insgesamt. Die Steuer hat praktisch einen Keil zwischen die private Kostenkalkulation und die tatsächlichen volkswirtschaftlichen Kostenverhältnisse getrieben und damit die Produktionsstrukturen verzerrt. Im Ergebnis fallen deshalb die Einkommenseinbußen der privaten Wirtschaftssubjekte höher aus, als es ihrer reinen Steuerzahlung entspricht. Dies ist die unvermeidliche Zusatzlast, die bei fast jeder Art der Besteuerung in der einen oder anderen Weise auftritt.

Es gibt von dieser Regel nur eine Ausnahme, und das ist der Fall einer reinen Kopfsteuer. Nehmen wir an, jeder unserer beiden Handwerker verdiene 40.000 DM pro Jahr. Es werde nun eine für alle Bürger gleich hohe Kopfsteuer von 20.000 DM festgelegt, unabhängig von der individuellen Einkommenshöhe. Die Steuereinnahmen des Staates werden dann genauso hoch sein wie im vorher diskutierten Fall eines 50prozentigen Einkommensteuersatzes.

Gleichwohl gibt es nun einen entscheidenden Unterschied: Da die Kopfsteuer so oder so zu zahlen ist, egal wieviel man verdient, beeinflußt sie nun kaum noch die Produktionsentscheidungen. Von jeden zusätzlich verdienten 20 DM bleiben jetzt auch genau 20 DM als Nettoeinkommen übrig, und daher wird sich auch die einzelne Handwerkerstunde nicht verteuern. Infolgedessen bleibt die volkswirtschaftlich sinnvolle Arbeitsteilung erhalten, es kommt weder zu einem Ausweichen in die Heimarbeit noch zu den damit verbundenen Produktivitäts- und Wohlstandseinbußen. Die steuerliche Zusatzlast wird also trotz unveränderten Steuerertrages für den Staat vermieden.

Eine Kopfsteuer wäre zudem äußerst einfach zu erheben, da man offensichtlich dafür weder das Einkommen des einzelnen Bürgers prüfen noch irgendwelche komplizierten Formulare ausfüllen muß. Ein einziger Steuerbeamter für jeweils 100.000 Bürger würde wahrscheinlich ausreichen!

Warum findet man in der Realität trotzdem praktisch keine Kopfsteuer, obwohl diese doch augenscheinlich so viele Vorteile hat? Nun, die Nachteile der Kopfsteuer liegen offenkundig auf der Hand. Wie soll beispielsweise jemand 20.000 DM Steuern zahlen, wenn er vielleicht nur 15.000 DM brutto verdient? Was ist mit denjenigen Menschen, die gar kein Einkommen erzielen, z.B. mit den Studenten und den Arbeitslosen? Und wo bleibt die Gerechtigkeit, wenn der kleine Angestellte genausoviel Steuern bezahlen soll wie der Einkommensmillionär?

Ganz so utopisch, wie die Kopfsteuer angesichts dieser Probleme aussieht, ist sie nun allerdings auch wieder nicht. Für Studenten, Rentner und Arbeitslose könnten ja Ausnahmeregelungen vorgesehen werden, und ebenso für diejenigen, die nur wenig mehr oder gar weniger als die Kopfsteuer verdienen. Es bliebe dann nur noch das Gerechtigkeitsproblem zwischen den Normalverdienern zu lösen.

Dabei muß man aber bedenken, daß die am Markt erzielten Bruttoeinkommen ihrerseits keineswegs unabhängig von den Steuersätzen sind! Am deutlichsten wird dies vielleicht beim Zinseinkommen. In aller Regel wird der Kapitalanleger ja nur dann sein Geld verleihen, wenn er dafür einen angemessenen Zinssatz erzielt, sagen wir in Höhe von 3%. Solange keine Steuern auf Zinseinkünfte erhoben werden, wird somit auch der Marktzinssatz bei 3% liegen.

Nehmen wir stattdessen jetzt wieder an, Zinseinkünfte würden zur Hälfte weggesteuert. Dann müßte unser Kapitalanleger offenbar einen Bruttozins von 6% verlangen, um noch auf seine Kosten zu kommen. Kann er diesen am Markt nicht erzielen, wird er sein Kapitalangebot reduzieren und lieber größere Anteile seines Einkommens konsumieren. Dies wiederum wird den Marktzins nach oben treiben, so daß dieser schließlich bei vielleicht 5% liegt. Die Nettorendite unseres Kapitalanlegers beträgt dann offenbar 2,5% nach Steuern. Sie ist somit bei weitem nicht so stark gesunken, wie man es angesichts der 50prozentigen Besteuerung vielleicht erwartet hätte.

Die Besteuerung des Einkommens vermindert also die tatsächlichen Einkommensunterschiede viel weniger, als es zunächst den Anschein hat. Wir haben es hier mit dem Phänomen der Steuerüberwälzung zu tun: Je stärker die Stellung der Besteuerten am Markt ist, desto eher wird es ihnen gelingen, einen Teil der Lasten auf die Preise aufzuschlagen und somit anderen die tatsächliche Steuerlast aufzubürden. Im Umkehrschluß bedeutet dies aber, daß auch eine Reduzierung der Steuerlast teilweise durch entsprechend veränderte Marktpreise kompensiert werden wird.

In unserem Fall des Übergangs von einer Einkommensteuer zu einer Kopfsteuer heißt das, daß das Bruttoeinkommen der bisherigen Einkommensmillionäre vermutlich sinken würde. Sie müßten ja weniger hart arbeiten, um ihr bisheriges Nettoeinkommen zu erzielen, und sie würden dies vermutlich auch tun, beispielsweise um sich ein bißchen mehr Freizeit zu leisten als bisher. Gleichzeitig würden neue Konkurrenten auf ihren Märkten auftreten, die bisher durch die hohen Einkommensteuern abgeschreckt worden waren. Mehr Menschen würden sich entschließen, beispielsweise das aufwendige Studium der Medizin auf sich zu nehmen oder die Meisterprüfung abzulegen, und entsprechend härter wäre die Konkurrenz in diesen Berufsgruppen. Im Ergebnis würden die Bruttoeinkommen der Ärzte und der Handwerksmeister daher sinken.

Am besten kann man solche Marktprozesse wieder auf den Kapitalmärkten veranschaulichen: Ein völliger Verzicht auf die Zinsbesteuerung zugunsten einer Kopfsteuer würde vermutlich einen ungeheuren Schub beim Sparkapital und bei den Investitionen bewirken, was der gesamten Volkswirtschaft zugute käme. Gleichzeitig würde aber der Marktzins aufgrund des zusätzlichen Angebotes an Kapital sinken. Im Ergebnis wäre womöglich der Nettozins für die Kapitalanleger kaum höher als zuvor, aber nunmehr bei einem weitaus größeren Investitionsvolumen. Eine nur wenig ungleichere Verteilung der Nettoeinkommen hätte in diesem Fall ein sehr viel höheres Beschäftigungs- und Wohlstandsniveau für die Volkswirtschaft insgesamt hervorgebracht!

Der radikale Vorschlag einer Kopfsteuer ist bei näherem Hinsehen also gar nicht so absurd, wie er zunächst erscheinen mag. Große Realisierungschancen mag man ihm gleichwohl nicht geben - dazu sind die volkswirtschaftlichen Zusammenhänge wohl zu kompliziert und die politischen Angriffsflächen mit mehr oder weniger platten Gerechtigkeitsargumenten zu groß. Zumindest als Referenzmodell für andere Besteuerungsformen und ihre Auswirkungen sollte man die Idee der Kopfsteuer aber dennoch nicht aus dem Auge verlieren.

Größere Realisierungschancen hat vielleicht ein anderes Extremmodell, nämlich eine reine Konsumsteuer. Auch dabei wird auf jede Form einer Besteuerung des Einkommens verzichtet. Stattdessen werden ausschließlich Umsatzsteuern auf den Konsum erhoben, unter Umständen mit besonders hohen Steuersätzen auf Luxusgüter wie Autos, Schmuck oder Alkohol. Auf diese Weise würden diejenigen steuerlich am stärksten belastet, die ihr Geld für irgendwelchen Luxus ausgeben, statt es zu sparen oder zu investieren.

Schon Adam Smith hatte für ein solches Steuersystem Sympathie gezeigt. Es käme nicht nur der gesamtwirtschaftlichen Kapitalbildung und der Produktivität zugute, sondern es hätte auch einen besonderen verteilungspolitischen Charme. Denn der Besserverdienende hat ja eigentlich nur dann etwas von seinem Geld, wenn er es für seine persönlichen Bedürfnisse ausgibt - genau dann aber unterläge er im Falle einer Konsumsteuer auch einer entsprechend hohen Besteuerung. Investiert er dagegen sein Einkommen und schafft damit Arbeitsplätze für andere, so bleibt er steuerfrei. Das klingt ziemlich plausibel und gerecht.

Leider liegen auch hier wieder die Tücken im Detail. Was ist, wenn die Besserverdienenden ihr Geld im Ausland ausgeben, indem sie zum Beispiel ihren Wohnsitz nach Monaco verlegen? Wie kann man in einem solchen System die Steuerhinterziehung verhindern, beispielsweise durch Verkäufe von Konsumgütern "unter der Hand"? Wer bestimmt nach welchen Kriterien, was "Luxusgüter" und was täglicher Normalbedarf ist? Und nicht zuletzt: Wird wirklich jemand auf Dauer steuerfreie Investitionen tätigen, wenn er letztlich bei der Verausgabung der Erträge für seinen persönlichen Bedarf doch radikal zur Kasse gebeten wird?

Man sieht schon, daß es gar nicht so einfach ist, ein gleichzeitig effizientes und gerechtes Steuersystem zu konstruieren. Vielleicht ist die Lösung des Problems eine ganz andere, nämlich einfach die Begrenzung der staatlichen Zwangsabgaben auf das unbedingt Notwendige. Bei entsprechend niedrigen Steuersätzen käme es nämlich gar nicht so sehr darauf an, auf welcher Bemessungsgrundlage sie erhoben werden. Anders ausgedrückt: Ein zu hoher Staatsanteil am Sozialprodukt ist wahrscheinlich einfach nicht mit der Aufrechterhaltung einer dynamischen Wirtschaft zu vereinbaren. Auf welche Weise man auch immer die Steuern erhebt: Wenn man es mit ihrer Höhe übertreibt, so läuft man Gefahr, daß der zu verteilende Kuchen dabei immer kleiner wird, weil niemand mehr ein Interesse daran hat, beim Backen zu helfen.

Hinweise zum Weiterlesen:

Eine kurze und leicht verständliche Darstellung der verschiedenen Begründungen für eine progressive Einkommensteuer findet man bei S. F. Franke, "Entwicklung und Begründung der Einkommensbesteuerung", Darmstadt 1981.

Eine Reihe interessanter Beiträge zu diesem Problem ist enthalten in dem kleinen Sammelband von A. Rauscher (Hg.), "Steuergerechtigkeit", Köln 1995.

Nach wie vor empfehlenswert ist das Standardwerk von H. Haller, "Die Steuern", 2. Aufl., Tübingen 1971.

Familienpolitik und Altersvorsorge

Geburtenrate und soziale Sicherung

Die älteste aller Solidargemeinschaften ist nicht etwa der Staat oder eine Versicherung, sondern die Familie. Die Menschen der vorindustriellen Zeit hatten kaum einen anderen Rückhalt, wenn sie krank oder alt wurden und nicht mehr selbst für ihren Lebensunterhalt sorgen konnten. In der Familie galt ganz selbstverständlich ein unausgesprochener Generationenvertrag: Die Eltern zogen die Kinder auf, und dafür sorgten die Kinder später wiederum für ihre Eltern. Auch die Großeltern und oftmals noch andere Verwandte ohne eigene Kinder waren in den Familienverbund einbezogen. Es war bis in das 20. Jahrhundert hinein typisch, daß drei Generationen unter einem Dach lebten und sich gegenseitig unterstützten, im Alltagsleben genauso wie im Fall der Not.

Unter diesen Bedingungen war es günstig für den einzelnen, möglichst viele Kinder zu haben. Es war daher gar nichts besonderes, daß fünf, sechs oder noch mehr Kinder zur Familie gehörten. Ein prominentes Beispiel dafür ist die Familie Marx gewesen. Karl Marx lebte zwar unter ärmlichsten Verhältnissen in einer Londoner Zwei-Zimmer-Wohnung, aber seine Frau Jenny gebar ihm dennoch nicht weniger als sieben Kinder. Nur drei von ihnen überlebten allerdings das Kindesalter, was im 19. Jahrhundert ebenfalls nichts ungewöhnliches war.

Abgesehen von der schlechten medizinischen Versorgung und den mangelnden hygienischen Zuständen war es damals ohnehin nicht einfach, so viele Nachkommen zu ernähren. Zumindest in den ärmeren Bevölkerungsschichten war es deshalb selbstverständlich, daß die Kinder sich auch selbst nach Kräften an der gemeinsamen Lebensbewältigung beteiligten. Die älteren Kinder beaufsichtigten die jüngeren, sie halfen im Haushalt oder im elterlichen Betrieb, oder sie wurden anderswo zur Arbeit geschickt, um zum Familieneinkommen beizutragen. Vor allem aber versprachen sich die Eltern von ihren Kindern einen gesicherten Lebensabend, wenn sie selbst nicht mehr zur Erwerbsarbeit in der Lage waren.

Dieses familiäre Solidarsystem war allerdings alles andere als eine ungetrübte Idylle. Nicht nur, daß das Zusammenleben der Generationen oft ziemlich unerquicklich war, zumal wenn es sich auf engem Raum abspielen mußte. Die frühe Einbindung der Kinder in umfangreiche häusliche und gewerbliche Pflichten ging auch oft auf Kosten ihrer Schulbildung, von den Gesundheitsschäden durch schwere Fabrikarbeit ganz zu schweigen.

Vor allem aber konnte das aus rein familiärer Sicht so sinnvoll erscheinende Alterssicherungssystem gesamtwirtschaftlich letztlich nicht funktionieren. Denn je mehr Kinder in die Welt gesetzt werden, desto schneller wächst einerseits die Bevölkerung, und desto geringer ist andererseits die Fähigkeit der einzelnen Familie, aus ihrem Einkommen noch Ersparnisse zu bilden. Gerade bei rasch wachsender Bevölkerung braucht eine Gesellschaft aber hohe Ersparnisse, um investieren und neue Arbeitsplätze für die nachwachsende Generation schaffen zu können! Das Bestreben der einzelnen Familien, ihre Altersversorgung durch möglichst viele Kinder zu sichern, lockt daher die Volkswirtschaft insgesamt in eine Armutsfalle.

Bis zur Zeit der industriellen Revolution war das Bevölkerungsproblem noch nicht akut gewesen, denn die hohe Kindersterblichkeit und immer wieder auftretende Seuchen und Kriege hielten die Bevölkerungszahl in Grenzen. Erst als der medizinische und hygienische Fortschritt ab der zweiten Hälfte des 19. Jahrhunderts die Bevölkerungszahlen explosionsartig steigen ließ, begann der fatale Teufelskreis aus Armut, mangelnder Sparfähigkeit und Kinderreichtum zu wirken. Letztlich lag in diesen Zusammenhängen auch die Ursache für die untragbaren sozialen Zustände, die zur Zeit der industriellen Revolution in Europa herrschten.

Nach der Einführung der staatlichen Sozialversicherungssysteme Ende des letzten Jahrhunderts begann sich die Rolle der Familie als Solidargemeinschaft grundlegend zu ändern. Ausschlaggebend dafür waren die staatlichen Sozialversicherungssysteme, die in Deutschland unter dem Reichskanzler Otto Fürst von Bismarck (1815 - 1898) eingeführt wurden. Je umfangreicher die Absicherung der individuellen Lebensrisiken durch die kollektiven Solidarsysteme wurde, desto mehr verloren die Kinder ihre Funktion als Garanten für den Lebensabend ihrer Eltern.

Mit der immer umfangreicher werdenden Absicherung durch die Sozialversicherung und auch aufgrund der modernen Empfängnisverhütungsmittel begannen in den 60er Jahren des 20. Jahrhunderts in allen westlichen Industriestaaten die Geburtenraten zu sinken. Dieser sog. Pillenknick läßt sich deutlich in den Bevölkerungsstatistiken ablesen. Gleichzeitig nahmen die Scheidungsraten zu, und die frühere Großfamilie mit drei Generationen unter einem Dach wich immer mehr der Trennung der Generationen mit einer zunehmenden Zahl von Ein- und Zweipersonenhaushalten. Diese Entwicklungen hatten zwar auch gesellschaftspolitische Gründe, beispielsweise ein verändertes Rollenverständnis der Frauen. Die wichtigste ökonomische Triebfeder aber dürfte der Funktionsverlust der Familie und insbesondere der Kinder als Garant für die soziale Sicherheit gewesen sein.

Stattdessen traten nunmehr die Lasten der Kindererziehung in den Vordergrund. Neidvoll begannen die kinderreichen Familien auf den hohen Lebensstandard der kinderlosen Ehepaare zu blicken, besonders wenn diese beide berufstätig waren. Bald hatten sie den Schimpfnamen "Dinkis" weg: double income, no kids. Als ungerecht wurde vor allem empfunden, daß die kinderlose Ehefrau durch eigene Berufstätigkeit eigene Rentenansprüche erwerben konnte, während die kindererziehende Hausfrau auf die Rente ihres Ehemannes angewiesen war.

Umlageverfahren oder Kapitaldeckungsverfahren?

Dieses Argument gewinnt noch dadurch an Überzeugungskraft, daß die staatlichen Rentenversicherungssysteme in fast allen Industrieländern inzwischen im sogenannten Umlageverfahren finanziert werden: Die Rentenbeiträge der heutigen Erwerbstätigen werden im Gegensatz zum ursprünglichen Kapitaldeckungsverfahren nicht am Kapitalmarkt angelegt, sondern unmittelbar zur Finanzierung der heutigen Renten verwendet. Dementsprechend müssen im Umlageverfahren auch die künftigen Renten direkt aus den Beiträgen der dann Erwerbstätigen bezahlt werden.

Solange die Bevölkerungszahl einigermaßen konstant bleibt, entsteht daraus kein Problem. Bei sinkender Bevölkerungszahl jedoch steht eine immer geringere Anzahl von Erwerbstätigen pro Rentner zur Verfügung. Wie sollen unter diesen Umständen künftig noch auskömmliche Renten für die Alten erwirtschaftet werden? Ist es nicht dringend notwendig, etwas für die Geburtenrate zu tun? Nichts liegt offenbar näher, als zu diesem Zweck diejenigen stärker finanziell zu unterstützen, die noch bereit sind, die Lasten der Kindererziehung auf sich zu nehmen.

Tatsächlich wurden die Weichen auch zunehmend in diese Richtung gestellt. Schon immer hat es in der Bundesrepublik Deutschland einen sogenannten Familienlastenausgleich gegeben, der abwechselnd als steuerlicher Freibetrag für Kinder, als staatlich gezahltes Kindergeld oder als eine Kombination von beiden Instrumenten verwirklicht wurde. In den 80er Jahren kam noch die Anrechnung von Kindererziehungszeiten in der Rentenversicherung für Frauen hinzu. Neben verteilungspolitischen Argumenten wurde dies vor allem damit begründet, daß andernfalls das Umlageverfahren aufgrund mangelnder Geburten nicht durchgehalten werden könne.

Bei genauerer Betrachtung erweist sich dieses Argument allerdings als zumindest zwiespältig. Betrachten wir dazu einmal die Situation in einem Entwicklungsland mit zu hohem Bevölkerungswachstum. Hier muß es offenbar darauf ankommen, die Geburtenrate zu senken, statt sie durch staatliche Prämien auch noch künstlich zu erhöhen! Ob ein Land seine Geburtenrate erhöhen oder senken sollte, hängt also keineswegs in erster Linie von dem dort geltenden Rentenversicherungssystem ab. Entscheidend ist vielmehr, welche Bevölkerungsdichte man langfristig anstrebt bzw. welche Bevölkerungszahl auf Dauer überhaupt mit einem auskömmlichen und umweltverträglichen Lebensstandard für alle vereinbar ist.

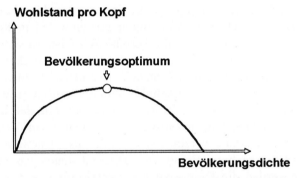

Ob ein Land seine Geburtenrate erhöhen oder senken sollte, hängt von der langfristig angestrebten Bevölkerungszahl ab. Eine zu hohe Bevölkerungsdichte verursacht Umweltprobleme und zunehmende Bodenknappheit, so daß der Wohlstand schließlich sinkt.

Weltweit ist nun aber nicht etwa Kinderarmut, sondern im Gegenteil die wachsende Überbevölkerung das zentrale Problem, wie wir im Zusammenhang mit der Umwelt- und Ressourcenproblematik bereits gesehen haben. Man kann also durchaus die Frage stellen, ob eine Steigerung der Geburtenraten in den Industrieländern aus einer globalen Sicht der Dinge wirklich erwünscht ist. Näher liegt es eigentlich, Wanderungen von Arbeitskräften aus den überbevölkerten Ländern in die Industrieländer zuzulassen. Das würde die Rentenprobleme in den Industrieländern verringern und gleichzeitig zur Entlastung der Entwicklungsländer beitragen.

Es gibt aber auch noch eine andere Lösung für das Rentenproblem, und das ist die Rückkehr zum Kapitaldeckungsverfahren bei der Altersvorsorge. Dieses Verfahren wird bei den privaten Lebensversicherungen angewendet: Die Rentenbeiträge der Versicherten werden hier nicht sofort wieder an die Rentner ausgezahlt, sondern investiert. Jeder Rentner lebt also später von den Zinsen der Rentenbeiträge, die er als Erwerbstätiger angespart hat.

Gesamtwirtschaftlich hat dies den Vorteil, daß die Rentenversicherung zur Erhöhung des volkswirtschaftlichen Kapitalstocks beiträgt, statt wie im Umlageverfahren praktisch von der Hand in den Mund zu leben. Dementsprechend höher ist das Sozialprodukt pro Kopf, das später zur Verfügung steht. Außerdem kann der Kapitalstock der Rentenversicherungen später auch wieder aufgelöst werden, wenn die Zahl der Rentner zu stark steigen sollte.

Natürlich darf man sich das nicht so vorstellen, daß die Maschinen und Gebäude, in die das Kapital investiert wurde, nun irgendwie in Nahrungsmittel oder Kleidungsstücke umgewandelt würden, denn das ist offensichtlich unmöglich. Der Vorgang spielt sich vielmehr so ab, daß an sich fällige Ersatzinvestitionen für verschlissene Gebäude und Maschinen unterlassen und stattdessen eben Konsumgüter produziert werden. Man kann also den bestehenden Kapitalstock jedes Jahr immer nur zum Teil in Konsumgüter umwandeln, je nachdem wie hoch die Verschleißrate ist. Da sich aber andererseits auch die Rentnerzahlen nicht schlagartig, sondern eher kontinuierlich erhöhen, liegt in dieser Begrenzung kein besonderes Problem.

Trotzdem werden gegen das Kapitaldeckungsverfahren schwerwiegende Bedenken vorgetragen. So wird beispielsweise eingewandt, daß in den Industrieländern gar nicht genug Investitionsmöglichkeiten zur Verfügung stehen, um eine angemessene Verzinsung des Kapitals zu gewährleisten. Tatsächlich wissen wir ja bereits, daß immer zuerst diejenigen Investitionen vorgenommen werden, die den höchsten Zinsertrag versprechen. Daher muß die Rentabilität des Kapitals tendenziell abnehmen, je mehr Kapital gebildet werden soll.

Bei diesem Argument gegen das Kapitaldeckungsverfahren wird aber erneut die weltwirtschaftliche Dimension des Problems übersehen. Denn in den Entwicklungsländern und auch in den Reformländern der früheren sozialistischen Staaten besteht ja ein riesiger Kapitalbedarf. Der Mangel an Kapital ist dort sogar der entscheidende Engpaß für höheren Wohlstand und zusätzliche Arbeitsplätze. Wenn nun die Ersparnisse der Erwerbstätigen in den Industrieländern in diese Länder fließen würden, dann hätte man somit ähnlich wie bei der Arbeitskräftewanderung wiederum zwei Fliegen mit einer Klappe geschlagen: Die Rentenlasten der Industrieländer könnten aus den verhältnismäßig hohen Zinsen dieses Kapitals bezahlt werden, und in den Entwicklungs- und Reformländern würden Beschäftigung und Lebensstandard steigen.

Es sind auch Kombinationen beider Lösungsansätze denkbar. Idealerweise würden Arbeitskräfte aus den überbevölkerten Staaten in die Länder mit zu geringer Geburtenrate wandern, während das Kapital in die umgekehrte Richtung fließt. Auf diese Weise könnte der Wohlstand in allen Ländern steigen: Die Industrieländer hätten ihre Rentenprobleme gelöst, während die

Entwicklungsländer eine Chance erhielten, aus dem Teufelskreis von Armut und Bevölkerungswachstum herauszufinden.

Wir wollen nicht verheimlichen, daß das in der Praxis mit mancherlei Problemen verbunden wäre. Werden die Industrieländer die multikulturelle Gesellschaft, die bei ihnen entstehen würde, gesellschaftspolitisch verkraften? Sind die Investitionsbedingungen in den überbevölkerten Ländern hinreichend gut und vor allem sicher genug, um das Risiko eines massiven Kapitaltransfers dorthin eingehen zu können? Wir können diese Fragen hier nicht endgültig beantworten. Aber wer die ökonomischen und ökologischen Probleme dieser Welt in ihrem Zusammenhang sieht, wird sich dem Charme einer solchen Lösung kaum entziehen können.

Ein weiterer Einwand gegen die Anwendung des Kapitaldeckungsverfahrens in der Rentenversicherung lautet, daß die individuellen Rentenansprüche in einem solchen System durch Kriege oder starke Inflation vernichtet werden können. Tatsächlich hat man in der Vergangenheit diese Erfahrung machen müssen. Beispielsweise verlor während der großen Inflation in Deutschland 1923 das Kapital der Rentenversicherung schlagartig seinen Wert. Es war nämlich überwiegend in Form von langfristigen, relativ niedrig verzinsten Wertpapieren angelegt, die bei Inflationsraten von 1000 und mehr Prozent natürlich völlig wertlos wurden. Und nach den beiden Weltkriegen war sogar das physische Kapital weitgehend vernichtet, so daß keinerlei reale Deckung für die verbrieften Rentenansprüche mehr bestand. Es blieb also damals gar nichts anderes übrig, als zum Umlageverfahren überzugehen.

Das heißt nun allerdings nicht, daß man heutzutage nicht wieder zur Kapitaldeckung zurückkehren könnte. Die privaten Lebensversicherungen arbeiten ja auch ausnahmslos nach diesem Prinzip. Sowohl ein dritter Weltkrieg als auch eine nochmalige Hyperinflation sind zwar in der Zukunft nicht vollständig auszuschließen, aber doch sehr unwahrscheinlich. Und wenn alle Stricke reißen, dann könnte man es genauso machen wie nach 1948 und vorübergehend wieder auf das Umlageverfahren ausweichen. Gerade diese jederzeit mögliche Option verringert ironischerweise die Risiken, die mit dem Kapitaldeckungsverfahren verbunden sind! Die verbleibenden Risiken und Umstellungsschwierigkeiten, die zugegebenerweise mit dem Kapitaldeckungsverfahren verbunden bleiben, sind jedenfalls sehr sorgsam gegen die volkswirtschaftlichen Vorteile dieses Verfahrens abzuwägen.

Kinderreichtum als ökonomisches Gut

Wenden wir uns nochmals dem Problem des Familienlastenausgleichs zu. Neben dem Ziel der Stabilisierung des Umlageverfahrens durch eine Steigerung der Geburtenrate werden dafür auch Gerechtigkeitsaspekte ins Feld geführt. Tatsächlich können sich die Kosten der Kindererziehung für eine

Familie leicht auf sechsstellige Beträge summieren. Die gilt vor allem, wenn man bedenkt, daß der kindererziehende Ehepartner während dieser Zeit auf eine eigene Berufstätigkeit weitgehend verzichten muß. Der Familienlastenausgleich wirkt angesichts dieser Kosten scheinbar nur wie ein Tropfen auf den heißen Stein.

Aber diese weitverbreitete Betrachtungsweise des Problems greift sicher zu kurz. Wenn Kinderreichtum unter den Lebensbedingungen der Industrieländer wirklich nur eine Last wäre, dann könnte man kaum erklären, warum überhaupt noch Kinder in die Welt gesetzt werden. Die Wirklichkeit sieht denn auch etwas anders aus. Kinder bedeuten ja auch Freude und Lebenssinn, und sie sind nach wie vor auch ein wichtiger ökonomischer Faktor für die eigene Altersvorsorge. Denn wehe dem, der im Alter allein auf die staatliche Fürsorge angewiesen ist! Es wird ihm nicht nur an menschlicher Zuwendung, sondern auch an Unabhängigkeit von der Allmacht der Bürokraten fehlen. Ist er gar ans Krankenbett gefesselt, so wird er sich wahrscheinlich nichts sehnlicher wünschen als eine Familie, die ihn stützt und vor einem einsamen Dahinsichen in alleiniger Abhängigkeit von staatlicher Mildtätigkeit bewahrt.

Auf den ökonomischen Nutzen der Kinder für die Eltern hat vor allem der amerikanische Ökonom Gary Becker (geb. 1930), Nobelpreisträger des Jahres 1992, in zahlreichen Beiträgen hingewiesen. Deswegen ist ihm oft der Vorwurf des Zynismus gemacht worden - wie kann man den Wunsch nach Kindern in das Korsett einer reinen Nutzen-Kosten-Analyse zwängen? Und doch zeigt gerade die Abhängigkeit der Geburtenrate von den ökonomischen und sozialen Rahmenbedingungen, wie wichtig rein ökonomische Überlegungen auch heute noch bei der Entscheidung für oder gegen Kinder sind.

Wenn man nun neben den Kosten der Kindererziehung auch ihren privaten Nutzen für die Eltern selbst berücksichtigt, dann ist es auch unter Gerechtigkeitsaspekten durchaus fraglich, ob der Staat Prämien dafür bezahlen sollte, daß man seine eigenen Kinder großzieht. Der Nutzen eines wohlerzogenen Kindes übersteigt mit Sicherheit auch heute noch die Kosten, welche die Eltern dafür aufzubringen haben. Und ob mißratene Zöglinge für die Volkswirtschaft insgesamt einen Gewinn bedeuten, mag man auch in Zweifel ziehen.

Es gibt aber noch einen anderen Einwand gegen die vollständige Sozialisierung der Kindererziehungskosten. Ein solcher Ansatz zerstört nämlich letztlich die Familie und damit die wichtigste und effizienteste Solidargemeinschaft, die wir kennen! Wenn die Gesellschaft alle Kosten der Kindererziehung übernimmt, dann gibt es ja kaum noch einen Grund, überhaupt eine Familie zu gründen. Die alleinerziehende Frau würde dann nicht nur ihren Lebensunterhalt, sondern auch ihre Altersversorgung vom Staat garantiert bekommen. Warum also sollte sie heiraten? Die Ehe mit dem Vater ihres Kindes würde beide womöglich ökonomisch schlechter stellen! Denn dann hätte ihr Ehegatte für ihren Lebensunterhalt zu sorgen, der andernfalls vom Staat getragen würde. Also wäre es ökonomisch rational, in nichtehelicher Gemeinschaft zu verbleiben und die anonyme Solidargemeinschaft der Steuerzahler mit den eigenen Lebensunterhaltskosten zu belasten.

Der Staat müßte dann letztlich für jeden älteren Mitbürger, für jede kindererziehende Frau und auch für jeden Jugendlichen, der das Elternhaus verläßt, für einen angemessenen Lebensstandard sorgen. Ein solcher, extrem individualisierter Versorgungsanspruch dürfte sich aber als unbezahlbar erweisen. Je anonymer nämlich die Gemeinschaft der Zahlenden ist, desto ungenierter wird sie im Zweifel in Anspruch genommen. Gerade deshalb droht ein solches System letztlich sogar inhuman zu werden. Denn in dem Bemühen, die Kosten in Grenzen zu halten, wird der Staat zunehmend bürokratischer reagieren und Regelungen ersinnen, die dem Einzelfall immer weniger gerecht werden. Ob beispielsweise der kranke Großvater Anspruch auf einen Rollstuhl oder auf eine neue Rheumadecke hat, werden dann staatliche Beamte nach starren Richtlinien entscheiden, unabhängig von den Umständen des Einzelfalls oder menschlichen Erwägungen. Umgekehrt ist im reinen Sozialstaatssystem auch kaum zu vermeiden, daß riesige Summen für Leistungen ausgegeben werden, die im Grunde gar nicht notwendig sind und die dann an anderer Stelle fehlen.

Subsidiaritätsprinzip oder Sozialstaatsprinzip?

Solche Überlegungen haben insbesondere die Vertreter der katholischen Soziallehre bewogen, das sogenannte Subsidiaritätsprinzip in der Sozialpolitik einzufordern. Dieses Prinzip besagt, daß im Zweifel stets zunächst die kleinere Solidargemeinschaft gefordert ist, bevor größere Solidargemeinschaften wie etwa eine Versicherung oder gar der Staat eingreifen sollen. Und wenn, dann habe stets die Hilfe zur Selbsthilfe Vorrang vor einem umfassenden Versorgungsanspruch. Denn eine staatliche Rundumversorgung lasse die Eigeninitiative verkümmern und führe letztlich zur Unfinanzierbarkeit bei gleichzeitig fortschreitender Entmündigung der Bürger.

Die Idee des Subsidiaritätsprinzips wurde bereits 1931 von Papst Pius XI. in seiner Sozialenzyklika Quadragesimo anno formuliert. In Deutschland wurde sie vor allem von dem Jesuitenpater Oswald von Nell-Breuning (1890-1991) propagiert und ist lange Zeit richtungweisend für das sozialpolitische Denken der katholischen Kirche gewesen. In jüngerer Zeit ist es allerdings auch in kirchlichen Kreisen immer stärker von einem eher sozialstaatlichen Denken verdrängt worden, gerade was die Altersvorsorge betrifft.

Es ist wichtig, sich die beiden grundsätzlichen Alternativen der Sozialpolitik hier deutlich vor Augen zu halten. Wenn man den familiären Lebensverbund als effiziente und humane Solidargemeinschaft erhalten will, dann muß man entsprechende Anreize dafür setzen, ihn zu erhalten. Zu diesen Anreizen gehört zum Beispiel in Deutschland das Ehegattensplitting, ein Steuervorteil, den nur derjenige in Anspruch nehmen kann, der Verantwortung für den Lebensunterhalt seines Lebenspartners übernimmt und damit den Staat entlastet. Auch das deutsche Rentenversicherungssystem folgte lange Zeit diesem Gedanken: Der erwerbstätige Ehegatte erwarb mit seinen Rentenbeiträgen nicht nur Ansprüche auf eine eigene Altersversorgung, sondern gleichzeitig wurde im Falle seines Todes auch der Unterhalt seiner Witwe und ggfs. seiner Waisen gewährt. Hinzu kam die kostenlose Mitversicherung der Familienangehörigen in der gesetzlichen Krankenversicherung. Diese Regelungen waren ein starker Anreiz, eine Familie nicht nur faktisch, sondern auch juristisch mit allen damit verbundenen gegenseitigen Unterhaltsverpflichtungen zu gründen.

Wenn man vom reinen Individualprinzip ausgeht, dann bedeuten diese Familienvergünstigungen offenbar einen Verstoß gegen den Gerechtigkeitsgedanken. Der Familienvater erwirbt ja mit seinen Sozialversicherungsbeiträgen weit mehr Ansprüche als ein gleich gut verdienender Lediger und zahlt außerdem weniger Steuern. Betrachtet man dagegen die Familie selbst als das Objekt der Steuer- und Sozialversicherungspflicht, dann ist gegen die genannten familiären Vergünstigungen wenig einzuwenden, im Gegenteil. Wer bindende Unterhaltsverpflichtungen für seinen Ehegatten und für dessen Kinder eingeht, der entlastet letztlich die staatlichen Sozialhaushalte und verdient daher eine andere Behandlung als derjenige, der beispielsweise in wilder Ehe lebt und seine sogenannte patchwork-Familie im Notfall vom Staat unterhalten läßt.

Die Alternative zur familiären Solidargemeinschaft ist die staatliche Verantwortung für jedes einzelne Individuum. Wer diesen Gedanken verfolgt, wird z.B. eine eigenständige Altersvorsorge beider Ehegatten fordern, auch wenn dies im Falle des Zusammenbleibens der Eheleute zu einer gar nicht notwendigen Doppelrente führt. Entsprechend gravierender werden dann auch die Finanzierungsprobleme der Rentenversicherung ausfallen. Konsequent ist es dann auch, sowohl für die Kinder als auch für die ins Rentenalter einrückenden Eltern eine eigenständige – ggfs. staatlich garantierte - staatliche Vorsorge einzurichten. In der Praxis findet dieses Denken seinen Niederschlag in immer höheren Kindergeldzahlungen einerseits und in einer staatlich garantierten Mindestrente für jedermann andererseits. Damit aber würde die Familie als juristisch verbindliche Solidargemeinschaft endgültig entbehrlich. Alle Kosten der gegenseitigen Absicherung, die sie bisher getragen hat, würde ja dann der Staat übernehmen. Es gehört wenig Vorstellungskraft dazu, sich die finanziellen Folgen auszumalen.

Die naheliegende Alternative wäre eine Stärkung der Rolle, welche die familiäre Lebensgemeinschaft in der Sozialpolitik zu spielen hat. Bezogen auf unser Problem der Altersvorsorge könnte dies z.B. bedeuten, daß in erster

Linie die Kinder selbst Verantwortung für das Wohlergehen ihrer Eltern im Alter zu tragen hätten. Mit welchem Recht kann etwa der gutverdienende Prokurist den Staat für den Lebensunterhalt seiner kranken Mutter verantwortlich machen? Hat er nicht allen Anlaß, seinen Eltern zunächst selbst für die gute Ausbildung zu danken, die sie ihm ermöglicht haben? Nur wenn die Kinder nicht in der Lage sind, ihre Eltern im Alter angemessen zu unterstützen, wäre gemäß dem Subsidiaritätsprinzip der Staat gefordert.

Es spricht im übrigen nichts dagegen, die familiäre Lebensgemeinschaft weiter zu definieren, als dies bisher üblich war. Warum sollte nicht auch die nicht-eheliche Lebensgemeinschaft als Solidargemeinschaft anerkannt werden? Es wäre rational für die Gemeinschaft der Steuerzahler, etwa den Splittingvorteil des Steuerrechts auch auf sogenannte "wilde Ehen" auszudehnen, vorausgesetzt, die daran Beteiligten würden sich zu entsprechenden gegenseitigen Unterhaltsverpflichtungen bereitfinden. Selbst gleichgeschlechtliche Lebensgemeinschaften müßten davon nicht ausgenommen bleiben. Unter ökonomischen Gesichtspunkten kommt es nur darauf an, daß die Gemeinschaft der Steuerzahler im Notfall durch entsprechende gegenseitige Unterhaltsverpflichtungen entlastet wird. Je problemnäher die Altersvorsorge organisiert wird, desto preiswerter ist sie zu haben.

Wir wollen nicht verhehlen, daß diese Problematik auch unter Ökonomen sehr umstritten ist. Es sollte auch deutlich geworden sein, daß man an diese Problematik nicht ausschließlich unter Kosten- und Nutzenaspekten herangehen kann, jedenfalls nicht in einem engen, rein finanziellen Sinne. Aber auch das Umgekehrte gilt: Wer Sozialpolitik ohne Rücksicht auf ihre ökonomischen Konsequenzen betreibt, wird mit Sicherheit scheitern. Gerade bei den sehr langfristig wirkenden Folgen der Familien- und Rentenpolitik trifft dies in aller Regel allerdings nicht mehr die heute amtierenden Politiker. Sie werden beispielsweise niemals für die tatsächliche Finanzierbarkeit der Rentenerziehungszeiten gerade stehen müssen, die sie heute den erziehenden Müttern großzügig in Aussicht stellen. Dies wird vielmehr das Problem der künftigen Generation sein, also gerade derjenigen, denen ohnehin schon riesige Rentenlasten in der Zukunft drohen.

Hinweise zum Weiterlesen:

Die theoretischen Zusammenhänge zwischen Bevölkerungswachstum und Rentenversicherungssystem werden umfassend dargestellt bei S. Homburg, "Theorie der Alterssicherung", Berlin u.a. 1988.

Interessante Beiträge zum Problem der Rentenfinanzierung finden sich auch in dem Sammelband von E. Knappe/A. Winkler (Hg.), "Sozialstaat im Umbruch", Frankfurt/New York 1997.

Die Zusammenhänge von Familien- und Bevölkerungspolitik werden theoretisch und empirisch sehr schön dargestellt in dem Sammelband der Landeszentrale für politische Bildung Baden-Württemberg (Hg.), "Bevölkerungsentwicklung und Bevölkerungspolitik in der Bundesrepublik Deutschland", Stuttgart u.a. 1988.

Mit den Möglichkeiten und Grenzen, die Rentenproblematik durch Einwanderungspolitik zu lösen, befaßt sich T. Straubhaar, "Migrationstheorie", in: N. Berthold (Hg.), Allgemeine Wirtschaftstheorie, München 1995, S. 291 - 314.

Ökonomische Gesetze und juristisches Denken

Lassen sich Werte eindeutig ordnen?

Wie in jeder Wissenschaft, so gibt es auch in der Ökonomie in vielen Fragen Uneinigkeit und Streit zwischen den Fachleuten. Die großen weltanschaulichen Schlachten, etwa zwischen Sozialisten und Liberalen, sind aber längst geschlagen. Sieht man von einigen wenigen Außenseitern ab, so befürwortet heute die überwältigende Mehrheit unter den Ökonomen eine marktwirtschaftliche Wirtschaftsordnung. Die theoretischen Argumente für Markt und Wettbewerb als wesentliches Prinzip der Wirtschaftsordnung sind erdrückend, und die Erfahrung aus mittlerweile zwei Jahrhunderten moderner Wirtschaftsgeschichte spricht eine nicht minder eindeutige Sprache.

Trotz allem versucht der Staat immer wieder, die ökonomischen Gesetze ganz oder teilweise außer Kraft zu setzen, indem er mit vielfältigen Interventionen in das Marktgeschehen eingreift. Beispielsweise sind die Arbeitsmärkte in den meisten Industriestaaten mehr oder weniger stark reguliert, und das gleiche gilt in vielen Ländern für die Wohnungsmärkte, für den Energiemarkt und die Landwirtschaft. Aber auch diejenigen Bereiche, in die der Staat nicht direkt eingreift, unterliegen einem dichten Geflecht von gesetzlichen Vorschriften, welche die Vertragsfreiheit der Marktteilnehmer teilweise erheblich einschränken.

Dieser Hang zum Interventionismus liegt nicht zuletzt daran, daß die Gesetze des Staates eben meist nicht von Ökonomen, sondern von Juristen gemacht werden. In der juristischen Ausbildung kommen aber ökonomische Zusammenhänge kaum vor. Umgekehrt wissen Ökonomen meist nicht viel über Rechtsnormen und konkrete Gesetze. Daher konnte es nicht ausbleiben, daß die Vertreter der beiden Fachdisziplinen wenig Kontakt miteinander haben und selbst bei gemeinsamen Tagungen oft aneinander vorbeireden.

Das war nicht immer so. Ursprünglich sind ökonomische und juristische Ausbildung einmal eine Einheit gewesen. Wer im 19. Jahrhundert Staatswissenschaften studierte, kannte daher nicht nur die staatlichen Gesetze. Er konnte auch beurteilen, ob sie ökonomisch sinnvoll waren, und wie man sie gegebenenfalls verbesserte. Selbst als die Spezialisierung der Fächer so stark wurde, daß die Fakultäten sich trennten, blieb es zunächst bei einer engen Tuchfühlung zwischen Juristen und Ökonomen. So waren unter den Vätern des sogenannten Ordoliberalismus, die in Deutschland die Grundlagen der marktwirtschaftlichen Wirtschaftsordnung nach dem Zweiten Weltkrieg legten, mit dem Ökonomen Walter Eucken und dem Juristen Franz Böhm hervorragende Köpfe beider Fachrichtungen vertreten.

Das heutige juristische Denken ist dagegen stark von Vorstellungen geprägt, die dem tatsächlichen Wollen und Handeln der Menschen und damit der wirtschaftlichen Wirklichkeit oft nicht gerecht werden. Juristen denken beispielsweise gerne in Hierarchien: Das Grundgesetz steht über den normalen Gesetzen, diese wiederum über staatlichen Richtlinien und Verordnungen, und ganz zuletzt in dieser Rangordnung kommt meist der Wille derjenigen, um die es im konkreten Fall geht. So kann es durchaus vorkommen, daß der Vermieter einer Wohnung sich mit einem interessierten Mieter völlig einig ist, der Mietvertrag aber dennoch nicht zustandekommt, weil es der Wohnung z.B. an der gesetzlich vorgeschriebenen Fensterhöhe mangelt.

Auch im Arbeitsrecht sind solche Fälle an der Tagesordnung. Von der Einhaltung des Tariflohns über die zulässigen Arbeits- und Ruhezeiten bis hin zur Ausstattung des Arbeitsplatzes ist beispielsweise in Deutschland alles detailliert gesetzlich geregelt. Jede Vorschrift wird penibel überwacht, ob die tatsächlich Beteiligten dies nun für sinnvoll und notwendig halten oder nicht. Bis in ihr Privatleben hinein glaubt der Staat, seine Bürger vor sich selbst schützen zu müssen, indem er ihnen beispielsweise das Anlegen von Sicherheitsgurten im Auto vorschreibt und das eigenständige Anschließen ihres Küchenherdes verbietet.

Die Juristen übertragen ihr hierarchisches Denkprinzip nämlich auch auf den Wert der Güter selbst. So gilt ihnen die menschliche Gesundheit als höchstes Gut, das stets Vorrang vor anderen Werten wie der Vertragsfreiheit oder der freien Entfaltung der Persönlichkeit haben müsse. Daß dies mit dem wirklichen Wertempfinden der Menschen nicht immer übereinstimmt, kann man schon an deren täglichem Verhalten ablesen. Wie sonst ließe sich erklären, daß viele von uns trotz aller damit verbundenen Gefahren rauchen, Alkohol trinken, zum reinen Vergnügen schnelle Motorräder fahren oder steile Skipisten herunterrasen?

Eine ökonomische Theorie, die dieses Verhalten erklären kann, haben wir bereits kennengelernt. Wir begegnen hier erneut den Gossenschen Gesetzen. Auch für den Schutz vor gesundheitlichen Gefahren gilt nämlich: Je größer unsere Sicherheit bereits ist, desto geringer bewerten wir einen zusätzlichen Gewinn an diesem Gut. Anders ausgedrückt: Wenn Sicherheitsvorschriften andere Werte wie unsere Freiheit oder einfach nur den Spaß am Leben zu stark beeinträchtigen, so bewerten wir sie schließlich negativ. Wir beginnen dann, Verkehrsvorschriften zu mißachten, Lampen selbst anzubringen, statt damit einen teuren Fachmann zu beauftragen, und Alkohol auf dem Schwarzmarkt zu erwerben, wenn er offiziell nicht mehr verkauft werden darf.

Dieses Verhalten ist also leicht zu erklären; dem ökonomisch nicht vorgebildeten Juristen wird es dagegen immer fremd bleiben. Die ersten Ökonomen haben freilich noch ganz ähnlich gedacht. Das trifft vor allem auf die mittelalterlichen Ökonomen der Scholastik zu, denen wir ja schon begegnet sind. Als Männer der Kirche hatten sie ein festes Wertgefüge, das der göttlichen Botschaft entsprechen sollte. Ganz oben stand in ihrer Hierarchie natürlich Gott selbst, gefolgt von den Engeln und Heiligen. Erst danach kam der Mensch, und nach diesem die Tiere und Pflanzen als lebendige Geschöpfe Gottes. Hinter diesen wiederum rangierten materielle Güter wie Töpfe oder Schuhe, und ganz am Schluß kam das Geld. Als Ausdruck verwerflicher Gewinnsucht war das Geld meist sogar mit einem negativen Beigeschmack versehen.

Die Juristen können sich also auf eine lange Tradition des Denkens in festgefügten Wertekategorien berufen, die bis auf Aristoteles und Platon zurückgeführt werden kann. Trotzdem wird ein solcher, absoluter Anspruch dem wirklichen Verhalten der Menschen nicht gerecht. So rannten die Leute schon im Mittelalter gerade hinter dem Geld her, während der Gottesdienst vernachlässigt wurde. Man mag das bedauern und kann auch versuchen, die Menschen vor den Gefahren ihres Verhaltens zu überzeugen. Aber der Versuch, sie durch staatlichen Zwang zu ihrem eigenen Glück zu zwingen, ist sowohl anmaßend als auch letztlich zum Scheitern verurteilt. Denn das dazu notwendige, feste Wertgefüge gibt es nicht!

Das gilt sogar dann, wenn durch das Verhalten eines Menschen nicht nur die eigene Gesundheit, sondern auch die Gesundheit anderer auf dem Spiel steht.

Nehmen wir etwa das Beispiel des Straßenverkehrs. Das von fast allen Juristen vertretene Prinzip, daß hier im Zweifelsfall stets die körperliche Unversehrtheit des einen Vorrang vor dem Freiheitsrecht des anderen hat, klingt zunächst überzeugend. Dementsprechend beobachten wir in praktisch allen Ländern mehr oder weniger rigide Tempolimits, Promillegrenzen und dergleichen mehr, um die Gefahren in Grenzen zu halten.

Was aber bedeutet "in Grenzen halten" hier konkret? Nähmen wir den absoluten Vorrang der Gesundheit vor der Freiheit wirklich ernst, dann müßten wir in letzter Konsequenz zum Verbot jeden Automobilverkehrs, ja sogar jeden Verkehrs überhaupt kommen. Es mag einige Extremisten geben, die so etwas fordern, aber dem Willen der meisten Menschen entspricht dies sicher nicht. In Wirklichkeit geht es auch hier wieder um eine Frage des richtigen Maßes, so wie es uns die Gossenschen Gesetze lehren. Je mehr Sicherheit im

Straßenverkehr bereits besteht, desto weniger wird nämlich die Gesellschaft eine weitere Erhöhung der Sicherheit auf Kosten ihrer Freiheit wünschen. Daher lassen sich entsprechende Verkehrsregulierungen zwar im Grundsatz rechtfertigen, aber eben nur bis zu einem gewissen Maße. Diese Erkenntnis wird sich freilich einem in festen Wertekategorien und damit unökonomisch denkenden Menschen nur schwer erschließen.

Gute Absichten und schlimme Folgen

Kommen wir noch einmal auf die Probleme des Mieter- und Arbeitnehmerschutzes zurück. Die juristischen Entscheidungskriterien in entsprechenden Streitfällen basieren, wie wir gesehen haben, zum einen auf der Idee der Güterabwägung und zum anderen auf dem Ziel, die vermeintlich schwächere Marktseite zu schützen. Beides leuchtet zunächst unmittelbar ein: Ist nicht das Recht auf eine Wohnung tatsächlich höher zu gewichten als das Recht auf die Erzielung eines angemessenen Mietertrages? Muß im Arbeitsrecht nicht der Kündigungsschutz für den Familienvater Vorrang haben vor dem Interesse des Arbeitgebers, den Arbeitsplatz mit einem möglicherweise tüchtigeren Mitarbeiter zu besetzen?

Das Hauptproblem einer solchen Argumentation liegt darin, daß sie sich immer nur auf den Einzelfall bezieht. Die ökonomischen Konsequenzen, die sich auf längere Sicht aus einer solchen Rechtsprechung ergeben, werden dagegen vernachlässigt. Diese Konsequenzen werden nun aber in aller Regel gerade diejenigen benachteiligen, denen man eigentlich helfen will! Das läßt sich sowohl für unser Mieterproblem als auch für das arbeitsrechtliche Beispiel zeigen.

Denn wie werden die Vermieter auf eine scheinbar mieterfreundliche Rechtsprechung reagieren, die ihnen selbst im Falle von Mietrückständen keine Kündigung des Mietverhältnisses in angemessener Frist erlaubt? Offenbar erzeugen solche Verbote ein hohes Risiko, sozial schwache Familien als Mieter zu akzeptieren. Also wird der Vermieter im Zweifel dem alleinstehenden, wohlhabenden Beamten den Vorzug vor der fünfköpfigen Arbeiterfamilie geben, selbst wenn er eigentlich durchaus sozial eingestellt ist. Damit haben diejenigen, die den besonderen Schutz des Gesetzgebers genießen, zwar alle Rechte auf ihrer Seite - aber gerade deswegen finden sie keine Wohnung!

Die gleichen ungewollten Wirkungen hat oft auch das Arbeitsrecht. Probleme haben z.B. oft junge Frauen bei der Arbeitsuche. In Deutschland etwa genießen sie einen besonderen Schutz für den Fall der Schwangerschaft, der neben der Unkündbarkeit auch ausgedehnte bezahlte Freizeiten beinhaltet. Der Arbeitgeber hat aber beim Vorstellungsgespräch nicht einmal das Recht, zu erfahren, ob die betreffende Bewerberin vielleicht bereits ein Kind erwartet. Die ökonomische Konsequenz ist wiederum das Gegenteil des Gewollten: Frauen finden viel schwerer einen Arbeitsplatz als Männer, und wenn, dann oft nur zu niedrigeren Löhnen, die das erhöhte Ausfallrisiko für den Arbeitgeber kompensieren.

Wie soll man nun mit diesen Problemen umgehen? Bei den Schwerbehinderten, die ähnliche Schutzrechte haben, hat der deutsche Gesetzgeber den Unternehmen bestimmte Einstellungsquoten vorgeschrieben. Auch für Frauen und Lehrlinge werden solche Quoten diskutiert, und genausogut könnte man sie für ältere Arbeitnehmer, Ausländer und andere Minderheiten fordern, die besondere Probleme am Arbeitsmarkt haben. Im Ergebnis würde allerdings eine Personalpolitik dabei herauskommen, die sich immer stärker an staatlichen Vorschriften als an wirtschaftlichen Kriterien orientiert. Die tatsächliche Eignung der Bewerber würde bald nur noch eine Nebenrolle bei der Einstellung oder Entlassung von Mitarbeitern spielen, was wohl kaum erwünscht sein kann.

Es gibt aber eine Alternative zur staatlichen Zwangseinstellung von Mitarbeitern, die man eigentlich gar nicht beschäftigen möchte. Statt dem einzelnen Unternehmen die Risiken der Einstellung von Problemgruppen aufzubürden, müßte der Staat diese Risiken selbst übernehmen. Schließlich ist der Schutz von Problemgruppen ein gesamtgesellschaftliches Anliegen, an dessen Kosten sich alle beteiligen sollten. Es macht keinen Sinn, diese Kosten einseitig ausgerechnet denjenigen Unternehmen aufzubürden, die solche Problemgruppen beschäftigen.

Beispielsweise könnten die Ausfallzeiten während der Schwangerschaft von der Krankenversicherung aufgefangen werden. Das würde zwar die Krankenversicherungsbeiträge steigen lassen, aber damit würden sich die Kosten gleichmäßiger auf alle Unternehmen verteilen, während sie sich heute ausgerechnet bei denjenigen konzentrieren, die relativ viele Frauen einstellen! In der Konsequenz würden sich die Einstellungschancen von Frauen verbessern. Das wäre nicht nur sozialpolitisch erwünscht, sondern auch volkswirtschaftlich sinnvoll. Nicht mehr das Geschlecht, sondern allein die Eignung für den Job würde dann darüber entscheiden, wer den jeweiligen Arbeitsplatz erhält.

Auch auf den Wohnungsmärkten lassen sich ökonomisch sinnvollere Lösungen finden als diejenigen, die sich unter dem Einfluß der Juristen in vielen Ländern entwickelt haben. Die eleganteste Lösung ist die, daß man sozial bedürftigen Mietern ein staatliches Wohngeld zahlt oder sie mit einer staatlichen Bürgschaft für eventuelle Mietausfälle ausstattet. Dies würde ihre Chancen, eine Wohnung zu finden, deutlich verbessern. Gleichzeitig kämen auch die privaten Vermieter auf ihre Kosten und hätten damit Anreize, vermehrt Wohnraum zu schaffen und ihn ohne Diskriminierung einzelner Mietergruppen zu vermieten. Nicht alle Probleme auf den Wohnungsmärkten lassen sich auf eine so einfache Weise lösen. Aber immer gilt, daß erst ein gründliches Durchdenken der ökonomischen Mechanismen uns überhaupt in die Lage versetzt, langfristig tragfähige Lösungen ohne unerwünschte Nebenwirkungen zu finden.

Sisyphos oder Herkules?

Die generelle Schlußfolgerung aus unseren Überlegungen ist diese: Wer soziale Ziele in einer Marktwirtschaft verfolgt, sollte sich dabei die Kräfte des Marktes zunutze machen, statt permanent gegen sie anzurennen. Es gibt zu dieser Überlegung eine schöne Analogie aus der griechischen Sagenwelt, die Joachim Starbatty von der Universität Tübingen in seinen Vorlesungen gerne verwendet. Das schlechte Beispiel gibt uns danach Sisyphos: Bekanntlich versuchte er ständig, einen schweren Stein den Berg hinaufzurollen und scheiterte dabei immer wieder bis in alle Ewigkeit. Die Versuche des Arbeits- und Wohnungsrechts, soziale Belange gegen die Kräfte des Marktes durchzusetzen, lassen sich durchaus mit diesem Tun vergleichen.

Richtig hat es dagegen nach Starbatty ein anderer Held der griechischen Sage gemacht, nämlich Herkules. Eine der ihm gestellten zwölf Aufgaben bestand bekanntlich darin, den Stall des Augias zu säubern, und zwar an einem einzigen Tag. Selbst die übermenschlichen Kräfte, über die Herkules verfügte, hätten dazu nicht ausgereicht. Er war jedoch nicht nur stark, sondern auch klug, und leitete einfach zwei Flüsse durch den Augiasstall, die ihm die Arbeit abnahmen.

Herkules bediente sich mit anderen Worten der Kräfte der Natur, statt wie Sisyphos dagegen anzurennen. Genauso sollte es der Staat machen, wenn es um soziale Ziele geht. Wenn er die Weichen dabei richtig stellt, dann werden ihm die Kräfte des Marktes dabei den größten Teil der Arbeit abnehmen.

Die Ökonomen sprechen in diesem Zusammenhang von Ordnungspolitik. Damit ist gemeint, die Rahmenbedingungen und Anreize für privates Handeln so zu setzen, daß sie möglichst automatisch zu den gewünschten Ergebnissen führen. Das ist nicht immer einfach. Man braucht dafür vor allem eine gute Kenntnis der Gesetze des Marktes selbst. Daher geht es in der Ordnungspolitik immer erst einmal darum, die Kräfte des Marktes genau zu analysieren, und zwar gerade auch in bezug auf ihre langfristigen Wirkungen und möglicherweise unerwünschte Folgewirkungen. Erst auf einer solchen Basis ist erfolgreiche Wirtschaftspolitik überhaupt denkbar.

Hinweise zum Weiterlesen:

Zu den Grenzgebieten zwischen Rechts- und Wirtschaftswissenschaften gibt einen knappen Überblick der Beitrag von C. Koboldt, M. Leder und D. Schmidtchen, "Ökonomische Analyse des Rechts", in: N. Berthold, Allgemeine Wirtschaftstheorie, München 1995, S. 355-384.

Eine kritische Analyse staatlicher Eingriffe in einzelne Märkte mit vielen Beispielen findet sich bei B. Külp u.a., "Sektorale Wirtschaftspolitik", Berlin u.a. 1984.

Die ökonomischen Konsequenzen des Wohnungsrechts werden sehr detailliert und kenntnisreich dargestellt bei J. Eekhoff, "Wohnungspolitik", Tübingen 1993.

Wohlfahrtsstaat und Arbeitslosigkeit

Ist Vollbeschäftigung überhaupt möglich?

Die langanhaltende Arbeitslosigkeit in den westlichen Industriestaaten hat bei vielen Politikern zu Resignation geführt. Manchmal wird sogar vom Ende der Arbeitsgesellschaft gesprochen. Dahinter steht die Vorstellung, daß das Volumen an verfügbarer Arbeit begrenzt sei und nicht mehr ausreiche, um die wachsende Bevölkerung mit Arbeitsplätzen zu versorgen. Mitunter wird dafür auch der technische Fortschritt verantwortlich gemacht, der angeblich dazu führe, daß die menschliche Arbeitskraft immer mehr von Maschinen verdrängt werde.

Wir haben uns mit dieser Befürchtung einer sogenannten technologischen Arbeitslosigkeit schon befaßt und dabei festgestellt, daß sie im wesentlichen unbegründet ist. Der technische Fortschritt erhöht im Gegenteil unseren Wohlstand und unsere Einkommen und schafft damit auf lange Sicht mehr Nachfrage und neue Beschäftigungsmöglichkeiten. Nur kurzzeitig mag es aufgrund technologischer Schübe zu Beschäftigungsproblemen kommen, die sich dann aber auf einzelne Branchen und Unternehmen beschränken. Das ist eben der Preis für die Dynamik der Märkte. Man kann sogar noch weitergehen und feststellen, daß ohne technischen Fortschritt eine Steigerung der Arbeitnehmereinkommen gar nicht möglich wäre, schon gar nicht bei wachsender Bevölkerung.

Es ist auch nicht so, daß etwa die Bedürfnisse der Menschen heutzutage schon weitgehend befriedigt sind und es daher an sinnvollen Produktionsmöglichkeiten fehlt, wie ebenfalls oft behauptet wird. Das kann schon deswegen nicht stimmen, weil dann kaum erklärbar wäre, warum die Gewerkschaften jedes Jahr einen höheren Lohn für ihre Mitglieder verlangen. Darüber hinaus gibt es weltweit unbefriedigte Bedürfnisse in weit größerem Ausmaß, als uns lieb sein kann. Man spricht von allein 800 Millionen Menschen, die noch immer buchstäblich hungern müssen. Es ist zwar nicht leicht, in den betreffenden Ländern einen wirtschaftlichen Entwicklungsprozeß in Gang zu setzen, um ihre Bedürfnisse in kaufkräftige Nachfrage zu transformieren. Aber die dort herrschende Güterknappheit widerlegt dennoch die These, der Menschheit gehe die Arbeit aus.

Darum wäre es auch falsch, die Beschäftigungsprobleme in den Industrieländern durch Arbeitszeitverkürzung lösen zu wollen. Dadurch würde die Arbeitslosigkeit quasi nur auf mehr Köpfe verteilt: Statt eines Vollzeitarbeitslosen hätte man dann zum Beispiel zwei Teilzeitarbeitslose. So etwas kann nur dann sinnvoll sein, wenn die Betroffenen ohnehin Teilzeit arbeiten wollen, zum Beispiel wegen familiärer Aufgaben. Dann braucht man dafür aber auch keinen gesetzlichen oder tariflichen Zwang, sondern nur hinreichend flexible Arbeitsbedingungen.

Alles, was auf zwangsweise Arbeitszeitverkürzung hinausläuft, ist dagegen keine wirkliche Lösung. Die statistisch ausgewiesene Zahl der Arbeitslosen mag man dadurch vielleicht sogar senken. Aber an dem eigentlichen Problem, nämlich der Diskrepanz zwischen dem Wunsch nach Arbeit und dem tatsächlichen Arbeitsvolumen, ändert sich dadurch nichts. Wenn man gar Arbeitszeitverkürzung ohne entsprechende Kürzung des Lohnes der Betroffenen betreibt, so wird man das Problem sogar noch verschlimmern. Denn das wäre nichts anderes als eine Verteuerung jeder Arbeitsstunde, der weitere Arbeitsplätze zum Opfer fallen müßten.

Natürliche Arbeitslosigkeit und Mismatch

Woran liegt es nun aber, daß die Arbeitslosigkeit seit den 70er Jahren in vielen Ländern angestiegen ist? Zunächst muß man sich von der Vorstellung lösen, es könne in einer Marktwirtschaft Vollbeschäftigung aller Arbeitskräfte im buchstäblichen Sinne geben. Das ist schon deshalb nicht möglich, weil der Strukturwandel eben ständig zum Verlust von Arbeitsplätzen in einigen Unternehmen und Branchen führt, während gleichzeitig anderswo neue Arbeitsplätze entstehen. Daher ist immer eine gewisse Zahl von Menschen auf der Arbeitsuche.

Man bezeichnet diese unvermeidliche Arbeitslosigkeit auch als friktionelle Arbeitslosigkeit oder - wie Milton Friedman es ausgedrückt hat - als natürliche Rate der Unterbeschäftigung. Je nachdem, wie glatt der Strukturwandel in einer Volkswirtschaft vonstatten geht, liegt sie ungefähr zwischen 1 und 3% des Erwerbspersonenpotentials. Da der einzelne Arbeitnehmer dabei in der Regel nur für kurze Zeit arbeitslos ist und überdies Anspruch auf Arbeitslosenunterstützung hat, liegt darin heutzutage kein allzu großes soziales Problem mehr.

Anders ist es im Falle der sogenannten konjunkturellen Arbeitslosigkeit. Sie kann durchaus auch gesamtwirtschaftlich bedrohliche Ausmaße annehmen, wie wir schon gesehen haben. Dagegen gibt es nur ein wirksames Mittel, nämlich eine möglichst stetige Geld- und Finanzpolitik, um größere Konjunkturschwankungen möglichst erst gar nicht aufkommen zu lassen.

Die Beschäftigungsprobleme der Industriestaaten sind nun aber ganz überwiegend nicht auf solche Ursachen zurückzuführen. Das sieht man schon daran, daß sich die Arbeitslosigkeit beispielsweise in Deutschland seit Beginn der 70er Jahre über alle Konjunkturzyklen hinweg im Trend ständig erhöht hat. Man spricht hier von der sogenannten Sockelarbeitslosigkeit, die sich keinesfalls mit den Mitteln keynesianischer Nachfragepolitik beseitigen läßt. Auch unter sozialen Gesichtspunkten ist sie besonders problematisch. Denn ein großer Teil der davon betroffenen Menschen bleibt länger als ein Jahr arbeitslos, und manche haben inzwischen sogar ganz die Hoffnung auf einen neuen Arbeitsplatz verloren. Diese sogenannten Langzeitarbeitslosen machten in Deutschland Ende der 90er Jahre bereits rd. 40% aller Arbeitslosen aus.

Es gibt im wesentlichen drei Gründe für die steigende Sockelarbeitslosigkeit. Einen davon haben wir bereits bei der Behandlung des technischen Fortschritts und des damit verbundenen Strukturwandels angesprochen. Leider ist es nämlich nicht so, daß dieser immer reibungslos verläuft. Wie soll zum Beispiel ein arbeitslos gewordener Werftarbeiter aus Norddeutschland einen freien Arbeitsplatz in der süddeutschen Computerindustrie besetzen können? Selbst wenn er zu einem entsprechenden Wohnortwechsel bereit wäre, bliebe immer noch das Problem, daß seine Qualifikation nicht mehr zu den Anforderungen des Arbeitsmarktes paßt.

Es kann also durchaus dazu kommen, daß gleichzeitig die Zahl der offenen Stellen und die Zahl der Arbeitslosen steigt, ohne daß beide Marktseiten zueinander finden. Man spricht dann auch von struktureller oder Mismatch-Arbeitslosigkeit. Daß dieses Problem im Zeitverlauf immer gravierender geworden ist, kann man an der sogenannten Beveridge-Kurve erkennen, benannt nach dem englischen Ökonomen und Politiker Lord William Henry Beveridge (1879 - 1963). Diese Kurve, bei der die Arbeitslosenzahl und die Zahl der offenen Stellen einander gegenübergestellt werden, hat sich in vielen Ländern während der letzten Jahrzehnte nach außen verschoben. Bei gegebener Zahl von offenen Stellen wurden also mehr Arbeitslose gezählt als früher - ein klarer Hinweis auf die größer gewordenen Probleme, Angebot und Nachfrage am Arbeitsmarkt zueinander zu bringen.

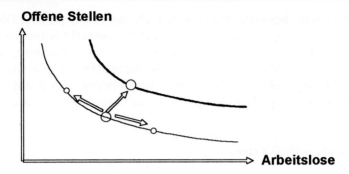

Eine Bewegung auf der Beveridge-Kurve nach links oder rechts beschreibt nur konjunkturelle Schwankungen. Verschiebt sich die Kurve aber nach außen, so weist dies auf eine Verfestigung der Arbeitslosigkeit hin.

Gerade dieses Phänomen der Mismatch-Arbeitslosigkeit ist es, das viele Ökonomen veranlaßt, größere Flexibilität auf den Arbeitsmärkten zu fordern. Dazu würde eine ganze Reihe von Maßnahmen gehören, die überwiegend aus dem Arsenal der angebotsorientierten Wirtschaftspolitik stammen.

Beispielsweise sollten die Lohnunterschiede zwischen den Regionen und Branchen den veränderten Verhältnissen auf den Gütermärkten Rechnung tragen. Die Löhne in der Werftindustrie dürften also nicht so stark steigen wie in der Computerindustrie. Und in Problemregionen, wo die Arbeitslosigkeit besonders hoch ist, müßten sie niedriger sein als anderswo. Damit wird zweierlei erreicht: Erstens haben die Arbeitnehmer dadurch einen Anreiz, sich frühzeitig entsprechend umzuorientieren, und nicht erst dann, wenn sie schon auf der Straße stehen. Und zweitens ziehen niedrigere Löhne in den Problemregionen Kapital dort hin und schaffen damit für die Menschen neue Arbeitschancen, auch ohne daß sie dafür umziehen müssen.

Das allein reicht allerdings nicht aus. Es muß auch genügend Anreize und Möglichkeiten für die Arbeitnehmer geben, sich ständig fortzubilden und notfalls auch einen ganz neuen Beruf zu erlernen. Dagegen hat es freilich schon immer Widerstände gegeben. So wollten die Pferdekutscher im 19. Jahrhundert der Eisenbahn nicht Platz machen, und später hatten die handwerklich hochqualifizierten Drucker erhebliche Probleme dabei, sich mit dem modernen Computersatz anzufreunden. Die großen Auseinandersetzungen um diese Fragen sind Gott sei Dank längst Geschichte. Aber im kleinen werden auch heute die Arbeitnehmer tagtäglich tausendfach mit der Herausforderung neuer Arbeitsfelder und veränderter Berufsanforderungen konfrontiert.

Das kann man nicht vermeiden, aber man kann den Menschen dabei helfen. Eine besondere Rolle kommt hier der sogenannten aktiven Arbeitsmarktpolitik zu. Darunter versteht man Qualifizierungsmaßnahmen und andere Hilfen zur Wiedereingliederung in den Arbeitsmarkt, wie sie von den

Arbeitsämtern in den meisten Ländern auch angeboten werden. Die Effizienz solcher Maßnahmen ist zwar oft zweifelhaft, und nicht selten münden sie am Ende für die Betroffenen doch wieder in der Arbeitslosigkeit. Aber zumindest soweit es um die Verringerung der Mismatch-Arbeitslosigkeit geht, ist aktive Arbeitsmarktpolitik prinzipiell ein richtiger Ansatz. Jedenfalls ist sie viel besser als die bloße Zahlung von Arbeitslosenunterstützung.

Armutsfalle und Tarifautonomie

Kommen wir nun zu den beiden anderen Gründen für die langfristig gestiegene Arbeitslosigkeit. Sie hängen jeweils mit dem Lohnniveau zusammen, freilich auf ganz verschiedene und auf den ersten Blick sogar widersprüchlich erscheinende Weise.

Da gibt es zunächst die Gruppe der gering qualifizierten Arbeitslosen, die manchmal sogar keinerlei Berufsausbildung haben. Sie kommen nur für sehr einfache Arbeiten in Frage, für die dementsprechend auch nur ein geringer Lohn gezahlt werden kann. In den USA nennt man sie die "working poor", die arbeitenden Armen. Sie haben mitunter gleich mehrere Aushilfsjobs wie Kellnern oder Autowaschen nebeneinander, um über die Runden zu kommen. Trotzdem geht es ihnen finanziell nicht gut, und auch ihre soziale Absicherung gegen Krankheit oder für das Alter ist sehr dürftig.

In den meisten kontinentaleuropäischen Ländern hält man so etwas für untragbar. Beispielsweise garantieren die deutschen Sozialhilferegelungen jedermann einen sozialen Mindeststandard, der deutlich über dem entsprechenden Niveau in den USA liegt. Dieser Anspruch wird praktisch unabhängig davon gewährt, ob jemand arbeitet oder nicht. Schließlich will man ja nicht seine Kinder oder seinen Ehegatten dafür bestrafen, wenn es der Antragsteller an Arbeitswillen fehlen läßt. Außerdem, so wird oft gesagt, gebe es eben keine geeigneten Arbeitsplätze.

Das stimmt nun allerdings so nicht. Denn natürlich könnte der Sozialhilfeempfänger auch in Deutschland Autos waschen, Parkplätze bewachen oder älteren Menschen bei den täglichen Besorgungen helfen. Er wird es nur meist nicht tun, weil sein dabei zu erzielendes Einkommen nämlich niedriger läge als sein Anspruch auf Sozialhilfe. Schlimmer noch: Dieser Anspruch würde ihm annähernd um den gleichen Betrag gekürzt werden, den er auf dem freien Markt hinzuverdient! Es ist nur zu verständlich, daß er sich unter diesen Umständen nicht um eigene Arbeit bemühen wird. Es sitzt, wie die Ökonomen sagen, in der Armutsfalle.

Nehmen wir nun an, unser Sozialhilfeempfänger versuche, seine Produktivität durch Fortbildung und besonderen Fleiß so stark zu erhöhen, daß er aus eigener Kraft der Armutsfalle entkommen kann. Es soll ihm also jetzt möglich sein, durch normale Arbeit ein merklich höheres Einkommen als den Sozialhilfesatz zu erzielen. Vielleicht findet er auch einen Arbeitgeber, der ihn gerne einstellen würde, sagen wir zu einem Stundenlohn von 20 DM.

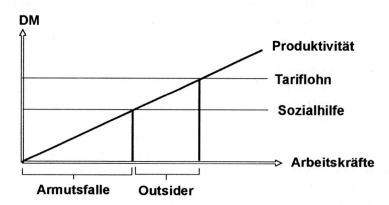

Wer nicht einmal den Sozialhilfesatz selbst verdienen kann, sitzt in der Armutsfalle. Auch die Outsider bleiben arbeitslos, weil ihre Beschäftigung zum Tariflohn zu teuer ist.

Nun aber stößt er möglicherweise an eine neue Barriere: Wenn der für das betreffende Unternehmen geltende Tariflohn höher liegt, beispielsweise bei 25 DM, darf der Arbeitgeber ihn nicht für 20 DM beschäftigen. Für 25 DM reicht die Leistungsfähigkeit unseres Sozialhilfeempfängers aber vielleicht (noch) nicht aus, und so bleibt er weiter arbeitslos.

Hier stoßen wir auf den dritten möglichen Grund für die hohe Sockelarbeitslosigkeit, nämlich ein zu hohes Lohnniveau. Die von den Gewerkschaften durchgesetzten Tariflöhne nutzen vor allem den sogenannten Insidern, also denjenigen, die einen Arbeitsplatz haben. Selbst bei einer Arbeitslosenquote von 10% stellen sie immer noch 90% der Gewerkschaftsmitglieder. Daher ist leicht erklärbar, daß ihre Interessen bei den Lohnverhandlungen meist im Vordergrund stehen.

Die Arbeitslosen als die sogenannten Outsider haben dabei das Nachsehen. Das gilt vor allem für diejenigen unter ihnen, die ohnehin Qualifikationsprobleme haben oder deren Einstellung aufgrund ihrer langer Arbeitslosigkeit als Risiko gilt. Aus diesem Grund wird von vielen Ökonomen vorgeschlagen, zumindest niedrigere Einstiegslöhne für solche Problemgruppen zuzulassen.

Um abschätzen zu können, welcher Anteil der Arbeitslosigkeit auf zu hohe Löhne zurückzuführen ist, müßte man idealerweise in der Lage sein, das markträumende Lohnniveau zu ermitteln. Das ist allerdings sehr schwer, denn der mit Vollbeschäftigung vereinbare Lohn ist letztlich ein Marktpreis, der außerdem je nach Branche, Beruf und Region unterschiedlich hoch ist.

Daher hat man sich in den letzten Jahren mehr auf die Frage konzentriert, unter welchen institutionellen Bedingungen am ehesten marktgerechte Lohnabschlüsse zu erwarten sind, die auch die Interessen der Arbeitslosen berücksichtigen.

Einiges Aufsehen hat dabei die sogenannte Hump-Shape-These des schwedischen Ökonomen Lars Calmfors erregt. Danach kommt es vor allem darauf an, inwieweit die Tarifverhandlungen zentral für jede Branche bzw. gar für die ganze Volkswirtschaft oder aber dezentral für jedes einzelne Unternehmen geführt werden. Calmfors glaubte herausgefunden zu haben, daß der Erfolg der Tarifpolitik für die Beschäftigungslage U-förmig verlaufe, d.h. bei mittleren Zentralisierungsgraden sei er am geringsten. Ganz im Gegensatz zu der bekannten Regel, daß die Wahrheit meist in der Mitte liegt, würden die beiden Extreme also jeweils am besten funktionieren.

Diese These ist allerdings umstritten, und es ist auch keineswegs klar, wie man den Zentralisierungsgrad und den Erfolg der Tarifpolitik eigentlich genau zu messen hätte. Vermutlich kommt es auch noch auf andere Dinge dabei an, beispielsweise auf die gesetzlichen Regelungen hinsichtlich des Geltungsbereichs von Tarifverträgen und nicht zuletzt auch auf die Kultur des Zusammenwirkens der Vertreter von Arbeit und Kapital.

In Deutschland hat die sogenannte Tarifautonomie praktisch Verfassungsrang, und die Gewerkschaften verbitten sich dabei jede Einmischung der Regierung. Gleichzeitig sind sie allerdings meist nicht bereit, auch die Verantwortung für die Folgen ihrer Lohnpolitik auf dem Arbeitsmarkt anzuerkennen. Das ist sicher eine problematische Situation, die in Großbritannien bis Ende der 70er Jahre sogar noch ausgeprägter zu beobachten war. Daß die Arbeitslosigkeit in Großbritannien in den folgenden Jahren deutlich gesunken ist, führen viele Ökonomen auf die radikalen Reformen der Regierung Thatcher zurück, die in den 80er Jahren die Gewerkschaften fast vollständig entmachtet hatte.

In anderen Ländern wie den Niederlanden und der Schweiz ist man einen anderen Weg gegangen. Hier haben Gewerkschaften und Arbeitgeberverbände langfristige Friedensabkommen geschlossen, die einen weitgehenden Verzicht auf Arbeitskämpfe und eine moderate Lohnpolitik beinhalteten. In den USA wiederum haben die Gewerkschaften schon immer wenig Macht gehabt. Entsprechend schwach sind dort die Arbeitnehmerrechte ausgestaltet, aber auf der anderen Seite ist in den USA so etwas wie eine lohnbedingte Arbeitslosigkeit weitgehend unbekannt.

Kosten der sozialen Sicherung und negative Einkommensteuer

Wie man mit den Gewerkschaften und der von ihnen beanspruchten Tarifautonomie umgehen sollte, hängt sicher auch von der politischen Kultur und dem historischen Hintergrund eines Landes ab. Beispielsweise wird in Deutschland seit den traumatischen Erfahrungen mit dem Nationalsozialismus viel Wert auf eine Trennung von Staat und Verbänden gelegt. Andererseits bedeutet die Festlegung des Lohnes und damit des Preises der Arbeit für Hunderttausende von Arbeitnehmern zweifellos die Ausübung von wirtschaftlicher Macht. Im Grunde handelt es sich um ein staatlich geschütztes Kartell, das dem Wesen einer Marktwirtschaft eigentlich fremd ist. Wenn die Tarifparteien ihre Sonderstellung rechtfertigen wollen, sind sie daher gut beraten, wenn sie dabei entsprechendes Verantwortungsbewußtsein zeigen.

Nun werden allerdings die Lohnkosten nicht nur von den Tarifparteien beeinflußt, sondern auch vom Staat. Seine Steuern und Abgaben treiben gewissermaßen einen Keil zwischen den Bruttolohn, den die Arbeitgeber zu zahlen haben, und dem Nettolohn, der für die Arbeitnehmer dabei letztlich übrigbleibt. Man spricht in diesem Zusammenhang auch von den sogenannten Lohnnebenkosten, wie sie vor allem in Form der gesetzlichen Sozialbeiträge entstehen. Dabei ist es unerheblich, ob diese Beiträge formal vom Arbeitgeber oder vom Arbeitnehmer abgeführt werden. In beiden Fällen liegen die Arbeitskosten um genau den gleichen Gesamtbetrag über dem Nettolohn, den der Arbeitnehmer letztlich erhält.

Der Staat kann deshalb einen Beitrag zur Senkung der Arbeitskosten leisten, wenn er die Lohnnebenkosten senkt oder zumindest in Grenzen hält. Dazu reicht es freilich nicht aus, sie einfach durch entsprechend höhere Steuern zu ersetzen. Denn Steuern treiben einen nicht minder großen Keil zwischen Brutto- und Nettolöhne als die Sozialabgaben. Zudem stehen ihnen im Gegensatz zu diesen nicht einmal entsprechende Ansprüche auf Sozialleistungen für den einzelnen gegenüber. Eine Steuerfinanzierung der Sozialleistungen würde daher den Anreiz zur Umgehung der Abgabenlast, beispielsweise durch Schwarzarbeit, womöglich noch verstärken.

Das einzige, was hier hilft, wäre deshalb eine Begrenzung der Kosten des sozialen Netzes. Geeignete Maßnahmen dazu wären beispielsweise stärkere Elemente der Selbstbeteiligung bei den Gesundheitskosten oder bei den Kosten für die Altersvorsorge. Das sind naturgemäß unpopuläre Maßnahmen. Man muß sich aber klarmachen, daß den Großteil dieser Kosten ohnehin der "kleine Mann" zu tragen hat. Nur treffen sie ihn eben nicht direkt, sondern indirekt über die entsprechenden Steuern und Sozialabgaben.

Zudem fließt das Geld nach aller Erfahrung um so lockerer aus den Sozialkassen, je unkontrollierter der einzelne Ausgaben verursachen kann. Jeder, der beispielsweise im Rahmen einer Wohngemeinschaft schon einmal aus einer gemeinsamen Kasse gewirtschaftet hat, wird dies bestätigen können. Daher würden die Sozialkosten tendenziell für alle niedriger sein, wenn jedermann etwas mehr Eigenverantwortung zu tragen hätte. Der uneingeschränkte Vollkaskoschutz, den die modernen Wohlfahrtsstaaten ihren Bürgern gewähren, hat deshalb einen hohen Preis. Er verteuert die Arbeit und trägt damit zu den Beschäftigungsproblemen bei.

In den 60er Jahren hat Milton Friedman den Vorschlag gemacht, die unüberschaubare Vielfalt der Sozialleistungen mit all ihren Bürokratiekosten und Fehlanreizen durch eine sogenannte negative Einkommensteuer zu ersetzen. Die Grundidee war schon in den 40er Jahren von der englischen Ökonomin Lady Rhys-Williams mit dem Konzept der sogenannten Sozialdividende entwickelt worden. Mittlerweile ist sie in den USA in Form des "tax income credit" teilweise auch verwirklicht worden.

Um die Wirkungen einer negativen Einkommensteuer zu verstehen, müssen wir uns nochmals auf die Armutsfalle besinnen. Nehmen wir an, der Sozialhilfeanspruch für einen Alleinstehenden betrage 1000 DM pro Monat. Solange sein durch eigene Arbeit erzielbares Einkommen darunter liegt, wird er dementsprechend keinen Anreiz haben, tatsächlich zu arbeiten. Sein Nettoeinkommen wird ja unabhängig von seinem Bruttoeinkommen stets 1000 DM betragen. Erst bei einem darüberliegenden Bruttoverdienst lohnt sich für ihn das Ausscheiden aus dem Sozialhilfebezug. Dann setzt zwar auch die Besteuerung ein, aber sein Nettoeinkommen wird gleichwohl höher liegen als 1000 DM.

Anders läuft es im Konzept der negativen Einkommensteuer. Wer überhaupt nicht arbeitet, erhält auch hier Sozialhilfe in Höhe von beispielsweise wiederum 1000 DM. Verdient er 500 DM hinzu, so wird ihm dieses Einkommen nun aber nicht mehr voll von seinem Transferanspruch abgezogen, sondern beispielsweise nur zur Hälfte. Es würden ihm also dann insgesamt 1250 DM verbleiben, womit er jetzt offenbar einen Anreiz hat, auch zu einem geringen Lohn zu arbeiten. Die Armutsfalle wäre damit überwunden.

In unserem Beispiel würde die tatsächliche Besteuerung somit erst bei einem Bruttoeinkommen von 2000 DM einsetzen. Dann würde nämlich der Sozialhilfeanspruch ganz entfallen, und für unseren Arbeitnehmer wäre sein Bruttoverdienst von 2000 DM gleichzeitig sein Nettoeinkommen. Jede darüber hinaus verdiente Mark müßte dann ganz normal versteuert werden.

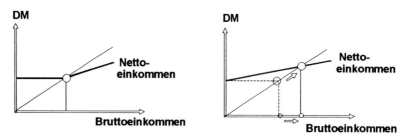

Im System der Sozialhilfe besteht bis zum Erreichen der Besteuerungsgrenze kein Anreiz, zu arbeiten (linke Abb.). Die negative Einkommensteuer löst dieses Problem, würde aber auch die Besteuerungsgrenze nach oben verschieben (rechte Abb.).

Aus diesem Beispiel kann man auch sofort die Problematik der negativen Einkommensteuer ersehen. Die Grenze, ab der die Besteuerung der Bruttoeinkommen einsetzen würde, hätte sich ja unversehens von 1000 auf 2000 DM verdoppelt! Wer weniger als 2000 DM verdient, würde also jetzt nicht nur keine Steuern zahlen, sondern sogar noch Anspruch auf ergänzende Sozialhilfe haben. Daraus erklärt sich auch die Bezeichnung "negative Einkommensteuer" für dieses System. Es ist offenkundig, daß es für den Staat mit hohen Kosten und Steuerausfällen verbunden wäre.

In den USA hat man die Idee nur deswegen verwirklichen können, weil man dort von einem äußerst geringen Grundbedarf ausgeht, der weit unter 1000 DM liegt. Teilweise wird er nur in Form von Lebensmittelmarken gedeckt. In Kontinentaleuropa wäre ein so dürftiges Grundsicherungsniveau aber politisch kaum durchsetzbar. Daher muß man hier offenbar zwischen zwei Übeln wählen: Entweder man nimmt die hohen Kosten einer negativen Einkommensteuer in Kauf, oder es bleibt eben bei der Armutsfalle.

Es gibt allerdings noch einen dritten Weg, wie wir schon bei der Diskussion des magischen Dreiecks der Sozialpolitik gesehen haben. Man könnte es nämlich auch bei dem bisherigen Sozialhilfesystem belassen, dieses aber mit strikter Arbeitspflicht für alle diejenigen verbinden, die arbeitsfähig sind und Unterstützungszahlungen aus Steuermitteln erhalten. Das ist zwar auch nicht gerade populär. Aber auf diese Weise würde man zumindest erreichen, daß auch einfache Arbeiten ausgeführt werden können, ohne daß dabei ein angemessenes Grundsicherungsniveau unterschritten wird. Die Betreffenden würden dann eine Art Kombilohn aus eigenem Arbeitsentgelt und ergänzender Sozialhilfe erhalten und somit zumindest in dem Rahmen, in dem ihnen dies möglich ist, zum eigenen Lebensunterhalt beitragen.

Die Idee der negativen Einkommensteuer braucht man deswegen nicht völlig zu verwerfen. Es erscheint ja durchaus sinnvoll, die vielen Unterstützungszahlungen vom Wohngeld über das Kindergeld bis hin zu den Sozialtarifen in der Krankenversicherung durch eine einzige, streng an die Bedürftigkeit gekoppelte Transferzahlung zu ersetzen. Wie wir schon mehrfach begründet haben, wäre eine solche, an die Person gebundene Transferzahlung weitaus besser, als die Marktpreise aus sozialen Gründen zu verfälschen. Außerdem könnten auf diese Weise auch die Kosten der Bürokratie gesenkt werden, die mit der Vielzahl von Sozialleistungen heute verbunden sind.

Und nicht zuletzt wäre eine solche Lösung letztlich sogar gerechter als das bisherige System. Denn heute überblickt niemand mehr genau, wer eigentlich Anspruch auf welche Sozialleistungen hat und wie sich dies im Endeffekt auf die personelle Einkommensverteilung auswirkt. Am wenigsten wissen dies die Betroffenen selbst. Sie irren oft hilflos im Dschungel der Behörden und Antragsformulare herum und können so viele der für sie gedachten Hilfen gar nicht nutzen. Statt sie auf diese Weise immer abhängiger von der staatlichen Fürsorge zu machen, sollte man ihnen lieber eine genau bestimmte Transfersumme in Abhängigkeit von ihrem Einkommen gewähren, über die sie dann in eigener Verantwortung disponieren können.

Denn auch dies ist ein alter Lehrsatz liberaler Ökonomen: Wer den Menschen jede Verantwortung für die Folgen ihres Handelns abnimmt, wird sie auf Dauer damit entmündigen.

Hinweise zum Weiterlesen:

Die Ursachen der Arbeitslosigkeit sowie sinnvolle Lösungsansätze werden ausführlich dargestellt bei H. Siebert, "Geht den Deutschen die Arbeit aus?", München 1994.

Ebenfalls sehr empfehlenswert zu diesem Thema ist J. Eekhoff, "Beschäftigung und soziale Sicherung", Tübingen 1996.

Internationale Erfahrungen mit sozialen Sicherungssystemen und ihre Rückwirkungen auf die Beschäftigung werden dargestellt bei C. Rolle/U. van Suntum, "Langzeitarbeitslosigkeit im Ländervergleich", Berlin 1997.

Zur Idee der negativen Einkommensteuer vgl. W. Fuest, "Negative Einkommensteuer: Renaissance einer umstrittenen Idee", in: Wirtschaftswissenschaftliches Studium (WiSt), Jg. 24 (1995), S. 365 ff.

Eine ausführliche Bibliographie zu diesem Problem findet sich in Ludwig Erhard Stiftung e.V. (Hg.), "Negative Einkommensteuer: Gibt es pragmatische Lösungen?", Bonn 1996.

Nachwort: Kommen Ökonomen in den Himmel?

Wir haben auf den vorangegangenen Seiten versucht, die wirtschaftlichen Probleme unserer Welt mithilfe der ökonomischen Theorie zu erklären. An sich ist dies das natürlichste auf der Welt - niemand käme ja auf den Gedanken, etwa technische Fragen wie die sinnvolle Konstruktion einer Brücke mit dem Instrumentarium der Psychoanalyse lösen zu wollen. Und doch sieht man sich als Ökonom immer wieder dem Vorwurf ausgesetzt, ein rein "ökonomistisches" oder gar unmenschliches Verständnis der Welt zu pflegen.

Das liegt zum einen daran, daß die Rezepte, welche die ökonomische Theorie anzubieten hat, oft unbequem und schmerzhaft sind. Wieviel lieber würden wir hören, daß man Arbeitslosigkeit mit höheren Löhnen bekämpfen kann, als daß dazu Maßhalten und Einschränkungen bei den Sozialleistungen notwendig sind! Es ist ähnlich wie beim Arzt: Wir lassen uns lieber Kuren und Pillen verschreiben, als daß wir uns raten lassen, endlich das Rauchen aufzuhören. Das ist nur allzu menschlich. Aber auf diese Weise werden Krankheiten eben oft so lange verschleppt, bis am Ende nichts mehr helfen kann.

Zum anderen ist aber auch das rein zweckorientierte Denken der Ökonomen vielen Menschen von Grund auf zuwider. Es möge ja sein, so hört man oft, daß Adam Smiths "unsichtbare Hand" zu höchster Effizienz und allgemeinem Wohlstand führe. Aber was sei das für eine Welt, die auf dem kalten Egoismus des einzelnen statt auf sozialer Kooperation und menschlichem Miteinander basieren solle? Und wie könne man so etwas mit dem christlichen Gebot der Nächstenliebe vereinbaren?

Es ist kein Zufall, daß diese Art von Fundamentalkritik an der ökonomischen Theorie vor allem aus kirchlichen Kreisen zu hören ist. Denn die christliche Ethik steht dem ökonomischen Denken zunächst einmal diametral entgegen. Für den Ökonomen sind es immer nur die Ergebnisse, auf die es letztlich ankommt. Die Motive, die der Bäcker für das Backen guter und preiswerter Brötchen hat, interessieren dabei nicht. Ganz anders dagegen der christliche Ansatz: Hier ist es allein der gute Wille, der zählt. Täte jemand noch so viel Gutes auf Erden, doch hätte er die Liebe nicht, so heißt es in der Bibel, so werde er nicht in das Himmelreich eingehen.

Adam Smiths rein gewinnorientierter Bäcker würde sich demnach in der Hölle wiederfinden, auch wenn er während seines Lebens noch so vielen Menschen Brot und Arbeit gegeben hat. Dagegen könnte die aus christlicher Nächstenliebe geborene Mitarbeit in einer caritativen Organisation, selbst wenn deren effektiver Nutzen für die Menschheit noch so gering sein sollte, seine Seele retten.

Schärfer kann der Gegensatz zweier Denkschulen scheinbar kaum ausfallen. Und doch beruht er auf einem fundamentalen Mißverständnis. Denn kein vernünftiger Ökonom wird jemals behaupten, für das Funktionieren der Marktwirtschaft müßten oder sollten gar alle Menschen Egoisten sein. Am wenigsten trifft das auf Adam Smith selbst zu, der ja bekanntlich Moralphilosoph war.

Weniger bekannt ist allerdings sein bereits 1759, also sieben Jahre vor dem "Wohlstand der Nationen" erschienenes Werk "Theorie der ethischen Gefühle". Hier setzt sich Smith sehr differenziert mit den Triebkräften und Schranken menschlichen Handelns auseinander. Er betont dabei ausdrücklich das wichtige Element des Mitgefühls für andere, das er als Sympathie bezeichnet. Sie wird von ihm nicht etwa negativ, sondern ausgesprochen positiv bewertet. Nur war Smith eben Realist genug, um zu erkennen, daß das Selbstinteresse der Menschen - nicht zu verwechseln mit kaltem Egoismus - im allgemeinen eine stärkere Triebkraft ist. Sie dem allgemeinen Wohl dienlich zu machen, statt die aussichtslosen Versuche gerade der kirchlichen Ökonomen fortzusetzen, das Eigeninteresse zu unterdrücken - das war die eigentliche Idee der Smithschen "unsichtbaren Hand".

John Stuart Mill hat den Zielkonflikt zwischen ökonomischem und christlichem Handeln bekanntlich so gelöst, daß man zwar nach wirtschaftlichem Erfolg streben, diesen aber für mildtätige Zwecke einsetzen solle. Das sei weitaus besser, als aus Solidarität mit den Armen selbst mittellos zu bleiben und ihnen damit letztlich nicht helfen zu können. Ein gutes persönliches Beispiel für diesen Weg hat unter den Ökonomen übrigens Johann Heinrich von Thünen gegeben. Als reicher Gutsbesitzer lebte er persönlich dennoch sehr bescheiden und gab große Summen für mildtätige Zwecke und für die Altersversorgung seiner Arbeiter aus. Karl Marx dagegen, der Thünen geringschätzig als "Mecklenburger Junker" bezeichnete, wird uns als eher problematische Persönlichkeit geschildert. Er verpraßte mehrere Erbschaften und bemühte sich vergeblich, durch Spekulationen an der Börse in die Klasse der von ihm ebenso gehaßten wie beneideten Kapitalisten aufzusteigen.

Was die wissenschaftliche Tätigkeit der Ökonomen betrifft, so ist ihnen sicher auch in dieser Hinsicht einiges abzuverlangen. So sollten sie zum einen echte "Sympathie" im Smithschen Sinne nicht nur für ihre Mitmenschen, sondern auch für ihre Umwelt und vor allem für die Wahrheit haben. Wie in jedem anderen Berufsstand schützt nur das sie davor, bei Bedarf einfach zu pfuschen oder sich gar in den Dienst einer ungerechten Sache stellen zu lassen. Auch für ein hohes Berufsethos in diesem Sinne ist von Thünen ein herausragendes Beispiel gewesen.

Zum anderen muß ein Ökonom aber eben auch sein Handwerk beherrschen. Noch so viel guter Wille und soziales Engagement können mangelndes Fachwissen nicht ersetzen. Sich dieses Wissen anzueignen, ist daher zunächst die christliche Verantwortung all derjenigen, die über ökonomische Probleme urteilen wollen. Oder, wie mein akademischer Lehrer Hans Besters seinen Studenten zu sagen pflegte: "Wenn Sie den Arbeitern helfen wollen, müssen Sie erst einmal was lernen."

Das ist sicher keine hinreichende Bedingung für einen Ökonomen, um in den Himmel zu kommen. Aber ein guter Anfang wäre es wohl schon.

Namensverzeichnis

Aftalion, Albert 109ff, 113
Albertus Magnus 67, 232
Aquin, Thomas von 67ff, 232f
Aristoteles 66f, 230ff, 282
Arkwright, R. 120
Arrow, Kenneth 245f
Augustinus 67, 232
Babeuf, Francois 85
Bain, Joe 22
Bastiat, Frederic 168, 171, 178
Becker, Gary 276
Bentham, Jeremy 36
Besters, Hans VII, 58, 298
Beveridge, Lord William Henry 288f
Bismarck, Otto Fürst von 145, 271
Böhm-Bawerk, Eugen von VI, 53, 57, 69ff, 78, 143f
Böhm, Franz 238, 281
Bright, John 167
Buchanan, James 247
Calmfors, Lars 292
Calvin, Johannes 233
Canterbury, Anselm von 67
Cantillon, Richard 93
Cassel, Gustav 214, 216
Chamberlin, Edward 11
Clark, John Maurice 14
Coase, Ronald 49ff
Cobden, Richard 167
Colbert, Jean Babtiste 162, 236
Cournot, Augustin 8ff
Demsetz, Harold 47
Domar, Evsey D. 107ff
Dornbusch, Rudiger 218f
Dunant, Henry 250
Edgeworth, Francis 261
Einstein, Albert 74
Engels, Friedrich 55ff, 118
Erhard, Ludwig 4ff, 123, 242, 252f
Eucken, Walter 89, 238f, 281
Fisher, Irving 73, 129
Ford, Henry 22
Fourier, Charles 58
Friedman, Milton 89f, 113, 130ff, 213, 287, 294
Fullerton, John 86
Gates, Bill 62
Giersch, Herbert 30
Gossen, Hermann Heinrich 32ff
Haberler, Gottfried 172
Hamilton, Alexander 169
Harrod, Roy F. 109f
Hartwick, J.M. 156
Hauptmann, Gerhard 120
Hayek, Friedrich August von 13, 73, 247
Heckscher, Eli 189ff, 214
Hicks, John R. 110ff
Hilferding, Rudolf 69
Hirshleifer, Jack 73

Hirshman, Albert O.	248	Mundell, Robert A.	223f
Hobbes, Thomas	247, 235	Musgrave, Richard	38ff
Hotelling, Harold	154		
Hume, David	97, 129, 166	Nell-Breuning, Oswald von	277
Hutcheson, Francis	36		
		Newton, Isaac	135
Jevons, Stanley	32f, 107	Ockham, Wilhelm von	68
Juglar, Clement	106, 112		
Kaldor, Nicholas	141	Ohlin, Bertil	189ff, 214
Kant, Immanuel	68	Olewiler, N.D.	156
Keynes, John Maynard	76, 81, 95f, 99ff, 106, 111, 130, 174, 182, 204ff, 216ff	Owen, Robert	58, 85
		Pareto, Vilfredo	35ff, 60ff
		Parkinson, C. Northcote	23
Krelle, Wilhelm	254		
Kreuger, Ivar	16	Peel, Robert	87
Krupp, Alfried	62	Petty, William	106
Laffer, Arthur	265	Phelps, Edmund S.	131, 142ff
Lange, Oskar	240f		
Lasalle, Ferdinand	41	Phillips, Alban W.	130
		Pigou, Arthur Cecil	261
Launhardt, Wilhelm	178		
		Pius XI.	277
Law, John	88	Platon	61, 66ff, 230ff, 282
Lederer, Emil	69, 99	Prebisch, Raúl	177
Leibenstein, Harvey	14	Proudhon, Pierre Joseph	85
Leontieff, Wassily	179	Quesnay, Francois	93ff
Lerner, Abba P.	179, 184, 241		
List, Friedrich	169f, 194	Ramsey, Frank P.	144
Locke, John	247	Rawls, John	156, 264
Lucas, Robert E.	132ff	Reagan, Ronald	225, 265
Ludwig XIV.	234	Rhys-Williams, Lady	294
Luther, Martin	68		
Malthus, Robert	V, 98, 148f	Ricardo, David	21, 55, 71ff, 117, 135, 148, 159, 164ff, 174f, 188, 194, 196
Marshall, Alfred	VI, 11, 22, 25, 174ff, 184		
Marx, Karl	55ff, 69, 83, 98f, 118, 237, 270, 298		
		Robinson, Joan	11, 73, 184
Meadows, Dennis H.	147ff	Roosevelt, Franklin D.	103
Menger, Carl	VI, 33	Russel, Bertrand	101
Mill, James	174	Samuelson, Paul	73, 110ff, 130f, 192, 263
Mill, John Stuart	40f, 174ff, 196, 227f, 254, 260, 298		
		Say, Jean Babtiste	96
Mises, Ludwig von	69	Schacht, Hjalmar	103, 207
		Schmidt, Helmut	131, 221
Morus, Thomas	83f		

Namensverzeichnis

Schmoller, Gustav von	VI, 252
Schumpeter, Josef	12, 69, 77f, 106, 123, 138, 234
Senior, Nassau William	71
Smith, Adam	2, 5ff, 32, 36, 41, 56, 62, 92, 162ff, 196, 229, 236, 238, 269, 297f
Sokrates	230
Solow, Robert	130f, 138ff
Spiethoff, Artur	110
Starbatty, Joachim	285
Stigler, George	16
Stolper, Wolfgang E.	192
Thurn und Taxis, Fürst von	16
Thünen, Johann Heinrich von	V, 23f, 33, 53ff, 71ff, 298f
Tiebout, Charles	248
Tobin, James	218
Tooke, Thomas	86
Triffin, Robert	211
Tullock, Gordon	247
Turgot, Anne Robert Jacques	24, 41
Wagner, Adolf	252, 254
Walras, Leon	11, 32f, 35
Watt, James	139
Weber, Max	233
White, Harry Dexter	204
Wicksell, Knut	73, 76f, 102, 107
Wilhelm I.	251
Wilson, Thomas Woodrow	182
Wittgenstein, Ludwig	101
Woolf, Virginia	101
Zuse, Konrad	139

Sachverzeichnis

Abschreibungen	77	Ausbeutung	140, 252, 264
Abstinenztheorie	71	Auslandsverschuldung	177, 181ff, 187
Abwertung	184f, 207, 210, 212		
Aktive Arbeitsmarktpolitik	289f	Auslastungsgrad	105ff, 138
		Ausschlußprinzip	44ff
Akzelerator	109ff	Außenhandel	161ff
Akzisen	234	Außenwirtschaftliches Gleichgewicht	180ff, 229
Allokation	41f, 49f		
Angebot	22ff, 57, 97		
Angebotsorientierte Wirtschaftspolitik	125, 225	Backstop-Technologie	150f
		Banking-Theorie	86f, 206
		Basisgeld	86
Anti-Corn-Law-League	167	Bestandsgrößen	77
		Betriebsverfassungsgesetz	242f
Antizyklik	103, 113, 147		
Arbeiterselbstverwaltung	241f	Beveridge-Kurve	288f
		Bevölkerungswachstum	52, 139ff, 147ff, 157f, 173, 271ff
Arbeitsbeschaffungsmaßnahmen	103		
		Boden	21, 95, 200
Arbeitslosenversicherung	120	Boom	105f
		Brain Drain	202
Arbeitslosigkeit	58, 64, 92, 100ff, 115, 123, 125ff, 130ff, 137, 169, 193, 224, 286ff	Bretton Woods-System	203ff, 222, 225
		Buffer Stocks	177
		Bruttoinlandsprodukt	90
Arbeitsrecht	283f	Buchgeld	89
Arbeitsteilung	5, 92, 119, 163f, 166, 176, 196, 266f	Bullionisten	134ff
		Calvinismus	233f
Arbeitswertlehre	55ff	Cambridgegleichung	129
Arbeitszeit	56, 118, 254, 287		
Arbitrage	205f	Cambridge-Kontroverse	73ff
Armutsfalle	140, 271, 290f		
Arrow-Paradoxon	244ff	Caritas	250
Assekuranztheorie	260	Chaostheorie	111ff
		Chartanalyse	221
Asymmetrischer Schock	223	Chicago-Schule	14ff

Chrematistik	66	Excess Burden	266f
Club of Rome	147	Exit and Voice	248
Coase-Theorem	49ff	Externe Effekte	44ff, 50ff
Colbertismus	236	Faktorpreisaus-	190ff
Cournotscher	8ff	gleich	
Punkt		Faktorproportio-	188ff, 214
Currency-Theorie	86f, 136, 206	nentheorem	
Deflation	99, 103, 129, 207	Familie	270ff
Deindustrialisie-	180	Festkurssystem	211ff
rung		Feuerbeispiel	110, 113
Demeritorische	38	Finanzmarkttheo-	218
Güter		rie des Wech-	
Demokratie	232, 240ff, 254	selkurses	
Depression	81, 100ff, 107, 207	Finanzwissen-	227
Deutscher Zoll-	169	schaft	
verein		Fishersche Ver-	129
Devisenmarkt	167, 183ff, 205ff, 216	kehrsgleichung	
		Fiskalpolitik	103, 116
Dichotomie	98	Fixkosten	43ff
Direktinvestitio-	181	Flexible Wechsel-	211, 213ff
nen		kurse	
Diskontsatz	86, 88, 206	Floaten	222
Domar-	107f	Föderalismus	248ff
Paradoxon		Forschung und	141
Doppelcharakter	107	Entwicklung	
der Investitio-		Freihandelslehre	159ff, 167, 178
nen		Freiheit	282f
Drittel-Deckung	206	Freisetzungstheo-	117ff
Dritter Weg	241	rie	
Dumping	172	Freizeit	63, 261, 264
Dynamischer	12f, 193ff	Fundamentalda-	221, 225
Wettbewerb		ten	
Ehegattensplitting	278f	Funktionsfähiger	14
Eigennutz	6, 231, 298	Wettbewerb	
Eigentum	55ff, 233, 239	GATT	171
Eigentumsrechte	50f, 153ff	Gebrauchswert	32, 56
Einkommen-	229	Geld	75ff, 83ff, 282
steuer		Geldfunktionen	85
Elastizität	184f	Geldillusion	132
Entwicklungslän-	140, 149, 157,	Geldmenge	76ff, 87ff, 114, 127ff, 132, 206
der	172ff, 182, 187, 192, 198, 202f, 273ff	Geldmengenregel	91
		Geldnachfrage	89
Ertragsgesetz	24ff	Geldpolitik	75ff, 103, 113ff
Erziehungszoll	170, 194	Geldschleier	97
Europäisches	222	Geldschöpfung	86ff, 134, 206ff
Währungssy-		Geldzins	76ff
stem		Gemeinwohl	6, 231

Sachverzeichnis

Generationenvertrag	270	Harrod-Domar-Wachstumstheorie	109
Gerechtigkeit	28ff, 36, 62, 140, 154ff, 259ff, 267, 275f	Hartwick-Regel	156
		Harvard-Schule	14
Gesellschaftsvertrag	247	Heckscher-Ohlin-Theorem	188ff, 214
Gesetz der Massenproduktion	22ff	Hedonismus	233
		Historische Schule	VI
Gesetz des sinkenden Grenzertrags	23, 33	Höchstpreis	29f
		Homo oeconomicus	11f,
Gesetz des steigenden Staatsanteils	254	Horten	97, 102f
		Hotelling-Regel	154
Gesetz fallender Profitrate	21, 56, 99	Humankapital	141
		Humescher Geldmengenmechanismus	166
Gesetz gegen Wettbewerbsbeschränkungen	7		
		Hump-Shape-These	292
Gewerkschaften	237ff, 251, 286ff	Hysteresis	115
Gewinnmaximum	9	Importierte Inflation	210, 216, 219
Gleichgewicht	22, 37, 63, 78, 102, 110, 207	Industrielle Revolution	118ff, 139, 271
Gleichgewicht bei Unterbeschäftigung	102, 107	Inflation	77, 85ff, 90, 104, 114f, 126ff, 130ff, 145f, 187, 211, 275
Gleichgewichtiges Wachstum	107ff	Insider-Outsider-Theorie	291
Globalisierung	192ff, 197	Institutionen	140
Golddevisenwährung	207	Internationaler Einzelpreiszusammenhang	214f
Goldene Regel	141ff, 152		
Goldwährung	204ff, 220	Interventionismus	280
Gossensche Gesetze	32ff, 261, 281	Intrasektoraler Handel	194
Grenzanbieter	24f, 28, 176	Investition	77f, 108ff, 110ff, 124
Grenznutzen	33ff, 144, 261		
Grenzproduktivität	24, 138	Investitionsfalle	102
Haftung	239, 260	Investitionslenkung	241f
Handel	26, 35ff, 127	IWF	208
Handelsbilanz	161, 181ff	J-Kurven-Effekt	184f
Handelshemmnisse	171ff, 178	Kalte Progression	254
		Kameralistik	236

Sachverzeichnis

Kapitaldeckungsverfahren	145f, 272ff	Konsumrivalität	43
		Konsumsteuer	269
Kapitalexport	181ff, 216ff	Konzentrationstendenz	23
Kapitalmangelarbeitslosigkeit	137ff		
		Kooperation	297
Kapitalstock	77f	Kopfsteuer	267ff
Kapitaltheorie	70ff	Kosten	9ff, 21ff, 165ff
Kapitalverkehrskontrollen	196	Kostendruckinflation	134ff
Kartell	13f, 172, 236, 293	Kreislauf	88, 92ff, 103f
Kathedersozialisten	252	Krisentheorie	98f, 118
		Kumulativer Prozeß	102, 107
Kaufkraft	96, 99, 119, 122, 129, 131		
		Kündigungsschutz	124
Kaufkraftparitätentheorie	214ff		
		Laffer-Kurve	265
		Laissez Faire	41
Kaufkrafttheorie der Löhne	99f	Lausanner Schule	35
Kerzenmacherpetition	168, 171, 178	Lehre von der aktiven Handelsbilanz	162f, 234
Keynes-Effekt	76		
Keynesianismus	104, 113ff, 125, 130ff, 138, 209	Leistungsbilanz	182ff, 220
		Leistungsfähigkeitsprinzip	260
Kino-Paradoxon	179		
Klassengesellschaft	230ff	Leitwährung	208, 211
		Leitzinsen	88
Klassik	2ff, 20ff, 26, 41, 71, 92, 97, 129, 137, 148, 163ff, 196, 229, 238	Leviathan	234f
		Liberalisierung	17f
		Liberalismus	5, 167, 231, 259
		Liquiditätsfalle	102
Knappheitspreis	28, 38	Listsches Zollargument	170, 194
Knappschaft	251		
Kollektivgüter	42ff	Lohnfonds	71, 137
Kombilohn	295	Lohnnebenkosten	293
Kommunismus	2, 55ff, 231, 237f	Lohnpolitik	63ff
Komparative Kostenvorteile	159, 164ff, 169, 172, 176, 180, 188f	Lombardsatz	88
		Louvre Akkord	225
Kompensationstheorie	117ff	Luxusguthypothese	90
Konjunktur	105ff, 131ff, 136, 219f, 288	Macht	15, 174
		Magisches Dreieck der Sozialpolitik	257f, 295
Konjunkturzyklen	106, 138		
Konkurrenzsozialismus	241f		
		Magisches Viereck	130, 180
Konstituierende Prinzipien	238f		
		Makroökonomie	83, 92, 100, 103f
Konsumentensouveränität	40ff, 57		

Sachverzeichnis

Malthusianisches Bevölkerungsgesetz	148f, 157	Nachtwächterstaat	41
Manchester-Kapitalismus	41, 168	Naturgemäßer Lohn	53ff
Marktpreis	22;48, 58	Naturrecht	231, 233
Marktversagen	38ff, 47	Natürliche Arbeitslosigkeit	287
Marktwirtschaft	3ff, 62, 140, 153, 231, 241	Natürliche Ressourcen	147ff, 152ff
Marshall-Lerner-Bedingung	184	Natürlicher Zins	77
Max Weber-These	233f	Natürliches Monopol	16ff, 43
Maximin-Prinzip	264	Negative Einkommensteuer	294f
Mehrwert	56		
Meistbegünstigung	171	Neoklassik	VI, 11ff, 32, 35, 69, 74, 129, 138ff, 239
Meritorische Güter	38ff	Neoklassische Wachstumstheorie	138ff, 149
Merkantilismus	5ff, 161ff, 189, 231, 234ff	Neomerkantilismus	170
Methodenstreit	VI		
Miete	21, 29, 68, 284	Neue Wachstumstheorie	141f, 170
Migration	199ff, 274f	Neuklassik	132f
Mikroökonomie	2, 83, 103f		
Mindestlohn	61, 200	Neutrales Geld	76
Mindestpreis	30	New Deal	103
Mindestreserve	86, 89	Nicht-Rivalität im Konsum	42ff
Mismatch	288f		
Mitbestimmung	242ff	Non-Affektationsprinzip	51
Mobilität	123, 191, 198ff, 274f	Nutzen	31ff, 261
Monetäre Wechselkurstheorie	218f	Öffentliche Güter	39, 43ff, 246, 248
		Ökonomik	66
Monetarismus	89, 113ff, 130ff, 136	Ökosteuern	48ff
		Oligopol	13f
Monopol	8ff, 37, 85, 172, 236, 244	Ölkrise	107, 114, 147ff, 155
Monopolistische Konkurrenz	12	Open Mouth Policy	225
Moral Hazard	255	Opfertheorie	261f
Multiplikatorprozeß	95, 102, 107	Opportunitätskosten	37
Münzverschlechterung	127	Optimaler Währungsraum	223f
Nachfragemangel	92ff, 102f, 138	Optimalzoll	178f
Nachfragesoginflation	134ff	Ordnungspolitik	285
		Ordnungsrahmen	238, 246f, 285
		Ordnungsrecht	48

Ordoliberalismus	238ff, 281	Rentenmark	128ff
Pareto-Kurve	59ff	Rentenversicherung	145f, 157, 251, 271ff
Paretooptimum	37ff		
Parität	208ff	Reparationen	127, 182
Parkinsonsches Gesetz	23	Reswitching-Paradoxon	73ff
Patentschutz	15f, 142	Rezession	105f
Peelsche Bankakte	87, 135f	Robinson-Bedingung	184
Phillipskurve	130ff	Rohstoffe	148ff, 162ff, 176ff
Physiokraten	41, 93ff	Sachverständigenrat	63f, 105, 213
Planwirtschaft	13, 57f, 240f		
Plaza Agreement	225	Saysches Theorem	96, 100, 113
Portfoliotheorie	218		
Prädestinationslehre	233	Scherentheorem	22
		Schleier des Nichtwissens	247
Präferenzen	245f, 248, 261		
Preistheorie	21ff, 28ff	Schocktherapie	140
Produit Net	93ff	Scholastik	67ff, 233, 282
Produktionsfaktor	46, 69	Schuldenkrise	182
		Schwarzmarkt	4, 62, 262, 282, 293
Produktionspotential	90	Seltenheitsgüter	20ff, 28, 32
		Solidarität	256, 271, 276f, 298
Produktionsumweg	71	Sonderziehungsrechte	211f
Produktivität	56, 64f, 69ff, 108f, 118ff, 149, 194, 224, 227, 291	Sonnenfleckentheorie	107
		Soziale Güter	42
Produzentenrente	25, 176	Soziale Marktwirtschaft	231
Protektionismus	161, 168, 171ff, 178, 195, 207		
		Sozialhilfe	290ff
Quantitätsgleichung	129, 134	Sozialismus	5, 45, 49, 55ff, 66, 85, 128, 140, 187, 199, 231, 234ff, 238
Quantitätstheorie	97, 126, 129ff, 136, 166, 206		
Rahmenbedingungen	140, 285	Sozialistische Marktwirtschaft	241
Ramsey-Regel	144, 152		
Rationierung	3f, 58, 102	Sozialleistungsquote	252
Reagonomics	225		
Realkapital	75ff	Sozialprodukt	26, 57, 90, 104, 108ff, 123, 129, 142
Rechtsstaat	229ff		
Regelbindung	115		
Regionalpolitik	201	Sozialstaat	249ff, 277
Regulierende Prinzipien	238f	Sozialstandards	172f, 249
		Sozialversicherung	251ff, 271ff
Reichsmark	128, 205		
Relative Preise	91, 97f		

Sachverzeichnis

Sparen	70, 75, 97, 108ff, 137ff	Südseeschwindel	220
		Sympathie	298
Sparquote	108, 138ff, 152ff	Tableau Economique	92ff, 98
Spekulation	26ff, 87, 101, 207ff, 212ff, 220ff	Taille	236
Spekulationsfalle	102	Tarifautonomie	290ff
Spill Overs	102	Tarifvertrag	200
Staatliche Gesetze	233	Tauschwert	32, 56
Staatsausgaben	103f, 133, 248, 253ff	Technischer Fortschritt	25, 63ff, 98, 117ff, 137ff, 151, 169f, 193, 197, 286ff
Staatsquote	253ff, 269		
Staatsverschuldung	124, 133f, 137ff, 145f, 157, 247	Technologische Arbeitslosigkeit	286
Stabilität	210		
Stabilitäts- und Wachstumsgesetz	180, 229	Terms of Trade	175ff
		Terms of Trade-Effekt	178
Stabilitätspakt	247	Tiger-Staaten	187
Stagflation	133	Transaktionskosten	43
Standortwettbewerb	196ff	Transferproblem	182
Stationäre Wirtschaft	77f, 98	Transformation	141
		Triffin-Dilemma	211f
Steuern	229, 233, 236, 254f, 265ff, 294ff	Trittbrettfahrerproblem	45, 50ff
Steuerüberwälzung	268	Umlageverfahren	146, 272ff
Stimmenmaximierung	248	Umlaufgeschwindigkeit des Geldes	90f, 129, 136
Stolper-Samuelson-Theorem	190ff	Umsatzmaximum	9
		Umweltproblem	44ff, 147ff, 172f
		UNCTAD	177
Stop and Go-Politik	115	Unmöglichkeitstheorem	245
Stromgrößen	77	Unsichtbare Hand	3ff, 11, 57, 229, 236, 297
Strukturpolitik	239		
Strukturwandel	120ff, 287ff	Unternehmerlohn	20
Subjektive Wertlehre	32	Unvermehrbare Güter	20ff
Subsidiarität	277ff	Unvermeidliche Inflationsrate	90f
Subsistenzmittelfonds	71ff		
Substitutionskonkurrenz	17	Unvollständige Konkurrenz	12
		Utilitaristen	36
Subventionen	17f, 62, 124f, 141, 164, 244ff, 255	Utopia	83ff
		Utopischer Sozialismus	55, 57ff, 83ff
Sunspot-Theorie	107		
Superiores Gut	253	Überinvestition	110, 114, 118, 145

Überschießen des Wechselkurses	218f	Wohlfahrtsökonomie	35
Überschußreserven	135	Wohlfahrtsstaat	256, 286ff
		Wohlstandsmöglichkeitskurve	262f
Verein für Socialpolitik	252	Workable Competition	14
Vermögen	78, 253f		
Verteilung	37f, 41, 59ff, 174, 196, 229, 253f, 259ff, 263ff	Working Poor	290
		WTO	171f, 177
		Wucher	3, 66, 68
Vertragsfreiheit	239, 280	X-Ineffizienz	14
Volkseinkommen	95, 101, 111	Zahlungsbilanz	183
Vollständige Konkurrenz	11, 15	Zahlungsbilanzausgleich	130, 207ff
Vorleistungen	95	Zeitpräferenzrate	144
Wachstum	21, 88, 105, 108ff, 133, 137ff, 147ff, 155, 170, 173	Zertifikate	47ff
		Zettelbanken	86f
		Zins	57, 66ff, 75ff, 97, 102, 138ff, 142ff, 154, 190ff, 217ff, 267f
Wachstum auf des Messers Schneide	109		
Wagnersches Gesetz	254	Zinsparitätentheorie	216ff
Währung	85, 204ff	Zinsverbot	68ff
Währungskorb	211	Zölle	161, 167ff, 178ff, 234, 259
Währungsreform	4, 85, 128		
Währungsschlange	222	Zusatzlast	266f
Währungsunion	222ff, 247f	Zweikammersystem	247
Weberaufstand	120f, 251		
Wechsel	86, 88		
Wechselkurs	166f, 205ff, 216ff		
Weltbank	203		
Weltwirtschaftskrise	89, 99ff, 103f, 107, 116, 129, 170f, 207, 220		
Wertparadoxon	32ff		
Wertschöpfung	26, 95		
Wettbewerb	7ff, 37, 40, 62, 169, 236, 238f		
Wettbewerbsfähigkeit	186		
Wettbewerbspolitik	13ff, 236f		
White-Plan	204		
Wirtschaftswunder	4, 123, 242, 253		

J.v. Hagen, A. Börsch-Supan, P.J.J. Welfens (Hrsg.)

Springers Handbuch der Volkswirtschaftslehre

Springers VWL-Handbuch stellt die wichtigsten Gebiete der Volkswirtschaftslehre vor und bietet damit Studenten, Praktikern und Wissenschaftlern umfassendes, prüfungs- und praxisrelevantes Wissen. Das Handbuch bringt dem Leser volkswirtschaftliche Fragen, Methoden und Ergebnisse sowie die Möglichkeiten und Grenzen ökonomischer Analyse nahe und zeigt zugleich, wie interessant das Fach Volkswirtschaftslehre ist.

1 Grundlagen

1996. X, 392 S. 10 Abb., 1 Tab. Brosch. **DM 49,80**; öS 363,60; sFr 44,50 ISBN 3-540-61263-7

Band 1 behandelt die mikro- und makroökonomische Theorie, die neuesten Entwicklungen der Vertragstheorie, die Ökonometrie, die Industrie-, Arbeitsmarkt- und Umweltökonomik sowie die Analyse der Finanzintermediäre.

2 Wirtschaftspolitik und Weltwirtschaft

1996. XI, 449 S. 26 Abb. Brosch. **DM 49,80**; öS 363,60; sFr 44,50 ISBN 3-540-61262-9

Band 2 behandelt aktuelle Fragen und alternative Konzeptionen der Wirtschafts- und Finanzpolitik, der Geld-, Sozial- und Wettbewerbspolitik und der internationalen Wirtschaftsbeziehungen. Die Darstellung wird abgerundet durch Fakten, institutionelle und wirtschaftspolitische Entwicklungen in der EG, in Japan und den USA sowie den Entwicklungsländern und den Transformationswirtschaften Mittel- und Osteuropas.

Preisänderungen vorbehalten.

d&p.3740.MNT/SF

Springer-Verlag, Postfach 31 13 40, D-10643 Berlin, Fax 0 30 / 8 27 87 - 3 01 / 4 48, e-mail: orders@springer.de

W. Lachmann

Volkswirtschaftslehre 1
Grundlagen
Unter Mitarbeit von **E.J. Jahn**
3., überarb. u. erw. Aufl. 1997. XII, 313 S. 87 Abb.,
11 Tab. Brosch. **DM 36,-**; öS 263,-; sFr 33,50
ISBN 3-540-61972-0

Volkswirtschaftslehre 2
Anwendungen
1995. XVII, 413 S. 33 Abb. Brosch. **DM 39,80**; öS 291,-;
sFr 37,- ISBN 3-540-58823-X

A. Heertje, H.-D. Wenzel

Grundlagen der Volkswirtschaftslehre
5., vollst. bearb. u. erw. Aufl. 1997. XVII, 682 S. 120 Abb.,
36 Tab. Brosch. **DM 45,-**; öS 329,-; sFr 41,50
ISBN 3-540-62952-1

G. Dieckheuer

Makroökonomik
Theorie und Politik
3., aktualisierte Aufl. 1998. XVI, 454 S. 123 Abb., 23 Tab.
Brosch. **DM 48,-**; öS 351,-; sFr 44,50
ISBN 3-540-63849-0

Dieses Buch eignet sich sowohl als Einführung in die Makroökonomik für das wirtschaftswissenschaftliche Grundstudium als auch zur Erweiterung und Vertiefung der makroökonomischen Teilgebiete im Hauptstudium. Umfassend werden die gesamtwirtschaftlichen Zusammenhänge verdeutlicht, die wichtigsten ökonomischen Probleme moderner, international verflochtener Volkswirtschaften analysiert und die Wirkungen der staatlichen Beschäftigungs- und Konjunkturpolitik, der Geldpolitik sowie der Lohnpolitik diskutiert.

P. Winker

Empirische Wirtschaftsforschung
1997. X, 269 S. 78 Abb., 12 Tab. Brosch. **DM 38,-**;
öS 278,-; sFr 35,- ISBN 3-540-62979-3

Dieses Lehrbuch vermittelt die Grundzüge der wichtigsten Instrumente der angewandten Wirtschaftsforschung. Dazu gehören Datenbasis, Datenaufbereitung, Wirtschaftsindikatoren und Input-Output-Analyse ebenso wie quantitative ökonometrische Verfahren, in die an konkreten, aktuellen Beispielen eingeführt wird.

Preisänderungen (auch bei Irrtümern) vorbehalten.

H. Hanusch, T. Kuhn

Einführung in die Volkswirtschaftslehre
Unter Mitarbeit von A. Greiner, F. Kugler
4., überarb. Aufl. 1998. XVI, 472 S. 168 Abb. Brosch.
DM 45,-; öS 329,-; sFr 41,50 ISBN 3-540-64249-8

Ohne Vorkenntnisse vorauszusetzen, erläutert dieses Buch Studierenden der Anfangssemester an Hochschulen und Wirtschaftsakademien die Grundlagen der Nationalökonomie. Zu Beginn wird der Leser mit elementaren Begriffen und Konzepten der Volkswirtschaftslehre vertraut gemacht. Der weitere Aufbau des Buches folgt den traditionellen großen Teildisziplinen, Makroökonomie und Mikroökonomie.

P. Engelkamp, F.L. Sell

Einführung in die Volkswirtschaftslehre
1998. X, 335 S. 119 Abb., 4 Tab. Brosch. **DM 39,80**;
öS 291,-; sFr 37,- ISBN 3-540-64083-5

Das Buch wendet sich in erster Linie an Studierende der Volkswirtschaftslehre, aber auch an Interessenten anderer Fachrichtungen. Vermittelt wird ein Überblick über die Volkswirtschaftslehre mit dem Ziel, die wichtigsten Fragestellungen dieser Disziplin aufzuzeigen und Methoden und Ansätze vorzustellen, mit denen man diese Fragen zu beantworten sucht.

H. Wagner

Europäische Wirtschaftspolitik
Perspektiven einer Europäischen Wirtschafts- und Währungsunion (EWWU)
2., überarb. u. erw. Aufl. 1998. XIII, 324 S. 17 Abb., 6 Tab.
Brosch. **DM 39,80**; öS 291,-; sFr 37,- ISBN 3-540-62964-5

Die makroökonomischen Auswirkungen und die wirtschaftspolitisch-institutionellen Vorkehrungen werden behandelt und die Chancen und Risiken einer EWWU aufgezeigt. Neuere Entwicklungen wurden berücksichtigt und neue Abschnitte sowie ein Glossar für die Neuauflage eingefügt.

■■■■■■■■■

Springer-Verlag, Postfach 14 02 01, D-14302 Berlin, Fax 0 30 / 827 87 - 3 01/4 48 e-mail: orders@springer.de